유학의 본질
남명학의 본질

지은이 김경수金敬洙

1962년 경남 고성에서 출생하여, 경상대학교 철학과에 1회로 입학하여 동 대학교에서 제1호 철학박사 학위를 수여받고, 경북대학교 퇴계연구소에서 박사후연수를 마쳤으며, 2013년도 한국도교학회 학술상을 수상하였다. (사)남명학연구원의 초대 사무국장 및 상임연구위원을 역임하였고, 이후 경상대학교를 비롯하여 진주지역 여러 대학에서 강의하였으며 지금도 강의하고 있다. 한국국학진흥원에서 시행한 경남지역 목판조사에 참여하였고, 문화재청에서 발주한 고문서 조사위원으로도 참여하였으며, 경남발전연구원 역사문화센터 및 의령의 의병박물관 비상임자문위원으로도 활동하였고, 한국동양철학회 17대 총무이사를 역임하였으며, 고성군지편찬위원을 맡고 있다. 저서로는『북송초기의 삼교회통론』,『남명 선생 문인자료집』(공저),『사고와 논리의 기술』(공저) 외 몇 권이 있으며, 편저로는『남명 선생의 자취를 따라』가 있고, 번역서로는『효당집』이 있다. 논문은「진단의 내단이론과 삼교회통론」외 다수가 있다. 근래에는 주역과 음양오행에 대한 공부를 정리하면서 평생교육원에서 강의하고 있으며, 삼교회통의 역사와 맥락 그리고 동양의 고대천문학 등에 흥미를 가지고 있다.

유학의 본질 남명학의 본질

© 김경수, 2014

1판 1쇄 인쇄__2014년 05월 30일
1판 1쇄 발행__2014년 06월 15일

지은이__김경수
펴낸이__홍정표
펴낸곳__글로벌콘텐츠
　　　　등록__제25100-2008-24호
　　　　이메일__edit@gcbook.co.kr

공급처__(주)글로벌콘텐츠출판그룹
　　　　대표__홍정표
　　　　편집__노경민 김현열 김다솜　**디자인__**김미미　**기획·마케팅__**이용기　**경영지원__**안선영
　　　　주소__서울특별시 강동구 천중로 196 정일빌딩 401호
　　　　전화__02-488-3280　**팩스__**02-488-3281
　　　　홈페이지__http://www.gcbook.co.kr

값 16,000원
ISBN 979-11-85650-13-5 93150

유학의 본질 남명학의 본질

김경수 지음

글로벌콘텐츠

우연히 그러나 자연발생적으로 無로부터 太初가 시작된 후,
이것으로 因하여 저것이 생겨나고
저것으로 因하여 또 다른 저것이 있고…
끝이 없을 것 같은 緣起의 법에 따른 변화가 생기고 또 생기더니,
마침내 시작이 있었기에 끝을 맞이하게 되나니!
이러한 과정이 永劫으로 이어지는 한 찰나에,
어떤 인간이 億劫 같은 시간을 살면서 무언가 할 수밖에 없어서,
이런저런 일을 하다가 또 하나의 사라질 흔적을 남기지만,
이 또한 결국 순수한 無를 성취하기 위함인 것을!

서문

유학 - 환상과 실체

이번에 그동안 여러 학술지에 게재했던 논문 중에서 유학의 본질과 남명학에 관련된 논문 8편을 모아서 한 권의 책으로 묶었다. 여기에는 나의 석사학위 논문도 있고 금년 2월에 간행된 학술지에 실린 것도 있으므로, 세월의 간격으로는 23년의 기간에 쓴 것이 된다. 그러나 책 제목인 『유학의 본질 남명학의 본질』에서 말하고 있는 바와 같이, 여기에 실린 논문들은 유학과 남명학의 핵심적인 내용을 다룬 것으로, 필자로서는 일관된 관점을 보여주고 있다고 생각한다.

나는 학자들의 논문이, 당연한 말이지만 일반인들이 읽기에는 현학적인 부분이 너무 많다고 생각한다. 더구나 근래에는 연구재단에서 요구하는 바에 맞추다보니, 특히나 인문학의 논문들이 분량의 제한에서부터 시작하여 형식적인 제한을 많이 받게 되어, 한 편의 논문에서 다룰 수 있는 내용이 너무 협소해진 경향이다. 그것은 논문에서 요약과 외국어초록 및 참고문헌을 제외하고 나면 본문은 불과 200자 원고지 100매 남짓으로 작성해야 한다는 것을 말한다. 따라서 주제에 대한 폭넓은 이해를 도울 수 있는 내용은 논의할 수 없게 되고, 작은 주제를 협소한 범위에서만 다룰 수밖에 없게 된다. 이러한 경향은 융복합적인 사고를 요구하는 시대적 요구와도 맞지 않으며, 학문을 위한 학문 내지는 논문의 편수를 채우기 위한 논문이 되는 경우가 많게 되는 결과를 가져온다. 오죽하면 '논문 쓴다고 연구할 시간이 없다'는 말이 있을까!

필자도 이러한 경우에서 예외가 될 수는 없겠지만, 여기에 묶은 논문들은 그나마 그러한 형식적 틀에서 조금이라도 자유롭고자 하는 마음으로 쓴 것들이다. 대부분의 논문들이 150매라는 원고의 제한을 벗어나 있는 것이 이를 말해주고 있다고 하겠다. 게다가 필자는, 우리나라에서 유학 특히 성리학을 연구하는 대부분의 학자들이 여전히 '이기심성론'의 주제를 다루고 있지만, 여기에 수록한 논문뿐 아니라 다른 논문에서도 그러한 문제에 대해서는 별로 다룬 바가 없다. 그러한 주제가 철학적이 아니라서 그런 것이 아니라 너무나 보편적이고 일률적이어서 별 흥미를 느끼지 못하기 때문이다.

중국에서의 유학은 춘추시대에 공자가 그 이전의 일정한 사상적 흐름을 집대성한 이후로 전국시대를 거치고 진나라를 지나 漢武帝 劉徹의 때에 이르기까지는 그야말로 제자백가 중의 하나에 불과한 것이었다. 공자마저도, 제나라의 재상 안영이 주군인 경공에게 유가는 현실적으로 별 쓸모가 없다는 간언을 하여 등용되지 못하였고, 노나라에서 불과 몇 년간 정치를 담당하였을 뿐 방랑의 세월을 보내다가 세상을 마쳤다. 맹자 또한 유세가로서는 탁월하였지만 현실적으로 실제 정치에 참여하여 유학의 이념을 펼치지는 못하였다. 오히려 공자나 맹자와는 다른 견해를 가졌던 순자의 제자들이 유가에서 벗어나 법가사상을 만들고서야 세상에 그 뜻을 펼칠 수 있었다. 유가가 법가로 변형되고, 다시 법가는 유가를 앞에 내세워 양두구육의 방식으로 국가의 통치이념으로 자리 잡고서야 천하를 호령하게 되었다.

다양성을 부정하고 획일성만을 주장하는 하나의 이념이 되고서야 유가는 유학이 되고, 유교가 되었다. 맹자 이래로 다른 사상을 이단으로 몰아서 배척하는 풍토는 유가만의 전유물처럼 느껴질 때가 많다. 전국시대에 맹자가 '천하가 온통 양주 아니면 묵적으로 돌아갔다'고 하여 그들을 이단으로 공격하는 것을 필생의 과업으로 삼았지만, 그 시절 천하는 왜 양주 아니면 묵적으로 돌아갔을까? 통치자들은 부국강병을 원했고, 일반인들은 자유를 원했기 때문이었다. 유가는 부국강병에 현실적으로 도움이 되지 못했으며, 개인의 자유를 보장하지도 못했다. 유가는 언제나 요순을 이상으로 삼았고, 공자는 주공을 모델로 여겼다. 철저하게 복고주의 사고를 가졌다고 할 수 있다.

성리학의 형성과 전개도 유사한 길을 걸었다고 할 수 있다. 북송 초기의 성리학자들이 불교나 도교와 밀접하게 연관되어 있었다는 사실은 이미 상식이 된 일이다. 그러나 그들뿐만 아니라 대부분의 이름난 성리학자들은 누구도 자신이 도교나 불교로부터 영향을 받았다는 사실을 인정하지 않는다. 주희는 그 중 대표적 인물이다. 그러면서 평생 선불교 비판에 열을 올렸다. 자신은 오랜 기간 동안 도교사원 관리인의 벼슬을 하면서 녹을 받고 연구에 매진하였으면서! 채원정으로 하여금 사천지방에서 태극도를 찾도록 하고서도 그것이 도교로부터 나온 것이라는 말은 입도 벙긋하지 않았고, 선불교에 대해서도 때로는 황당한 논리까지 동원하여 비판하고, 더러는 같은 성리학자라고 할지라도 자신의 입장과 다른 주장을 하는 사람에 대해서는 또한 배척하였다. 그러면서 맹자 이래로 끊어진 도통을 정호와 정이를 계승하여 자신이 이었다고 주장한 셈인데, 참으로 맹자가 고자를 비판한 관점과 양주와 묵적을 이단으로 배척한 점에 대해서는 도통을 이었다고 할 만하다.

그렇지만 정이나 주희도 만년에는 그들의 학문이 거짓학문으로 몰려 외롭고 불행한 최후를 맞이하였으며, 한나라가 강력한 중앙집권으로 국가를 통치하면서 유학을 통치이념으로 삼은 것과 같이, 성리학은 원나라가 중국을 통치하면서 강력한 이념의 필요성에 의해 다시금 통치이념으로 등장하였다. 그래도 중국에서는 나라가 크고 인구가 많은 것만큼 다양한 사상이 있어서 유학의 절대성에 대해서도 일정한 비판의 목소리를 내었다. 유학은 권력자들의 몫이었고, 민중들에게는 여전히 불교와 도교가 중심이었다. 또한 주자학에 대항하는 양명학도 있었고, 청대에는 고증학이 유행하여 성리학을 근본에서부터 부정하기도 하였다.

우리나라의 경우는 어떠한가? 고려 말까지 유학은 그저 정치적 측면에서 일정한 역할을 하는 듯한 수준이었고, 불교와 도교 또한 왕실과 귀족사회에서도 보편적으로 수용되고 있었다. 그러나 조선조에 들어와서는 상황이 돌변한다. 개국공신 정도전에 의해서 불교와 도교가 심각한 타격을 입게 되고, 성리학 독주의 시대가 열린다. 사림파가 정치의 주도권을 장악한 뒤로는 그나마 실용적 관학마저 고사지경에 이르게 된다. 오직 성리학만이 유일한 학문이며, 이념이고, 삶이었다.

이런 시기에 초기사림파의 『소학』을 중심으로 하는 실천적 성리학파의 맥을 이어 영남사림파를 양분하여 강우학파를 형성한 남명 조식은 당시의 대표적 지성인이었다. 1980년 이전까지는 학계에 그 존재조차 거의 알려지지 않았던 남명은 불과 30년 정도의 기간에 우리 역사상 가장 위대한 사상가 중 한 사람의 반열에 올라섰다고 할 수 있다. 물론 이렇게 된 결정적인 이유는 후손 중 한 사람의 적극적인 후원 때문이었다. 짧은 기간 동안 다수의 박사 석사 논문과 무수한 단행본 및 연구논문을 비롯하여 TV영상물 신문 등 전방위적인 성과를 일구어내었다. 실로 한 역사적 인물에 대해서 이와 같은 성과는 전무후무하다고 하여도 과언이 아닐 것이다.

필자는 남명의 특징을 첫째, 경과 의를 사상의 바탕으로 삼았으며, 둘째, 사화의 험난한 시대에 무너진 선비의 기상을 세웠고, 셋째, 잘못된 국정을 비판하여 사림의 언로를 열었으며, 넷째, 언제나 궁핍한 백성을 걱정하여 위민정치의 방도를 강구했고, 다섯째, 개인의 자질에 따른 교육을 통해 많은 제자를 길러 훗날 국난을 당했을 때 구국의 선봉에 서게 했던 데 있다고 본다. 남명 자신이 말한 바대로 성리학을 고담준론하는 것은 그의 특징이 아니었다. 위에 열거한 다섯 가지 특징을 한 마디로 요약한다면, 그것은 바로 '실천'일 것이다.

그런데도 지금까지의 남명 연구에서 아마도 가장 많은 분량을 차지하는 것은 그의 성리학에 관한 것으로 보인다. 남명이 위대한 성리학자라는 관점으로부터 그의 성리학에 대한 견해들, 이를 테면 주리론자인가 주기론자인가 아니면 또 다른 어떤 것인가 하는 논의가 무수하다. 아마도 우리나라의 학풍 때문일 것이다. 성리학자는 성리학을 논해야 한다? 그런데 남명에게 가져다 붙인 성리학이란 도대체 무엇인가? 그것은 오로지 주자학 아닌가? 성리학이 주자학뿐인가? 한 걸음 물러나서 주자학이 성리학이라고 해도 주희가 오직 성리만을 논했는가? 주희의 환상은 하나의 거대한 이상세계 건설이었고, 그 기본에는 성리학적 이념과 더불어 모든 사람이 실천해야할 예법의 마련이 있었다. 그것을 위해서 주희는 억지 논리와 가짜 도통론까지도 거침없이 주장하지 않았던가!

　이제 질문을 거꾸로 해보자! 남명이 왜 당대부터 그렇게 사람들에게 존경받았을까? 그 답은 그의 '실천'에 있다고 할 수 있다. 그는 공부를 잘 해서가 아니라, 책에 있는 것을 잘 실행하여 다른 학자들의 모범이 되었던 인물이다. 다시 물어보자. 그가 실천한 것은 결국 무엇이었던가? 필자는 그것을 유학과 성리학의 예법이라고 생각한다. 굳이 『예기』나 『의례』·『주례』까지 끌어들이지 않더라도 『소학』과 『가례』 그리고 『근사록』이면 그것들에 근거해서 생각하고 살아가야 하는 예법들이 다 갖춰져 있다고 할 수 있고, 남명은 그것들을 실천하려고 애쓴 인물이라는 것이다. 자신이 실천하여 모범을 보이면서 향촌사회의 예제들을 교화하여 바꾸고, 이것이 하나의 전형이 되어 지역사회 전반으로 확산되면서 거대한 학파를 형성하기에 이르렀던 것이다. 남명은 주희가 그러했던 것처럼, 성리학적 이론으로 무장되어 있었지만 무엇보다도 유학 내지는 성리학의 예법 실천을 위하여 노력했는데, 그 중요한 방법이 예에 관한 저서의 집필이었고 보급이었다고 필자는 주장한다. 남명의 禮書는 주희가 그랬던 바와 같이 당시 지역사회의 일반화된 풍속도 다소 포함시킨 것으로 알려지고 있다.

유학과 남명학을 바라보는 필자의 관점은 위에서 서술한 바와 같다. 그런데 사실 오늘날 유학은 더 이상 설 자리가 없는 듯하다. 그럼에도 유학의 경전을 읽는 일반인이나, 유학을 연구하는 학자는 많다. 그 속에서 뭔가 오늘날 필요한 요소들을 찾아내고자 하기 때문일 것이다. 그러나 그들이 찾는 것은 절대로 성리학적 '이기심성론'은 아니라고 확신한다. 유학의 특징은 다른 사상이나 종교에 비해서 사회적 관계를 중시한다는 점이다. 자아완성 자기수양도 중요하지만, '사회적 관계 속에서의 나'와 '나의 역할을 통한 사회적 구성원으로서의 나'에 더욱 초점이 맞춰져 있다고 하겠다. 유학의 경전과 예서들을 통해서 이 시대에 필요한 가치를 발견하고, 이 시대에 맞는 사회적 행동방안을 모색하는 일이 오늘날 유학의 존재의미가 아닐까!

필자의 이 책에는 그러한 문제들에 대한 물음과 해결책의 모색이 조금씩 들어있다고 생각한다. 다양성과 개인주의 사회를 살아가는 현대인들에게 획일성의 강요는 아무런 영향력이 없다. 글재주가 없는 필자로서는 한계가 있지만, 딱딱한 현학적인 글쓰기는 탈피하려고 노력한 것들이기도 하다. 새로운 물음과 새로운 해답을 위한 하나의 단초를 찾고자 하는 심정으로 쓴 것들이기에 꼭 책으로 묶어내고 싶은 마음이 있었다.

이 책이 나오기까지 여러 분들의 도움이 있었다. 30년이 넘는 세월 동안 철저한 고증에 의한 공부를 강조해 오신 오이환 선생님과, 그동안 음으로 양으로 공부에 도움을 주신 많은 분들께 감사드린다. 이와 같은 책의 출판은 절대적으로 출판사의 배려가 필요하기에 글로벌콘텐츠의 홍정표 사장님께 감사드리며, 책의 편집을 담당하여 고생하신 노경민 씨께도 고마운 마음을 전한다. 작년부터 지금까지 공부했던 성과들을 한 권씩 책으로 출판하고 있는데, 금년에도 아마 서너 권의 책을 출판할 것 같다. 이런 일들은 상대적으로 가족들에게는 소홀해질 수밖에 없게 한다. 언제나 좀 미안한 마음을 가지고 살면서 이런 식으로나마 고마움을 표시할 수밖에! 마지막으로 예전에 써두었던 원고를 새롭게 다듬고 일차 편집을 하고 색인 작업까지 도와준 제자 이경건 군에게도 고마움을 전한다.

갑오년 정월
천풍재에서 김경수 쓰다

차례

차례

제1장
유학의 본질과 남명학의 본질

1. 문제의식의 출발점

1980년대에 들면서 시작된 남명에 대한 연구는 약 30여년의 기간에 비약적인 발전을 이루었다. 오이환 교수가 정리하고 있는 「남명학관계 기간문헌목록」에 의하면 2011년 말까지의 기간문헌목록만 무려 120쪽에 이른다.[1] 게다가 몇 년 전부터는 관련기관들에서 정기적으로 학술회의를 개최하고 논문집을 간행하고 있는 관계로 인하여 1년에 대략 50편 내외의 연구실적이 추가되고 있는 것으로 볼 수 있다.[2] 이와 같이 단기간에 한 인물에 대한 연구가 폭증하면서 이루어진 사례는 전무후무할 정도인데, 이는 남명 후손의 적극적인 후원에 의해서 가능한

---

1) 오이환, 『남명학의 새 연구』하, 한국학술정보, 2012, 313~412쪽에 그 목록이 수록되어 있다.
2) 남명학관련 연구실적을 정기적으로 간행하고 학술회의를 개최하는 대표적인 단체만 해도 사단법인 남명학연구원을 비롯하여, 경상대학교 남명학연구소 및 서울대학교의 남명학회 등이 있다. 남명학연구소에서 1년에 4권의 논문집을 간행하고 있는 것을 비롯하여, 나머지 두 기관에서도 1년에 1권의 논문집을 간행하고 있다.

일이었다.[3] 그리하여 이미 오래 전에 남명의 학문과 사상은 남명학이라는 명칭을 가지게 되었으며, 동양철학계에서는 한국의 대표적 사상가 10인의 범주에 포함시키게 되면서도[4] 공식적으로 이의를 제기하는 경우가 없었다.

남명에 대한 연구가 시작되던 무렵에는 주로 남명사상의 특징을 구명하는 것에 초점을 맞추면서 퇴계학과의 비교를 통하여 그 독창성을 찾으려 했고, 이어서는 남명사상의 다양한 영역들로 연구가 확대되었다. 그러면서 가장 중심적인 쟁점으로 부각한 것이 남명의 성리설이었다. 남명의 이기론이 학술회의의 단골 주제였고, 여기에 더하여 정치사상 및 교육사상 등이 많이 거론되었다. 오늘날에 와서 보면, 남명의 성리설에 대한 논문의 목록만 모아도 한 편의 논문 분량이 될 것이다. 물론, 남명에 대한 연구는 어느 시점 이후로는 제자와 종유인 및 넓은 의미의 남명학파에 속하는 인물들에까지 확대되었고, 최근에는 근세의 인물들까지도 남명과 조금이라도 관계가 있는 경우에는 거의 연구 대상에 포함시키고 있다고 할 수 있다.

필자도 지금까지 남명에 관한 논문을 4편 발표하였고, 편저 1권과 공저 3권에 이름을 올렸고, 기타 여기저기에 기고한 잡문까지 더한다면 적은 글이 아니며, 게다가 각종 TV프로그램에 출연하여 행한 인터뷰 및 남명사적지 답사단 안내에서 했던 말들까지 포함한다면 실로 남명에 대해서 엄청난 이야기들을 한 셈이다.[5] 그러나 돌이켜보면, 그 글들

---

3) 남명에 대한 선양사업은 실로 퇴계에 대한 선양사업을 그 절반 기간 정도로 축소시킨듯한 느낌이 든다. 연구원의 설립이나 대학의 연구소 설립, 나아가 최근에 진행되고 있는 선비문화연구원의 설립 등이 완전히 그 전철을 밟고 있는 듯하다.

4) 이는 예문서원에서 기획하여 간행한 '한국의 사상가 10인' 중에 남명이 포함된 것을 말한다. 여기서 말하는 10인은 원효·의천·지눌·이황·조식·이이·정제두·정약용·최한기·최제우 등이다.

5) 필자의 논문은 석사학위논문으로 「남명의 실천성리학과 예학」(경상대학교, 1991)을 제출하였고, 그 뒤에 돈에 눈이 어두워 「남명학에 대한 비판적 관점과 그에 대한 재검토」(『남명학연구논총』 제3집, 1995)를 발표하였고, 그 뒤에 「남명의 불교

과 말들에서 사실에 근거한 진실이 얼마나 될까하는 의문이 없는 것도 아니다. 그야말로 선양을 위한 활동의 일환으로 보인 것이 없을까?

앞에서 언급한 목록에서 남명을 주제로 쓴 저술과 논문들 중에서 실제로 일반 독자들에게 읽혀진 것들은 과연 얼마나 될까? 물론 연구실적이 모두 일반 독자를 위한 것은 아니다. 그러나 연구논문이 또 다른 연구자에게조차 거의 읽혀지지 않는 경우도 허다한 것으로 보인다. 대개 다른 사람의 논문을 읽는 경우는 자신이 논문을 쓰고자 할 때 선행연구를 검토하기 위해서일 때가 많다. 한편 나 자신의 논문도 마찬가지겠지만, 남명에 대한 다른 사람들의 논문을 읽을 때 명백한 오류나 착오 내지는 같은 논지의 재탕삼탕이 많다는 것을 발견하기가 너무나 흔한 일이라는 사실은 나만의 경험이 아닐 것이다. 또한 같은 주제로 비슷한 이야기를 하고 있는 논문이 얼마나 많은지는 남명학 연구자들이라면 대부분 공감하고 있는 사실이다.[6]

남명이 순수한 성리학자냐, 아니냐? 남명의 이기론은 어떤 것인가? 남명학은 양명학적 요소를 많이 가지고 있는가, 아닌가? 남명의 학문에 도가적 요소가 있는가, 없는가? 남명학의 특징은 무엇으로 정의될

관」(『남명학연구논총』 제7집, 1999), 그리고 다시 「남명의 인물평을 통해 본 출처관의 기저」(『한국철학논집』 제25집, 2009)를 발표하였다. 편저로는 『남명 선생의 자취를 따라』(남명학연구원, 1996)가 있고, 공저로는 『경남정신의 뿌리 남명 조식 선생』(경상남도, 2000) 및 『남명 선생 문인자료집』(남명학연구원, 2001) 그리고 『한국의 사상가 10인 남명 조식』(예문서원, 2002)이 있다. 잡문은 매우 많지만 대표적으로는 일본 쿄오토에서 발행되는 ≪종교신문≫에 「한국의 유학자 남명 조식의 불교관」 등이 있다. 그리고 필자가 남명학연구원의 초대 사무국장으로 재직하고 있을 당시는 각종 TV의 홍보영상물을 매우 많이 촬영하였고, 부득이 출연도 많이 했었다. 게다가 산청·합천·김해 등지의 남명사적지 안내도 수를 헤아릴 수 없을 정도로 담당했었다.

6) 학회의 뒤풀이나, 개인적으로 남명학을 연구하고 있는 학자들을 만나서 이야기를 나누어보면 모두가 이와 같은 현실에 공감함을 알 수 있다. 잘못된 관행에 개탄하고 연구자들의 노력부족과 수준을 한탄하다가, 돌아서서는 자신도 또 다시 그런 일상으로 복귀한다. 혹시 이 글을 읽는 연구자 분들 중에서 나와 그런 이야기를 해보지 않은 분이 있으신지 궁금하다.

수 있는가? 그리고 그것은 다른 학자들의 특징과 어떻게 구별되는가? 이러한 문제는 지금까지도 논란의 대상이며, 아직도 명백한 결론을 내리지 못하고 있는 것처럼 보인다. 왜 이러한 문제가 제기될까? 만약 남명이 순수한 주자학자라면 이른바 '남명학'이란 용어 자체가 성립할 수 없어야 할 것이다. 그러나 남명의 학문과 사상에 '남명학'이라는 명칭을 부여한다면, 반드시 남명만의 특징이 있어야 함은 당연한 이치이다. 설사 그것이 양명학적 요소를 가지고 있고, 도가적 내용을 담고 있으며, 나아가 불교적 성향까지 갖추고 있을지라도 그래야만 남명학이 되는 것이 아닌가?

최근에 이르기까지 '정자와 주자 이후로는 저술이 필요 없다(程朱而後 不必著書)'는 입장을 견지하여 학문적 저술을 거의 남기지 않은 남명의 성리설을 이해하기 위해서는 『학기유편』에 수록되어 있는 「학기도」가 중심이 되어야 한다는 주장이 지배적이었다. 「학기도」 24도 중 17도가 남명이 직접 그린 것이라는 것은, 래암이 주도가 되어 처음 간행한 『학기유편』의 범례에서 그와 같은 이야기를 하고 있기 때문이었다. 그러나 2012년 9월에 이승환 교수에 의해 발표된 새로운 연구에 의하면, 24도 중에서 주자의 것이 5개이고, 동경의 국립공문서관에서 찾아낸 정복심의 『사서장도은괄총요』에서 가져온 것이 14도로 밝혀졌다.[7] 그렇다면 지금까지 연구되었던 남명의 성리설에 대한 연구의 7할 내지 8할은 폐기처분 되어야 하는 것 아닌가? 한편으로는, 그렇지만 그 그림들을 남명이 직접 베껴서 자신의 메모첩이었던 「학기」에 포함시킨 것이라는 점을 인정한다면, 이는 또한 남명의 성리설이라고 하여도 큰 잘못은 없는 것은 아닌가? 한 사람의 학문은 어떻게 그 특징을 구분지어야 하는 것인가? 이제 우리는 다시 '남명학의 본질은 무엇인가'에

---

7) 이것은 이승환, 「남명 「학기도」 자도설 비정」, 『철학연구』 제46집, 고려대 철학연구소, 2012에 상세히 분석되어 있다. 이 논문에서는 정복심의 『사서장도은괄총요』에 대한 고증까지도 자세히 언급되어 있다.

대한 질문을 새삼스럽게 해볼 필요가 있지 않을까?

이 글에서는 '남명학'의 본질에 대한 논의를 다시 한 번 해보고자 한다. 그 방법은 거시적 통찰과 미시적 통찰을 병행하고자 한다. 거시적 통찰이란, 원시유학이 성리학으로 변해가는 과정에서 드러나는 유학의 본질에 대한 관점과, 한 국가의 건국에서 발생하는 일반적 현상인 학문의 중앙집중화 내지는 관학화로부터 일정한 기간이 흐른 후에 자연스럽게 진행되는 학문의 지방화 내지는 학파화의 과정에 대한 관점, 그리고 이러한 변화의 와중에서 가지는 사대부 특히 士의 역할에 대한 관점을 말한다. 미시적 통찰이란, 남명이 살았던 시대의 상황과 그에 대한 대처방식에서 드러나는 그의 학문관, 남명의 학문범위에 대한 관점, 남명이 사회에 끼친 영향력에 대한 관점 등을 말한다. 이러한 것들을 종합적으로 고려할 때 '남명학'이 가지는 특징을 보다 정확히 찾을 수 있을 것이고, 그것에 대한 현대적 의미도 구체화 할 수 있을 것이다.

2. 유학과 성리학

1) 유학의 이념

공자가 유학을 창시하면서 기댔던 언덕은 요순堯舜이었다.[8] 공자에게 있어 요순은 성인이었고 왕도정치를 온전히 실현한 왕이었다. 그 시대는 공자가 꿈꾸는 이상사회였다. 그러나 그 시대를 고증할 자료가 없었기에 공자는 주공周公을 현실적 모델로 삼았다. 주나라 초기의 혼

---

8) 동양철학의 특징은 누가 무슨 주장을 하든지 그 처음에는 자기보다 예전의 어떤 인물의 학설에 의거한다는 것이다. 공자는 요순에, 노자는 황제에 의거한 것이 대표적이다. 그 이후는 모두 공자와 노자에 의거하는 것이 기본이며, 그것이 부족하면 三代의 고사에 의거한다. 그리하여 중국의 역대 통치자들은 종종 '학자들은 언제나 현재는 틀렸고 과거는 모두 옳다고 한다'며 불만을 토로하기도 하였다.

란을 단기간에 극복하고 국가의 통치체계를 완비하였기 때문이었다. 주공 희단姬旦이 정비한 국가의 운영체계란 '종법질서宗法秩序'와 『주례』에 의한 것이었다. 그런데 주공이 국가의 체계를 정비하는 과정에서 중요한 역할을 한 것이 있으니, 그것은 바로 『서경』에 있는 「홍범洪範」편이다. 유학의 창시자인 공자는 이 「홍범」에 대해서는 특별한 언급이 없는 듯하다.9) 「홍범」에서 말하고 있는 바에 의하면, 요순시대의 태평은 '오복(五福)'이 실현된 사회라고 할 수 있다.

공자의 사상에서 가장 중요한 개념은 당연히 '仁'이겠지만, 이 '인'은 '당위(當爲)'의 근거로 제시된 것이다. 누구의 무슨 '당연한 행위'의 근거인가? 그 당시의 '人' 즉 귀족들의 행위에 대한 당연한 근거이다. 그것은 바로 공자 철학의 핵심인 '극기복례'와 '정명론(正名論)'의 근거가 되는 것이다. 극기복례와 정명론은 표리관계라고 할 수 있다. 정명론은 자신의 위치와 신분에 맞는 행위의 요구이며, 극기복례는 개인적 욕심을 억제하여 본래적 신분으로 돌아가 안주할 것에 대한 요구이기 때문이다. 공자가 강조한 극기복례는, 작게는 일상적 행위에서의 사욕 억제로부터 크게는 '종법질서'에서 출발하여 정비된 『주례』에 의한 통치체제에 대한 완전한 순응을 요구하는 것이라고 할 수 있다. 그러나 공자가 말하는 인간의 개념은 '人'에 한정된 것이지 '民'에까지 확대된 것은 아니다. 공자로부터 내성외왕으로서의 완전한 인격체가 드디어 '군자'의 단계로 내려오게 된다.10)

---

9) 단재 신채호의 견해에 의하면, 「홍범」의 원형은, 조선의 단군이 하나라를 건국한 우(禹)가 치수를 담당하고 있을 때, 그 방법으로 전해준 『황제중경』의 내용을 요약한 것이라고 고증하고 있다. 그러므로 공자가 이를 의도적으로 언급하지 않고 있다고 논의하기도 한다. 이 문제에 대해서는 신채호 원저, 박기봉 옮김, 『조선상고문화사(외)』, 비봉출판사, 2007을 참조하기 바란다.

10) 이러한 관점에 대한 논의는, 이 글과 비슷한 시점에 발표될 필자의 다른 논문인 「'황극'과 '중용' 그리고 '대공'」에서 자세히 논의되어 있다. 이 글의 주제는 유교적 통치질서에서 강조된 덕목이 '군본시대(君本時代)'의 '황극(皇極)'에서 '신본시대(臣本時代)'의 '중용(中庸)'으로, 그리고 오늘날 '민본시대(民本時代)'에서는 '대공

공자가 말한 '극기복례'는 곧 '수기치인'으로 이해되고, 이의 완전한 실현자는 요순과 같은 인물인 '내성외왕'의 존재이다. 공자를 계승한 맹자는 평생 자신의 임무로 삼은 것이 두 가지이다. 하나는 당시 천하에 가득 차 있던 이단인 양주楊朱와 묵적墨翟을 배척하는 것이고, 다른 하나는 '왕도정치'의 시행을 역설하며 유세한 것이다. 양주의 '위아설 爲我說'과 묵적의 '겸애설兼愛說'이 맹자 당시의 세상에서 얼마나 해악을 끼쳤는지 필자는 잘 모른다. 그러나 오늘날 전해지고 있는 『묵자』를 보면, 그것은 지배층인 '人'만을 위한 철학이 아니라 오히려 피지배층인 '민民'을 중시한, 보다 민주적이고 진보된 사상임을 짐작하기 어렵지 않다. 그것은 아마 양주의 '위아설'도 마찬가지라고 본다. 다만 무엇을 더 우선적으로 고려하느냐의 차이가 있을 뿐이다. 그러나 맹자는 이와 같은 보다 민주적 사회질서를 단호히 거부하고 공자만을 존숭함으로써, 오늘날의 관점으로 말하자면 극우보수주의의 입장을 택했다. 맹자로부터 유학은 이제 '절대로 나만 옳다'는 '독선주의'를 취하게 된 것이며, 자기와 반대되는 주장은 모두 이단으로 몰아 끝까지 배척하는 투쟁의 역사를 시작하게 되었다.

맹자와 고자가 인성에 대하여 논쟁한 것을 오늘날 객관적인 논리로만 가지고 판단해본다면, 맹자의 주장이 고자의 주장보다 논리적 약점을 더 많이 가지고 있음을 알 수 있다.11) 다만, 맹자는 인간의 자기우월성을 주장함으로써 존엄성을 드러냈다는 점이 높이 평가받고 있을 따름이다. 그러나 이는 베이컨이 주장한 '우상론'12)과 별로 다를 바 없

(大公)'이 중요하다는 점을 강조했다. 이러한 논의의 목적은 유교의 현대적 가치를 모색해보고자 한 것이다.

11) 물의 본성을 두고서, 고자는 물길을 트는 곳으로 흐르는 것이라 했고 맹자는 아래로 흐르고자 하는 것이라고 했지만, 맹자의 논리는 일종의 범주착오에 해당하는 오류를 범하고 있다. 실제로도 물의 본성에 대해, 오행에서는 '윤하(潤下)'라고 하였지만, 이때의 '下'란 '아래로'라는 뜻만이 아니라 '젖어들다'는 뜻으로 이해해야 타당하다. 과학적으로도 물은 중력의 법칙에 따라 아래로만 흐르는 것이 아니라 압력이 낮은 곳으로 '스며드는' 것임을 알 수 있다.

는 '믿음'에 기초한 것일 뿐이다. 결국, 맹자 사상의 핵심은 대의명분으로서의 '義'를 '仁'과 병칭한 것과 '사단설四端說'의 제창이라고 할 수 있지만, 그에게 있어 극기복례는 '진심지성盡心知性'과 '왕도정치'의 실현이었다고 할 수 있다. 맹자 이후 유학은 순자로부터 또 다른 변신을 꾀하면서 두 갈래로 나뉜다. 순자에서 한비자韓非子로 이어지는 계통은 법가로 분리되고, 여전히 육경을 중심으로 하는 정통파가 있었던 것이다. 혼란한 사회를 통일하기 위한 방안으로 공자는 '仁의 회복'을 주장하였고, 맹자는 '대의명분에 의한 통일'을 말했으며, 순자는 실질적 절목인 '禮에 의한 다스림'을 강조했지만 끝내 모두 성공하지 못했다. 그들은 모두 과거로의 회귀를 주장했기 때문이다. 변화는 결코 과거로의 회귀를 꿈꾸지 않는 법이다. 결국 한비자에서 체계화된 법가의 논리 즉 어겨도 규제가 없이 양심에만 호소하는 예가 아니라 '힘에 의해 강제된 예인 법으로 다스리는' 통치술이, 그의 친구인 이사李斯에 의해 秦나라에서 시행되어 천하를 통일하게 된다. '왕도정치'를 주창한 유가는 마침내 그 한 지류가 '패도정치'의 이론적 토대를 완성한 법가로 변질되어, 결국 漢의 무제武帝에 이르러 음양가까지 끌어들여 새로운 체계를 만든 동중서董仲舒와 양웅揚雄 등의 건의에 의해 국가의 통치이념으로 자리 잡아 '독존유술獨尊儒術'의 시대를 열었다. 이제 백가는 모두 배척되고 오직 유학만 단 하나의 '정학正學'이 되었다.

2) 성리학의 이념

성리학의 시대로 접어들면서 유학은 실로 환골탈태의 모습으로 변한다. 당의 한유韓愈가 맹자를 추숭하여, 도통이 공자로부터 맹자로 이

---

12) 베이컨의 우상론이란, 그가 인간은 종족의 우상, 동굴의 우상, 시장의 우상, 극장의 우상 등 네 개의 우상을 가지고 있다고 말한 것으로, 인간 지식의 근원이 실은 편견이나 믿음에 근거한 것임을 설명하는 것이다.

어졌다는 설을 제기함으로부터 성리학의 맹아가 싹트기 시작하였다. 그가 도통설을 제기한 것은 실로 불교의 조사설祖師說에서 영향을 받은 것으로, 이때부터 유학은 한편으로는 불교를 극렬히 비판하면서 다른 한편으로는 불교의 교리를 자신의 논리적 체계 속으로 받아들이는 이중적 모습을 보인다. 한유가 제시한 도통설은 실제로 맹자 이후로는 자신이 도통을 이었다는 자부심의 표현이었지만, 정이程頤가 그 설에 대해 '아마도 근거가 있을 것'이라는 말밖에 하지 못한 점을 보더라도, 원래 아무런 근거가 없는 이론이라고 할 수 있다. 한유 이후로 배불론은 하나의 전통을 이루었는데, 북송에 들어 송기(998~1057)와 석개(1005~1045), 이구(1009~1059) 그리고 구양수(1007~1072) 등이 대표적인 인물들이다. 그러나 그들의 배불론은 교리적 차원에는 이르지 못하고 단지 일상적 인륜의 차원에 머물 뿐이어서 한유의 설을 넘어서지 못하고 있다.13)

성리학을 대표하는 인물은 북송의 주돈이(1017~1073), 장재(1020~1077), 정호(1032~1085), 정이(1033~1107) 및 남송의 주희(1030~1200)라고 할 수 있다. 이들의 가장 뚜렷한 특징은 모두 불교 내지는 도교에, 또는 둘 모두에 깊이 관련이 있다는 점이다. 그들의 학설은 실로 삼교회통의 결실로 이루어진 것이라고 할 수 있다.14) 이들의 학문을 흔히 '렴락관민濂洛關閩의 학'이라고 부르기도 한다. 주렴계의 고향은 호남성이었고, 程 씨 형제의 고향은 낙양이었으며, 장횡거는 하남성 출신이지만 섬서성에서 살았으므로 관중 사람으로 보며, 주자는 복건의 휘주 출신

---

13) 이에 대해서는 김경수, 「북송초기 삼교회통론의 양상」, 『퇴계학과 유교문화』 제48호, 경북대학교 퇴계연구소, 2011, 53쪽 참조.

14) 이러한 문제에 대해서 깊이 있게 탐구한 연구로는 久保田量遠, 『支那儒佛道交涉史』, 東京: 大藏出版社, 1943(이 책의 국내 번역서는 최준식, 『중국유불도삼교의 만남』(민족사, 1990)이 있다)과 久須本文雄, 『宋代儒學の禪思想研究』, 名古屋: 日進堂書店, 1980이 있다. 특히나 불교와의 관련성에 대해서는 아직 이 자료들을 능가할 만한 연구는 없다고 해도 과언이 아니다.

이었기에 각자의 출신지를 따서 붙인 이름이다. 관중과 낙양은 북방성리학이 되었고, 렴계와 민은 남방성리학을 대표한다. 북방성리학은 심성론에 더욱 치중 하였고, 남방성리학은 우주론에 더욱 치중한 것이 특징이다. 그러나 주희가 북송사자의 학문을 집대성하여 성리학을 체계화하였으므로 결국 서로 일정한 영향을 주고받으면서15) 형성된 초기의 성리학은 이른바 '주자학'으로 통일되었다. 또한 이들의 저술들은 주자에 의해 정리되고 출판된 것이 많다.

그런데 사실 성리학은 크게 보면 정이천으로부터 주자로 이어지는 '정주학程朱學'과 육상산陸象山으로부터 왕양명으로 이어지는 '육왕학'의 두 갈래로 나누어진다. 물론 육상산이 살았던 시기는 주희와 동시대로서 북송성리학과는 다소의 거리감이 있기는 하다. 그러나 성리학의 토대를 완성한 인물은 누구나가 동의하는 바와 같이 정명도이다. 이천은 형의 「묘표문」에서, 맹자 이후로 끊어진 성인의 학문을 1400년 후에 비로소 명도가 남아 있는 경전에서 얻었다고 하였다. 이천은 명도가 얻은 성인의 학문에서 가장 핵심이 되는 부분이 '천즉리天卽理'라고 하였다. 이것을 이천이 이어받아서 주자에게로 전해졌다는 것이다. 그러나 이것은 명도의 일단만을 본 것이라는 설이 많다. 이천은 명도를 성인의 학문을 찾아낸 인물이라고 극찬했지만, 주자는 이천의 학문은 극찬하면서 명도의 학문은 폄하하였다. 그러나 육상산은 명도의 학문은 칭탄하면서, 이천의 학문에 대해서는 공맹의 뜻과 어울리지 않는다고 평했다.16) 명도가 토대를 놓은 성리학이 이천과 주자로 이어진 계통과 사상채謝上蔡로부터 육상산으로 이어져 다시 왕양명에게로 이어진 계통으로 나누어서 보아야 한다는 설인 것이다.

---

15) 정 씨 형제는 아버지의 벼슬길을 따라갔다가 주렴계에게서 학문을 배운 적이 있고, 장횡거와는 인척간으로서 교분이 있기도 하였거니와 횡거가 37세 때에 이단의 길에서 돌아와 이들 형제들과 도학에 대해서 토론하고 난 뒤에 크게 깨달은 바가 있다고 하였다.

16) 가노 나오키, 오이환 역, 『중국철학사』, 을유문화사, 1986, 411쪽 참조.

성리학의 토대를 놓은 명도의 학문 요체는 무엇인가? 이천이 지은 명도의 「행장」에 의하면, 그는 15~16세 무렵에 주렴계로부터 도에 대해서 듣고서 과거를 폐하고 도를 구했으나 요지를 얻지 못하여 약 10년간 불교와 도교에 출입했다고 하고 있다. 또한 『송원학안』에서도 '어려서 10년 가까이 불교와 도교에 출입하였으나 오염되지 않고 마침내 도의 밝음을 드러냈다.'고 하고 있다. 그가 불교와 도교에 심취한 기간이 10년 정도였다는 사실은 이미 공인된 셈이다. 나아가 그는 『노자』 『장자』 『열자』 등의 이른바 이단의 서적들도 가리지 않고 폭넓게 읽었던 것으로 알려지고 있다. 그러면서 이단의 폐해에 대해서 언급한 것도 많다.[17] 그러나 이천은 이단의 서적을 읽지 않았다고 한다. 명도는 54세에 죽었고, 저술도 별로 남기지 않았다. 주요한 철학적 저술은 횡거에게 보낸 편지인 「정성서定性書」와 그의 어록 가운데 수록되어 있는 「식인편識仁篇」이다. 이 두 저술은 인성의 선악에 대한 논의를 담은 것으로 궁극적으로는 성인의 경지에 대한 설명까지 담고 있어서 성리학의 '성인자기설聖人自期說'에 대한 단초이기도 하다. 「정성서」는 실로 불교적 색채가 뚜렷하다고 보는 것이 일반적 견해이다. 청나라 말에 사천에서 태어나 민국초기에 활동했던 자칭 '후흑학厚黑學'의 창시자이자 스스로를 '후흑교주'라고 불렀던 이종오李宗吾도 명도를, 학문이 삼교를 회통하여 성리학의 토대를 완성한 인물로 평가하고 있다. 그는 성리학자들이 삼교를 회통하여 하나의 새로운 학설을 만들어냈음에도 불구하고 스스로 그 독창성을 부정하고 오로지 공맹의 학을 계승했다고 하는 점에 대하여 강하게 비판하고 있다.[18]

---

17) 久須本文雄, 앞의 책, 142~143쪽 참조.
18) 이른바 '厚黑學'이란, '면후심흑(面厚心黑)' 즉 '두꺼운 얼굴과 시커먼 마음'이 권력을 잡고 공명을 이루는 첩경이라는 설이다. 그의 저술은 耐味이 주편한 『중국역대기서』(중국: 文史出版社)에 『후흑학』이란 제목으로 포함되어 있는 것도 있다. 그의 저술은 국내에서 이종오 지음, 신동준 편역, 『후흑학』, 인간사랑, 2010으로 번역되어 있다. 그런데 번역서는 위에서 말한 책과는 다소 다른 부분들이 보인다.

성리학에 있어서 중요한 점은 학문 자체라기보다는 오히려 학자의 인품이라고 할 수 있는 요소가 매우 많은 것으로 보인다. 이종오도 이천과 주자의 인품을 말하면서, 그 도량이 지극히 협소하여 바늘 하나조차 수용할 수 없을 정도였기에 당파를 만들어 분쟁을 초래하였다고 하고 있거니와, 가노 나오키도 명도와 이천의 인품에 대해서 다음과 같이 언급하고 있다.

한 마디로 말하자면, 명도는 덕성이 넓고 규모가 크며, 광풍제월(光風霽月)을 가슴 속에 둔듯한 인물로서, 사람을 접할 때는 온화하여 문인들도 일찍이 그가 흥분해서 말하는 것을 본 적이 없다고 한다. 그러나 이천은 형과는 반대로, 기질이 강직하고, 문리가 빈틈이 없으며 초벽고봉(峭壁孤峰)과 같아서, 문인을 접하는 데도 대단히 엄격했다고 한다. 두 선생의 학술과 인물은 더불어 후세의 학자로부터 신주처럼 숭상을 받는 바이지만, 인품이 높은 점으로 말하자면, 이천은 끝내 형보다 한 수 뒤지는 듯하다.[19]

이러한 두 사람의 인품 차이는 실로 학문의 영역에서도 커다란 차이를 가져오게 된 것이라 할 수 있다. 명도와 이천이 이단의 서적을 읽은 것과 읽지 않은 차이에 더하여, 도량의 넓음과 좁음의 차이가 바로 '정주학'과 '육왕학'의 차이를 만든 것이라고 이종오는 강력히 주장하고 있다. 둘 다 『역전易傳』을 지었지만 관점이 확연히 달랐던 이천과 소동파였기에, 이천은 동파와 대립하여 '낙촉분당洛蜀分黨'을 야기하였다.

번역서를 읽어서 이해가 되지 않는 부분은 원문을 보아야 이해가 되는 경우가 많고, 원문을 보면 이종오의 글임이 확실시되는 부분도 번역서에서는 빠진 부분도 있다. 위에 언급한 원문의 제5책에 해당되는 부분의 대부분이 번역본의 제5장 중국학술의 추세라는 항목으로 되어 있다. 번역본의 462~551쪽의 내용은 송학에 대한 그의 견해를 유감없이 피력하고 있는데, 실로 중국인으로서 이와 같이 이천과 주자에 대해서 비판적인 관점을 사실과 자료에 근거해서 쓰고 있는 경우는 드물다고 할 수 있다.
19) 가노 나오키, 앞의 책, 371쪽.

만년에 이천의 학문은 이단으로 몰려 고생하였다. 이는 주자가 평생 대의명분에만 매달려 金과의 화의를 거부하고, 결국 남송이 망하게 된 원인도 '경원당안慶元黨案'과 깊은 관련이 있는 것으로, 이천과 주자는 너무나 닮은꼴이라고 분석한다. 더구나 주자에 대해서는 그 그릇의 편협함이 이천과 자기 자신의 견해와 다른 사람은 모두 이단으로 몰아 나쁜 사람으로 규정짓는 지경이었다고 한다. 주자는 육상산의 사후 문상을 하고 난 뒤에 제자들에게 '告子가 죽어서 매우 애석하다'고 했고, 한나라의 대학자로서 이른바 3대 논어에 속한다는『법언法言』을 저술한 양웅을『통감강목』에서 '왕망王莽의 대부 양웅이 죽었다'라고 표현하여 그들을 문묘에서 몰아내는 결정적 근거를 제시했다. 또한 주자는 소동파 형제들을 극렬히 비난했는데, 황산곡黃山谷은 비난하지 않았다고 한다. 황산곡의 손자가 주희의 제자였기 때문이다. 임률과 당중우도 당대의 명사였으나, 친구 진량의 거짓말로 주자가 옥사를 일으켰다고 한다. 또 남송의 장군 장준은 금과의 싸움에서 3차에 걸쳐 54만의 대군을 잃었고, 천하의 역적 진회秦檜를 추천하고 악비岳飛를 배척하여 나라를 망친 장본인임에도 그의 아들 장식이 주희의 친구였기에, 주희는 그의 「행장」을 지어주어 충신으로 만들었다고 한다.『근사록』을 같이 편집한 려조겸과의 사이도『시경』에 대한 의견의 불일치로 인하여 만년에는 시시콜콜 그의 학문을 비판하여 결국『송사』의 편집에서 주자의 제자들이 그를 「도학전」에서 제외시켰다고 한다. 이런 내용들은 모두 건륭제가 친히 흠정欽定한『사고전서』중 기효람이 저술한『사고전서제요』에 들어 있다.[20] 이를 보면 중국의 학자들은 이천과 주자일지라도 그들의 잘잘못을 분명히 집고 넘어갔음을 알 수 있다.[21] 가노 나오

---

20) 이종오, 앞의 책, 536~548쪽 참조. 이 내용은 앞에서 언급한 원본에는 제5권의 끝 부분과 제6권의 앞부분에 수록되어 있다.

21) 중국과 일본에서는 주자에 대한 비판이 이와 같이 있었지만, 조선에서는 주자에 대해서 한 마디의 비판만 해도 바로 사문난적으로 몰렸다. 뒤에서 논하겠지만 이천과 주자의 이러한 성격은 조선 성리학자들에게 하나의 고질병처럼 심어졌다고

키도 주자를 평하면서 '성격이 너무 강직했다'고 하고 있다. 강직한 성격은 반드시 시비의 원인이 되는 법이다. 군자와 소인의 구별이 그 시작이다.

한편, 송 대에 들어서면서부터 사대부 특히 '士'의 사회적 역할과 위치에 변화가 크게 생기기 시작한다. 이는 당시 문치주의를 표방한 북송의 정책과도 관련이 있으며, 특히나 사회 경제력의 급격한 상승으로 인하여 서민들의 개인의식이 두드러지게 신장한 것과도 밀접한 관련이 있다. 또한 이는 오대시대로부터 시작된 인쇄술의 발달에 힙 입은 인쇄출판의 급격한 보급도 중요한 역할을 하고 있었다. 또한 이러한 현상은 국가 성립 초기에 국가가 장악하고 있던 학문 즉 '관학官學시대'가 일정한 기간이 지나면서 지방화와 더불어 '사학私學시대'로 바뀌는 것과도 중요한 연관이 있다. 이러한 현상들이 모두 유학이 성리학으로 변하는데 기여하여 새로운 학문을 생산한 것이라고 할 수 있다. 이것은 유학의 근본이념에 대한 내용적 변화를 수반하게 된다.

먼저, 당나라 시대까지의 사대부라는 명칭은 '사'를 '대부'와 병칭하는 개념이었다. 그러나 송 대에 들면 '사'의 개념은 '사민四民' 즉 '사서공상士庶工商' 중의 한 계급으로 전락하게 된다.[22] 이제 '사'는 왕족이나 관료와는 완연히 구분되어 '서인'과 동등하게 대우되었다. 이는 당시 경제적 성장에 힙 입어 서인계층이 확대되었고, 더불어 목판인쇄술의 급격한 보급으로 비교적 저렴한 가격으로 쉽게 책을 구해볼 수 있는 상황이 된 것도 중요한 이유가 되었다.[23] '사' 계층이 '사대부'로 병칭되던 시대에서 이제 '사서인士庶人'으로 병칭되었던 것이다. 이것은 또한 매우 중요한 의미를 갖는 것이다. 이는 유교적 근본 통치이념이

할 수 있다.

22) 이에 대한 논의는 이용주, 「제5장 남송의 국가예제와 祀典」, 『주희의 문화이데올로기』, 이학사, 2003에서 잘 분석되어 있다.

23) 이에 대한 논의는 이노우에 스스무, 「7 인쇄본 시대의 개막」, 이동철 외 옮김, 『중국출판문화사』, 민음사, 2013에서 아주 상세히 언급하고 있다.

'예교禮敎'에 있는 것인 만큼, 국가적 차원에서 예의 준수 대상을 어디까지로 한정하느냐에 따라서 사람으로 대우받느냐 못 받느냐의 차이가 생기기 때문이다. 이것은 당나라 때의 예서禮書인 『대당개원례』가 정하고 있는 범위가 황제, 황실, 3품 이상, 4품과 5품, 6품 이하의 다섯 단계로 구분하여 관료 이상으로 규정하고서 일반 사서인은 국가예제의 대상에서 제외하고 있었던 데에 반해, 북송의 휘종 3년(1113)에 편찬 반포한 『정화오례신의』에서는 그 범위를 황제와 황실, 품관, 서인의 3등으로 나누어 '사서인'을 국가예제 적용의 범위에 포함시킨 데서 분명히 드러난다.24) 이제 비로소 중국 역사에서 '사'와 더불어 '서인'까지도 '인간'으로 가치가 격상되어진 것이다.

북송에 들어서 성리학이 아직 주류의 학으로 자리 잡기 전부터25) 예제에 의한 통치의 필요성은 왕안석, 사마광, 구양수, 정이, 장재 등에 의해 강력히 주장되었고, 특히 사마광은 『의례』를 본받아 『서의書儀』라는 예서를 편찬하여 사서인이 준수해야 할 가정의례를 정리하였다.26) 주희가 편찬한 『가례』도 이러한 노선의 연장선에서 『서의』를 본받아 이천의 예설을 참조하여 사서인의 생활에 대한 완전한 도덕적 지침서를 마련하고자 만들어진 것이라고 한다.27) 성리학의 형성에서 이러한 일은 대단히 중요한 의미를 지닌다. 성리학은 관학이 아니라 일종의 사학으로 출발한 것이고, 또한 지방학의 성격을 가지고 있었으므로 '사'의 향촌에서의 역할 및 위상을 가늠하는데 매우 중요한 지표가 되는 것이기 때문이다. 게다가 그 내용 또한 대부의 예가 아니라 사서인의 예를 담고 있기에, 성리학의 형성과 향촌까지 포함하는 '예교'의 시행은 밀접한 연관성을 가지고 있다.

---

24) 이용주, 앞의 책, 200~201쪽 참조.
25) 사실 주돈이나 장재의 학문은 당시로서는 지방학에 불과하여, 뒷날 주자에 의해 그들의 저술이 새롭게 평가되기 전에는 거의 알려지지 않았던 인물이다.
26) 이용주, 앞의 책, 205쪽 참조.
27) 위의 책, 207쪽 및 323쪽의 주 12) 참조.

여기서 다시 유학의 본래적 이념과 성리학 시대에 새롭게 제시된 이념의 차이를 검토해볼 필요가 있다. 유학의 근본이념은 '수기치인'이다. 이것이 공자와 맹자에 있어서 어떤 개념으로 해석되었는지는 이미 앞에서 논의하였다. 성리학의 맹아기에 한유가『맹자』의 중요성을 언급한 후로, 이고는『중용』의 의미를 크게 부각하였다. 이러한 전통은 그대로 계승되어 결국 주희에 이르러 그 자신이 중요성을 강조한『대학』과 더불어 새로이 '사서'라는 개념을 만들었고, 주희 이후 원 대에 들어서 성리학이 국가의 통치이념이 된 때로부터는 '사서'의 중요성이 '육경'에 버금가는 위상을 차지하였다. 그 와중에서 특이한 점 하나는 정명도나 주희와 같은 경우는 진리를 찾기 위해서, 이단의 서적까지 모두 포함하여 그 시대의 누구보다도 광범위한 독서를 하였지만, 동시에 그들은 그들 이후의 학자들에게 이단의 서적을 읽어서는 안 된다는 역설적 주장을 하게 되었고, 결국은 이러한 독서는 일종의 금기가 되었다.[28] 이러한 경향 또한 성리학 시대의 성격을 규정짓는 중요한 하나의 요소가 된다는 점을 간과해서는 안 된다.

『중용』은 책의 첫머리에서 언급하고 있는 바와 같이 '천명인 性'에 대해서, 이 '성을 따르는 방법(道)'과 이 '방법의 가르침(敎)'에 대한 내용을 주로 담고 있다. 이는 다르게 말하면, '천리'에 대한 '수기'와 '치인'의 구분이다. 여기서 말하는 '수기'는 '존덕성'에 해당하고, '치인'은 '도문학'에 해당하는 것이다. 성리학 시대의 '치인'은 현실적으로 정치를 담당하는 '관료'의 몫이 아니라, 오히려 왕도정치의 이론적 근거를 탐구하는 '학자'의 몫이 된 측면이 많다. 이것은 공자 이후 끊어진 '성인'의 존재에 대해 '도통'의 개념을 끌어들여서 유학의 부흥을 도모하고자 하는 노력의 일환이기도 하다. 따라서 이제 성인은 '태어나면서부

---

28) 이노우에 스스무, 앞의 책, 220~223쪽 참조. 게다가 주희는 도교의 중요한 서적인 『참동계』에 대한 주석서까지 남기면서, 저자인 자신의 이름을 도사의 이름에 가탁하여 '추흔'이라고 쓰기도 하였다.

터의 존재'가 아니라 '노력하여 되어가는 존재'라는 개념으로 바뀐다. 이것이 이른바 '성인자기설聖人自期說'이다. '내성외왕'은 타고난 것이 아니라 되어가는 것, 즉 '성자誠者'가 아니라 '성지자誠之者'의 일로서 학자는 곧 '군자'의 표본이 되었다.

한편,『대학』은 '지어지선止於至善'으로서의 '성인'에 이르는 길을 그 첫머리에 두고 있는데, '수기'로서의 '명명덕'과 '치인'으로서의 '친민' 을 '군자'의 이상으로 제시하고 있다. 여기서 말하는 '친민親民'을 주희 는 '신민新民'으로 보아야 한다고 하여 '인'과 '민'에 대한 전통적 구분 즉 통치자와 피통치자의 차이를 분명히 한 데 반하여, 양명학에서는 원래의 뜻 그대로 '친민'으로 보아야 한다고 견해를 달리함은 주지의 사실이다. 주희처럼 '백성을 새롭게 한'다는 것은 이제 단순한 통치의 형태에서 벗어나 '교화'의 시행을 의미하게 되어, 전통적 의미를 더욱 확대하였다. 여기서 중요한 점은 주희가『대학』을 '四書'의 위치로 격 상하면서, 원래『예기』에 있던 「대학」편의 내용에다가 '격치보망장格 致補亡章'을 추가한 사실이다. 그 추가의 이유는 원래 있었던 내용이 중 간에 탈락되었으므로 다시 그 뜻을 살려 보충해 넣는다는 것이었지만, 사실 그것은 오직 주희 자신만의 억견에 불과한 것이었다.[29]

'격물치지'는 주희에게 있어 무엇보다도 중요한 일이었다. 그것은 학 자로서의 삶에 치중했던 자신의 생에 대한 존재이유이기도 했다. 그러 나 이 또한 육상산과의 이른바 '아호논쟁'에서 '지리支離'와 '태간太簡' 으로 견해를 달리해 끝내 일치를 볼 수 없었던 부분이다. 이것이 주희 의 '독선주의'를 보여주는 학문적 표본이다. 육상산에 의해 '지리하다' 고 비판받았던 주자 격물치지론의 종점은, 그 자신이 결국은 어느 하

---

29) 물론 바로 이러한 점이 학자로서의 주희의 위대한 점이라고 볼 수도 있다. 그의 성리학에 대한 이론적 도식의 근거가 모두 여기에서 출발한다고 보아도 무리가 없 기 때문이다. 그러나 이것을 '잃어버린 것을 보충한다'는 명칭을 붙이기에는 뭔가 어색함을 숨길 수는 없다.

루아침에 '활연관통豁然貫通'하게 된다고 말한 것처럼, 그가 평생 대표적 이단으로 배척했던 선불교의 돈오설과 한 치도 다르지 않다고 평가되는 이론이다.

유학의 '수기치인'이 공자에서는 '극기복례'로 표현되고, 성리학에서는 '거경궁리'로 변화되었다. 그 과정에 맹자에 대한 재평가와 『중용』과 『대학』이 가지는 내용상의 의미로 인하여 결국 주희에 의해 '사서'로 격상되는 변화가 있었다. 유학과 성리학이 학문적 관점에서 갖는 차이점을 '수기치인'의 측면에서 분석하여 도식화하면 다음과 같이 정리할 수 있다.

유학	요·순	공자	맹자	성리학	『중용』		『대학』	
수기	내성	극기	진심지성	거경	솔성	존덕성	명명덕	성의정심
치인	외왕	복례	왕도정치	궁리	수도	도문학	친민(신민)	격물치지

유학이 성리학으로 발전하는 과정의 중요한 특성들은 대략 이상과 같은 점들로 대별된다고 할 수 있다. 그것은 시대의 변화에 대한 유학의 자기 변화이면서 동시에 새로운 시대에 맞는 새로운 이념의 구현이었다고 할 수 있다. 성리학은 '知의 완성'을 성인에 이르는 방법으로 삼았다. 그러나 이미 이데올로기화 되어버린 성리학은 오히려 다양한 지적 탐구를 제한하고 오히려 경계의 대상으로 여기게 되었다. 그러한 현상은 거꾸로 독서의 빈곤화를 초래하였고, 인간의 사고를 단순화 시키는 결과를 초래하였다.[30] 결국 이는 국가의 통치이념이었던 성리학이 역설적으로 봉건왕조의 몰락을 초래하는 하나의 먼 원인이었다고 할 수 있다.

---

30) 이노우에 스스무, 앞의 책, 220~223쪽 참조.

3. 조선의 성리학과 남명학의 특징

1) 조선 성리학의 정착

위에서 분석한, 유학이 성리학으로 발전하면서 겪은 변화의 양상과 내용들은 조선의 성리학 발전에 대해서도 상당 부분 적용해 볼 수 있다. 고려 말에, 국가의 통치이념으로 채택하고 있던 원나라로부터 들여온 성리학은 신진사대부를 중심으로 수용되었다. 그들은 이미 쇠퇴의 길로 들어선 고려왕조를 개혁할 대안으로 성리학을 환영하였던 것이다. 또한 그들의 학문은 관학을 대신하여 사학私學이 중심을 이루었다. 그러나 개혁은 언제나 쉽지 않은 법이어서, 결국 혁명을 통하는 길을 찾았다. 이 혁명의 과정에서 성리학자들은 두 갈래의 길로 나뉘었다. 하나는 새로운 왕조의 주류 세력으로 편입되어 그들이 꿈꾸던 세상을 만드는데 앞장섰던 부류이며, 다른 하나는 역성혁명이 성리학적 가치에 부당하다는 입장을 지니고서 낙향하여 뜻을 지키는 부류였다.

새로 건국된 조선은, 역사의 모든 왕조가 그러하듯이 통치체제의 안정을 위해서 모든 것을 국가의 관리 감독 아래에 두게 되었다. 성리학을 통치이념으로 택하고서 모든 학문을 중앙정부가 장악하였다. 학문의 방향은 무엇보다도 실용성이 우선이었다. 말 그대로 '관학시대'였던 것이다. 세종 때에 많이 편찬되었던 책들은 주로 천문 지리 농업 등 실생활과 밀접한 부분들이었다. 정도전과 권근이 이끌었던 조선 초기 관학으로서의 성리학은 불교의 배척과 유교적 예제의 보급에 가장 중점을 두었다고 할 수 있다. 그 대표적인 경우가 『삼강행실도』와 『효행록』 및 『소학』의 보급이었다.[31] 그런데 그 당시 『소학』은 실제로 보급되는

---

31) 김홍경, 『조선초기 관학파의 유학사상』, 한길사, 1996은 그 당시의 관학에 대한 총체적 연구라고 할 수 있다. 특히 216~227쪽에서 다루고 있는 '강상론'은 이 문제와 관련하여 참조할 만하다.

것이 느렸고, 이에 대한 실행도 기대만큼 이루어지지 않은 것으로 파악되고 있다.

그러나 일정한 기간이 지난 뒤, 낙향파의 후손들이 다시 정계에 복귀하고, 은퇴한 관료들이 낙향하는 과정에서 조선의 성리학은 커다란 변화를 가져오게 된다. 즉 조선 나름의 도통론이 중국의 그것에 대비하여 나타나고, 관학의 사학화와 지방화가 급격히 진행된 것이다. 그들은 지역을 거점으로 새로운 학파를 형성하게 되고, 중앙에 비해 현저히 뒤져있던 향촌의 질서를 성리학적 예제 속으로 끌어들이는 역할을 수행했다. 예제의 보급은 철저히 명분론의 틀 속에서 이루어지는 특성을 가지고 있다. 이제 관학이 주도하던 실질을 숭상하던 시대에서 사학이 주도하는 명분을 우선하는 시대로의 전환이 도래한 것이다.

개국 후 200년이 지나면서 찾아온 왜란과 호란을 겪기 전의 조선은 아직 '사대부'의 시대를 구가하고 있었다. 왜란 전까지는 양반의 수가 전체 인구의 10% 미만이었고, 신분질서가 강하게 사회를 통제하고 있었기 때문이었다. 조선은 임진 병자의 양대兩大 난을 겪은 뒤인 숙종 대에 이르게 되면 양반의 수가 급격히 증가하여 약 30%까지 늘어나 신분질서가 많이 느슨해지면서 서인들의 개인의식이 성장하여, 이제 비로소 '사대부'의 시대에서 '사서인'의 시대로 전환되었던 것이다. 명분을 중시하는 사림파의 정계 진출은 관학파와 대립할 수밖에 없었고, 더구나 숫자가 한정되어 있는 관직을 두고서는 필연적으로 대립과 분쟁을 가져오게 되었다. 이것이 곧 4대 사화로 나타난 것이다. 치열한 싸움을 통해 많은 희생을 당한 사림은 사기가 극도로 저하되었으나, 결국은 재지在地기반에 의지하여 최종 승리를 거두게 되었다. 그들에게는 언제나 막강한 배경으로서의 재지 경제력과 더불어 학파 그룹이 있었기에, 때에 따라 벼슬길에 나아가고 또 때에 따라 미련 없이 낙향할 수 있는 여유가 있었다.

중종 이래로 관료로 진출한 사림은 지방관을 자청하는 경우가 많았고, 그들은 지방에서 『소학』과 『가례』에 근거한 예교를 펼쳤다. 그들의 명분은 오직 주회가 만든 성리학의 방식대로 생각하고 행동하는 것이 전부였다. 그들은 자신들의 학문적 배경으로 조선 성리학의 도통론을 주장하였다. 이는 중국 성리학이 도통론을 배경으로 형성된 것과 맥락을 같이하는 것이라고 볼 수 있다. 그러나 중국의 도통론이 공자 이후 끊어졌던 학문의 맥을 계승하는 점에 초점을 맞춘 반면에, 조선의 도통론은 '도학'을 말하지만 실은 '절의'의 개념이 계보를 형성하는 기준으로 작용한 것이었다.32) 이들의 도통론은 정몽주와 김굉필을 문묘에 종사하기 위해서 주장되었다가, 사림의 학문적 정치적 정통성을 확보하기 위하여 정몽주-길재-김숙자-김종직-김굉필-조광조 등으로 이어지는 계보도로 발전시켰다. 여기서 더 나아가 그들은 김굉필, 정여창, 조광조, 이언적을 '4현四賢'으로 칭하여 문묘종사를 적극 추진하였다. 그리고 이황이 세상을 떠난 후에는 그를 포함하는 '5현五賢'개념을 만들어 문묘종사를 부단히 요구하였다. 이미 사림이 정치적 주도권을 완전히 쟁취한 선조와 광해군 대에 들어서는 정치적으로 가장 중요한 이슈가 된 듯한 정도로 사림은 이 문제에 대해 집요하게 매달리고 있었다고 해도 과언이 아니다.

여기서 중요한 점은, 초기에 문묘종사와 함께 제시되었던 도통의 개념은 '절의'를 중시하여 사화에서 피해를 당한 세력들이 주축이 되어서 만들었던 반면에, 이언적과 이황까지 포함하는 '오현'의 개념은 학문적 정통성과 순수성을 주장하는 측면에서 주로 성균관 유생들에 의해 제기되었다는 점이다.33) 그러나 조선의 도통론은 중국의 그것과는 또 다른 의미에서 억지로 끼워 맞춘 것임은 주지의 사실이다. '절의'와 '도학'이 뒤섞여 도통 자체의 본질을 분명히 하지 못했으며, 실제로 김

---

32) 이 문제에 대해서는 김영두, 「조선 전기 도통론의 전개와 문묘종사」, 서강대학교 박사학위논문, 2005에서 자세히 다루고 있다.
33) 위의 논문, 169쪽 참조.

숙자와 김종직의 경우는 '도학'과 '절의'의 어디에도 딱 들어맞을만한 명분이나 실적을 찾기 어려운 것이 사실이다. 김굉필이 '소학동자'를 자처한 것이나 이언적이 '무극태극설'을 논한 것에서부터 주자학이 실질적으로 뿌리를 내리고, 이황이 주자를 온전히 계승했다고 자임하면서 조선의 성리학은 새로운 시대로 접어들었다고 할 수 있다. 곧 성리학 그 중에서도 주자학 일변도의 시대가 열린 것이다. 이러한 일련의 움직임에 남명도 일정한 관련이 있다.

한편으로, 조선의 성리학도 중국의 경우와 유사하게 사학화와 지방화의 과정 속에서 발전하였다고 할 수 있다. 주희가 주돈이, 장재, 정호, 정이를 집대성하여 주자학을 완성시켰으나, 그 당시까지는 주자학 자체도 공인받지 못하는 일종의 사학이었다. 이것은 또 북송의 성리학이 남송의 성리학으로 흡수되는 형태이기도 했다. 조선의 성리학도 초기의 관학시대를 지나고서, 사림이 정계로 진출하면서부터 지방화와 사학화의 두 길을 동시에 갔다고 할 수 있다. 조선 초기에 관학은 정도전과 권근이 주도하였고, 이어 정인지와 집현전 학사들이 실용적인 학문을 전개하였다. 반면에 뚜렷한 학파를 형성하지 못하고 있던 사림은 이제 김종직에 이르러 점차 세력화하기 시작한다. 사화를 거치면서도 조광조에 이르면 이미 사림파라고 부를 수 있을 만큼 세력이 성장했다고 할 수 있다.

2) 성리학과 남명학의 특징

사림파는 퇴계와 남명의 시대에 이르게 되면, 전국적으로 몇 개의 학파로 나뉘게 된다. 영남의 경우는 강좌의 퇴계와 강우의 남명으로 양대 학파가 형성되고, 해서에서는 화담에서 율곡으로 이어지는 학파가 나타나고, 호남에서는 일재 이항과 기대승으로 대표되는 학파가 형성된 것이다. 당시의 조선은 크게 보아 4개의 학파가 생겼다고 볼 수 있다. 퇴계의 경우는 대과에 급제하여 벼슬길에 나아갔으면서도 시대의 부침에 따라 나아가고 물러나기를 반복하면서 벼슬길 및 학문과 제자 양성의 세 방면 모두에 힘을 쏟아 성공을 거두었다. 남명의 경우는 끝내 과거에 급제하지 못하고 제자의 양성에만 힘을 기울여 반쪽의 성공을 거두었다고 할 수 있다. 화담과 일재의 경우도 과거를 포기하고 학문에만 전념하였지만, 제자의 양성에서는 퇴계나 남명에는 미치지 못하는 것으로 볼 수 있다. 퇴계와 달리 나머지 세 인물은 학문과 행실이 뛰어난 선비 즉 '유일遺逸'로 천거되어 여러 차례 벼슬길에 부름을 받는 '징사徵士'의 영예를 가졌다. 이들에 대한 천거는 지방관이나 대관 및 조정의 명망 있는 신하들에 의한 것이었던 것처럼, 이미 그들이 가지게 된 향촌에서의 영향력이 컸다는 사실을 반증하고 있는 것이기도 하다. 또한 당시에는 그들의 제자로써 조정에 출사해 있는 인물들도 상당한 숫자에 이르고 있었기에, 그들의 명성은 이에 비례하여 더욱 높아질 수 있었다. 그런 점에서 그들의 스승에 대한 벼슬의 제수는 일종의 예우이기도 했지만, 동시에 향촌을 중심으로 점점 커져가는 그들의 영향력에 대한 하나의 제한이면서도 회유책이었다고도 할 수 있다. 남명학의 특성도 이런 맥락에서 이해할 필요성이 있다.

그러나 각각 조금씩 다른 색채를 가지고 있었던 그들의 학파는, 해서와 호남의 경우는 상대적으로 약했던 것으로 보이지만, 각각의 도그마를 형성하게 되었던 것이다. 그들은 개인적으로 서로 친분관계에 있기도 했고, 마음으로는 서로 존경한다고도 했지만 실로 다른 사람을 크게 인정하지 않고 자신만이 옳다는 일종의 독선주의에 어느 정도씩은 빠져 있었던 것이 사실이라고 보인다. 이러한 것이 훗날 동서분당으로부터 시작되는 당쟁의 불씨가 된 것이다. 이 또한 중국 성리학에서 정이천으로 인하여 낙촉분당이 일어나 만년의 이천이 고생을 한 것과, 사림의 등장 초기 조광조가 '주초위왕走肖爲王'으로 개혁의 꿈이 좌절당한 것은 '경원당안'에 의한 주자의 몰락과 같다고 하겠다. 이것은 명분론에 집착한 도그마이다. 남명의 성격 또한 이러한 성향과 유사한 점이 많다고 할 수 있다.

학문적 관점에서 본다면, 당시의 성리학은 이언적 이후에 비로소 주자의 성리설에 대한 본격적인 이해가 촉발되었다고 할 수 있다. 이황이 이언적의 학문을 높이 평가하고서, 다시 기대승과 '이기논쟁'을 벌이면서 학자들의 관심이 성리학의 핵심인 이기론에 집중되었다고 하여도 과언이 아니다.[34] 앞에서 중국 성리학의 특징을 논하면서 '수기치인'이 '거경궁리'로 전환되어, 군자의 일이 이제는 학자의 일이 되었음을 살핀 바 있다. 학자가 곧 군자가 된 시대의 도래가 성리학의 시대이다. 조선의 성리학자는 이러한 사명에 충실한 사도가 되었다. 그런데, 이와 같이 이기론이 쟁점으로 부각하는 시대에 남명의 경우는 그와는 다소 다른 방향으로의 학문적 경향을 추구하였던 것이다. 남명학과 남명학파의 특징은 바로 이러한 점으로부터 구명되고, 특징 지워져야 한다.

거경궁리로 집약되는 성리학을, 남명은 '거경집의居敬集義 반궁실천反躬實踐'[35]으로 압축하여 이해하고 있었다. 이러한 관점은 주자 이후의 성리학에 대한 철저한 수용을 뜻한다고 볼 수 있다. '정자나 주자 이후로는 저술이 필요 없다(程朱以後 不必著書)'는 관점을 견지했던 남명이기에, 그에게 있어서는 오히려 '궁리'보다는 선현 이론의 실천이라는 측면에서의 '행의行義'가 더 중요했던 것이다. 남명학이 퇴계학과 구별되는 지점이 바로 여기에 있다고 할 수 있다. 퇴계는 '거경궁리'를 그대로 계승했다고 볼 수 있지만, 남명은 '거경행의居敬行義'로 방향을 전환한 것이었다.

---

34) 이후 조선의 '이기론'은 주로 심성론으로 전개되면서 조선 말기까지 이어진 성리학의 두드러진 특징이 되었다. 이에 대한 연구는 오늘날의 학계에서도 부단히 계속되고 있으며, 연구실적이 실로 헤아릴 수 없을 정도이다. 조선의 성리학은 한 방면에서 깊이는 더하였지만, 다른 방면의 개발과 발전은 저해한 중요한 요인이었다고 볼 수 있다.

35) 『남명집』 래암 찬 『남명집서』 참조.

남명학 연구의 초기에 이 분야의 개척자라고 할 수 있는 김충열, 오이환 두 교수가 모두 지적했듯이, 남명학의 특징은 실천적 학풍에 있었다. 동시에 그들은 남명의 학문적 경향이 이천보다는 명도와 가깝다는 점에도 동의하고 있다. 필자가 보기에 남명은 학문적으로는 명도에 가깝지만, 성격이나 기질적으로는 이천과 가깝다고 보인다. 이에 비해 퇴계는 학문적으로는 이천을 닮고 성격이나 기질은 명도와 유사하다고 하겠다. 남명학이 훗날 쇠퇴의 길을 간 이유를 오이환 교수가 예전에 몇 가지 지적하였듯이,[36] 남명이 퇴계의 이론지향적 경향을 비판한 점은 매우 중요한 시사점을 가지고 있다. 남명이 퇴계를 비판한 점과는 달리, 퇴계가 남명을 비판한 점은 그를 '노장을 빌미로 하였다(老莊爲崇)'는 것이었다. 퇴계의 이러한 비판은 남명의 학문적 성향을 포괄적으로 말해주고 있는 것이기도 하지만, 이는 실로 남명의 학문을 이단으로 치부하는 듯한 느낌을 가지고 있다. 이천과 주자의 강직하고 꼿꼿한 성격을 닮은 남명의 성격은 이미 그 속에 훗날 남명학이 쇠퇴의 길을 걷는 씨앗을 품고 있었다고 할 수 있다. 정인홍과 같은 제자가, 오히려 남명보다 강직한 성격으로 남과 더불어 화합할 줄 모르는 행동으로 많은 문제를 야기한 것이 그러한 예라고 할 수 있다. 강직함은 반드시 적을 만들기 마련이다. 남명이 역사의 인물이나 당대의 인물에 대해서 많은 비판을 했던 것들은 결국 나중에 부메랑이 되어 돌아올 수밖에 없는 운명이라 하겠다.[37]

 남명학의 또 다른 큰 특징은 박학과 수렴이라고 할 수 있다. 남명의 사후에 그를 현창하는 모든 글들에서 한결 같이 말하고 있는 바가 그의 박학이다. 실로 그가 섭렵하지 않은 분야가 없다고 할 정도로 그의

---

36) 오이환, 「남명학자료총간 해제 서론」, 『남명학연구논총』 제1집, 남명학연구원, 1988, 336쪽 참조.
37) 남명의 인물평에 대한 연구는, 김경수, 「남명의 인물평을 통해 본 출처관의 기저」, 『한국철학논집』 제25집, 한국철학사연구회, 2009에 자세히 분석되어 있다.

독서량은 많았다고 할 수 있다. 이 점은 퇴계도 마찬가지로 보인다. 그러나 남명이 제자들에게 가르친 '궁리'란 자신과 같은 박학이 아니라, 선현들이 밝혀놓은 공부의 차례와 행위의 표준을 탐구하는 것에 그쳤다. 남명이 가르친 공부의 핵심은 『소학』에서 시작하여 『대학』에서 완성되는 것이었고, 성리학의 이론적 구조에 대해서는 『근사록』과 『성리대전』 및 『심경』 등만을 권장하였다.[38] 이러한 관점은 퇴계도 유사한 것으로 보이는데, 바로 이들의 이런 견해가 이후 조선의 학문을 주자학 일색으로 만들고 주자학만이 하나의 도그마가 되도록 하는데 크게 기여했다고 할 수 있다. 독서의 빈곤화는 곧 학문의 획일화를 의미하기 때문이다. 남명의 이러한 입장은 그 자신이 25세 때에 『성리대전』을 읽다가 감명을 받았다고 전하는 허형의 관점과도 일치하는 것이라고 보인다. 이노우에 스스무는 허형의 독서에 대한 관점을 다음과 같이 말하고 있다.

> 주자학이 체제 교학으로 확립되는 데 지대한 공헌을 했던 허형은 "평소부터 책이 범람하는 것을 매우 우려"한 나머지 "성인이 다시 세상에 나면 반드시 대청소하여 이를 처리하실 것이니, 그렇게 되면 주(周)가 쇠퇴한 이래로 문채의 요소가 과다해졌던 폐해를 그래도 좀 시정하게 될 것이다."라고 했다. 원래 주지주의적이었던 주자학은 점차 반(反)주지주의를 배태하기 시작했으며, 이윽고 반주지주의는 하나의 이데올로기가 되어 원 대로부터 명 대 초까지 학계를 지배하게 된다.[39]

강직한 남명의 성격과 학문과 독서에 대한 이 같은 관점은 남명학의 한계라고 할 수 있다.[40] 그가 '정주이후 불필저서'의 입장을 천명한 것

---

38) 오이환, 앞의 글, 339~340쪽 참조.
39) 이노우에 스스무, 앞의 책, 227쪽. 허형과 원 대 당시의 학문적 폐해에 대한 내용은 223~230쪽에 보다 상세하게 언급되어 있다.

도 사실 그의 독창이 아니다. 이미 명 대 초의 학자 설선薛瑄이 '주자 이래로 사도斯道는 크게 밝혀져서 저작 따위를 행할 필요는 없으니, 단지 궁행 실천하는 일만이 필요하게' 되었다고 하였으니,41) 남명은 실로 설선의 이러한 주장을 되풀이 한 데에 지나지 않는 것이라고 할 수 있다.

남명은 30세 이전에 주로 서울에 거주하면서 당대의 명문가 자제들과 많은 교유를 가졌다. 그 과정에서 그가 폭넓은 독서를 할 수 있었다는 것을 알 수 있다. 30세 이후 김해의 처가에서 살게 될 때에도 처가의 경제적 여유로 책을 구해보는 일은 어렵지 않았을 것이고, 또 그 당시 서울의 친구들이 이러저러한 책을 보내주고 있기도 하였다.42) 그는 제자들이 보는 앞에서도 『참동계』와 같은 책을 읽고 있었던 것인데, 이러한 점은 남명학의 두드러진 특징으로 드러나야 함에도, 그는 제자들에게 성리설을 함부로 말하는 것을 금하기는 했지만 다양한 독서를 권하지는 않았던 것으로 보인다.

한 인물의 일생을 가장 잘 표현하고 있는 글들은 묘도문의 명銘이라고 할 수 있다. 이제 남명의 묘도문들에서 표현하고 있는 내용들을 검토하여 그의 특징을 살펴보자. 남명의 묘도문은 성운이 찬한 「묘갈명」과 곽종석이 찬한 「묘지명」 그리고 정인홍, 허목, 송시열, 조경 등이 각각 찬한 4편의 「신도비명」이 있다.

---

40) 필자는 아직 남명학의 한계와 그것이 가지는 단점이나 편협성을 비판하는 글을 접한 기억이 없다. 오히려 그러한 점들이 남명학의 장점이라고 칭송하는 글들은 많이 보았다. 남명학이 만능의 학인가? 오늘날에 있어서도 남명의 방식으로만 한다면 세상이 잘 되어갈 것인가? 이러한 관점의 숱한 글들을 보면서 필자는 안타까움을 느낀 적이 한두 번이 아니다.

41) 이노우에 스스무, 앞의 책, 229쪽에서 재인용.

42) 남명은 만년에 산천재에 거주할 당시 정인홍과 김우옹 등의 제자들에게 김해의 산해정에 가서 그곳에 있는 『대학』 등의 독서를 할 것을 권하고 있다. 또한 그가 벗들로부터 책을 선물 받은 사실은 그의 문집에 그 책들을 보내준 것에 대한 감사의 글을 남기고 있음으로 알 수 있다. 친구들이 선물한 책이 꼭 그러한 몇 종류에 한정되지는 않았을 것이다.

하늘이 덕을 내려 어질고 곧았으니, 거두어 몸에 지녀 스스로 쓰기 넉넉했네. 남에게 펴지 못해 은택 보급 못했으니, 시세인가 명운인가 백성 복 없음 슬플 뿐!43)

나를 안다는 사람은 봄바람의 즐거움에 넓은 바다의 기개라 말하고, 나를 모르는 사람은 뇌수(雷首)의 청렴에 부춘(富春)의 고절이라 말하네. 내 뜻을 지녔으니 나아가선 천하에 소소풍류(簫韶風流) 떨쳤고, 내 근심 없으니 물러나선 누항(陋巷)에서 단표(簞瓢) 가난 즐겼네! 빛나는 신명(神明)은 태극의 정령이요, 만고의 경의는 일월의 광채로다. 하늘 이치 사람 사업 본래 차이 없었고, 명선성신 박문약례 두 갈래 아니로다. 예전에 물어보고 뒷날을 기다려도, 아! 나를 아는 이 하늘 뿐!44)

종일토록 열중한 학문 오직 위기(爲己)요, 동정은 때에 맞아 머물 곳에 머물렀네. 숨어 아니 쓰임은 구연(九淵)의 용과 같고, 그 즐거움 바꾸지 않아 끼니 자주 걸렀다네. 근심 걱정 없었으니 대과괘상(大過卦象) 틀림없고, 7일만에 찾았으니 수식(首飾) 잃음 누가 알리! 뜻 밖에도 무슨 병이 불치에 이르렀나, 아! 선생께선 저승의 일월 되었으리. 덕천강 위에다 편석 이에 세우노니, 높고 넓은 산수와 그 수명 함께 하리!45)

고결하게 자수(自守)하고 은거하여 의(義) 행하니, 그 몸 아니 욕되고 그 뜻 아니 꺾였도다. 도 굽혀 시대 습속 좇지 않아, 일신 사업 고상히 이루었네.46)

---

43) 『남명집』 성운 찬 「묘갈명」: 天與之德 旣仁且直 斂之在身 自用則足 不施于人 澤靡普及 時耶命耶 悼民無祿.

44) 『남명집』 곽종석 찬 「묘지명」: 人之知我 春風之樂 湖海之豪 人不知我 雷首之淸 富春之高 我則有志 行而爲兮天之簫韶 我則無憾 藏之爲陋巷之簞瓢 有赫神明 太極之靈 敬義萬古 日月之晶 天人理事本無間 明善博約匪二途 質往俟來 知我者天乎!

45) 『남명집』 정인홍 찬 「신도비명」: 乾乾石惕 學惟爲己 動靜不失 寔艮其趾 潛而勿用 九淵之龍 其樂不改 庶乎屢空 不懼無悶 過大靡爽 七日而得 誰識茀喪 不知何病 任佗毛舌 於乎先生 冥道日月 德川之上 片石奚堅 山崇水洋 庶其齊壽.

고상한 천품이라 흉중에 티끌 없어 깨끗하고 활달했네. 옛 것 믿고 의리 좇아 명절(名節)에 힘썼으니 횡류(橫流) 중의 지주(砥柱)일세. 산 속에 집을 짓고 요순시대 읊조리고 배회하며 자락(自樂)했네. 오직 이 경과 의는 성인의 교훈이라 크게 벽에 걸었구나. 깨어 있고 씻어 없애 상제를 대한 듯 밤낮으로 힘썼다네. 임금이 기다리니 찬연히 나갔다가 홀연 이내 돌아왔네. 수양의 용맹은 용을 잡고 범을 묶듯 늙을수록 돈독했네. 명성 더욱 높아지고 사림 더욱 흠모하니 북두성이 북에 있듯! 목가(木稼) 재앙 알리고 소미(小微) 광채 잃으니 철인의 횡액일세. 높은 산 무너지니 나라 典型 잃었고 선비 뉘를 본받으랴! 오직 그 풍성(風聲)은 완부나부(頑夫懦夫) 바로 세워 우리 국맥 같이 했네. 두류산 하늘 솟고 그 냇물 땅을 갈라 깊고도 우뚝하니 천억 년 흘러도 선생 이름 이와 함께 끝이 없으리!47)

방장산 우뚝 솟아 만장(萬丈)이니 선생의 기상은 백 세토록 추앙하고, 덕천강 깊고 맑아 소슬하니 선생의 도덕은 갈수록 새롭구나. 오직 군자 삼갈 바 진퇴출처뿐이기에, 정도로써 아니하면 어찌 취해 사사로이 하겠는가? 높은 도리 행하기 어려우니 차라리 간직하여 구원에서 난 키웠네. 선대 임금 불러서 기릴 뿐만 아니었고, 대개 장차 천하 선비 본받게 함일세. 산해동 풍경은 변함없어, 거북 등에 서린 용은 선생의 신도비일세. 내 명(銘)하여 새기노니 무성한 녹죽에서 그 모습 상상하리!48)

46) 『남명집』허목 찬「신도비명」: 高潔自守 隱居行義 不辱其身 不降其志 不屈道而循時 高尙其事.

47) 『남명집』송시열 찬「신도비명」: 天賦之高 襟懷無累 灑灑落落 信古好義 名節自勵 橫流碣石 築室山間 嘯吟唐虞 徜徉自樂 惟敬與義 聖師所訓 大揭墻壁 喚醒滌濯 對越上帝 日乾夕惕 聖朝側席 慎然來斯 欻反初服 進修之勇 捕龍縛虎 老而彌篤 聲名愈高 士林愈傾 如斗在北 木稼徵災 小微藏輝 哲人之厄 高山旣頹 邦無典刑 士靡矜式 惟闕風聲 廉頑立懦 壽我國脈 頭流倚天 其川折地 嵲淪磅礴 有來千億 先生之名 與之無極.

48) 『남명집』조경 찬「신도비명」: 方丈之山 巖巖而萬丈兮 先生之氣像兮 百世所仰 德川之水 泓澄而肅瑟兮 先生之道德兮 惟往而潑潑 惟君子所愼 進退出處兮 不以道 曷取夫隱 遯道之難行兮 寧卷而懷兮 滋蘭九畹 先聖王 不徒徵辟而褒美之兮 蓋將風之乎天下之

이들을 종합해보면, 남명의 특징은 경의사상·출처의리·선비정신·사기진작·언로개척·교육 등으로 대별되는 것임을 알 수 있다. 이로써 그 이름이 만고에 남을 거라고 했으니, 이는 오늘날에도 그 가치가 돋보이는 것임에 틀림없다. 그러나 앞에서 조선 성리학의 특징과 더불어 살펴본 남명학의 특징과 더불어 생각해보면, 남명사상의 일차적 특징은 당시 사회의 중심축을 이루었던 사림 즉 재지사족층을 대표하는 입장이라고 볼 수 있다. 일부 연구자들은 남명사상의 중요한 부분이 민본정치를 주장한 것이라고 하지만, 필자는 이런 견해에 동의하지 않는다. 물론 「민암부」와 같은 글에서 일부 그러한 요소가 없는 것은 아니지만, 나는 남명의 정치사상이 사대부들이 중심이 되어야 한다는 주장이라고 본다. 남명의 정치사상은 그런 면에서 '위민정치'라고 할 수 있지 '민본정치'라고는 할 수 없는 것이다.

실제로 남명이 당시의 강우지역에서 차지한 위상은 실로 앞에서 열거한 특징들에 있지만, 그 보다도 중요한 것은 그가 행한 '예교'라고 할 수 있다. 사림의 위상은 성리학적 예를 일상에서 실천하는 데서 갖추어지는 것이다. 필자는 이미 남명이 당시에 향촌에서 행한 예교의 구체적 내용과, 그가 예학에 매우 밝았다는 점을 논구한 바 있다.[49] 남명으로 인하여, 음사에 의한 풍습이 남아있던 사림의 예제가 완전히 『주자가례』와 『의례』를 참조하고 현실적 상황까지 고려하여 그가 만든 '예서'가 당시의 풍속을 완전히 바꾸었다고 하고 있다. 또한 그는 자신의 죽음을 앞두고 직접 『사상례절요』를 지어서 사후 자신의 장례식 절차를 예비하고 있기도 하였다.

오늘날 남명학의 특징을 살리고 그 현대적 의의를 구명하는 일도 중

士 山海之洞 雲物不改兮 負鼈蟠蟠者 先生神道碑耶 我銘刻之 起遐想於綠竹猗猗.

49) 김경수, 「사림파의 전통에서 본 남명의 실천성리학과 예학」, 경상대학교 교육대학원 석사학위논문, 1991 참조. 이 글의 제4장에서 '남명의 예학'이라는 제목으로 상세히 논하고 있다. 이 글은 또한 『남명학연구논총』 제2집, 남명학연구원, 1992에도 전재되어 있다.

요하다. 그러나 남명학의 한계와 이의 극복에 대한 논의 또한 필요하다고 본다. 그래야만 유학과 성리학 나아가 남명학이 오늘날 여전히 유의미한 가치로 작용할 수 있는 기틀을 마련할 수 있을 것이다.

4. 남명학의 이상과 한계

남명학에 대한 그동안의 발굴과 선양사업은 단기간에 괄목할 만한 성과를 거두었다고 할 수 있다. 또한 그 현대적 의의와 미래적 가치에 대한 논의도 이미 적지 않게 거론되었다. 그러나 사실 그러한 논의는 아직 원론적 수준을 벗어나고 있지는 못하고 있는 듯하다.[50] 남명의 선비정신, 경의사상, 출처사상, 정치사상, 교육사상, 언로개척 등에 대한 평가와, 이에 대한 현대적 계승이 여전히 중요한 의미와 가치가 있다는 관점의 강조가 주를 이루고 있기 때문이다.

그러나 실제로 남명 사상의 중요성은 그와 같은 내용들을 종합하여 당시 침체에 빠져있던 사림의 기상을 진작시킨 데에 있는 것이다. 남명 역시 당시 사대부들의 역사와 사회에 대한 인식의 틀을 벗어나지는 않았다고 할 수 있다. 국가의 근간이 곧 사대부 특히 사림이라는 인식이 그것이다. 이들 사림은 성리학의 윤리의식으로 무장하여 국가 건국부터 권력을 장악해 온 훈구세력의 부패를 개혁하고자 하는 사명의식을 가지고 있었다. 도덕적 이상국가의 실현이 또한 남명의 꿈이었다고 할 수 있다.

그런데 중국의 역사에서 성리학이 형성되던 시기의 몇 가지 맥락을 보면, 성리학은 맹자 당시의 유학이 그러했던 것처럼, 이단과의 투쟁에서 보이는 독단 즉 독선주의가 강하게 작용하고 있었다. 정명도가 밝힌 '천즉리'의 개념에 바탕한 성리학은 크게 정이천과 주자로 이어지

---

50) 사실 이러한 논의는 남명 탄신 500주년을 맞이했던 2001년에 절정을 이루었고, 그 이후로는 다소 침체되고 있다는 느낌이 있다.

는 한 갈래와, 사상채와 육상산으로 이어지는 다른 갈래가 있었다. 처음에는 당시 유행하던 선불교를 이단으로 간주하여 배척하던 관점이 중심이 되었지만, 주자와 육상산의 시대에 이르러서는 스스로를 주류와 비주류로 나누어 육상산의 학문을 맹자 당시의 고자에 비유하여 이단으로 치부하는 지경에 이르렀다. 여기에는 철저한 명분론과 한 치의 학문적 다양성에 대한 포용심도 허용되지 않는 독단 곧 편협한 그들의 성격이 크게 작용하였다. 이천과 주자의 성격이 그러하였다. 그리하여 그들은 자신들의 성격으로 말미암아 그 학문이 위학僞學으로 규정되는 사태를 초래하여 불행한 만년을 보내게 되었던 것이다. 이 와중에는 또한 학문의 지방화와 학파화라는 요소가 개입하여 그러한 경향을 더욱 부추겼다고 할 수 있다.

조선에서 성리학이 정착되는 과정도 이와 너무나 닮은 길을 밟았던 사실을 살펴보았다. 훈구와 사림의 대결은 학문의 지방화에 기반을 두고 있으며, 사림 자체의 경쟁은 학문의 학파화에 기인하여 결국 당쟁으로 확장되었던 것이다. 조선 초기 불교에 대한 적대적인 배척과 도교적 의례에 대한 폐지를 주장했던 성리학자들은, 이 시기에 와서는 남명과 퇴계 등이 모두 양명학의 폐단을 논하면서 오히려 그 명맥이 끊어져가던 불교에 대해서는 비교적 온건한 태도를 취하였다. 게다가 그들은 서로의 학문에 대한 비판을 하는 과정에서 각 학파의 성격을 드러내게 되었다. 남명이 퇴계의 이론적 담론을 비판한 것에 비해, 퇴계는 남명의 학문에 이단적 요소가 있다는 비판을 가하였다. 여기에서 두 학파의 미래가 결정되었다고 해도 과언이 아니라고 할 수 있다. 동시에 남명과 퇴계는 그 성격이 선명하게 대비되는 바, 학문적 태도에서 명도와 닮았으면서 일상의 행위에서는 이천을 닮았다고 할 수 있는 남명과, 학문적 태도는 이천을 닮고 일상 행위에서는 명도를 닮았다고 할 수 있는 퇴계는, 그들 이후의 길이 다를 수밖에 없었던 것이다. '거경궁리'의 삶을 살았던 퇴계와 '거경행의'의 길을 살았던 남명은, 학문적 집대성자로서의 주자와 이단과 도덕적 명분에 반응했던 성격적 주자로 나누어 볼 수도 있다.

출처의리로 인물을 평가했던 남명과, 학문덕행으로 인물을 논했던 퇴계의 사람에 대한 포용력은 달랐다고 할 수 있다. 그러나 두 인물의 역사적 가치는 경중을 말하기 어렵다. 오늘날에도 그들의 학문과 사상 및 행위 등에서는 본받을만한 훌륭한 점이 많기 때문이다. 그렇지만 오늘날에 있어서 그들의 사상을 맹목적으로 받아들이자고 하는 것은 무의미하다. 그들은 당시 사대부로서의 삶을 살면서 시대의 사표師表가 되었던 것인데 반해, 오늘날의 민주주의 시대에는 일괄적으로 적용하기 어려운 내용도 많기 때문이다.

남명은 사士의 역할 즉 오늘날 지식인의 역할을 중요시했다. 그들을 성리학적 예교로 무장시켜서 도덕적 자부심에 의한 사회비판과 향촌의 교화를 담당하도록 한 측면이 있다. 지식인의 역할은 어느 시대에나 중요하다. '위민정치'를 주장했던 시대의 '선비'가 '대부'의 역할을 겸한 것이라면, '민주정치'를 행하는 오늘날의 '지식인'이 '서민'의 입장에서 취해야 할 행동의 규범은 무엇이어야 하는 문제가 논의되어야 할 것이다. 지식인의 도덕적 정당성 확보와 사회적 역할에 대한 책임에서 남명 사상의 현대적 적용이 어떻게 구체화 될 수 있는가 하는 점이 관건이다. 사대부 중심의 사고는 남명학의 한계이며, 오늘날 남명학을 계승하고자 할 때 넘어서야 할 하나의 벽이다. 이제 남명학은 사회지도층을 위한 도덕적 이념으로서의 틀과 민주주의 시대에 모든 사람들이 가져야 할 일상의 행위규범으로 나누어 연구하여야 할 필요가 있다.

참고 문헌

『남명집』.

『대학』.

『중용』.

가노 나오키, 오이환 역, 『중국철학사』, 을유문화사, 1986.

김경수, 「남명의 실천성리학과 예학」, 경상대학교 교육학석사학위논문, 1991.

_____, 「남명학에 대한 비판적 관점과 그에 대한 재검토」, 『남명학연구논총』 제3집, 1995.

_____, 「남명의 불교관」, 『남명학연구논총』 제7집, 1999.

_____, 「남명의 인물평을 통해 본 출처관의 기저」, 『한국철학논집』 제25집, 2009.

_____, 「북송초기 삼교회통론의 양상」, 『퇴계학과 유교문화』 제48호, 경북대학교 퇴계연구소, 2011.

김경수 편저, 『남명 선생의 자취를 따라』, 남명학연구원, 1996.

김경수·사재명, 『남명 선생 문인자료집』, 남명학연구원, 2001.

김영두, 「조선 전기 도통론의 전개와 문묘종사」, 서강대학교 박사학위논문, 2005.

김홍경, 『조선초기 관학파의 유학사상』, 한길사, 1996.

신채호 원저, 박기봉 옮김, 『조선상고문화사(외)』, 비봉출판사, 2007.

오이환, 「남명학자료총간 해제 서론」, 『남명학연구논총』 제1집, 남명학연구원, 1988.

_____, 『남명학의 새 연구』 하, 한국학술정보, 2012.

오이환 외, 『경남정신의 뿌리 남명 조식 선생』, 경상남도, 2000.

오이환 편, 『한국의 사상가 10인 남명 조식』, 예문서원, 2002.

이노우에 스스무, 이동철 외 옮김, 『중국출판문화사』, 민음사, 2013.

이승환, 「남명 「학기도」 자도설 비정」, 『철학연구』 제46집, 고려대 철학연구
　　　소, 2012.

이용주, 『주희의 문화이데올로기』, 이학사, 2003.

李宗吾 지음, 신동준 편역, 『후흑학』, 인간사랑, 2010.

久保田量遠, 『支那儒佛道交涉史』 東京: 大藏出版社, 1943(국내 본역본 최준
　　　식, 『중국유불도 삼교의 만남』, 민족사, 1990).

久須本文雄, 『宋代儒學の禪思想硏究』, 名古屋: 日進堂書店, 1980.

耐咏 주편, 『中國歷代奇書』, 중국: 文史出版社, 년도 미상.

제2장
'황극'에서 '중용'으로 다시 '대공(大公)'으로
: 유학의 현대화를 위한 모색

1. 다시 음미하는 유학의 의미와 유래

유학이 공자에 의해 정립되었다는 것은 상식에 속하는 이야기이다. 춘추전국시대를 거치면서 맹자와 순자 등 서로 사상적 이해가 다른 계승자를 배출하였고, 진시황 영정嬴政의 분서사건으로 쇠멸의 위기를 맞기도 하였다. 그러나 한나라가 유학을 국가의 통치이념으로 채택하면서 그 경전들이 복구되고, 이후 2,000년 이상 중국 및 주변 국가의 문화에 가장 강력한 영향을 끼친 사상체계로서 부동의 지위를 유지하였다.

이러한 유학의 연원이 중국의 은나라 왕조와 밀접한 관련이 있다는 사실은 이미 정설이 되었다. 김충열 교수에 의하면, 하나라 윤리문화의 정초자인 순 임금도 동이족이었고, 수렵을 중심으로 생활했던 원시 동이족인 은나라 민족의 신앙과 윤리사상이 유학의 근본을 이루었다. 은나라 왕족의 후예인 공자도 이미 강조했듯이 은나라 민족은 일찍부터 조상신에 대한 숭배가 철저하여 제사의식이 발전하였으며, 이와 같은 씨족중심의 사고는 곧 효의 중시로 이어졌다. 그리고 이러한 씨족신에 대한 숭배는 지고신의 개념으로까지 승화되어 결국 '천제' '상제'의 개념을 도출하고, 궁극적으로는 '천명'사상을 만들어 내었다.[1]

그러나 서쪽으로부터 세력을 키운 주나라에 의하여 나라가 멸망한 뒤 은의 후예들은 상례나 제례의 집전자로서 생계를 유지하는 처지에 놓이게 되었다. 주나라가 은의 제사의식과 효 사상을 계승하였기 때문에 그 예를 집전할 사람으로서 그들이 필요했던 것이다. 나아가 주나라가 은나라를 정벌했지만 국가통치의 이념을 제대로 가지고 있지 못했던 주나라의 무왕은 은나라의 통치이념을 계승할 수밖에 없었다. 그리하여 기자箕子에게 「홍범」을 전수받아 이를 정치의 근간으로 채택하게 된다. 이리하여, 아홉 가지—오행五行, 오사五事, 팔정八政, 오기五紀, 황극皇極, 삼덕三德, 계의稽疑, 서징筮徵, 오복육극五福六極—의 통치와 관련한 덕목을 담고 있어 '홍범9주'로도 불리는 「홍범」이 유학적 통치철학의 핵심으로 자리하게 되었다. 이리하여 주나라 초기에 주공에 의해서, 씨족중심의 효 사상에 바탕한 '종법제도'의 확립과 「홍범」에 기초한 정치구조인 『주례』의 정비로 주나라의 국가 통치기반이 마련되었다.

그런데 「홍범」의 유래에 대해서 단재 신채호는 흥미로운 설을 제기하였다. 그는 중국학자 모기령毛奇齡이 연구한 바에 더하여 다음과 같이 말했다.

청조의 고증학자인 모기령이 말하기를 "오행 오복 구가 구공 구산 구주 등의 오·구(五九) 두 가지 수를 문물에 쓴 것은 하우(夏禹) 이전에는 없었던 것으로 우가 처음으로 만들어 썼다"고 하였는데, 그 고거가 정밀하고 상세하다고 할 수 있다. 그러나 오·구 두 가지 수로 지은 사물의 명칭이 조선에

---

1) 김충렬, 『김충렬 교수의 중국철학사』, 예문서원, 1994, 34~38쪽 참조.

서 건너갔음을 말한 자는 없었다. 오행, 오음 등만이 아니라 오제의 명칭도 『황제중경』과 함께 중국에 건너간 것이다.[2]

단재는 여기에 더하여 기자가 "우가 「홍범」을 얻어 치수하였다"고 한 것과 『오월춘추』에서 "『중경』을 얻어 오행치수의 도를 얻었다"고 한 것으로부터 나아가, 「홍범」의 처음에 오행을 언급하고 있는 점을 들어 『중경』과 「홍범」이 다른 글이 아니라고 논증하였다. 다만, 「홍범」은 우로부터 전해오던 조선 황부의 성경인 『황제중경』의 내용을 기자가 무왕을 위하여 그 대의만을 풀어서 설명한 것이라고 보았다. 즉 중국이 홍수로 고통 받고 있을 때 치수를 담당하였던 곤鯀이 이에 실패하자 동이족으로서 제위에 있던 순이 그를 우산으로 내치고, 그의 아들인 우로 하여금 그 일을 대신하도록 하였다. 그리하여 우가 치수의 방법을 찾기 위하여 간절히 하늘에 기도하는 과정에서, 단군의 태자 부루가 창수사자의 역할을 띠고 가서 『황제중경』을 전수해 주었다는 것이다.[3]

그 내용의 사실 여부는 잠시 접어두더라도, 어쨌든 유학의 근원이 은나라의 제례의식 및 「홍범」의 9가지 덕목과 밀접하게 연관되어 있음은 분명한 사실로 확인할 수 있다. 이러한 배경에서 주나라 초기부터 유儒의 개념이 등장하였고, 이들은 대개 은나라의 후예로서 정치적으로 소외되었기 때문에 생계의 수단으로 예의 집전을 담당하였다. 그래서 초기에 그들의 의미가 柔儒, 즉 나약한 사람으로 쓰이기도 하였다. 따라서 묵자와 같은 경우는 이들을 생산에 종사하지 않고 오직 장례식과 같은 일에서 밥을 빌어먹는 사람이라는 의미로 '상갓집 개'라고까지 비하하였던 것이다.

---

2) 신채호 원저, 박기봉 옮김, 『조선상고문화사(외)』, 비봉출판사, 2007, 57쪽.
3) 위의 책, 52~61쪽 참조. 이 부분의 내용은 「팽오와 부루의 치수와 중국과의 관계」라는 제목의 글에 실려 있다.

그러면 유학의 의미는 어떻게 규정되고 있는가? 지금까지 밝혀진 바에 의하면, 최초로 오늘날과 같은 의미로 儒의 개념을 사용한 인물이 바로 공자이다.

공자가 자하에게 이르기를, "너는 군자유가 되어야지 소인유가 되어서는 안된다."고 하였다.[4]

여기서 공자가 말하고 있는 '군자유君子儒'라는 말은 이 글에서 논하고자 하는 매우 중요한 개념의 하나이다. 공자가 유학을 창시한 인물로 알려져 있지만, 그것은 그가 유학을 처음 만들어냈다는 의미가 아니다. 공자는 이른바 '술이부작述而不作'의 입장을 견지한 사람이다. 공자는 요·순·우·탕·문·무·주공 등을 자신의 관점에서 성인으로 내세운다. 그들을 표준으로 하여 그들의 덕과 공적을 계승하여 하나의 체계를 세웠다는 말이다. 공자로서는 그 당시에 전해지고 있었던 유자에 대한 개념을 새롭게 구분하여 정의한 것이다. 뒤에서 자세히 논하겠지만, 공자는 이 말에서 유학의 실질적 계승자의 지위가 왕으로부터 군자로 바뀌었음을 말하고자 한 것이다.

그리고 위에 인용한 공자의 이 말에 대한 몇몇 후인들의 보충설명을 다음과 같이 정리하고 있는 경우도 있다.

유봉록은 『논어술하』에서 '군자의 유는 이른바 현자로서 그 대체를 깨달은 사람이다. 소인의 유는 불현자로서 그 소체를 안 사람이다. 그 대체를 깨달은 자는 도를 밝힐 수 있으나, 소체를 안 사람은 쉽게 명예에 자부할 수 있다.'고 하였다. 주자는 '유는 학자의 칭호이다'라고 하였으며, 정이천의 말을 인용하여 '군자의 유는 자신을 위하여 공부하는 것이고, 소인의 유는 남에게

---

4) 『논어』「雍也」: 子謂子夏曰 女爲君子儒 無爲小人儒.

명예를 얻기 위해서 공부한다'라고 하였다. 이러한 주장은 대체로 공자의 본의와 합치한다. 공자는 사례자[예의 진행을 담당하는 자]의 성격을 가진 사람을 소인의 유라고 하고, 내성과 외왕을 겸비하려는 자를 군자의 유라고 칭했다. 공자가 긍정한 유는 사례자의 성격을 초월한 것이다. 다시 말하면 인의 실현과 천하만물에 대한 불인(不忍)의 회포를 가진 사람은 군자의 유이다. 종합적으로 살펴보면 유자는 학자·지식인·경전에 밝은 교사·고대 문화유산의 계승자, 그리고 원만한 도덕 품성을 함양한 사람이라고 할 수 있다.5)

공자 이후 유자에 대한 정의가 도덕품성을 함양한 전문적 학자 정도로 통칭될 수 있다는 말이다. 그 중에서도 '군자유'는 '내성외왕을 겸비하려는 자'로 규정되었다. 이러한 것은 한나라 때에 편찬된『설문해자說文解字』에서 해석하고 있는 초기 儒의 의미가 넓게 확대된 것이다.『설문해자』와『설문해자주전說文解字注箋』및『설문해자약주說文解字約注』에서 풀이하고 있는 '유'의 의미는 각각 다음과 같다.

유(柔)의 의미이다. 술사들을 지칭하며, 자부 人과 성부 需로 이루어진 형성자이다.
사람의 성격이 화평하고 부드러운 자를 儒라 하기 때문에 배우는 사람을 지칭한다.
한대 이전에는 도예(道藝)가 있어 사람을 가르치는 자를 儒라 지칭하였다.6)

---

5) 최영찬 외,『동양철학과 문자학』, 아카넷, 2003, 165~166쪽.
6) 본 내용은 모두 위의 책 163쪽에서 인용하고 있는 것들을 그대로 재인용한 것들이다. 다만,『설문해자약주』의 해석은 필자와 견해가 다르므로 필자의 해석을 따랐다. 원문의 해석은 '한 대 이후에는 도예가 있어 사람을 가르치는 자를 유라 지칭하였다.'고 하고 있다.
『설문해자』: 柔也 術士之稱 從人 需聲.
『설문해자주전』: 人之柔者曰儒 因以爲學人之稱.
『설문해자약주』: 漢以上凡有道藝以敎人者 皆得謂之儒.

간단히 말하자면 유자는 사회적 약자이면서 하나 이상의 재능을 가진 술사라는 말이다. 부드럽다는 것은 사회적 약자로서의 입장을 가졌기에 그런 것이지 부드러운 사람을 모두 유자라고 칭하지는 않는다. 한편으로는 도예道藝가 있다고 하였으니, 그 뜻은 도와 예로 나누어 살펴야 한다. 도는 경전에 대한 지식을 뜻하는 것이며, 예는 이른바 육예六藝를 지칭하는 것으로 보아야 한다. 이것은 『논어』의 첫머리에서 공자가 '배우고 때로 익히면 또한 기쁘지 아니한가?(學而時習之 不亦說乎)'라고 했을 때, 바로 그 배우고 익히는 것과 다르지 않은 것이어야 하기 때문이다. 육예는 주지하다시피, 예·악·사·어·서·수를 지칭한다. 주나라 초기의 예의 집행자[司禮者]에서 외연이 확대된 개념이다. 예를 집행하기 위해서 목욕재계하고 있는 모습을 형상화한 글자가 유의 본래 뜻인데, 이제 그것을 넘어선 다양한 일상에서 필요한 재능까지 겸비해야 하는 것이 되었다.

이것은 매우 중요한 의미를 지닌다. 그 당시 이른바 유자로서 '군자유'가 되기 위해서는 단순한 예의 집행자를 넘어서, 사회가 요구하는 다양한 수요에 능동적으로 대처할 수 있는 종합적인 능력을 갖추어야 함을 뜻하기 때문이다. '군자'의 개념은 고대의 '왕' 개념을 대체하는 유학의 이상이 되었던 것이다. 즉 '내성외왕'의 시대에서 '내성외군자內聖外君子'의 시대로 전환되었음을 뜻한다. 요·순·우·탕·문·무까지가 공자가 보는 '내성외왕'이라면, 공자가 평생 동안 가장 존숭한 인물인 주공은 '왕'의 지위를 갖지 않은 가장 훌륭한 '군자'라고 할 수 있다. 주공은 바로 공자의 이상이었다. '군자'는 절대적 존재로서의 '왕'이 아니라, 상대적 존재로서의 '통치자' 내지는 '지도자'를 의미하게 되었다.

이제 비로소 '유자'의 개념에서 '유학'의 개념으로 전환될 수 있게 된 것이다. '유'의 의미에서 중요한 부분이 '배우고(爲學人) 가르치는 자(敎人者)'인 것으로 정의된 것을 설명할 수 있다. 교와 학이란 대상자의 관점에 따라 다른 개념이지 근본적으로 다른 개념이 아니다. 누구든 배우고 또 배운 그것을 가르친다. 공자가 스스로 배우고 또 그것을 많은 제자들에게 가르치기 시작하면서 비로소 '유학'이 정립되었다고 하는 말의 의미가 바로 이것이다. 이것이 유학의 본래적 의미이다. '學'이란 『서경』에서 말하고 있는 바와 같이 그 본래의 의미가 '效'이다. '본받는다'는 말인 것이다. 가르치고 배운다는 것은 '본받음'의 연속적 전승과정을 지칭한다. 먼저 배워서 익힌 사람이 다시 뒤에 배우는 사람을 위하여 본보기가 되어 준다는 뜻이다. 그리고 그 내용은 이른바 도예道藝이니, 도는 경전의 의미이고 예는 육예이다.

2. 유학의 본질과 현재와의 괴리

그러면 유학의 본질은 무엇인가? 무엇을 목적 내지는 이상으로 삼아서 어떤 방법으로 달성하고자 하는 것이 유학인가? 성리학의 시대에는 『대학』이 중시되어 그 첫머리에서 말하고 있는 '삼강령팔조목'이 유학의 목적과 방법론으로 제시되었다. '밝은 덕을 밝히고(明明德), 백성을 새롭게 하며(親民), 지극한 선에 머무름(止於至善)'은 그 목적이고, '사물에 다가가(格物) 지식을 이루고(致知) 뜻을 정성스럽게 하며(誠意) 마음을 바르게 하고(正心) 그 몸을 닦고서(修身) 집안을 고르게 하고(齊家) 나라를 다스리며(治國) 천하를 평안케 함(平天下)'은 그 방법이다. 그러나 『대학』에서 말하는 이것들이 성리학의 시대에 강조된 것은 또 다른 함축된 뜻이 있다고 할 수 있다. 이 문제는 다음에 다루고자 한다. 이를 간단히 말하면 유학의 목적은 한 마디로 '수기치인'이다. 이는 안으로는 자신을 수양하고, 밖으로는 다른 사람을 다스린다는 개념이다. 안으로 수양하여 이르는 최고 경지가 바로 '성인'이며, 밖으로 완전한 통치를 이루는 것이 '왕도정치'의 실현이다. 그래서 유학의 본질을 다른 말로 '내성외왕'이라고도 한다.

공자에 따르면 요·순·우·탕·문·무 등은 태어나면서부터 성인이었고, 왕의 자리를 가져서 왕도정치를 구현한 즉 '내성외왕'을 온전히 한 인물들이었다. 그러나 공자가 평생 가장 존모한 인물은 그들이 아니라 주공이었다. 무왕의 넷째 동생인 주공은 주나라의 건국 이후 노국공魯國公에 봉해졌지만, 무왕이 천하를 통일한 지 7년 만에 죽고 어린 후계자인 성왕이 즉위하자 섭정을 맡게 된다. 밖으로는 건국초기에 일어난 형제들과 은나라 후예들의 반란을 진압하여 나라를 안정시키고, 안으로는 율령제도를 완비하여 국가의 기틀을 정비하였다. 자신의 봉국에는 아들 백금白禽을 보내어 다스리게 하고, 그 자신은 중앙정치를 맡아서 불철주야 노력하여 짧은 기간에 국가체제를 반석 위에 올려놓았던 것이다. 그리고 무엇보다도 왕위를 찬탈할 것이라는 주위의 염려를 불식시키고, 성왕이 장성하여 친정을 할 수 있게 되자 섭정의 자리에서 물러나 일생을 마쳤다.[7]

주공의 봉국이 공자의 출신국인 노나라이며, 주공은 은나라의 법을 토대로 주나라의 통치기틀을 만들었다. 따라서 공자와 주공 사이에는 몇 가지의 끈끈한 연대감이 있었음을 알 수 있다. 공자의 가계는 원래 은나라 왕족이었다. 은나라가 망하면서 세 명의 충성스런 왕족 중에 비간은 주왕에게 충간하다가 죽고, 기자는 무왕에게 「홍범」을 전해주고서 변방으로 피해갔으며, 미자는 조상을 섬기기 위하여 봉지를 받았던 주紂왕의 아들 무경武庚이 반란을 일으켜 죽고 난 후 그를 대신하여 송나라에 봉해졌다. 공자는 바로 미자로부터 17대 후손에 해당된다. 미자微子 계啓-미중微仲-송공宋公 계稽-정공丁公 신申-민공湣公 공共-양공煬公 희熙-불보弗父 하何-송보宋父 주周-세보世父 승勝-정고보正

---

7) 조선의 세조가 단종으로부터 왕위를 찬탈할 때, 사육신의 한 사람인 성삼문이 세조를 향해 '나으리, 주공을 본받으시오!'라고 질책하여 세조가 매우 부끄러워하였다는 이야기가 있다. 세조는 평생 주공에 관한 이야기를 듣기조차 싫어하였다는 설이 전하고 있는 그 고사의 원형이다.

考父-공보孔父 가嘉-자목금보子木金父-역이睪夷-방숙防叔-하숙夏叔-
숙량흘叔梁紇-공자孔子로 이어지는 계보이다. 이 중에서 송의 왕이었
던 양공이 조카에게 죽임을 당하고서 그 후손은 왕위로부터 멀어졌는
데, 불보 하가 공자의 직계 조상이다. 이어서 송에서 사마 벼슬을 하던
공보 가가 화보 독에게 아내를 빼앗기고 구박을 받게 되자, 그 아들 자
목금보가 비로소 노나라로 도망가서 살게 되었다. 이때부터 성을 공
씨로 하고, 신분도 대부로부터 士로 강등되었다.[8]

나아가 주공 희단의 봉국이었던 노나라는 공자가 태어나서 성장할
무렵의 시기에 이르기까지 주나라 초기의 예악문물제도가 가장 잘 보
존되어 있던 곳이었다. 『춘추좌전』의 기록에 의하면, 양공襄公 때 오나
라의 공자 계찰季札이 노나라를 방문하여 여러 가지 주악周樂을 감상
하는 기록이 있고, 소공昭公 때는 진晉나라 사신 한선자韓宣子가 노나
라에 와서 왕실의 장서를 구경한 다음 "주나라의 禮가 모두 노나라에
있다"고 감탄한 기록이 있다고 한다.[9]

이러한 배경에서 본다면, 공자가 유학을 정립하고 그 근본적 목적을
'수기치인' 또는 '내성외왕'으로 설정한 이유를 보다 쉽게 이해할 수 있
다. 보다 엄밀히 말한다면, 공자가 내세운 유학의 이념은 오히려 그 자
신이 직접 말한 '극기복례克己復禮'에 가장 잘 표현되고 있다고 해야 할
것이다. 공자가 주공을 그렇게 존모한 이유는, 그가 정비한 종법제도를
가장 훌륭한 제도로 판단하였으며 동시에 은나라로부터 계승한 국가
의 통치이념을 가장 잘 발전시킨 인물이었기 때문이었다. '극기복례'의
'예'는 큰 의미와 작은 의미로 나누어 볼 수 있다. 큰 의미는 바로 『주
례』의 '예'를 말한다고 하여도 무방하다. 완벽하게 정비된 종법제도에
의한 국가의 통치체제인 것이다. 주나라의 쇠퇴는 바로 종법제도의 붕

---

8) 공자의 가계에 대해서는, 김학주, 『공자의 생애와 사상』, 명문당, 2003, 26~32쪽에
   서 잘 정리하고 있다.
9) 위의 책, 20~21쪽에서 재인용.

괴로 인한 것이었으니, 공자의 이상은 이를 회복하자는 것이었다. 작은 의미는 일상생활에서의 예의 실천이다. 이것은 공자의 '사물四勿론'으로 포섭된다고 할 수 있다. '예가 아니면 보지도, 듣지도, 말하지도, 행동하지도 말라'는 것이다. 그러나 작은 의미는 큰 의미에 결국 포함된다. 나의 신분을 뛰어넘는 것에 대한 욕망을 버리는 것이 '극기'이며, 언제나 자신의 위치에 안분지족하라는 것이 '복례'이기 때문이다. 공자가 노나라 실권자의 집안에서 행한 '팔일무'에 대해 '이러한 것을 참을 수 있다면 무엇을 참지 못하겠는가'라고 개탄한 일이 이를 웅변하고 있다.

사실 수기치인이나 내성외왕의 개념은 후대에 만들어진 것이며, 극기복례가 유학의 원형적 이념이다. 바로 이 점에 대한 구분이 이 글의 중심 논의의 하나이다. 후대에 있어서 '수기'와 '치인'은 경우에 따라 서로 분리되어 행할 수 있는 가능성도 있지만, '극기'와 '복례'는 처음부터 분리될 수 없는 타고난 신분질서에서 나온 개념이다.

공자의 이상은 주나라 초기의 제도로 복귀하자는 것이었다. 그가 만년에 "심하도다, 나의 쇠약함이여! 오래 되었도다, 내가 꿈에서 주공의 모습을 다시 보지 못함이여!"[10] 라고 한 말은 이와 같은 자신의 이상이 현실화 되는 것을 보지 못하고 죽음에 이르게 된 현실을 슬퍼하고 있음이다. 주공의 시대로 돌아간다는 것은 무엇을 의미하는가? 그것은 바로 잃어버린 공자 자신의 신분에 대한 회복을 뜻하는 것이다. 사생아처럼 태어나 어려서부터 가혹한 삶의 현실을 살았던 공자에게 있어 그가 스스로 공부하여 알게 된, 노나라에 잘 보존되어 있는 주나라 초기의 예제는 그야말로 꿈속의 고향과 같았을 것이다. 하극상下剋上에 의한 신분질서의 변화로 인하여 붕괴되기 시작한 종법질서는 이제 걷잡을 수 없는 지경으로 치닫고 있었다. 이런 시기에 공자가 주나라 초

---

10) 『논어』 「술이」: 甚矣 吾衰也 久矣 吾不復夢見周公.

기의 종법질서로 회귀하자고 주장한 것은[복례] 바로 오직 권력에의 의지를 포기함[극기]으로서만 가능한 것이었다. 공자는 복례를 위하여 극기할 수 있는 근거로서 마음속의 본래적 양심인 '仁'을 내세웠다. 그리하여 모두가 원래의 위치인 '임금은 임금의 위치로, 신하는 신하의 위치로, 아비는 아비의 위치로, 자식은 자식의 위치로(君君 臣臣 父父 子子)'로 돌아가 정명正名을 회복하자는 주장이었다.

그러나 당시에 그와 같은 이상을 실현한다는 것은 그야말로 꿈속의 꿈이었다. 공자가 권력을 잡았을 때 소정묘를 죽인 일은 하나의 본보기였지만, 그가 방랑의 길에 있을 때는 노나라 하극상의 대표적 인물이었던 양호를 닮았기 때문에 죽음의 위기에 내몰리기도 했다. 그러는 와중에 시골의 은자로부터 '할 수 없는 줄 알면서도 하려고 애쓰는 사람'이라는 비아냥을 받기도 했다. 이런 상황 속에서 그가 할 수 있는 유일한 일은 바로 교육을 통해 그의 이상을 전수하는 것이었다. 그리하여 언젠가는 그 꿈이 이루어질 것을 소망했다. 그 교육의 체계가 바로 유학이라는 이름을 가졌다. 교육을 통해 그가 달성하고자 한 인재의 모습은 단순한 기능만을 갖춘 '소인유'가 아니라, 바로 성인의 이상을 이해하고 실현하기 위해 노력하는 '군자유'였던 것이다.

공자가 그의 생전에 이루고자 했던 이상인 '극기복례'의 세상을 이루지 못한 것은 '극기'와 '복례'의 당위성에 대한 설득부족과, 그 당위성 실현을 위한 구체적 장치를 마련하지 못했기 때문이다. 오직 '인'의 회복에만 호소하는 '극기복례'는 메아리 없는 아우성일 뿐이다. 그리고 무엇보다도 그 궁극적 근거에는 지배자와 피지배자를 철저하게 구분하는 봉건적 신분질서의 논리가 깔려있기 때문이다. 이러한 점이 유학의 궁극적 한계이며, 오늘날에 있어 유학이 배척받아 '공자가 죽어야 나라가 산다'는 말까지 생긴 근본 이유이다.

유학이 오늘날의 현실과 괴리되는 측면을 몇 가지만 들어보자. 공자는 봉건시대를 유지하기 위한 사상적 체계를 만든 것이다. 그가 이상으로 삼았던 봉건체계는 주공이 정비한 제도이다. 공자는 요 순 우를 고대의 성인으로 추앙한다. 사실 여부를 떠나[11] 그가 성인으로 추앙한 요와 순은 만인이 다 같이 행복한 삶을 살도록 덕으로 정치를 베풀었으며, 나아가 선양으로 덕을 갖춘 자에게 왕위를 물려주었기에 더욱 위대하였다. 오늘날의 관점에서 본다면 그들의 정치체제는 공화정치였다고 할 수 있다. 그러나 보다 엄밀히 말한다면 요임금은 '덕'으로 나라를 다스렸지만, 순임금은 '효'가 뛰어나 임금이 된 것이며, 우임금은 홍수를 다스린 '공'으로 왕위에 오른 것이다. 그들의 전위과정에는 중간에 왕위를 사양한 보다 덕 있는 인물과 요와 순의 아들도 개입되어 있었다. 또한 요와 순 사이에는 요의 두 딸이 순의 부인으로 혼인관계가 개입되어 있으며, 순과 우 사이에는 우의 아버지 곤이 홍수를 다스리지 못해 순에게 죽임을 당한 원한이 개입되어 있다. 이러한 개입은 선양을 더욱 미화할 수도 있지만, 선양 사실에 대한 의구심을 더하기에도 부족함이 없다.

그런데 우로부터 드디어 부자상속의 전통을 만들어 공화체제에서 왕조체제로 정치의 주체가 바뀌게 된다. 이렇게 시작된 왕조정치는 무능과 부패를 낳게 되고, 이에 대한 징벌로 역성혁명이 일어나게 되는 필연적 결과를 가져오게 된다. 공자와 공자 사상을 가장 잘 계승한 맹자로 대표되는 유가는 왕조정치의 정당성을 지지하면서 동시에 역성혁명도 지지하는 이중적 태도를 보여준다. 요순시대를 태평성대라고 하면서 주공이 정비한 봉건체제를 가장 훌륭한 정치제도로 인정하는 모순을 안고 있다. 이것은 어떻게 이해해야 할까? 결국에는 두 가지 관점으로 이해할 수밖에 없다. 개인의 입장과 시대적 상황이 그것이다.

---

11) 여기서 '사실 여부'라고 표현한 것은 사라 알란이 그의 저서 오만종 옮김, 『선양과 세습』, 예문서원, 2009에서 논하고 있는 것처럼, 요·순·우 사이의 '선양'은 오직 유가의 설에서만 주장하고 있는 것이지, 다른 제자백가의 설에서는 이와 달리 '찬탈'에 의한 것이라고 말하고 있기 때문이다.

그리고 이것이 공자와 유학의 한계점이다. 그런데 이러한 한계는 오히려 왕조국가의 존립을 강화하는 무기가 되었고, 결국 2,000년이 넘도록 동아시아의 정치체계를 고착화시킨 원동력이 되었다.

정치체제는 다시 왕조시대에서 공화시대로 바뀌었다. 유학의 기본 논리는 왕조시대의 논리이다. 이제는 그 논리를 반면교사로 하여 새로운 시대에 맞는 정치적 덕목을 모색해야 하는 시점을 지났다. 전통적 유학이 성리학의 시대를 맞이하여 커다란 변신을 한 것처럼 이제 또다시 환골탈태의 자기 변화를 가져오지 않으면 안 되는 시대인 것이다. 공자가 요순시대를 이상적 사회로 그리면서, 주공이 만든 종법제도를 현실적으로 가장 합리적인 것으로 받아들여 사상적 토대를 구축하였다면, 이제 다시 요순의 시대와 비슷하거나 더욱 바람직한 공화 즉 더불어 조화로운 시대에 적절한 논리를 개발할 필요성이 제기된다.

먼저, 오늘날은 전통적 신분질서가 와해된 시기이다. 태아나면서부터 정해진 왕-공-대부-사-서인-노예의 신분질서가 무너지고 누구나 노력과 기회의 여부에 따라 이와 유사한 지위로 상승하거나 하강하기가 한결 용이하게 되었다. 『논어』에 있는 공자의 말을 살펴보면, 그는 철저하게 人과 民을 구분하고 있음을 알 수 있다. '인'은 통치계급을 지칭하는 말이고, '민'은 피지배계급을 지칭하는 말이다. 이러한 말은 공자가 '백성은 말미암게 할 수는 있으나 알게 할 수는 없다(民可使由之 不可使知之)'라고 한 것에서 극명하게 드러난다. '민'은 '인'에 의해 교육되어지고 부림을 받아야 할 존재이지, 무엇인가의 근본을 알 수는 없는 태생적으로 아둔한 존재라는 말이다. 공자의 이러한 구분은 오늘날까지도 이어지고 있음을 알 수 있다. 중화인민공화국이라는 명칭이 그것을 담고 있다. 여기서 인민은 일반적 국민 전체를 뜻하는 말이 아니다. 지배자와 피지배자를 묶어서 교묘하게 표현하고 있는 말이다. 이에 대비되는 말이 민주공화국이다. '인'이 '민'을 통치하면서 이루는 '더불어 조화로운 나라'와 '민'이 주인이 되어 '더불어 조화로운 나라'라는 차이이다. 우리가 만들어가야 하는 사회는 '민이 주인이 되어 더불어 조화로운 나라'이다. 이에 맞는 새로운 논리가 필요한 것이다.

둘째, 오늘날은 전통적 예의 개념이 적용되기 어려운 사회이다. 오늘날은 사회적 관계보다도 개인의 인권이 더욱 중요시 되는 시대이다. 예란 사회적 관계에서 필요한 것이다. 타고난 신분질서에 따라 정해진 예를 행해야 하는 것이 공자가 말하는 예의 기본적 의미이다. 그가 '그 지위에 있지 않으면 그 정사에 대해서 말하지 말라(不在其位 不謀其政)' 고 한 말이 이러한 관점을 표현하고 있다. '인'과 '민'이 구분된 사회에서는 이러한 논리가 가능하지만 민주사회에서는 절대로 폐기되어야 할 논리이다. 더구나 오늘날의 사회적 관계는 많은 경우 가상현실에서 이루어지고, 한편으로는 이익집단과 친목집단이라는 사회적 단위 속에서 폐쇄적으로 이루어지는 경우가 많다. 수직적이 아니라 수평적 관계와 역할분담이라는 성격이 강하다. 그렇지만 어떤 사회를 막론하고 인간의 관계에서 기본적으로 필요한 것은 예이다. 이러한 사회에 맞는 새로운 예의 정립이 요구된다.

셋째, 새로운 신분질서와 사회구조의 변화에 적절한 구조적 논리가 부족하다. 오늘날에는 왕조시대의 지식독점사회로부터 기능우위의 사회로 변화해가는 듯한 추세이다. 경전을 통한 지식독점이 권력과 명예로 연결되던 시대가 이제는 집단지성의 시대로 변하고 있다. 인터넷의 발달이 이를 뒷받침한다. 특정 분야에 대한 전문지식은 오히려 기능에 가깝다고 할 수 있다. 이는 권력과 명예가 도덕으로부터 유래하던 시절에서 물질적 재화로부터 만들어지는 시대로의 변천을 의미하는 것이기도 하다, 이러한 현상은 예전의 중인계급이던 의사나 역관譯官이 요즈음 '선생님'으로 호칭되는 사실이 입증하고 있다. 중국에서는 의사를 '대부大夫'라고 부르고 있으니 신분의 역전현상이 분명하다고 하겠다. 또한 양인良人이거나 천인이었던 상인이 돈을 벌어 부자가 되면 모두가 그를 높이고 명예와 권력을 부여한다. 반면에 전통적 지식의 분야로 명예와 권력을 가졌던 시, 서, 예, 악을 가르치는 사람은 이제 오히려 입시전문기능인으로 신분이 바뀌었다고나 할까! 문제는 이러한 상황이 왕조의 붕괴와 더불어 공화의 시대로 접어듦과 동시에 신분의 차별이 없어지는 과정에서 일어나면서 바람직하지 못한 방향으로 나아갔다는 점이다. 적어도 '인권'의 평등이 이루어지면서 하층계급으로 살았던 사람들은 그들의 억압된 분노를 마음껏 표출할 수 있게 되었다. 그러나 그들의 언행이 막말과 거친 행동으로 표현될 때, 이전의 상층계급들도 더불어 그들의 고상함을 버릴 수밖에 없었다. 도덕적 예를 갖춘 인품이, 분노의 표출로 그들을 비난하는 비속한 표현으로 하향적 인권평등을 이룬 것이라고 할 수 있다. 예를 갖춘 고상함은 오히려 위선으로 치부되는 지경까지 된 것이다. 이제 '잘 산다'의 의미는 '도덕적으로 고상한 품성을 지녀서 사람들로부터 존경을 받는 삶'이 아니라, '법의 규제를 벗어나 보다 많은 물질적 재화를 획득함으로써 다른 사람들로부터 권력과 명예를 얻어내는 삶'으로 바뀌어 가는데, 이에 적절한 삶의 지표를 유학은 제시해주지 못하고 있다고 보인다. 바야흐로 인간의 품격을 찾아서 갖추어야 할 시점이다.

넷째, 공자 이래 유학에서 항상 이야기하는 인간의 근본적 본성에 대한 논의가 침체되어 있다는 점이다. 공자가 인간의 본성을 '인'으로 규정한 이래 맹자가 '의' 보태면서 '사단四端'의 개념을 확정한 이후로는, 이것이 인간의 보편적 본성을 규정하는 금과옥조가 되었다. 측은지심, 수오지심, 사양지심, 시비지심을 가진 존재가 인간이므로, 인의예지가 인간의 본성임을 유추하여 알 수 있다는 논리가 바로 네 가지 실마리로서의 사단론이다. 그러므로 이를 확충하여 인간관계 전체로 넓혀나가면 바람직한 사회를 만들 수 있다고 하는 것이다. 그리하여 전통적 유학자로서 인의예지를 말하지 않은 사람이 없지만, 그것을 온전히 실현한 사람은 희귀하다. 오늘날에도 인의예지를 실현하려고 하는 사람이 적지는 않을 것이다. 그러나 문제는 보다 많은 대중들이 자신의 이익과 직접 관련된 사안에 대하여 사심 없이[극기] 판단하여 공정한 선택[복례]을 하는가의 여부이다. 남을 가여워하는 측은지심은 자기보다 못한 상황의 사람에게는 잘 발휘될 수 있다. 그러나 대통령이나 장관이나 고위공직자의 후보자가 탈락할 때 사람들이 그를 가여워하는가? 나의 잘못을 부끄러워하고 남의 잘못을 미워하는 수오지심이 남에게 만큼 자신에게도 엄밀히 적용하는가? 일찍이 순자荀子는 부자가 되는 방법으로 '인치忍恥(부끄러움을 참다)'를 제시한 바 있다. 이 말을 오늘날에 적용해보아도 이의를 제기할 사람이 있을까?12) '부끄러워하기'보다는 '부끄러움을 참기'가 더 만연한 세태가 아닌가? 말과 행동에서 남을 먼저 배려한다는 사양지심은 어떤 경우에 잘 발휘되는가? 권력과 명예의 위계질서에서 잘 드러내지 않는가? 가진 자 앞에서는 양보하기 쉽지만, 나와 동등하거나 나보다 못한 사람과의 이익 다툼에서 누가 양보하는가? 옳고 그름을 가린다는 시비지심은 어떤가? 절대적 도덕 판단을 기준으로 가리던 옳고 그름이, 법적 해석의 기준으로 자리를 바꾼 것은 이미 공맹시대 이전부터였다. 공자와 맹자도 당시의 세태를 보고서 문제점을 파악하여 도덕적 판단으로 회귀해야 하는 당위성을 주장한 것일 뿐이다. 옳고 그름의 기준은 이미 모호해진 것이다. '아니면 말고'식의 자기주장들이 난무하는 시대이다.

　현실이 이러할진대 유학이 옛것을 지키자고 주장한다면 무슨 실효성이 있겠는가? 사실 유학도 시대에 따라 변화해왔다. 공자는 그 당시의 이상향을 설파했고, 맹자는 그의 시대의 이상을 역설했다. 그 이후 유학은 모든 시대마다 그 시대의 유학으로 조금씩 변모하면서 맥을 이어온 것이다. 삼국시대의 유학이 있었고, 고려시대의 유학이 있었으며,

---

12) 세상에서 하루만 하고 나면 두 번 다시 바꾸지 않는 직업이 하나 있다는 우스갯소리가 있다. 그 직업이 바로 거지다. 첫날 하루 부끄러움을 무릅쓰기가 어려운 것이지, 한 번의 부끄러움을 참고 나면 천하에서 가장 편한 직업이 되기에 바꾸지 않는다고 한다.

조선시대의 유학이 있었다.

오늘날의 유학은 어떤 모습인가? 크게 두 가지 모습의 유학을 그릴 수 있다. 하나는 성균관 및 향교와 서원 그리고 각 가정에서 행해지는 의례로서의 유교가 있고, 다른 하나는 학문적 연구대상으로서의 유학이 있다. 그러나 성균관 및 향교와 서원에서 행해지는 의례로서의 유학은 이제 요식적이거나 관광상품으로서의 볼거리로 전락한 느낌이 강하며, 향교와 서원의 채례는 없어진 경우도 많은 가운데 거의 명맥만 유지하고 있는 실정이라고 할 수 있다. 가정에서의 유교는 크게 관례, 혼례, 상례, 제례의 네 가지가 있으나 오늘날 관례는 거의 1년에 한 번씩의 볼거리가 되었고, 나머지는 불교식과 기독교식에 밀려 쇠퇴일로에 있다. 이러한 문제에 대해서는 필자의 다음 논문에서 상세히 다룰 예정이다. 학문적 연구대상으로서의 유학은 아직도 학계에서 상당히 진행되고 있는 듯하다. 그러나 실제로는 대부분 연구대상일 뿐이지 그들의 삶과는 괴리된 느낌이 사실이다. 물론 리기심성으로 인간의 존재근원을 탐구하는 방식이 여전히 유효한 철학의 한 분야라는 점에는 필자도 이의가 없다.

3. 북송시대 선승 계승이 본 유학

유학은 공자가 제창한 이래 다양한 변천의 역사를 가지고 있다. '인'의 회복으로 주나라 초기로 복귀하자는 공자의 주장으로부터, 여기에 '의'를 더하여 대의명분에 의한 천하통일로 안정을 회복하자는 맹자의 주장을 거쳐, 인의만으로는 바로잡지 못하는 세상이기에 '예'의 교육이란 구체적 방법론을 제시한 순자를 지나서, 강제성이 없는 '예'로는 실효를 거둘 수 없으므로 이에 강제성을 부여한 '법'으로 통치해야 한다는 한비자까지의 선진유학시대를 거쳤다. 강력한 법의 시행으로 천하를 통일하는데 기여한 이사는 오히려 진시황을 충동하여 분서갱유 사건을 일으켜 유학을 말살하고자 했다. 그리고 다시 한나라의 건국 이후 동중서가 중심이 되어 유학은 국가의 통치이념이 되었고, 유학의 내용은 경전의 복원과 훈고학이 되었다. 당나라에 이르러 공영달이 주축이 되어 『오경정의』가 완성되고 난 후 훈고학은 일단락되고 새로운 내용으로의 방향이 모색되었다. 당나라 말에 이르러 한유와 이고 등에 의하여 유교적 심성론이 발아하기 시작하고, 오대십국의 시대에 인쇄술의 발달로 서책의 보급이 전국적으로 활발해지고, 이에 힘입어 문치주의를 표방한 북송 때에 유학은 커다란 변신을 하게 된다.

새로운 시대에 맞는 새로운 유학이 필요했던 것이다. 새로운 유학은 이른바 북송오자로 불리는 주돈이·장재·정호·정이·소옹 등에 의해 도학이라는 이름으로 출발하였다. 물론 그 이전의 선구자들이 있기도 하였지만 북송오자의 공적은 탁월한 것이었다. 그러나 이 도학은 당시에 황실로부터 배척받아 금지령을 받게 된다. 이후 남송에 이르러 주자에 의해서 집대성되어 체계를 잡았지만 그 역시 '경원당안'으로 인해 거짓학문[僞學]으로 몰려 비참한 만년을 보내고, 아이러니하게도 문치주의를 표방한 송나라 시대에는 빛을 보지 못하다가, 몽고족의 지배기인 원나라 시대에 접어들어 국가에 의해 수용되고 발전하게 된다. 주자에 의한 집대성이 이루어질 당시의 도학, 즉 성리학은 이미 또 다른 한 갈래의 길도 진행되고 있었다. 주희가 집대성한 정주학과 대비되는 육구연이 주창한 육왕학이 그것이다. 필자는 정주학은 시대에 맞는 사상체계였으며, 육왕학은 시대를 앞선 사상체계였다고 본다.

그런데 북송오자에 의해 유학이 새로운 모습으로 변신하고 있을 때, 놀랍게도 당시 선불교의 승려로서 유불융회설을 기반으로 삼교회통론을 주장하여 당시의 사상계에 일대 풍파를 던진 인물이 있었다. 그가 바로 불일선사佛日禪師 계숭契嵩이다. 그는 침체되어 있는 불교의 중흥을 위하여 일평생 노력한 인물이면서도, 당시 유학의 흐름을 정확히 간파하고 있었으며 유학의 본질에 대한 예리한 분석을 하였다. 유학이 성리학이라는 모습으로 변신하는 과정에서 있었던 한 선승의 유학관을 살펴보는 것은 본 논의에서 중요한 의미가 있다. 그의 논의가 중요한 이유는 당시에 유학자들이 간과하고 있던 유학의 본질에 대해서 깊이 있는 성찰을 하고 있기 때문이다. 그의 유학에 대한 논의를 검토해 보자.

계숭은 북송의 진종眞宗 경덕景德 4년(1007) 등주藤州 심진鐔津(지금의 광서성 藤縣)에서 출생하여 7세에 불교에 귀의해서 23세 무렵에 운문종雲門宗의 법을 이어 깨달음을 얻었고, 신종神宗 희령熙寧 5년(1072) 6월 초4일에 입적한 인물이다. 계숭은 일찍 출가하여 평생을 선승禪僧이자 학승學僧으로 산 속에서 살면서 속세에서 행해지는 배불론排佛論과 불교계 내부에서 선종禪宗의 조사계보祖師系譜에 대한 다른 이론들에 대해 집요한 관심을 보이며, 한편으로는 배불론을 타파하고 다른 한편으로는 조사의 계보를 바로잡고자 노력하였다. 그 결과로 그는 스스로 그의 저술들을 『대장경』에 편입시켜 줄 것을 황제에게 요청하는 상소를 올렸고, 결국 황제의 윤허를 얻게 되면서 '명교明敎'라는 호를 얻게 된 인물이다.13)

그의 유교에 대한 이해를 한 마디로 요약한다면 황극皇極과 중용中庸(中道)이라고 할 수 있다. 유교를 보는 그의 관점은 다양한 저술들 속에서 나타나고 있는데, 그 중에서도 「황극론皇極論」과 「중용해中庸解」, 그리고 「논원論原」이라는 독립적인 저술을 통하여 자신이 이해하는 유교의 근본을 집중적으로 밝히고 있다. 그런데, 그가 인종에게 올린 「만언소」는 이들 저술보다 늦은 것이지만, 유불융회에 관한 직접적인 언급이 많다. 「만언소」의 내용에서 유학을 보는 그의 핵심적인 관점 몇

---

13) 계숭에 대한 연구는, 김경수, 「북송초기 유불도의 삼교회통론」, 경상대학교 박사 학위논문, 2008에 자세히 이루어져 있다. 이 글에서 논의하는 것은 그의 사상 중에서 유학과 관련된 부분에 한정하며, 이 글의 연구결과를 정리한 것임을 밝혀둔다.

가지를 확인할 수 있다. 첫째는 그가 인용하고 있는 유교의 경전이 『중용』·『주역』·『시경』 그리고 『서경』이 중심을 이루고 있다는 점이다. 『주역』과 『시경』 그리고 『서경』은 5경에 속하는 경전이지만, 원래 『예기』의 한 편이었던 『중용』은 주희에 의해 사서의 지위로 격상되기 훨씬 이전이라는 사실도 확인된다. 그런데도 그가 『중용』을 많이 인용하고 있는 것은 당시에 이미 『중용』의 가치가 그만큼 높아져 있었다는 사실을 방증하는 것이라고 할 수 있겠다. 둘째는 그가 유학의 중요한 개념으로 파악한 것이 바로 '誠'이라는 것이다. 그는 이 誠이 敎와 하나이며, 性을 온전히 하는 유일한 통로이며, 이 性을 통해 천지만물이 하나로 연결된다고 보았다. 이는 후대 성리학자들의 이론과 기본적으로 다르지 않으며, 그가 궁극적으로 주장하고자 하는 유불융회설의 핵심 부분이기도 하다. 셋째는 그가 당시의 유교가 가지고 있던 이론적 한계였던 본체론과 심성론의 핵심을 드러내고 있다는 점이다. 유교는 본체를 말하면서도 왜 그것이 본체인지 그 까닭을 밝히지 못했다고 하면서, 그것을 불교에서는 밝혔으니 그것은 본래부터 하나라는 것이다. 넷째는 대체로 유교가 불교를 비판하는 중요한 관점의 하나인 인과응보설에 대해 계승은 유교도 실제로는 인과응보를 강조하고 있다는 사실을 지적해 내고 있다. 또한 신불멸설도 유불이 공유하고 있는 근본개념임을 밝히고 있다.

「황극론」에서는 계승이 『서경』의 「홍범」편에서 군주의 도리로 설명하고 있는 황극을 통치의 가장 중요한 요소라고 주장한다. 이 글에서 그는 불교적 내용은 단 한 마디도 언급하지 않고, 오로지 황극의 도를 치란과 연결하여 국가 통치의 기본을 유가적 입장에서 드러내고 있다. 「황극론」은 다음과 같이 시작한다.

천하가 함께 하는 것을 대공(大公)이라 하고, 천하가 중정(中正)한 것을 황극(皇極)이라 한다. 중정은 만물의 마음을 같게 하는 것이고, 비중정은 만물

의 마음을 갈라놓는 것이다. 갈라놓으면 천하가 어지럽고 같게 하면 천하가 다스려진다.[14]

이는 정치의 요점이 대공大公과 중정中正에 있다는 것으로 백성의 마음을 한 곳으로 모으면 저절로 다스림이 이루어진다는 말이다. 그리고 그는 황극의 공능에 대해서도 '오복육극은 한 몸의 황극에 매였고, 길조와 흉조는 한 국가 한 천하의 황극에 매인 것'[15]라고까지 하였다. 그리고 中正을 얻은 상태를 일러 '큰 재주에는 큰 일을 주고, 작은 재주에는 작은 일을 준다. 큰일을 감당하는 사람은 작은 실수로 그를 버리지 말고, 작은 일이 마땅한 사람은 큰 성공을 부탁하면 안 되는'[16] 것이라고 하여 사람의 재능을 잘 살피는 것이라고 한다. 나아가 황극의 세부 절목에 대해서도 언급하기를, 권도權道와 가르침의 중정이 무엇이냐는 질문에 대해서 '예禮는 황극의 모습이요, 악樂은 황극의 소리이며, 제도制度는 황극의 도구'[17]라고 답하여 예악과 제도의 효능을 말하고 있다. 그리하여 결론적으로는 그 실행여부만이 중요하다고 말한다.

오직 그것을 행하는 것에 달렸을 뿐이다. 행함이 지극하면 황제와 왕이 되는 것이며, 행함이 지극하지 못하면 오패(五覇)나 제후가 되는 것이며, 끊어서 행하지 않으면 나라를 망하는 것이 된다. 체득한 자는 성인이 되고, 실천하는 자는 현인이 되며, 버리고 배우지 않는 자는 소인이 될 것이다.[18]

---

14) 『심진문집』 권4, 「황극론」, 664쪽 하: '天下同之之謂大公 天下中正之謂皇極. 中正所以同萬物之心也 非中正所以離萬物之心也. 離之則天下亂也 同之則天下治也.'
15) 위의 글, 665쪽 중: '所以五福六極者繫一身之皇極也 休徵咎徵者繫一國一天下之皇極也.'
16) 위의 글, 665쪽 중: '大才授大事 小才授小事. 堪大事者不可以小失棄之 宜小事者不可以大成託之.'
17) 위의 글, 665쪽 하: '禮者皇極之容也 樂者皇極之聲也 制度者皇極之器也.'
18) 위의 글, 665쪽 하: '唯在其行之者也 行之至 所以為帝爲王 行之未至 所以為五霸為

이를 보면, 그가 '황극'이 유교적 통치의 근본이라는 점을 강조하고 있음을 알 수 있다. 나아가 그의 유교관에서 대단히 중요한 점은, 그가 유교의 본질을 인의가 아니라 중용(중도)으로 파악하고 있다는 점이다. 성인이 성인인 까닭은 바로 이 중용을 잘 지켰기 때문이지 인의를 지키고 전한 것이 아니라는 것이다. 그는 비록 순과 공자를 중용에 가장 뛰어난 인물이었다고 평가하지만, 일반유학자들처럼 공자를 절대시하지는 않는다. 그 이유는 아마도 공자가 중용의 도를 처음으로 밝힌 유학의 창시자가 아니라는 인식이 뒷받침되었기 때문일 것이다. 즉 그에게 있어서는, 공자가 강조한 仁이나 맹자가 강조한 義나 순자가 강조한 禮와 같은 것들은 오상의 하나로써 불교의 5교10선과 같은 차원의 가르침일 뿐이었다. 그가 평가하는 공자는 인을 통하여 중용을 잘 실천한 대표적 인물이었던 것이다. 그러므로 그는 공자 이전의 경전 특히 『서경』「홍범」편의 황극론에서 중용의 道와 誠과 性에 관한 기본명제를 찾았고, 『예기』와 『시경』 및 『주역』 등에서 불교의 교리와 합치되는 인과응보설이나 신불멸설 등의 근거도 찾았다고 할 수 있다. 그래서 그에게는 유교에서 말하는 중용이 중요할 수밖에 없었다.

「중용해」는 문답의 형식을 취하여 다섯 부분으로 되어 있는데, 제1은 중용과 예악형정禮樂刑政의 필연적 상관관계를 밝히고 있다. 계승은 '대저 중용이란 것은 대개 예禮의 극치이고 인의仁義의 근원이다. 예악형정인의지신禮樂刑政仁義智信의 여덟 가지는 모두 중용에서 나온 것'[19]이라고 중용이 근원임을 먼저 말하고, 예악이 만들어진 바탕을 설명한다. 또한 中을 잃으면 감정에 흐르게 되니 성인이 예악형정을 만들어 감정을 절제하도록 하였고, 인의지신을 펼쳐 교와 도를 넓혔다고 하였다. 그는 예악과 인의와 중용의 관계를 다시 확인한다.

諸侯 絶而不行 所以爲亡國. 得者爲聖 履者爲賢 棄而不學者其爲小人哉!'

19) 『심진문집』 권4, 「中庸解」, 666쪽 상: '夫中庸者 蓋禮之極而仁義之原也. 禮樂刑政 仁義智信 其八者一於中庸者也.'

그러므로 예악형정이라는 것은 천하의 큰 절목이요, 인의지신이라는 것은 천하의 큰 가르침이다. 情을 발함에 절도를 넘지 않고, 행동을 닦음에 가르침을 잃지 않으면 중용의 도가 거의 완전할 것이다. 대저 중용이라는 것은 사람을 세우는 도이니, 이런 까닭에 군자가 장차 하고자 하는 바가 있거나, 장차 행하고자 함이 있으면 반드시 먼저 중용을 닦은 연후에 일어난다.[20]

사람의 마음과 행동에 절도와 표준이 있으면 중용이 실현되는 것이니, 중용을 먼저 닦아야 한다는 것이다.

제2에서는 제1에서 말한 바의 뜻을 보충하여 인의지신은 사람의 본성에서 미루어 나온 것이고, 예악형정은 사람의 감정을 바로잡는 것이라고 한다. 성인이 인간의 본성을 바탕으로 인의지신의 표준을 밝혔는데, 이 본성은 희노애락애오기욕의 정에 의해서 어지러워질 수 있는 것이므로, 다시 성인이 예악형정의 절목을 만들어서 인간을 중용으로 돌이키고자 한 것이라고 하였다.

제3에서는 「홍범」의 황극과 중용의 도가 같은가 다른가에 대한 질문에 답하는 내용으로 되어 있다. 그는 『중용』이 「홍범」에 대해서 서로 표리의 관계라고 하면서 도와 교의 차이로 구분한다.

[중용의 도는] 저 황극과 더불어 대동소이하니, 같다는 것은 다스림의 본체로 함께 나아가는 것이고, 다르다는 것은 敎와 道가 다르다는 것이다. 황극은 敎이고, 중용은 道이다. 도라는 것은 만물에서 나오고 만물에 들어있는 것인 까닭에 도로써 중으로 삼는다. …敎라는 것은 만물을 바르게 하고 만물을 곧게 하는 것인 까닭에 교로써 中으로 삼는다.[21]

---

20) 위의 글, 666쪽 상: '故禮樂刑政者 天下之大節也 仁義智信者 天下之大教也. 情之發不踰其節 行之修不失其教 則中庸之道庶幾乎. 夫中庸者 立人之道也 是故君子將有為也 將有行也 必修中庸然後舉也.'

21) 위의 글, 666쪽 중: '與夫皇極大同而小異也. 同者以其同趣乎治體也 異者以其異乎教道也. 皇極教也 中庸道也. 道也者 出萬物也入萬物也 故以道為中也. …教也者 正

본체는 같은데 방법이 다르다는 말이다. 여기서 다시 '道'에 대한 '敎'의 의미와 차이에 대한 그의 견해가 분명하게 드러난다. 중용은 道이고 황극은 敎이지만 도는 만물에 편재하므로 中으로 삼고, 교는 만물을 바르고 곧게 하므로 中으로 삼는다고 하고 있다.

제4는 사람의 性에 상하가 있다는 설에 대한 그의 반론이다. 이른바 맹자의 개의 성과 소의 성이 같은가, 소의 성과 사람의 성이 같은가라고 하는 고자告子와의 성에 대한 변론과 한유의 성삼품설性三品說을 사례로 들어 사람의 성에 상하가 있다는 주장을 반박한다. 공자가 말한 상지上智와 하우下愚의 구분은 단지 재주의 있음과 없음을 두고 말한 것인데, 사람들이 이를 성 자체에 상하의 구별이 있는 것으로 오해했다는 것이다. 자신은 性을 이야기 하는데 반해 맹자와 한유는 情을 이야기하고 있다면서, 중인과 현인과 성인의 차이점을 따로 설명한다. 즉 '중인이 중인인 까닭은 중인은 영명하지만 밝지 못함이요, 현인이 현인인 까닭은 현인은 밝지만 정성스럽지 못함이요, 성인이 성인인 까닭은 성인은 정성스러우면서 밝기 때문'[22]이라고 하였다. 그리고 이 정성스러움이 바로 중용의 도라고 규정한다.

제5에서는 중용을 배울 수 있느냐는 질문에 대해 당연히 배울 수 있다는 대답이다. 그리고 어떻게 중용을 배울 수 있느냐는 물음에, 다음과 같이 답하고 있다.

말하기를, 예를 배우고 악을 배워야 한다. 예악이 닦이면 중용에 이르게 된다. 예란 시청을 바로 하고, 거동을 바로하고, 언어를 바로하고, 기욕을 막는 것이다. 악이란 근심과 막힘을 펴고, 혈기를 화평하게 하는 것이다. 시청이 사악하지 않고 거동이 어지럽지 않으며 언어가 망령되지 않고 기욕이 일어

萬物直萬物也. 故以敎爲中也.'

22) 위의 글, 667쪽 중: '衆人之所以爲衆人者 衆人靈而不明也 賢人之所以爲賢人者 賢人明而未誠也 聖人之所以爲聖人者 則聖人誠且明也.'

나지 않아, 생각이 편안하고 혈기가 화평한 것이 중용이다. 그런 다음에 仁으로써 편안히 하고, 義로써 행하며, 智로써 통하고, 信으로 지키면 형벌과 정교가 그 사이에 있게 된다.[23]

예와 악이 중용을 배우는 첩경임을 말하고 있다. 예악을 닦으면 중용에 이르게 되고, 그런 다음에 인의지신을 행하면 정치가 자연스럽게 행해진다는 것이다.

「논원」은 말 그대로 세상사의 근본적인 것들 39항목에 대해서 유교적 관점에서 논한 글이다. 여기서 다룬 주제들을 살펴보면 예악禮樂 대정大政 지정至政 상벌賞罰 교화敎化 형법刑法 공사公私 논신論信 설명說命 황문皇問 문병問兵 평양評讓 문패問覇 손설巽說 인문人文 성덕性德 존심存心 복해福解 평은評隱 유용喩用 물의物宜 선악善惡 성정性情 구류九流 사단四端 중정中正 명분明分 찰세察勢 형세刑勢 군자君子 지인知人 품론品論 해기解譏 풍속風俗 문경問經 문교問交 사도師道 도덕道德 치심治心 등으로, 제목만 보아도 어떤 내용을 담고 있는지를 대략 알 수 있지만, 그 구체적인 내용의 분석은 이 글의 논의 주제에서 벗어나므로 다음 기회로 미룬다.

위의 내용을 통하여 계승이 유학을 얼마만큼 정밀하게 이해하고 있었는지를 알 수 있다. 성리학이 태동하고 있던 당시에, 그는 유학자들이 황극 및 중용과 같은 유학의 본질을 버리고 오히려 인의와 같은 심성론에 대해 천착하고 있음을 지적하고 있다. 그가 이해한 황극과 중용의 의미에 동의하느냐의 여부는 별개로 하더라도, 유학의 본질을 직시한 그의 관점은 대단히 탁월하다. 필자는 계승이 파악한 이러한 관

---

23) 위의 글, 667쪽 중하: '曰學禮也. 學樂也. 禮樂修則中庸至矣. 禮者 所以正視聽也 正擧動也. 正言語也. 防嗜欲也. 樂者 所以宣喧鬱也 和血氣也. 視聽不邪 擧動不亂 言語不妄 嗜欲不作 思慮恬暢血氣和平而中庸. 然後仁以安之 義以行之 智以通之 信以守之 而刑與政存乎其間矣.'

점의 탁월성을 인정하고 황극과 중용에 대한 새로운 해석으로 유학의
현대적 입지를 모색해 보고자 한다.

4. 유학 근본덕목의 시대적 변천

　계승은 유학에서 가장 중요한 덕목이 '황극'과 '중용'이라고 파악하
였다. 그러면서 황극은 '敎'이요, 중용은 '道'라고 하면서 둘 다 '中'으
로 표준을 삼는다고 하였다. 그리하여 「홍범」과 『중용』이 서로 표리가
된다고 보았다. 그러나 필자는 계승의 이러한 관점은 그 자신이 살았
던 시대적 환경의 소산이라고 본다. 봉건사회에서 승려의 신분으로 살
면서 자신의 주장을 관철하기 위해서 당시의 권세가와 황제에게 잘 보
여야했던 사람의 유학관이었다.

　필자는 유학의 근본덕목이 시대의 변화에 따라서 '황극'에서 '중용'
으로 바뀌었다고 본다. 비록 「홍범」을 天帝가 우 임금에게 내린 것이
라고 하지만, 그 의미상으로 본다면 요 순으로부터 우에게 이어진 것
으로 보는 것이 타당할 것이다. 이른바 요순시대는 태평성대였다. 모두
가 풍족하고 즐거우며 자신의 본분에 맞는 일에 종사하면서 천하에 왕
이 있는지조차 모르고 살았다는 시대였다. 그 이유는 「홍범」에서 말하
고 있는 아홉 가지의 규범이 잘 시행되었기 때문인 것이다. 「홍범」의
시작은 이렇다.

　무왕 13년에 왕이 기자를 방문하였다. 왕이 이에 말하기를 "아! 기자여, 하
　늘은 백성을 보호하여 서로 화합하여 살게 하였는데, 나는 그 인륜을 어찌
　제정해야 할지 모르겠소!" 하였다. 기자가 이에 말하여 이르기를 "내가 듣기
　에 예전에 곤이 홍수를 막으려다가 오행을 어지럽혀서 천제가 이에 노하여
　홍범 아홉 묶음을 가르쳐주지 않아 인륜을 망쳤다고 합니다. 곤이 죽음을

당하고 우가 그를 이어 일어나니 천제가 홍범 아홉 묶음을 주어 인륜이 제정되었다고 합니다"라고 하였다.

여기서 말하는 '帝'가 통상적으로 天帝로 해석되지만, 실질적으로는 요 임금으로부터 전해져 온 황제의 통치법으로 보아야 타당할 것이다. 우가 홍수를 다스리고 그 공으로 순을 대신하여 섭정을 행하고, 결국 제위를 물려받게 되자 순이 그 통치법을 전한 것으로 보는 것이 사리에 맞는다고 할 수 있다.[24] 따라서 홍범구주의 통치법은 요 순을 거쳐 우에 전해졌고, 이것이 은나라의 통치법으로 전해지다가 이때에 이르러 기자로부터 무왕에게 전수되었고, 이에 의한 주나라의 통치제도는 주공 희단姬旦에 의해서 정비되었다고 볼 수 있다.

그러면 「홍범」에서 말하고 있는 '황극'의 의미는 무엇인가? 황극은 바로 천자의 법칙이다. 천자가 정치를 함에 있어 표방하는 표준이라고 할 수 있다. 황극을 설명하고 있는 내용이 조금 길지만 이에 전문을 인용해본다.

"다섯 번째는 황제가 법칙을 세우는 것이니, 오복을 거두어 서민에게 널리 베풀면 오직 저 서민들은 당신의 법칙을 지키고 따를 것입니다. 무릇 백성이 사악한 무리를 짓지 않고 관리들이 사사로운 덕을 이루지 않음은 오직 황제께서 법칙을 시행하기 때문입니다. 무릇 백성 가운데 계책을 생각하는 자가 있고, 뜻있는 일을 하는 자가 있으며, 도리를 지키는 자가 있으면 임금은 그를 기억하십시오. 법칙을 잘 지키지 못하더라도 큰 잘못이 없으면 황

---

24) 앞에서 언급하였듯이 단재 신채호는 우가 받은 「홍범」은 실은 동이족의 단군에게 전해오던 『황제중경』의 일부분일 것이라고 고증하고 있다. 帝 또한 조선의 五加에서 유래한 개념으로 '가'의 발음이 '제'와 같은 '치'이기 때문이라고 하여, 순 임금이 동이족으로서 중국의 임금이 되어 비로소 '제'의 개념이 중국에서 시작되었다고 고증한다. 그렇다면 이 인용문에서 말하는 '제'는 당연히 순 임금이라고 보아야 한다.

제는 그를 받아들이고 온화한 얼굴을 하십시오. '나는 덕을 좋아합니다'고 말하면 황제는 복을 내리십시오. 이런 사람은 임금의 법칙을 따를 것입니다. 외롭고 고독한 사람을 학대하지 마시고, 높고 밝은 사람을 두려워하십시오. 사람이 유능하고 하는 바가 있으면 그의 행동을 펼쳐주면 나라가 번창할 것입니다. 무릇 올바른 사람은 부유해지고 선해질 것입니다. 당신이 그들을 당신 나라에 공헌할 수 없게 한다면 그들은 허물을 지을 것입니다. 만약 그들에게 아름다운 덕이 없는데 당신이 복을 내린다면 그들은 도리어 당신에게 재앙을 지을 것입니다. 바르지 못하거나 치우침이 없이 왕의 법을 따를 것이며, 사사로이 좋아함이 없이 왕의 도를 따를 것이며, 사사로이 싫어하는 바가 없이 왕의 길을 따르십시오. 치우치지 않고 당이 없으면 왕도가 평탄할 것이며, 당이 없고 치우치지 않아야 왕도가 평안할 것이며, 번복하지 않고 기울어지지 않아야 왕도가 바르고 곧을 것입니다. 사람을 모으는 데도 법칙이 있어야 하고 사람이 귀의하는 데도 법칙이 있습니다." 이어 말하기를 "황극의 이 말들은 일정하고 교훈이니 천제께서 교훈하신 것입니다. 무릇 백성이 황극의 말을 교훈삼고 실행한다면 천자의 광명에 가까워져 말하기를 '천자께서 백성의 부모가 되어 천하를 다스린다'고 할 것입니다."[25]

황극이란 오직 천자의 법이요 덕목이며 통치의 표준이다. 어리석은 백성들에게 성인인 천자가 덕으로 그들의 삶을 보살피는 것이다. 가장 중요한 점은 오복, 즉 장수(壽) 부유함(富) 건강과 평안(康寧) 아름다운 덕을 닦음(攸好德) 늙어서 죽음(考終命)을 백성에게 베푸는 일이다. 능력

---

25) 『서경』「홍범」: 五皇極 皇建其有極 斂時五福 用敷錫厥庶民 惟時厥庶民 于汝極 錫汝保極. 凡厥庶民 無有淫朋 人無有比德 惟皇作極. 凡厥庶民 有猶有爲有守 汝則念之. 不協于極 不罹于咎 皇則受之 而康而色 曰予有好德 汝則錫之福. 時人 斯其惟皇之福. 無虐煢獨 而畏高明. 人之有能有爲 使羞其行 而邦其昌 凡厥正人 旣富方穀 汝弗能使有好于而家 時人 斯其辜 于其無好德 汝雖錫之福 其作汝用咎. 無偏無陂 遵王之義 無有作好 遵王之道 無有作惡 遵王之路. 無偏無黨 王道蕩蕩 無黨無偏 王道平平 無反無側 王道正直 會其有極 歸其有極. 曰皇極之敷言 是彝是訓 于帝其訓 凡厥庶民 極之敷言 是訓是行 而近天子之光 曰天子作民父母 以爲天下王.

있는 자를 등용하고 가벼운 잘못은 용서하며 고명한 인물을 두려워해야 하며 외롭고 힘든 사람을 보살펴야 한다고 한다. 이것이 나라를 번영되게 하는 방법이다. 반면에 올바른 사람으로 하여금 나라에 공헌할 수 없게 한다든가, 덕이 없는 사람에게 복을 내리는 경우는 오히려 재앙을 가져올 것이라고 한다. 그러면 백성이 천자를 부모처럼 우러를 것이라고 한다. 이를 실행하기 위해서 황제에게 필요한 것은 오직 치우쳐서 편애하고 편을 가르는 일을 없애는 것이다. 오직 中正이 황극을 베푸는데 가장 중요하다는 말이라고 하겠다.

모든 사람이 자신의 본분에 맞는 삶을 살되 부족함이 없는 삶을 마련하여 주는 궁극적인 책임이 바로 황제에게 있다는 말이며, 황극은 황제가 지녀야 할 통치의 덕목이다. 「홍범」에서 말하는 나머지 여덟 가지의 항목들은 황극을 보조하는 개념으로 보아도 무리가 없다. '황극'은 유학의 근본이념인 '수기치인'의 개념으로 볼 때 바로 가장 이상적인 형태로 꿈꾸었던 '내성외왕'이 현실적으로 실행되던 시대의 덕목이다. 황극의 의미는 '일정하고도 교훈이 됨(是彛是訓)'이다. 안으로는 온전한 성인의 자질을 갖춘 인물이 임금의 자리에 있어 세상을 다스리는 시대이다. 이런 시대가 바로 '대동大同'의 시대이다. 이때는 임금이 모든 것의 근본인 '군본君本'시대이며, 임금 한 몸의 덕으로 천하를 다스리던 '덕화德化'의 시대였다. 덕화란 그야말로 바람에 쏠리는 풀처럼 온 백성이 조화롭게 사는 세상이다.

북송오자의 한 사람인 소옹의 저술이 『황극경세서』이다. 책의 첫머리에 그의 아들인 소백온이 쓴 글에 '황제왕패皇帝王覇의 역사를 기술하여 대중지정大中至正의 도를 밝혔으며, 음양의 소장消長과 고금의 치란을 비교하여 나타내었다. 그러므로 책을 『황극경세』라 부르고 편을 「관물」이라고 하였다.'[26]라고 하였다. 여기서 말하고 있는 황극도 천

---

26) 소강절, 노영균 옮김(단기 4335), 29쪽

자의 통치법이라는 의미를 담고 있음을 알 수 있다.

그런데 이러한 시대는 요·순·우·탕을 거쳐 무왕에게까지 이르지만 무왕은 이에 의한 통치를 제대로 시행하지 못하고 죽게 된다. 무왕의 뒤를 이어 성왕이 즉위하지만, 너무 어려서 통치를 감당할 수 없자 주공이 섭정을 맡게 되었다. 주공은 왕의 신분이 아니었지만 왕을 대신하여 주나라 초기의 통치체제를 확고히 정비하였다. 이때부터 유학에 있어서 '내성외왕'으로서의 '수기치인'의 개념에 변화가 생기게 된 것이다. 공자는 바로 이 점에 주목하였다. 왕의 신분이 아닌 공자가 주공을 존숭의 대상으로 확보하였기 때문이다. 공자로부터 유학에서는 황제의 법칙인 '황극'이 더 이상 거론되지 않고 군자의 덕목인 '중용'이 중시된다. 공자나 맹자도 요순이 중용에 뛰어났다고 평가하고, 성리학의 시대에서도 『서경』「대우모」편에 나오는 '인심은 위태롭고 도심은 미미하니 오직 정밀하고 오직 한결같아서 그 가운데를 잡으라(人心維危 道心維微 惟精惟一 允執厥中)'는 구절은 중요하게 거론되었지만, 오늘날 그 구절은 후대에 가필된 것임이 이미 밝혀졌다.

중용은 공자로부터 철학적 의미가 강화되었고, 주희에 이르러 대단히 중시된다. 공자는 요, 순, 우의 '중'에 대하여 다음과 같이 말했다.

> 요 임금이 말하기를 "아! 너 순이여, 하늘의 역수가 너의 몸에 있으니 진실로 그 중을 잡으라! 사해가 곤궁하면 하늘의 록이 영원히 끊어지리라." 하였는데, 순이 또한 우에게 명하였다.[27]

그리고 순에 대해서는 '악을 숨기고 선을 드러내어 그 양 끝을 잡고서 기 가운데를 백성에게 쓰셨으니, 이것이 순이 된 까닭이라!'[28]고도

---

27) 『논어』「요왈」: 堯曰 咨爾舜 天之曆數在爾躬 允執厥中 四海困窮 天祿永終 舜亦以命禹

28) 『중용』: 隱惡而揚善 執其兩端 用其中於民 其斯以爲舜乎!

하였다. 그러나 공자의 시대에 '중용'은 더 이상 제왕의 덕목이 아니었다. 이제 그것은 '군자'의 덕목이 되었다.

중니께서 이르기를 "군자는 중용을 행하고 소인은 중용에 반한다. 군자의 중용은 군자로서 때에 맞게 함이요, 소인의 중용은 소인으로서 거리낌이 없음이다.29)

그러면서 중용을 행하기가 얼마나 어려운 일인지를 누차 언급하고 있다. '중용은 지극하도다! 사람들이 능히 오랫동안 함이 드물도다.'30)고 하고, 또 '중용을 택하여 한 달 지키기를 하지 못한다.'31)고 하였으며, '천하 국가도 고르게 할 수 있고, 벼슬과 녹봉도 사양할 수 있으며, 흰 칼날도 밟을 수 있으나, 중용은 능히 할 수 없다.'32)라고도 하였다.

그러나 공자는 자신이 중용에 능하다는 자신감을 숨기지 않고 말하고 있다. 더불어 그의 수제자라고 할 수 있는 안회가 중용에 뛰어남을 칭찬하여, 자신의 도가 중용에 있는 것임을 천명하고 있다.

공자가 이르기를 "안회의 사람됨은 중용을 택하여 하나의 선을 얻으면 가슴에 품고서 잃지 아니 한다"고 하였다.33)

군자는 중용에 의지하여 세상에서 숨어 있어 알아주지 않아도 후회하지 않으니, 오직 성인이라야 이를 할 수 있다.34)

---

29) 『중용』: 仲尼曰 君子中庸 小人反中庸 君子之中庸也 君子以時中 小人之中庸也 小人而無忌憚也.
30) 『중용』: 子曰 中庸其至矣乎 民鮮能久矣.
31) 『중용』: 擇乎中庸而不能期月守也.
32) 『중용』: 天下國家可均也 爵祿可辭也 白刃可蹈也 中庸不可能也.
33) 『중용』: 子曰 回之爲人也 擇乎中庸 得一善則拳拳服膺而弗失之矣.
34) 『중용』: 君子 依乎中庸 遯世不見知而不悔 唯聖者能之.

『논어』에서는 공자가 자신과 안회를 두고서 당시의 세상에서 알아주면 나가서 일을 하고, 알아주지 않으면 들어와 있으면서도 마음에 불만이 없는 단 두 사람이라고 말하고 있기도 하다.

중용의 개념은 이제 황극을 잃어 무너져가는 주나라 천자의 덕목도 아니고, 주나라 초기 주공의 시대로 회귀를 꿈꾸는 사회적 우환의식의 사명감을 가진 공자의 것이 되었다. 그렇지만 그런 꿈은 현실과는 너무나 멀었기에 쓰이면 나아가고 버림받으면 물러나 자신을 간직하는 '군자'의 덕목이었다. '중용'의 중요성은 그 꿈을 이해하고 계승한 손자 자사에 의해서 정리되어 후세로 전해졌다.

성리학의 시대로 접어들어서 중용은 그들에 의해서 새로운 의미를 가지게 된다. 『중용』의 첫머리는 다음과 같이 시작한다.

> 중용은 치우치지 않고 의지하지 않으며 지나침과 미치지 못함이 없음의 이름이다. 용은 평소에 항상 함이다. 정자가 말하기를 "치우치지 않음이 중이요 바꾸지 않음이 용이다. 중은 천하의 바른 도이고, 용은 천하의 정한 이치이다."라고 하였다.[35]

나아가 '중'에 대해서는 '희노애락이 발하지 않은 것을 일러 중이라 한다(喜怒哀樂之未發謂之中)고 하여 리기심성론적 해석으로 확대된 의미를 부여한다. 그러나 무엇보다도 공자 이래로 유학자로서 황제의 법칙인 '황극'을 더 이상 강조하는 사람은 없었던 것이며, 오히려 이제는 황제조차도 한 사람의 '군자'로서 '중용'의 덕목을 지녀야 하는 존재로 인식되고 있었다고 할 수 있다.

공자가 자하에게 '군자유가 되어야지 소인유가 되어서는 안 된다'고 말한 때로부터 세상은 황제의 전유물이 아니었고, 황제가 만백성의 삶

---

[35] 『중용』: 中庸 不偏不倚 無過不及之名 庸 平常也 子程子曰 不偏之謂中 不易之謂庸 中者 天下之正道 庸者 天下之定理.

을 책임지고 보살피는 천하의 절대법칙이 아니었다. '군본'의 시대에서 '신본臣本' 내지는 '사대부본士大夫本'의 시대가 되었다. 이제 '내성외왕'의 시대는 지나갔고, '내성외군자유'의 시대가 열렸다. 이는 안으로는 성인의 자질을 갖추고 밖으로는 군자유로서 왕을 대신하여 왕도정치를 행하는 것이다. 세상은 '대동大同'사회로부터 멀어져 평화와 혼란이 교차하는 '소강小康'시대였던 것이다. 황제의 '덕화'가 세상을 통치하는 표준이 아니라, 사대부들의 '교화'가 세상을 다스리는 표준이 되었다. 주희가 『대학』의 3강령 중에서 '친민親民'을 '신민新民'으로 해석하였을 때, '신민'하는 주체는 바로 사대부였던 것이다. 이는 권력의 중심이 황제로부터 사대부로 내려왔음을 말하고 있는 것이기도 하다. 한 사람의 절대권력 시대가 무너지고 소수에 의한 권력의 분점이 일어난 것이다. 이것은 또한 권력에 대한 그들의 쟁탈전이 수시로 일어날 수 있음을 의미하게 되었고, 사실 그로 인하여 평화와 혼란이 공존하는 '소강'사회가 된 것이다. 나아가 차라리 제왕조차도 성인의 자질을 갖추어 태어나지 못했으니 그들 또한 권력투쟁의 소용돌이에 있는 한 평범한 사람으로 인식된 것이라고 하여도 무방하리라.

정치의 주체가 황제로부터 사대부로 바뀌게 되면서, 성인으로서 '덕화'를 펼쳤던 황제를 대신하게 된 '중용'을 갖춘 '군자'인 사대부들의 통치방식은 바로 '신민' 즉 '교화'였다. 교화의 교는 '가르친다'는 말이지만, 교의 글자를 풀어보면 '孝'와 '文'으로 나뉜다. 앞에서 언급했듯이 學이란 '본받음'이다. 가르침이 있으면 본받음이 있는 것이다. 그 가르침의 기본이 바로 부모에 대한 효도이며, 효도를 몸소 실천하는 모습이 본보기로서의 무늬인 文이다. 이것은 또한 공자가 말한 정명론正名論인 '군군君君 신신臣臣 부부父父 자자子子'의 논리와도 맞는 것이다. 이것이 확대되어 오륜이 되고 나아가 『소학』과 『주자가례』의 내용이 된다. 이것이 사대부들이 주체가 되었던 시대에 강조되었던 중용에 의한 덕목의 통치방식이었다. 지나치지도 않고 부족하지도 않으면서 일상의 삶에서 항상 하는 생활의 모습이 중용에 의지한 사대부들에게 요구되었던 생활방식이었다. 그것은 또한 그들이 권위를 유지하는 무기이기도 하였다.

오늘날은 유학이 봉건시대와 같은 기능을 전혀 할 수 없는 시대이다. 유학을 지켜야 한다고 주장하거나 옛날의 봉건적 신분질서로 돌아가자고 주장한다는 것은 상상도 할 수 없는 일이다. 유학의 가장 큰 무기였던 국가적 제례의식은 이제 절대로 더 이상 기대할 수 없는 지나간 꿈일 뿐이다. 유학이 도학 또는 성리학이라는 이름으로 변신한 것처럼, 아니 변신을 넘어서 환골탈태의 모습으로 최소한의 영역에서 그입지를 마련해야 할 처지에 놓였다고 할 수 있다. 유학의 가장 큰 장점은 '수기치인'의 일차적 개념으로서 '극기복례'라고 할 수 있다. 인간의 사회에서 기본적인 '예'가 없을 수는 없다. 이런 점에 초점을 맞추어 오늘날에 필요한 예를 구성해내는 것이 유학의 과제라고 할 수 있다.

이러한 시대에 유학이 스스로의 입지를 찾고자 한다면 어디서부터 출발해야 할까? 가정에서의 유교적 의례의 실천일까? 아니면 향교나 서원 같은 지역사회에서의 의례의 실천일까? 성균관에서의 예전 국가적 의례의 재현일까? 절대로 아니라고 할 수 있다. 여전히 유의미한 일차적 출발점은 '극기복례'라고 하겠다. 여기서의 극기복례는 '개인의 이기주의를 극복하여 최소한 사회구성원으로서의 역할과 책임 담당'이 될 것이다. 이제 유교의 근본이념인 '수기치인'은 '스스로 민주사회의 구성원으로서 살아갈 수 있는 품성을 갖추고, 이를 통해 상대를 존중하는 원만한 대인 관계의 유지' 정도로 말할 수 있겠다.

이러한 시대에 맞는 근본덕목으로 필자는 '대공大公'을 들고 싶다. 여기서의 大는 '걸림 없이 두루 통합(無碍會通)'의 의미이며, 公은 '모두가 평등한 인권으로 사욕을 앞세우지 않음(平等無私)'의 의미를 담았다. '대공'의 덕목은 민본시대의 이념인 '더불어 조화롭게(共和)'를 실현하는 '동화同化'를 표방하는 것이다. 이제 요순시대의 '내성외왕'은 공자 이래의 '내성외군자유'의 시대를 지나 오늘날의 '내성외대인배'의 시대로 나아가야 함을 말하고자 한다. 개인으로서의 '대인'이 아니라 전체로서의 '대인배大人輩'가 요구되는 시대이다. 민주시민 모두가 대인배가 되고자 함이다. 약자의 권익을 우선하고, 서로를 배려하고, 전체의 이익을 먼저 생각하는 사람이 대인배이다. 이러한 모습으로 모두가 나아감이 바로 '같아짐(同化)'이다. 이때의 같아짐은 인격의 평등을 지칭하며, 자질과 능력 그리고 사회적 역할의 같아짐을 말하는 것이 아니다.

물론 이것 또한 단지 이상일 뿐일 수도 있다. 그러나 이상이 없는 실천절목이 있을 수 있는가? 실천절목에 대해서는 다음에 논하고자 한다. 이제 위의 논의를 종합하여 유학의 근본덕목의 시대별 변천을 도표로 표시해보자.

〈표〉유학 근본덕목의 변천

시대구분	근본덕목	덕목의미	정치형태	실행주체	시대현상	궁극목표
요·순·우 주공까지	皇極	是彝是訓	德化	皇帝 (君本時代)	大同社會	大中 至正
공자 이래 근세까지	中庸	不偏不倚 無過不及 平常	敎化	大夫, 士 (臣本時代)	小康社會	
현대사회	大公	無碍會通 平等無私	同化	市民 (民本時代)	共和社會	

어느 시대를 막론하고 정치의 궁극적 목표는 대중지정의 사회를 구현하는 것이라고 할 수 있다. 정치의 주체가 1인의 절대 권력에서 소수의 권력자로 이동하고, 다시 전체 국민에게로 옮겨갔을지라도 동양적 정치의 이상은 대중지정의 사회이다. '치우침 없이 공정한 사회'에 이르는 것은 사실 불가능한 꿈일지도 모른다. 그러나 그 꿈은 민본주의

에서 그나마 가장 실현하기에 용이하다고 할 수 있다.

앞에서 살펴본 바와 같이, 북송의 선승 계승은 황극도 중이며 중용도 중이라고 했다. 그리고 천하가 함께 하는 것을 '대공'이라고 했다. 또한 만물의 마음을 같이 하는 것이 '중정'이라고 했다. 예악을 닦으면 중용에 이르게 된다고도 하였다. 중용에 이르고 인의지신을 행하면 형벌과 정교가 잘 행해진다고 하였다. 그리하여 '禮는 황극의 모습이요, 樂은 황극의 소리이며, 제도는 황극의 도구'라고도 했다. 그가 황극의 의미를 분석하고, 여기에 중용의 공능을 끼워 맞춘 것은 탁견이라고 할 수 있다. 유교는 원래 예악형정으로 그 자신을 드러내기 때문이다. 유학은 오늘날에 맞는 이에 대한 대답을 제시해야 한다.

5. 유학과 성리학을 넘어서

오늘날의 예악형정은 어떤가? 예악의 원래적 의미를 『사기』에서는 '악은 천지의 조화요, 예는 천지의 질서'라고 하면서 '악은 하늘로 말미암아 지었고, 예는 땅을 본받아 만들었다.'고 정의하고 있다.36) 그러나 유학이 가장 강조하는 예는 땅의 높고 낮음을 본받아 인간의 귀천을 구별 지어 천지의 질서라는 당위성을 부여한 것이다. 태어나면서부터 선천적으로 타고난 신분질서에 순응하며 살 수밖에 없었던 봉건사회에서도 이에 대한 반발이 끊이지 않았는데, 오늘날에 귀천으로 구분하는 그 질서에 순응할 사람은 없을 것이다. 예는 각자의 사회적 역할로 환원되어야 한다. 나아가 오늘날 유학에서 말하는 악의 순기능은 거의 소멸되었다고 해도 과언이 아니다. 오히려 여러 사회적 내지는 연령적 계층 간의 단절을 촉진하는 역할을 하는 듯하다. 형정은 어떠한가? 말

---

36) 『史記』「樂書」 제2: 樂者 天地之和也 禮者 天地之序也. 樂由天作 禮以地制.

할 필요조차도 없는 실정이 아닌가? 어느 것도 중정하지 못하여 천하가 함께 하는 '대공'의 덕목을 달성하지 못하고 있다.

서양의 철학자 헤겔은 정치의 발전단계를 전제정치에서 귀족정치로, 여기서 다시 모두의 자유가 보장되는 게르만문화 시대로 발전한다고 파악하였다. 이것은 독일의 전체주의 정치를 촉발시켰다. 또한 비코는 신의 시대 신권정치에서 영웅시대 귀족정치로, 이에서 다시 인간시대의 민주정치로 발전한다고 간파하였다. 둘 다 절대 권력에서 소수의 권력분점시대를 거쳐 만민이 평등한 시대가 온다고 말하였다. 동양의 정치사도 그와 유사한 형태라고 할 수도 있겠다. 그러한 과정을 거쳐 오늘날의 정치는 민주주의 체제이고 운영형태는 공화정이다. 권력은 국민으로부터 나오지만 이를 위임받은 사람이 행사한다. 민주주의 국가는 특정한 종교의 입장을 견지할 수 없으며, 따라서 국가적 차원의 종교의례를 행하지 않는다. 유학의 의례는 신분질서에 따른 의례이다. 황실의 의례와 왕실의 의례가 있고 대부의 의례가 있고 선비의 의례가 있으며 서인의 의례가 있다. 그 본질은 같다고 할 수도 있지만 규모와 절차가 확연히 다르다. 상위층의 의례가 훨씬 복잡하고 아래로 갈수록 간편해진다. 이것은 또한 그들의 신분질서가 동시에 부의 척도와 거의 비례하는 구조이기 때문이다. 그러나 오늘날 우리 사회는 정치적 민주주의에 더하여 경제적 자본주의를 택하고 있다. 권력과 부와 명예가 함께 하는 경우도 있지만 그렇지 않은 경우도 많다. 청렴한 권력자도 있고, 졸부도 있으며, 명예를 돈으로 사는 사람도 있고, 돈으로 권력에 붙어사는 사람도 있다. 그런데 문제는 많은 경우에 사회구성원들은 돈과 권력과 명예를 모두 가졌거나 한두 가지를 가진 사람들에 대하여 그 정당성을 인정하지 않는다는 점이다.

달리 말해 사회가 공정하지 않다는 것이다. 넘쳐나는 언론매체들도 모두 자기 집단의 이익을 우선하고, 공공언론조차 특정 이익집단을 옹호하는 일이 비일비재하기 때문이다. 언론을 통하여 말을 할 수도 없는 사람들은 SNS를 통하여 자신의 의견을 표현한다. 그러나 대부분의 말들은 너무 거칠고, 상대에 대한 최소한의 예의도 거의 없다. 그들은 그 상대가 예의로 대할 가치조차 없는 인간이라고 간주한다. 상대의 추락을 위해서는 무슨 말이든지 하며, 상대를 끌어안고 함께 구렁텅이로 빠지는 것조차 감수한다. 그러면서도 상대에게 들이대었던 잣대가 자신에게로 향할 때는 경우가 다르다고 하거나, 자기는 몰랐던 일이라고 한다. 이러한 이면에는 강자의 이익이 우선시되고 약자는 권리조차 박탈당하고 있다는 현실인식이 깔려있다.

지난 2001년 조선중기의 두 훌륭한 유학자인 남명 조식과 퇴계 이황이 함께 탄신 500주년을 맞이하였다. 이를 기념하기 위하여 관련 기관 및 단체와 후손들은 전례가 없는 정도의 각종 다양한 행사들을 성대하게 개최하였다. 관계있는 여러 학술단체에서는 저마다 국제와 국내규모의 학술회의를 주최하여 두 인물을 중심으로 업적을 조명하고 미래적 유학의 비전을 제시하였다.[37] 그 학술대회 중의 대표적인 두 경우의 주제가 각각 '남명학과 21세기 유교부흥운동 전개' 및 '퇴계와 함께 미래를 향해'이다. 말 그대로 미래지향적인 유학의 정립을 모색하는 학술회의였다. 그러나 실제로 발표된 논문들의 대부분은 과거에 초점을 맞추고 있으며, 미래지향적인 분명한 관점을 제시하고 있는 경우는 찾아보기 힘들다. 다만, 그들이 부분적으로 미래지향적으로 언급하고 있는 두 유학자를 통해본 개념은 역시 인, 의, 예 정도라고 할 수 있다. 그러한 개념들이 오늘날에도 여전히 유효한 것임을 말하면서 다시 되살려야 할 필요성은 주장하고 있으나, 그 구체적인 실천방안에 대해서는 뚜렷한 방안을 제시하지 못하고 있는 듯하다.

이제 전통 원시유학은 '극기복례'에 기초한 최소한의 가정과 사회에서의 예의 실천을 제외한다면 일반대중에게 더 이상의 가치를 인정받

---

37) 그 중 대표적인 발표논문집으로는, 사단법인 남명학연구원(2001)과 안동대학교 퇴계학연구소 편(2001)을 들 수 있다.

지 못한다. 성리학 또한 심성론을 탐구하는 학자들의 관심을 제외한다면 현대적 존재가치는 거의 상실한 것으로 볼 수 있다. 물론 그렇다고 유학이나 성리학에서 말하고 있는 많은 가르침들이 인간의 삶과 무관하다는 것은 아니다. 다만, 현대인들에게 수용될 수 있는 여지가 부족하다는 것일 뿐이다. 이제 유학은 원시유학이나 성리학을 넘어서는 사회적 가치를 제시해야만 할 절체절명의 상황에 있다고 하여도 무방하다. '대공'의 덕목에 의지하여 '중정'한 사회를 만들기 위해서 전체 시민이 '대인배'가 되어서 행동할 수 있는 구체적 절목과 실천이 필요한 시점이다.

참고___
___문헌

『논어』.

『대학』.

『맹자』.

『사기』.

『서경』.

『예기』.

『주역』.

『중용』.

가노 나오키 저, 오이환 역, 『중국철학사』, 을유문화사, 1986.

김충렬, 『김충렬 교수의 중국철학사』, 예문서원, 1994.

김학주, 『공자의 생애와 사상』, 명문당, 2003.

신채호 원저, 박기봉 옮김, 『조선상고문화사(외)』, 비봉출판사, 2007.

사단법인 남명학연구원, 『남명학과 21세기 유교부흥운동 전개』, 남명 선생탄
　　　신500주년기념사업추진위원회, 2001.

사라 알란, 오만종 옮김, 『선양과 세습』, 예문서원, 2009.

邵康節, 노영균 옮김, 『황극경세서』, 대원출판, 단기 4335(2002).

안동대학교 퇴계학연구소 편, 『퇴계와 함께 미래를 향해』, 세계유교문화 추진
　　　위원회, 2001.

최영찬 외, 『동양철학과 문자학』, 아카넷, 2003.

契嵩, 『鐔津文集』, 《全宋文》 18, 四川: 巴蜀書社, 1991.

_____, 『鐔津文集』, 《大正藏》 52, 四川: 巴蜀書社, 1991.

____, 『鐔津文集』, ≪四部叢刊≫ 廣編, 四川: 巴蜀書社, 1991.

____, 『鐔津文集』, ≪四庫全書≫ 1091, 四川: 巴蜀書社, 1991.

제3장

북송초기 삼교회통론의 양상

1. 유불도의 교차점

유교·불교·도교의 삼교는 중국을 중심으로 한 동아시아 사상의 대표적인 체계이면서 민중의 생활을 지배해온 이념이었다. 그러나 그 실상을 살펴보면 각각의 종교에 대한 이론적 탐구와 이해는 극소수의 지식인들에 의해서만 이루어졌고, 대부분의 민중들은 어느 한 종교의 이론적 틀이나 교의에 얽매여 산 것은 아니었다. 통치의 이데올로기로 작용한 유교는 일상윤리의 규범이었고, 인도에서 전파된 불교는 내세를 위한 기복신앙으로 변해갔으며, 도교는 일상적 삶에서 재앙을 쫓고 복을 부르기 위한 방편으로서의 역할을 수행하였다. 민중들의 삶에서는 대체로 삼교가 따로 분리되어 받아들여지지 않고 하나로 융합되어 수용된 것이 역사적 사실이라고 할 수 있다.

이미 유교가 통치이념으로 자리 잡은 후한 때에 불교가 인도로부터 전파되었고, 이보다 약간 늦은 시기에 도가사상에 기대어 도교가 중국에서 자생적으로 발생하여 급속하게 민중 속으로 파고들어 커다란 세력을 형성하게 되었다. 그러나 황건적의 난으로 그 세력을 거의 잃은 도교가 주춤하는 틈에 이론적 치밀성과 방대한 사상내용을 가진 불교가 세력을 떨치게 되었다. 이로부터 이론체계의 취약성을 가지고 있었던 도교는 외래의 불교와 치열한 생존경쟁을 해야만 했고, 그 과정에서 필연적으로 상호 비판과 함께 모방을 통한 수용이 이루어지게 되었다. 그 결과 불교는 인도의 전통과는 다른 중국불교인 선불교로 정착되었고, 도교는 외단사상에서 내단사상으로의 전환을 가져왔던 것이다.

필자는 바로 이 시기의 삼교회통론에 깊은 관심을 가지고 있다. 이 시기란 바로 당나라 말기부터 오대십국 시대를 거쳐 북송 초기까지를 말한다. 북송은 건국 초부터 문치주의를 채택하여 학문적 자유를 최대한 보장하였으며, 국가 차원에서 당시 활성화되기 시작한 인쇄술의 발달에 힘입어 삼교의 경전들을 전집형태로 간행하여 널리 보급하였으니, 유교의 십삼경 및 불교와 도교의 대장경이 모두 이때에 몇 차례 간행되었다. 또한 이 시기는 춘추전국시대의 제자백가를 능가할 정도로 많은 뛰어난 학자들이 여러 분야에서 나타나 그야말로 학문의 최대 융성기를 누린 때이기도 하다. 이 당시 삼교는 서로 비판적 관점과 함께 상호회통적 경향도 두드러지게 보이기 시작했다.

필자는 이 시기가 성리학의 태동기라는 점에 주목한다. 성리학의 형성이 불교와 도교의 영향을 받았다는 설과 유교가 독자적으로 발전한 것이라는 두 가지 설로 나뉘고 있지만, 당시의 성리학자들이 불교나 도교에 깊은 관심을 가지고 있었던 사례는 허다하며, 그쪽의 인물들과 교류가 깊었던 것도 역사적 사실로 확인되고 있다. 또한 삼교는 각각 수도론修道論의 이론적 체계를 정립하여, 성리학의 수양론修養論과 선불교의 수행론修行論 그리고 도교의 수련론修煉論이 독특한 형식을 드러내고 있었다. 앎과 실천을 분리하지 않는 동양철학의 특징에서 본다면 목적으로서의 성도成道나 내용으로서의 달도達道보다는 수도修道, 즉 실천의 방법론은 대단히 중요한 의미를 갖는다. 이 시기에 삼교회통론을 주장한 인물들은 다른 종교의 장점을 취하여 자신의 입장에 맞추어 새로운 수도론의 이론체계를 구성하였던 것이다.

따라서 이 시기의 삼교회통론은 보다 복잡한 양상을 가지고 있다. 주지하다시피 동양철학은 실천을 중시하여 수도론修道論에 초점을 두고 있다. 이 문제는 이른바 동양철학의 몸과 마음의 문제라고도 할 수 있다. 유교·불교·도교는 각각 성도成道의 경지를 '성인聖人'과 '부처' 그리고 '진인眞人'으로 제시하고, 달도達道 즉 그 내용성은 '온갖 행위가 도덕적으로 완벽한 자'와 '모든 고통의 원인인 번뇌를 끊고 열반에 이른 자' 및 '현상적 존재자의 세계에서 청정한 본원의 존재로 되돌아간 자' 등으로 설명한다. 이에 따라 그들 각각이 그 목표에 도달하기 위한 방편인 수도론도 자연히 다를 수밖에 없다. 그리하여 유교는 극기복례라는 전통적 수양론을 넘어서 '몸을 주재하는 마음속에 있는 본원의 性을 잘 길러(養) 천명天命과 합일하는 경지로 나아가는 것'을 그 방법론으로 제시하였고, 불교는 색즉시공色卽是空 이사무애理事無礙의 관점으로부터 '세계와 마음의 본질은 주객미분主客未分의 공空임을 깨달아 다시금 일상으로 살아갈(行) 것'을 말하였으며, 도교의 내단이론은 '일차적으로는 육체적 수련을 통하여 몸을 구성하고 있는 정精을 기氣로 바꾸는 명공命功을 닦은 후에 이 기氣를 신神으로 바꾸는 성공性功을 거쳐서 궁극적으로는 이 신을 태허太虛로 돌이키는 복귀무극復歸無極의 경지로 변화(煉)시킬 것'을 주장하였다. 그래서 우리는 삼교의 수도론을 수양론과 수행론 그리고 수련론이라고 달리 이름하고 있는 것이다. 바로 이 부분에서 삼교회통에 대한 각각의 입장이 다르게 나타나게 되는 것이다.

필자는 당시 삼교의 대표적 학자들이 주장하는 삼교회통론의 정합성과 논리적 맥락에 깊은 관심을 가지고 있다. 그것은 바로 삼교의 차별성과 공통점을 보다 정확히 알 수 있게 해 준다. 나아가 이는 그들 각각의 인간존재에 대한 해명을 이해하는 것이다. 그러나 당시 삼교회통론을 주장한 인물들의 주장을 모두 검토한다는 것은 매우 어렵다. 또 반드시 그렇게 해야 할 필요성도 제기되지 않는다. 따라서 이 글에서는 그 당시 삼교회통론과 연관된 유불도 삼교의 대표적 인물 몇몇을 검토하고자 한다. 불교의 영명연수永明延壽와 불일계숭佛日契嵩, 도교의 진단陳搏과 장백단張伯端, 그리고 유교의 북송사자北宋四子가 그들이다.

이 글의 목적은 두 가지로 말할 수 있다. 하나는 위에서 언급한 인물들의 주장을 검토함으로써 문제의 본질과 양상을 드러내는 것이며, 다른 하나는 향후 그들 각각과 상호비교에 대한 보다 구체적인 연구의 디딤돌로 삼고자 하는 것이다. 따라서 이 글에서는 기존의 연구성과를 바탕으로 논의를 전개하여 문제의 몇 가지 특징들을 밝히고자 하며, 각자의 이론에 대한 비판적 검토나 상호비교와 같은 연구는 지속적인 일련의 작업으로 진행하고자 한다.

2. 삼교회통론의 역사

유불도 삼교의 교섭사交涉史에 대한 연구를 살펴보면,[1] 이 문제는 크게 두 가지 관점으로 나뉨을 알 수 있다. 하나는 불교의 입장에서 유학 내지는 성리학의 형성에 끼친 불교의 영향을 중심으로 연구한 것으로, 대부분의 연구들이 여기에 속한다. 다른 하나는 유교의 입장에서 불교나 도교가 성리학의 형성에 끼친 영향을 부정하지는 않지만 그 정도가 지대하지는 않은 것으로 보면서, 유학의 자발적인 동인動因에 의해서 성리학이 성립하였다는 관점을 가진 연구들로서 소수의 연구자

---

1) 이 장의 내용은 대체로 필자의 철학박사학위논문, 김경수, 「북송초기 유불도의 삼교회통론 -선불교의 계승과 도교의 장백단을 중심으로-」, 경상대학교, 2008, 5~8쪽에서 정리한 것을 다소 수정하여 서술하였다.

들이 이에 속한다고 할 수 있다. 이러한 경향은 연구자의 성향이 친불교적親佛敎的인가 아닌가에 따라 많이 좌우된 느낌이 없지 않다.

처음 삼교교섭사에 대한 현대적 연구는 대부분 일본학자들에 의해 이루어졌는데, 그 선구적 역할을 한 인물은 단연 常般大定이라고 할 수 있다. 그는 1930년에 『支那に於ける佛敎と儒敎道敎』2)라는 상당히 방대한 분량의 저술을 출판하여 이 분야 연구의 효시를 이루었다. 제목에서 볼 수 있듯이 불교를 중심으로 하여 유교와 도교와의 교섭사를 시대별로 서술하였다. 그 다음해인 1931년에는 久保田量遠이 『中國儒佛道三敎史論』3)이라는 책을 常般大定과 비슷한 분량으로 간행하여 통사적 연구 성과를 내었다. 이 책의 내용은 『홍명집弘明集』과 『광홍명집廣弘明集』에서 다루고 있는 쟁점들을 중심으로 서술한 특징이 있다. 그에 비해 분량은 많지 않지만 삼교교섭사를 가장 일목요연하게 정리한 책은 1943년에 간행된 久保田量遠의 『支那儒佛道交涉史』4)라고 할 수 있다. 한 가지 더 언급한다면, 일본에서의 중국불교사 연구에서 탁월한 업적을 남긴 鎌田茂雄의 『中國佛敎史』5)에서도 불교와 도교의 관계 및 송학과 불교의 관계 등에 대하여 아주 간략하지만 중요한 부분들을 언급하고 있다는 점이다. 그는 또 東京大學 東洋文化硏究所의 보고서로서 『道藏內佛敎思想資料集成』을 펴내는 방대한 작업을 수행하기도 했다.

그 뒤를 이어 1960~70년대에 이 문제에 대한 제2세대의 연구자라고 할 수 있는 두 사람이 나왔으니, 荒木見悟와 久須本文雄이 그들이다. 荒木見悟는 『儒敎と佛敎』 및 『佛敎と陽明學』6)이라는 두 저서를 통하

---

2) 常般大定, 『支那に於ける佛敎と儒敎道敎』, 東京: 東洋文庫, 1930.

3) 久保田量遠, 『中國儒佛道三敎史論』, 東京: 東方書院, 1931.

4) 久保田量遠, 『支那儒佛道交涉史』, 東京: 大藏出版社, 1943. 이 책은 최준식이 『中國儒佛道三敎의 만남』, 민족사, 1990이라는 제목으로 번역하여 출판하였다.

5) 이 책은 鎌田茂雄, 鄭舜日 譯, 『中國佛敎史』, 경서원, 1985로 번역되어 있다. 한편 鎌田茂雄은 같은 제목으로 된 방대한 분량의 『중국불교사』도 집필하였는데, 이 책은 국내의 장승출판사에서 전8권으로 번역하여 간행하기로 하였다가, 1996년도에 제3권까지만 간행한 상태에서 추가 번역 및 간행을 중단하고 있다.

여 불교 특히 대혜종고大慧宗杲의 선불교禪佛敎가 성리학性理學 및 양명심학陽明心學에 미친 영향을 분석하였다. 久須本文雄은『宋代儒學の禪思想硏究』[7]라는 책을 저술하여, 북송오자北宋五子 중에서 소옹邵雍을 제외한 네 인물과 정자程子의 제자들 및 주희朱熹와 육상산陸象山의 사상에 나타나는 선불교의 영향을 구체적으로 살피고 있다.

근래에 와서는 1997년에 三浦國雄이『朱子と氣と身體』[8]라는 책을 출판하였는데, 제2부에서 유불도 삼교 수양론의 핵심들을 분석하면서 상호간의 영향관계를 검토하고 있다. 또 1999년에 小島毅가『宋學の形成と展開』[9]라는 저술을 내어, 성리학의 형성을 유교 자체의 주요개념과 역사적 흐름의 과정에 초점을 맞추어 파악하려는 관점을 부각시키고 있다. 그리고 2002년에는 土田健次郎이『道學の形成』[10]이라는 책을 저술하여 성리학 형성에 대한 폭넓은 시각을 제시하면서, 특히 제5장에서는 도학道學과 불교와 도교의 관계에 대해서 깊이 있게 논하고 있다.

이 문제에 대해서 중국 측의 본격적인 연구는 상당히 늦었는데, 1984년에 대만臺灣에서 熊琬이『宋代理學與佛學之探討』라는 책을 출판한 것이 눈에 띄는 업적이라고 하겠다. 그 이전에는 Carsun Chang이 미국에서 출판한 *The Development of Neo-Confucian Thought (I)*[11]의

---

6) 荒木見悟,『儒敎と佛敎』, 東京: 平樂寺書店, 1963 및『佛敎と陽明學』, 東京: 第三文明社, 1979. 앞의 책은 硏文出版에서 1993년에 新版으로 간행한 것을 저본으로 하여, 심경호 옮김,『불교와 유교』, 예문서원, 2000로 번역되어 있고, 뒤의 책은 배영동 옮김,『불교와 양명학』, 혜안, 1996으로 번역되어 있다.
7) 久須本文雄,『宋代儒學の禪思想硏究』, 名古屋: 日進堂書店, 1980을 참조할 것.
8) 이 책은 이승연 옮김,『주자와 기 그리고 몸』, 예문서원, 2003으로 번역되어 있다.
9) 이 책은 신현승 옮김,『송학의 형성과 전개』, 논형, 2004로 번역되어 있다.
10) 土田健次郎,『道學の形成』, 東京: 創文社, 2002. 이 책은 성현창 옮김,『북송도학사』, 예문서원, 2006으로 번역되어 있다.
11) Carsun Chang, *The Development of Neo-Confucian Thought (I)*, New York: Bookman Associates, 1958. Carsun Chang은 張君勱의 영어식 이름이며, 이 책은 그 후에『新儒家思想史』(臺北: 弘文館出版社, 1986)란 제목으로 중국어로도 출판

제6장에서 성리학에 미친 불교의 영향을 언급한 것이 동양과 서양에 함께 널리 알려진 저술이다. 이후 중국 본토에서 80년대를 지나면서부터 쏟아지고 있는 연구서들에서는 대부분이 성리학의 형성에 미친 불교나 도교의 영향에 대해서 일정한 정도를 언급하고 있지만, 일본에서처럼 정밀한 연구 성과는 눈에 띄지 않는다. 대표적으로는 葛兆光의 『道敎與中國文化』[12]와 『禪宗與中國文化』[13]를 들 수 있고, 시대별 교섭의 내용에 대해서는 許凌雲의 『中國儒學史-隋唐卷』 및 韓鍾文의 『中國儒學史-宋元卷』[14], 그리고 漆俠의 『宋學的發展和演變』[15] 등이 참고할 만하다. 그 외에 삼교회통적三敎會通的 관점을 중심으로 서술된 책으로는 『儒佛道與傳統文化』[16]와 『儒道釋與內在超越問題』[17] 등이 있다.

한국에서는 이러한 삼교교섭사와 관련한 본격적인 연구는 거의 없다고 해도 과언이 아니다. 류승국柳承國이 『동양철학연구』의 제3장에서 성리학의 형성과 관련한 불교와 도교의 영향을 개괄하였지만, 이것은 독자적 연구 성과라기보다는 일본학자들의 연구를 요약 정리한 것으로 보인다.[18] 근래에는 윤영해가 『주자의 선불교비판 연구』의 서론과 제1장에서 이 문제와 관련한 간략한 역사를 기존의 연구 성과를 토대로 정리하였고[19], 그 후에 다시 「유교와 도교, 그리고 불교의 다원주

되었고, 국내에는 『한유에서 주희까지』(張君勱 지음, 김용섭·장윤수 옮김, 형설출판사, 1996 수정판)로 번역되었다.

12) 이 책은 중국에서 1987년에 간행되었는데, 국내에서는 『道敎와 中國文化』(沈揆昊 옮김, 동문선, 1993)로 번역되어 있다.

13) 이 책은 중국에서 1986년에 간행되었는데, 국내에서는 『禪宗과 中國文化』(韓相弘·任炳權 옮김, 동문선, 1991)로 번역되어 있다.

14) 이 두 책은 각각 중국유학사 시리즈의 일부분으로, 廣州: 廣東敎育出版社에서 1998년에 간행한 것들이다.

15) 漆俠, 『宋學的發展和演變』, 石家庄: 河北人民出版社, 2002.

16) ≪文史知識≫ 編輯部編, 『儒佛道與傳統文化』, 北京: 中華書局出版, 1990.

17) 湯一介, 『儒道釋與內在超越問題』, 南昌: 江西人民出版社, 1991.

18) 柳承國, 『東洋哲學硏究』, 槿域書齋, 1983, 제3장 참조.

의 가능성」20)에서도 한 번 더 간략하게 정리하였다. 최근의 연구로는 임형석의 「유밀의『삼교평심론』에 관하여」가 있는데, 원말명초元末明初의 삼교론을 살필 수 있는 연구이다.21)

이상의 기존 연구들에서 밝혀진 북송 이전까지 삼교회통론자들의 주장은 대략 다음과 같은 도표로 정리할 수 있다.22)

觀　點	人物과 著述	備　考
三教會通論	『牟子理惑論』	불교중심
	陶弘景	도교중심
	傅翕	삼교회통
	李士謙	삼교정립설 - 역할분담론
	王通	삼교회통설 - 유교중심
	吉藏:『三論玄義』	불교우위설
	宗密:「原人論」	불교우위설
	陳搏	도교중심
優劣論	曹植:「辨道論」	유교중심, 불교비판
	王浮:『老子化胡經』	도교우위, 불교비판
	『淸淨法行經』	불교우위
	「正誣論」	유교중심, 불교비판
	范縝:「神滅論」	유교중심, 불교비판

---

19) 윤영해,『주자의 선불교비판 연구』, 민족사, 2000, 서론 및 제1장 참조.
20) 윤영해,「유교와 도교, 그리고 불교의 다원주의 가능성」,『불교학연구』제5호, 불교학연구회, 2002 참조.
21) 임형석,「劉謐의『三教平心論』에 관하여 -儒教의 排佛論에 대한 한 불교도의 반응-」,『한국철학논집』제20집, 한국철학사연구회, 2007 참조.
22) 김경수,「북송초기 유불도의 삼교회통론 -선불교의 계승과 도교의 장백단을 중심으로-」, 경상대학교 철학박사학위논문, 2008, 22~23쪽. 이 글의 제2장에서는 삼교 교섭의 맥락과 유형 및 특징들을 비교적 상세하게 다루고 있다.

	智顗, 法琳, 湛然, 顔之推, 道世	유불조화 五戒와 五常의 배합
儒佛調和論	沈約: 「均聖論」	불교중심
	顔之推	불교중심
	孫綽	불교중심
	周顒	유불일치설
	梁蕭: 『天台止觀通例』	불교중심
	李翺: 『復性書』	유교중심
道佛一致論	張融: 『律門』	도불동일설
	孟景翼: 「正一論」	도불동일설
一方批判論	孫盛: 「老聃非大賢論」 「老子疑問反訊」	유교우위, 도교비판
	葛洪: 『抱朴子』	도교우위, 유교비판
	顧歡: 「夷夏論」	도교중심, 불교비판
	明僧紹: 「正二敎論」	불유우위, 도교비판
	韓愈: 「原道」「論佛骨表」 등	유교중심, 불교비판

　　필자는 성리학의 형성에 불교의 심성론과 도교의 우주론이 많은 영
향을 끼쳤다고 판단한다. 바로 그러한 점에서 성리학이 완전한 체계를
갖추기 직전 시기의 삼교회통론에 관심을 집중하고 있다. 심성론과 우
주론에 대한 탐구가 그 당시 삼교의 중심과제였으며, 이것이 문제의
본질이라고 할 수 있다. 그러나 그 이전까지의 논의들은 초점이 수도
론의 이론적 체계에 맞추어진 것이 아니라, 단편적 교리에 관한 내용
이 대부분이었다.

3. 삼교회통론의 양상

1) 불교: 연수와 계숭

당시 불교계에서 삼교회통를 주장한 인물로는 영명연수永明延壽 (905~975)와 고산지원孤山智圓(976~1022) 및 불일계숭佛日契嵩(1007~1072) 등을 꼽을 수 있다. 이 글에서는 지원은 다루지 않고 연수와 계숭만을 다루고자 한다. 그 무렵 중국불교는 네 차례의 법난 즉 삼무일종三武一宗의 난23)을 겪고 나서 교종이 거의 쇠퇴하고, 이른바 오가칠종의 선종이 주류를 이루고 있었다. 이들 오가칠종은 대부분 중국의 동남쪽인 절강성과 강소성, 강서성 및 호남성 등에서 번성하였으며, 그 중에서도 절강성 지역이 오대십국 중 오월국의 지원을 받아 가장 융성하였다.

연수는 당시 오월국왕의 후원에 힘입어 항주 영은사의 주지로 잠시 있다가 곧 새로 건립한 영명사의 주지로 부임하여 15년간 주석하였다. 이 시기 그는 많은 저술을 남겨 선불교의 발전에 기여하면서, 한편으로는 불교를 중심으로 한 삼교회통론을 주장하게 되었다. 그의 뒤를 이어 계숭이 영은사의 불일암에 오래 거주하면서 다시 많은 저술을 하여 삼교회통론을 주장하였다. 비록 그 둘은 선종의 종파로 본다면 서로 달랐지만, 호불사상에 입각한 삼교회통론에서는 유사한 주장을 펼쳤던 것이다. 당시 천태산을 중심으로 하는 절강성 일대에서는 삼교회통론이 대세였다. 북송 당시 절강성의 천태에서는 불교의 대장경이 판각되기도 할 정도로 불교계의 중심지였다.

연수는 오가칠종五家七宗 중 법안종法眼宗의 법을 이은 인물인데, 항주인杭州人으로 호를 포일자抱一子라고 했다. 천태산天台山에서 선정禪定을 익히고 영명사永明寺에 15년간 머물면서 천여 명의 제자를 배출

---

23) 위의 논문, 11~15쪽에 이에 관한 자세한 내용이 있다.

했는데, 운문종雲門宗의 설두중현雪竇重顯도 초기에 그에게서 가르침을 받은 것으로 알려져 있다. 그는『종경록宗鏡錄』100권을 비롯하여『유심결唯心訣』『주심부注心賦』『관심현추觀心玄樞』등 많은 저술을 남겼는데, 그 가운데『만선동귀집萬善同歸集』같은 것은 삼교조화론을 주장하고 있는 대표적 저술이다.

연수의 삼교회통론을 楊曾文이『宋元禪宗史』에서 서술한 내용을 중심으로 정리해보자.24) 우선, 연수의 이론적 도식은 唐대 징관澄觀의『화엄경소연의초』와 종밀宗密의『화엄원인론』에서 다루고 있는 삼교의 비교와 평론을 따르고 있다고 한다. 즉『화엄경』을 불교의 최고 경전으로 보고, 이를 통해 불교의 각 종파와 유교 및 도교의 이론을 검토하여 서로 회통하여 함께 '진성眞性'의 근원으로 돌아갈 수 있다고 보고 있다는 것이다.

그의 유불에 관한 구체적 견해는 다음의 몇 가지로 정리된다. 첫째는 우주론적 설명으로,『노자』에서 말하는 '자연'이나 '도',『역위』「건착도」에서 말하는 '혼돈' 등으로 우주의 시작을 말하는 것은 적절하지 못하다. 오직 '마음'이 우주의 본원이니, 이 마음은 바로『능가경』에서 말하는 '여래장'인 것이다. 그는 법상종의 유식이론으로 아뢰야식으로부터 세계가 시작된다고 논변하고 있다. 둘째는 유교는 '오상윤리(인의예지신)'로 근본을 삼고, 도교는 '허무자연'으로 근본을 삼으며, 불교는 '인연'으로 근본을 삼는다고 보았다. 여기서 그가 말하는 '인연'이란 화엄경에서 말하는 '일심연기一心緣起'를 지칭하는 것으로, '일심법계연기'는 끝이 없어 리사理事와 사사事事에 원융무애圓融無礙하므로 유교나 도교의 그것보다 뛰어나다는 것이다. 셋째는『만선동귀집』의 문답 내용 중에서 "예전에는 유교와 도교가 불교를 존중하였는데 무엇 때문에 후대 사람들은 믿지 않고 훼방하느냐?"는 물음에 대해서 "유교와

---

24) 양증문,『송원선종사』, 북경: 중국사회과학출판부, 2006 64~67쪽 참조.

선가仙家는 모두가 보살승菩薩乘이라 교화를 돕는데 도움이 되어 함께 불승佛乘을 돕는다.”고 대답한 바와 같이, 불교가 나머지 둘을 포섭한 다는 이론이다. 넷째는 연수 또한 『노자화호경』이나 『기세계경起世界經』과 같은 위경僞經에서 말하고 있는 내용을 가져와, 불교에서 두 보살을 중국으로 파견하였으니 그 하나는 가섭보살로 노자가 되었고, 나머지 하나는 유동儒童보살로 공자가 되었다는 설명으로, 유교와 도교가 원래는 모두 불교에서 나왔다는 설이다.

삼교회통에 관한 그의 입장은 『종경록』 권33에서 가장 잘 드러나고 있다.

> 백가의 다른 설은 어찌 글과 말이 현혹하겠는가? 이는 삼교에 분명하여 현혹되지 않으니, 각각 그 근본이 서 있음이라. 유교에 27가가 있으나 만약 오상의 이치에 계합한다면 현혹됨이 없을 것이요. 황로에 25가가 있으나 허무에 계합한다면 또한 현혹됨이 없을 것이라. 불교에 12분교가 있으나 만약 본심을 요해한다면 또한 현혹됨이 없을 것이다. 그러므로 삼교가 비록 다르지만 만약 법계로서 거두어들이면 다른 갈래가 없으리라. 만약 공자와 노자의 2교와 제자백가의 여러 갈래들은, 묶어서 말하면 법계를 벗어나지 않으니 온갖 시내가 큰 바다로 돌아감과 같다. 나누어서 말하면 백가는 반딧불과 같으니 어찌 크게 비출 수 있으리오? 큰 바다는 다시 온갖 시내로 돌아가지 않음과 같다.[25]

이는 유교와 도교 및 제가백가를 불교의 하위단계로 인식하고 있음을 분명히 드러내고 있는 것이다. 또한 불교의 종파 중에서도 일심법

---

25) 『종경록』 권33, ≪대정장≫ 48, 608쪽 중: ‘百家異說 豈文言之能惑者? 此明於三教不惑 各立其宗. 儒有二十七家 若契五常之理 即無惑也. 黃老有二十五家 若契虛無亦無惑也. 釋有十二分教 若了本心 亦無惑也. 然則三教雖殊 若法界收之 則無別原矣. 若孔老二教百氏九流 總而言之 不離法界 其猶百川 歸於大海. 若佛教圓宗一乘妙旨 別說言之 百家猶若螢光 寧齊巨照 如大海不歸百川也.’

계연기를 주장하는 화엄경에 근거한 선종의 입장을 말하고 있다. 연수의 관점에서 본다면 유교와 도교의 이론들은, 적어도 세상의 현상을 설명하려는 점에서는 불교의 아류에 불과했다고 할 수 있다.

계숭은 연수가 세상을 떠난 지 27년 후에 태어나서 7세에 불교에 귀의하여 평생 호불護佛사상으로 불교의 선양을 위해 각고의 노력을 한 인물이다. 그는 광서성 출신으로 젊어서 여기저기를 떠돌면서 불법을 구하다가 24세에 운문종의 동산효총으로부터 깨달음을 얻었다. 이후 그는 오나라 땅의 전당에 정착하여 공부하였다. 만년에는 항주 영은사의 불일암에 거주하면서 오직 저술에 힘써 이를 통해 불교를 선양하려는 노력을 했는데 그 일환으로 황제에게 올린 상소가 받아들여져 결국에는 그의 저서가 ≪대장경≫에 편입되고, 황제로부터 '명교明敎'라는 호를 하사받았다.

계숭의 저술은 『보교편輔敎篇』·『전법정종기傳法正宗記』·『선문정조도禪門定祖圖』의 삼부작三部作을 합쳐 가우嘉祐 6년(1061)에 조정에 표진表進한『가우집嘉祐集』과, 또한『가우집』이외 그의 저작을 모두 모은『치평집治平集』등 두 종류가 있었는데, 모두 합하면 60만 글자가 넘는 상당히 많은 분량이었다. 그러나 현존하는 그의 저서는, 『심진문집鐔津文集』20권, 『보교편요의輔敎編要義』10권, 『전법정종기傳法正宗記』9권, 『전법정종정조도傳法正宗定祖圖』1권, 그리고『전법정종론傳法正宗論』2권뿐이다. 그에 대한 본격적인 연구는 대만의 장천천[26]과 필자의 것[27]이 있다. 여기서는 필자의 연구 결과를 중심으로 그의 삼교회통론을 서술하기로 한다.

그의 삼교회통론은 다음의 주장에서 가장 분명히 드러난다.

---

[26] 張淸泉,『北宋契嵩的儒釋融會思想』, 臺北: 文津出版社, 1998, 46쪽 참조. 이 책은 張淸泉이 박사학위논문으로 제출한 것을 보완하여 문진출판사에서 박사학위 시리즈의 하나로 출판한 책이다.

[27] 김경수, 앞의 논문 Ⅲ장 2절 참조.

옛날에 성인이 있었으니, 불(佛)이요, 유(儒)요, 백가(百家)라 불렀는데, 마음은 하나지만 그 자취는 달랐다. 대저 하나라고 하는 것은 그 모두가 사람으로 하여금 선을 행하기를 바라는 것이요, 다르다는 것은 집을 나누어 각각 그 가르침을 행하는 것이다. 성인은 각각 그 가르침을 행한 까닭에 그 사람을 가르쳐서 선을 행하도록 만드는 방법이 얕음도 있고 깊음도 있고 가까운 것도 있고 먼 것도 있지만, 악을 끊고 사람들이 서로 어지럽히지 않는 것에 이르러서는 그 덕이 같다. 중고(中古) 이래로 세상이 크게 얄팍해져서 불교는 교파가 잇달아 일어나고 서로 영향을 주어 넓어졌다. 천하가 선을 행함은 하늘의 뜻인지 성인의 소위인지 헤아릴 수 없다. 바야흐로 천하에 유학(儒學)이 없어서도 안 되며, 백가(百家)가 없어서도 안 됨은 불교(佛敎)가 없어서 안 되는 것과 같다. 하나의 가르침이 쇠퇴하면 천하의 한 착한 길이 줄게 되고, 하나의 착한 길이 줄게 되면 천하의 악이 더욱 많아진다. 대저 가르침이란 성인의 자취이며, 그것을 행함은 성인의 마음이다. 그 마음을 보면 천하에 옳지 않음이 없고, 그 자취를 쫓으면 천하에 그릇되지 않음이 없다. 이러한 까닭에 현자는 성인의 마음을 아는 것을 귀하게 여긴다. 문중자(文中子)[28]가 이르기를 "황극(皇極)의 바른 의론을 살피면 불교와 하나가 될 수 있음을 안다."고 했으니, 왕통(王通)은 거의 성인의 마음을 보았다.[29]

그는 삼교의 공통점을 '성인聖人'에서 찾았다. 성인은 그 마음이 하

---

28) 文中子는 隋나라 때의 경학가인 王通(584~617, 字는 仲淹)의 私諡이다.

29) 『鐔津文集』 권2, 「광원교」, 660쪽 상: '古之有聖人焉 曰佛 曰儒 曰百家 心則一 其迹則異. 夫一焉者其皆欲人爲善者也 異焉者 分家而各爲其敎者也. 聖人各爲其敎 故其敎人爲善之方 有淺有奧有近有遠 及乎絶惡而人不相擾 則其德同焉. 中古之後 其世大漓 佛者其敎相望而出 相資以廣 天下之爲善 其天意乎 其聖人之爲乎 不測也. 方天下不可無儒 無百家者 不可無佛. 虧一敎則損天下之一善道 損一善道則天下之惡加多矣. 夫敎也者聖人之迹也 爲之者聖人之心也. 見其心則天下無有不是 循其迹則天下無有不非 是故賢者貴知夫聖人之心 文中子曰 觀皇極讜議 知佛敎可以一矣 王氏殆見聖人之心也.' 여기서 인용하는 계승의 글은 ≪대정장≫ 52에 수록된 것을 저본으로 한다.

나이기에 성인이라고 하였고, 그 마음이란 세상 사람들 모두가 착하게 되기를 바라는 마음이라고 하였다. 삼교의 차이점은 '성인의 자취'가 각각 다른 것이라고 하였는데, 자취의 다름이란 각각 가르침의 방법이 다른 것이라고 하였다. 그리고 그들 모두는 선을 향해 나아가도록 돕는 방법이니 어느 것 하나도 빠트릴 수 없다고 보았다.

그러면서도 그는 「원교」의 끝 부분에서, 가르침을 분별하는 설을 비교하면 누구의 것이 더 우수한지를 묻는 말에 대하여 "이러한 것들은 모두 성인의 가르침이라 내가 어찌 감히 쉽게 논의하겠는가? 그러나 불교는 나의 도이고, 유교 또한 일찍이 가만히 들었으나 노자와 같은 것은 내가 꽤 뜻을 두었지만 말하지 않겠다. 모든 가르침은 또한 같은 물을 건넘에 옷을 걷어 올리고 건너지만 깊고 얕음이 있음과 같다. 유학은 성인이 세상을 다스리는 가르침이요, 불교는 성인이 세상을 벗어난 경지를 다스리는 가르침이다."[30] 라고 대답하였다. 그가 '노자와 같은 것은 내가 꽤 뜻을 두었지만 말하지 않겠다.'고 말한 이유는 밝히고 있지 않지만, 미루어 짐작해보면 노자의 가르침이 불교의 가르침에 포섭된다고 보았든지 아니면 상당히 비판적인 관점을 가졌든지 두 경우라고 할 수 있을 것이다. 그러나 그 이유가 무엇이든 간에 그의 의도는 불교를 유교와 더불어 논의하고자 하는 것이었다. 유교와 불교를 '치세治世'와 '치출세治出世'로 구분하여 양자의 역할을 분담시키면서 도가를 슬쩍 옆으로 밀어낸다. 이제 그는 유교와 불교의 두 축으로 문제를 압축하였다.

계승의 삼교융회설 내지 유불융회설에서 가장 중요한 핵심은 '敎'이다. 그는 유교와 불교의 '道'는 중용中庸과 중도中道로서 서로 같은 것이라고 말하면서, 가르침의 방법이 다르다고 하는 것이다. 그것을 그는

---

30) 『심진문집』 권1, 「원교」, 651쪽 하: '若然者皆聖人之敎 小子何敢輒議. 然佛吾道也 儒亦竊嘗聞之 若老氏則予頗存意 而不言之. 諸敎也亦猶同水以涉 而厲揭有深淺. 儒者聖人之治世者也 佛者聖人之治出世者也.'

오상五常과 오계십선五戒十善으로 파악했다. 즉 본질은 같은데 방법이 다르다는 주장이다. 그는 또 『서경書經』의 「홍범洪範」에서 말하는 황극皇極이 중도中道라고 하여, 불교에서 말하는 중도와 기본적으로 같은 것이라고 한다. 다만, 불교의 중도는 정신의 오묘함을 궁구하는 점에서 유교보다 심오하다고 하였다. 나아가 그는 '치세治世'와 '치심治心' 내지는 '치출세治出世'를 유교와 불교의 구분 기준으로 내세워 그 공능을 상세히 설명하였고, 한편으로는 불교가 '치세'에 도움이 되는 것이라는 사실도 증명하려고 노력하였다. 또 인륜의 문제에서 항상 불교가 비판받아왔던 내용인 효의 문제에 대해서도 그는 유교에서 말하는 효는 불교에서 말하는 대효大孝에 포함되는 것임을 밝혀서 그 비판을 극복하고자 했다.

계승의 저술에서 두드러진 특징은 유교의 경전을 대단히 많이 인용하고 있다는 점이다. 그는 유교의 경전 속에 담긴 뜻이 깊어 정확히 이해하지 못하는 부분이 있는데, 이는 불경의 내용을 가져다 이해하면 분명해진다는 논의도 전개한다. 특히, 유교의 경전 중에서는 특히나 『중용』과 『주역』 「계사전繫辭傳」이 우주론과 인성론을 담고 있는데, 이 내용들이 불경의 내용과 거의 비슷하거나 같은 것이라는 사례들을 여러 가지 지적하고 있기도 하다. 그가 인용하고 있는 유교 경전의 내용을 통하여 다음과 같은 특징들도 찾을 수 있다. 첫째는 계승이 인용하고 있는 유교의 경전이 『중용中庸』·『주역周易』·『시경詩經』 그리고 『서경書經』이 중심을 이루고 있다는 점이다. 『주역』과 『시경』 그리고 『서경』은 5경에 속하는 경전이지만, 원래 『예기禮記』의 한 편이었던 『중용』은 주희朱熹에 의해 사서四書의 지위로 격상되기 훨씬 이전이었다는 사실도 확인된다. 그런데도 그가 『중용』을 많이 인용하고 있는 것은 당시에 이미 『중용』의 가치가 그만큼 높아져 있었다는 사실을 방증하는 것이라고 할 수 있겠다. 둘째는 그가 유학에서 중요한 개념으로 파악한 것이 바로 '성誠'이라는 것이다. 그는 이 誠이 敎와 하나이며, 性을 온전히 하는 유일한 통로이며, 이 性을 통해 천지만물이 하나로 연결된다고 보았다. 이는 후대 성리학자들의 이론과 기본적으로 다르지 않으며, 그가 궁극적으로 주장하고자 하는 유불융회설의 핵심 부분이기도 하다. 셋째는 그가 당시의 유교가 가지고 있던 이론적 한계였던 본체론本體論과 심성론心性論의 핵심을 드러내고 있다는 점이다. 유교는 본체를 말하면서도 왜 그것이 본체인지 그 까닭을 밝히지 못했다고 하면서, 그것을 불교에서는 밝혔으니 그것은 본래부터 하나라는 것이다. 넷째는 대체로 유교가 불교를 비판하는 중요한 관점의 하나인 인과응보설因果應報說에 대해 계승은 유교도 실제로는 인과응보를 강조하고 있다는 사실을 지적해 내고 있다. 또한 신불멸설神不滅說도 유불이 공유하고 있는 근본개념임을 밝히고 있다.

그는 우주론과 심성론에 있어서도 유교의 경전에 대해 많은 해설을 붙였다. 그의 궁극적인 입장은 천지만물이 모두 심식心識의 작용이라고 하는 것이지만, 적어도 현상적인 면에서만이라도 '성과 분리될 수 없는 기', '음양이 오행을 낳고', '성이 음양에 올라탄다'는 개념들은 '리기理氣의 부잡불리不雜不離'나 '리일분수理—分殊', '성과 함께 있는 기', 「태극도太極圖」, '기발이이승지氣發而理乘之' 등을 즉각 연상시키기에 아무런 무리가 없다.31)

계승은 이른바 북송오자北宋五子로 불리는 도학자들과 거의 동시대 내지는 약간 앞선 시기에 살았다. 그리고 주돈이周敦頤보다는 1년 먼저, 장재張載나 소옹邵雍보다는 6년 먼저 세상을 떠났으며, 이정二程과는 나이 차이가 25년 이상이다. 게다가 계승이 자신의 저술을 ≪대장경≫에 입장入藏하기 위해서 한 일은 당시로서는 그야말로 지식인이나 관료들 사이에서는 커다란 화제였을 것임이 분명하다. 또한 자신의 의도대로 그의 『보교편』과 『정종기』 등의 저술은 ≪대장경≫에 수록되

---

31) 이러한 관점은 쓰치다 겐지로, 성현창 옮김, 『북송도학사』, 예문서원, 2006, 356~357쪽에서 조금 언급하고 있다.

어 천하天下에 반포되었으며, 그의 명성은 사해四海에 떨치게 되었다. 그렇다면 그의 저술들이 당연히 수많은 사람들에 의해 읽혀졌을 것임은 의심의 여지가 없다고 보아야 한다.

위에서 살핀 바와 같은 성리학적 선구를 드러낸 그의 학설들로 판단해보면, 만약에 그가 승려가 아니라 유학자였다면 지금 남아 있는 그의 유학과 관련한 저술들만으로도 그의 이름은 도학자의 명단에서 중요한 비중을 차지했을 것으로 짐작해 볼 수 있다. '심즉리心卽理'나 '성즉리性卽理'의 개념들은 이른바 '리학理學'과 '심학心學'으로 양분되는 신유학의 실마리를 각각 나타내고 있는 셈인데, 이는 그가 선승禪僧이면서 동시에 유학의 본질을 깊이 연구하여 유불융회의 논리를 찾아서 구성하려는 노력의 결과라고 할 수 있다.

2) 도교: 진단과 장백단

도교의 삼교론은 외래종교인 불교를 배척하는 일이 주된 과제였다. 불교를 끊임없이 비판하면서 한편으로는 불교의 교리와 교단조직을 본받아 스스로의 부족한 부분을 보충하는 과정이 곧 도교의 성장과정이었다. 외단으로 신선을 구하던 도교가 그 한계를 절감하고 내단으로 방향을 바꾼 것은 당나라 후기에 본격적으로 시작되었다. 도교 내단이론의 이론적 근거는 『주역참동계周易參同契』로부터 비롯되었다는 것이 정설이다.

이 책은 동한東漢 때 회계會稽 사람인 위백양魏伯陽이 126년부터 167년 사이에 지은 것으로 알려져 있다. 참동이란 『주역』과 황로黃老의 道, 그리고 노화爐火의 세 가지 이치가 계합하여 하나로 된다는 뜻이다. 이 책은 현존하는 가장 오래된 연단원리에 관한 저술로, 황로의 도를 주역의 원리에 맞추어 화후의 방법을 설명하고 있다고 간단히 말할 수 있다. 그래서 이것은 '만고단경왕萬古丹經王' 또는 '단경지조丹經之

祖'로 불리며, 당나라 이후로 이에 대한 주석서가 많이 나와 ≪도장≫의 태현부太玄部에만 8종이 수록되어 있다. 이 책의 단법은 내단內丹과 외단外丹에 고루 응용되고 있다.[32]

그러나 실제로 내단수련의 효시를 이룬 인물은 종리권과 여동빈으로 알려져 있다.[33] 그러나 이들에 관한 수많은 언급과 이들이 남긴 저술의 목록이 있지만, 사실 이들의 실존여부에 관한 명백한 확증은 부족한 실정이다. 이들의 내단법에 대한 구체적 내용은 『종려전도집』이라는 책에 자세하게 실려 있다. 이 책은 종리권이 구술한 내용을 그 제자인 여동빈이 묶고, 다시 여동빈의 제자인 시견오가 傳한 것으로 되어 있다. 이것이 오늘날까지 도교 내단이론서의 정수로 꼽히고 있다. 그러나 인물의 실존여부가 확실하고 내단이론의 정립과 실질적인 수련에서 큰 업적을 남긴 인물로는 진단과 장백단이 가장 두드러진다.

진단陳摶(871~989)은 누구인가? 그는 118년이나 살았던 세월만큼이나 다양한 모습을 가지고 있으면서, 중국 송대宋代의 학술계에 가장 큰 영향력을 남긴 인물이라고 할 수 있다. 그의 생애와 사상체계를 『중화도교대사전』[34]과 이원국李園國의 연구[35]를 종합하여 간단히 정리하면 다음과 같다.

그의 자字는 도남圖南이며, 호號는 부요자扶搖子이고, 사호賜號는 희이선생希夷先生이며, 출신지는 도교의 본향이라고 할 수 있는 사천성이다. 출신성분은 미천하였으나, 젊어서 온갖 종류의 책을 읽어 유학의 경전은 물론 불교, 의약, 천문, 지리 등에 통하지 않은 것이 없었고, 특히 詩에 뛰어난 재주를 보였다. 벼슬에 뜻을 두었으나 세상이 어지러

---

32) 김경수, 앞의 논문, 138쪽 참조.
33) 이들에 대한 연구는 서대원, 「종려의 우주관 고찰」, 『도교문화연구』 제27집, 한국도교문화학회, 2007 참조.
34) 胡孚琛 主編, 『中華道敎大辭典』, 앞의 책, 112쪽 참조.
35) 김낙필 외 역, 『내단』 1, 앞의 책, 638~705쪽의 「제8절 陳摶 無極圖의 丹法 및 그 영향」 참조.

위 이루지 못하고, 무당산武當山에 은거하여 20여 년간 태식胎息과 복기服氣, 벽곡술辟穀術과 도인술導引術 및 내단의 연양술煉養術을 익혔다. 중간에 사천四川의 천경관天慶觀에 머물면서 수련한 바가 더욱 높아졌고, 다시 후주後周의 세종世宗이 불러 간의대부諫議大夫에 임명하였으나 끝내 사양하고 화산華山에 들어가 운대관雲臺官에 거주하였다. 태종太宗이 태평흥국太平興國 9년(984)에 불러서 극진히 예우하여 희이선생希夷先生이라는 호를 하사하고, 거처하던 화산의 운대관을 증수增修하도록 하였다. 그는 도교의 하창일何昌一을 스승으로 모셨으며, 불교의 마의도자麻衣道者에게서 역학易學의 은밀한 핵심을 전해 받았다. 마의도자로부터 「정역심법正易心法」·「하도河圖」·「낙서洛書」 및 「선천도先天圖」를 이어받아, 유불도의 삼교사상을 융합한 사상체계를 만들었다. 그는 또 여동빈呂洞賓과 담초譚峭 등과는 방외우方外友를 맺었으며, 장무몽張無夢과 유해섬劉海蟾 등의 제자를 두었다. 「무극도無極圖」를 그려 주돈이周敦頤의 「태극도설太極圖說」의 기초를 제공하였고, 「선천도先天圖」는 소옹邵雍에게 전해져 상수역학象數易學의 체계로 거듭났으며, 도교 내단이론의 기초를 구성하여 '연정화기煉精化氣', '연기화신煉氣化神', '연신환허煉神還虛'의 내단체계를 확립하였다. 저서로는 『구실지현편九室指玄篇』·『역용도易龍圖』·『적송자팔계록赤松子八誡錄』·『구담집鉤潭集』·『음진군환단가주陰眞君還丹歌注』·『인륜풍감人倫風鑒』 등을 비롯한 10여 종이 있고, 그에 대한 기록은『송사宋史』의 「진단전陳摶傳」과 『속자치통감續自治通鑑』·『태화희이지太和希夷志』 등 정사正史와 그 외 사서史書에 보인다고 하였다.

그는 여동빈으로부터 종려내단법을 전해 받았고, 불교와 도교의 각 분야에 따로 스승을 섬겼다. 그 결과로 그는 삼교를 융합한 사상체계를 만들었고, 내단이론의 체계를 완성하였다. 이원국의 연구를 통하여 그의 삼교회통론을 살펴보면, 그의 내단이론의 요점은 신수腎水와 리화離火의 교합으로 단丹을 이루는 것이다. 즉 심신상교心身相交, 수화기

제水火既濟를 말하고 있다. 신수의 상징인 감괘坎卦(☵)의 가운데 양효를 취하여 리괘離卦(☲)의 가운데 음효를 메워 리괘가 건괘乾卦(☰)로 바뀌면, 후천으로부터 선천으로 돌아가게 된다는 것이다. 바로 이 단계에서 그는 유가의 주역이론인 후천역을 도교내단의 선천역으로 변화시키고 있다. 여기까지가 이른바 '연정화기煉精化氣', '연기화신煉氣化神'으로 표현되는 '명공命功'의 단계이다. 그는 여기서 나아가 '유위'로부터 '무위'로, '명공'에서 '성공性功'으로 넘어가는 '연신환허煉神還虛'를 말한다. 즉 도교의 수련법으로 신을 잘 기르고(養神), 불교의 수행법으로 마음을 닦아(修心)야 생사와 윤회에서 벗어난다는 것이다. 이른바 '도불쌍수道佛雙修'로서 '성공'의 단계를 설명하고 있다.

그러나 결국 '복귀무극復歸無極'의 경지에 대해서 말한다면, 이는 불교에서 말하는 열반세계가 아니라 도교 고유의 '형신합일形神合一'의 경지임을 알 수 있다.

> 만약 마음을 텅 비워 괴로움이 완전히 사라지게 되면 무슨 생사가 있으며 무슨 구속이 있겠는가? 하루아침에 태주의 옷[胎州襖]을 모두 벗어버리고 자유롭게 소요하는 대장부가 된다.36)

여기서 말하는 태주의 옷이란 태어나면서 갖고 나온 몸을 뜻하는 것이다. 따라서 '성공'을 이룬 연후에 다시 나아가는 '복귀무극'의 경지는 후천의 육신을 선천의 신체로 변화시켜 심신이 함께 해탈의 경지에서 장생하는 상태를 말하고 있음이다. 이러한 과정이 진단이 그린 「무극도」에서 말하고 있는 도교 내단수련의 방법이다. 유교의 역학을 도교의 역학으로 변화하여 '명공'을 닦고, 여기에 다시 마음 수행의 불교적 '성공'을 거친 후에, 결국은 다시 도교의 최고경지인 무극에로 돌아가

---

36) 위의 책, 673쪽에서 재인용.

천지와 더불어 장생하는 과정을 설명함으로써 그의 삼교회통론은 내 단이론과 하나의 논리적 구조를 갖게 되었다고 할 수 있다.

장백단張伯端은 이러한 진단의 단법을 계승하여 발전시킨 대표적 인물이다. 진단 이래로 내단법은 북종과 남종으로 양분되는데, 장백단은 남종의 개산조사로 불리는 인물이다. 장백단의 생애를 간단히 정리하면 다음과 같다. 그는 984년 또는 987년에 삼교회통적 분위기가 강하게 있던 절강성의 천태에서 태어났고, 젊어서는 박학하여 과거에 뜻을 두었으나[37] 부리府吏로 근무하던 중에 계집종이 자신이 좋아하는 생선을 훔쳤다고 오해하곤 매질하여, 그 종이 자살했다. 이것이 후에 자신의 잘못임이 밝혀지자 세상사에 뜻을 잃고 공문서를 불에 태우고, 그 죄에 연루되어 영남으로 좌천되어 육선의 휘하에서 이리저리 옮겨 다니면서 살았다. 나이 80세 이후인 1069년에 성도에서 진인을 만나 단법을 전수받았고, 「서문」에 의하면 희령熙寧 을묘년乙卯年인 1075년에 그 요점을 정리하여 『오진편』을 저술하였고, 그 3년 뒤 원풍元豊 원년元年인 1078년에 다시 「후서」를 저술하였다. 그리고 1082년에 세상을 떠났다고 한다. 물론 그 중간에 긴 기간은 아니었지만 제자들을 가르친 기록이 남아 있다.[38]

장백단의 내단이론을 담고 있는 저술로는 『오진편』과 『금단사백자』 및 『옥청금사청화비문금보내련단결玉淸金笥靑華秘文金寶內煉丹訣』[39] 등이 있다고 전해지는데, 필자는 이미 『오진편』 외의 두 저술은 그가 직접 지은 책이 아닐 가능성이 매우 크다는 점을 논증한 바 있다.[40] 장백

---

37) 신진식, 「『悟眞篇』의 "道禪合一"사상」, 『도가문화연구』 제26집, 한국도교문화학회, 2007, 417쪽의 주2에서는 장백단이 '어려서 進士에 합격했으며'라고 하였는데, 어디에 근거한 것인지 알 수 없다. 특히 '어려서'라는 표현은 과거시험을 볼 수 있는 나이를 감안한다면 적절한 표현이 아닌 듯하다.

38) 김경수, 앞의 논문, 110쪽 참조.

39) 이 책은 통상 『청화비문』이라고만 지칭한다.

40) 김경수, 앞의 논문, 110~121쪽 참조.

단의 내단이론에 대한 연구는 국내에도 두세 편 있지만[41], 필자의 종합적 연구가 있으므로 이를 토대로 그의 삼교회통론을 정리해본다. 그에 의하면, 불교와 도교의 가르침의 목적은 생사의 윤회에서 벗어나는 것이다. 그런데, 불교는 性을 바탕으로 하고, 도교는 命을 바탕으로 하여 각각 가르침을 행한다. 석가는 공적空寂을 종지로 삼으니 돈오頓悟를 통하여 피안彼岸으로 가지만, 조금의 번뇌라도 남기면 윤회의 굴레를 벗어나지 못한다고 하였다. 도교는 연양煉養을 진리로 삼으니 요점을 얻게 되면 성인의 경지로 나아가되, 본성을 깨우치지 못하면 헛된 형상에만 매달린다고 하였다. 도교에서 본성을 깨치지 못하면 헛된 형상에 매달리게 된다는 말은 그의 '성명쌍수'론의 단초를 암시하고 있는 것이다. 또한 그가 여기서 불교와 도교의 가르침을 최상의 진리로 함께 인정하는 듯하지만, 사실은 불교가 '공적'을 종지로 삼는다고 하고 있다는 점에서, 이미 불교에 대한 한 가지 비판적인 시각을 깔고 있다고 할 수 있다.

그리고 위와 같은 관점에 이어서, 그는 '그 다음(其次)'이라는 표현을 쓴 연후에 성과 명에 대한 공자의 견해를 서술하고 있다는 점이 중요하다. 공자는 비록 성명의 설에 정통하여 '진성지명盡性知命'과 '사무四毋'설을 말하여, 불교와 도교에서 말하는 가르침의 근본 종지를 충분히 알고 있었지만, 결국 유교는 인륜과 인의예악을 중시하는 현세적 유위有爲의 가르침에 중점을 두고 있는 것이라고 지적한다. 그래서 공자는 도교에서 말하는 명술命術에 관한 내용은 『주역』의 괘상卦象에 감추어 두고, 불교에서 말하는 성법性法에 관한 가르침은 은미隱微한 말에 섞어두어 보통 사람들이 알지 못하게 하였다고 한다. 유교는 도교나 불

---

41) 신진식, 「『悟眞篇』의 "道禪合一"사상」, 『도가문화연구』 제26집, 한국도교문화학회, 2007과 이재봉, 「장백단의 내단사상에 관한 연구」, 『大同哲學』 제20집, 대동철학회, 2003 및 이재봉, 「『悟眞篇』 용어 연구 -노정을 중심으로-」, 『大同哲學』 제39집, 대동철학회, 2007 등이 그것이다.

교와 같은 차원의 가르침이 아니라 한 단계 낮은, 즉 '그 다음' 단계의 가르침이라는 것이 장백단의 입장이라고 할 수 있다.

일상적인 삶에서의 인간의 윤리를 기반으로 하는 유교의 가르침은 1단계의 수준이고, 공적을 돈오하여 피안으로 뛰어넘는 불교는 2단계의 가르침이며, 연양煉養의 요체를 얻어 성인의 지위에 올라서는 도교는 3단계의 가르침이라는 것이다. 궁극의 가르침인 도교도 참된 수련을 위해서는 일상의 삶 속에서 선행을 닦는 것이 반드시 전제되어야 함을 강조하는 그의 내단사상에서, 유교는 비록 낮은 단계이기는 하지만 필수적인 것이다. 이 유교의 단계를 넘어서고 난 후에 性의 본체를 밝히는 불교의 단계를 거쳐서, 性과 命이 합일된 상태로 나아가는 것이 도교가 추구하는 바른 수행의 방법이라는 것이다.

그러므로 그 가르침의 요점에 있어서 삼교는 결국 하나로 돌아가는 것이다. 삶에 윤회하거나, 환형에 매달리거나, 사무四毋에서 벗어나지 못하는 경지를 뛰어넘어서 도달하게 되는 궁극의 목적지는 같은 것이라는 주장이다. 그런데도 역대로 도교와 불교의 도사와 승려들은 서로 자기만이 옳은 가르침이라는 편견에 얽매여 서로를 비방하는 싸움을 끊임없이 계속해왔다고 한다. 실제로『홍명집弘明集』과『광홍명집廣弘明集』에 실린 유교와 도교 및 불교 사이의 오랜 시비에 관한 기록들이 장백단의 이런 주장을 뒷받침하고 있다.[42]

그의 수련법은 '이도포선以道包禪'으로 '성명쌍수'하는 것이다. 그에게 있어 수련이란 유위有爲의 공부와 무위無爲의 공부, 그리고 진여眞如를 증득하여 연신환허煉神還虛의 상태가 되는 공부의 세 단계가 있다.

이것은 도를 배우는 사람들이 성명(性命)에 통하지 않고 오직 금단(金丹)만을 닦음을 걱정함이니, 이와 같이 이미 성명의 도가 갖추어지지 않으면 마

---

42) 이 문제와 관련해서는 李小榮,『≪弘明集≫ ≪廣弘明集≫ 述論稿』, 成都: 四川出版集團巴蜀書社, 2005가 참고할 만하다.

음 씀이 넓지 못하고 나와 사물이 가지런하지 못하니, 또 어찌 능히 마침내 원통(圓通)하여 삼계(三界)를 뛰어넘겠는가? 그런 까닭에 經에서 이르기를 "10종의 신선(神仙)이 있으니, 모두 사람 속에서 마음을 단련하여 견고해지고 순수해지면 수명이 천만 년에 이르고, 만약 정각삼매(正覺三昧)를 닦지 않으면 끝까지 갔다가 다시 돌아와 삼악취(三惡趣)에 빠진다"고 하였다. … 이 오진편은 신선의 명맥(命脉)을 먼저하여 수련을 유도하고, 여러 부처들의 묘용(妙用)을 그 다음으로 하여 신통(神通)을 넓히고, 마지막으로는 진여각성(眞如覺性)으로 환망(幻妄)을 없애고 궁극의 공적(空寂)한 본원(本源)으로 돌이키고자 하는 것이다.43)

그는 수련하는 사람들이 성명에 통하지 않고 단지 금단만을 닦음을 걱정하여, 성명의 도가 갖추어지지 않으면 생사를 넘어설 수 없다고 하였다. 나아가 정각삼매正覺三昧를 닦는 것이 중요하다고 하면서, 수련의 단계를 신선神仙의 명맥命脉, 제불諸佛의 묘용妙用, 진여각성眞如覺性으로 공적空寂한 본원으로의 회귀 등 세 차원으로 나누고 있다.

그에 따르면, 원래 도교는 명만을 수련하여 장생불사를 추구하지만 '본성本性을 밝히지 못하면 헛된 형상幻形에만 지체한'다고 말한 것처럼, 장백단은 기존 도교 수련법의 잘못된 점을 이미 통렬하게 지적하고 있다고 할 수 있다. 그렇지만 또 명의 수련을 소홀히 하고 오직 성만을 닦는 것은 단지 수련의 '효과를 빨리 보고자 하는' 것이어서, 육신의 형체를 버린 음신陰神을 얻을 뿐이라고 한다. 이에 반해서 참된 수련이란, 먼저 명을 닦은 다음에 성을 닦아서 양신陽神의 상태로 장생불사長生不死하는 것이라고 하고 있다. 이것이 바로 그의 수련법에서 말

---

43) 「禪宗歌頌詩曲雜言」, 『紫陽眞人悟眞篇拾遺』: '此恐學道之人 不通性理 獨修金丹 如此其性命之道未備 則運心不普 萬物難齊 又焉能究竟圓通 迥超三界. 故經云 有十種仙 皆於人中鍊心 堅固精粹 壽千萬歲. 若不修正覺三昧 則報盡還來 散入諸趣 … 次悟眞篇者 先以神仙命脉 誘其修煉 次以諸佛妙用 廣其神通 終以眞如覺性 遺其幻妄 而歸於究竟空寂之本源矣.'

하는 '선명후성先命後性'이다. 뒤에서 다시 구체적으로 언급하겠지만, 이것을 내단수련법의 단계로 말한다면 명만을 닦는 도교의 수련은 '연정화기煉精化氣'에 해당되고, 성만을 닦는 불교의 수행은 '연기화신煉氣化神'에 해당되며, 이 둘을 온전히 하여 진여眞如의 본원으로 돌아가는 것이 '연신환허煉神還虛'라고 하겠다.

3) 유교: 주렴계, 장횡거, 정명도, 정이천

유교 측에서는 당나라 중기 이후 불교의 흥기에 대해 한유가 배불론을 제기하였으나, 그 내용은 교리의 심오한 면을 다룬 것은 아니었다. 이어 이고는 오히려 불교를 수용하는 입장에서 『중용』을 중시하였다. 북송 초기에 이르러 다시금 불교가 흥성하고, 도교의 내단이론이 암암리에 체계를 잡아가고 있던 시점에, 국가의 유교 장려책과 더불어 유학교육이 활성화되면서 배불론자들이 다시 나오게 되었다. 그 대표적인 인물은 송기宋祁(998~1057)와 석개石介(1005~1045), 이구李覯(1009~1059) 그리고 구양수歐陽脩(1007~1072) 등이었다. 그러나 이들의 배불론은 그저 일상 인륜의 차원에서 불교를 비판하는 수준으로 한유의 설을 크게 넘어서지 못하였다.

문제는 유학의 내부적 변화를 가져와 이를 이른바 성리학의 형성에 결정적인 역할을 수행한 북송오자 중 소강절을 제외한 주렴계, 장횡거, 정명도 및 정이천 등 네 명이다. 결국 불교와 도교의 이론들이 성리학의 형성에 결정적인 영향을 미쳤으며, 따라서 성리학은 삼교가 종합되어 나타난 새로운 형태의 사상이라는 것이다. 성리학의 형성은 주렴계와 장횡거로부터 본격적으로 비롯되었다고 할 수 있다. 이 중에서 주렴계가 중심이 된 남방계통 성리학은 도교 우주론의 영향을 받아 무극태극론을 바탕으로 하였고, 장횡거가 중심이 된 북방계통 성리학은 기를 중심개념으로 하여 천지지성과 기질지성으로 나누는 심성론의 단

초를 제공하였다. 또한 정명도와 정이천도 불교와의 깊은 관계를 가졌
으며, 그러한 인연을 통하여 자신들의 사상을 형성하였다고 보는 것이
일반적인 관점이다.

그래서 일찍이 일본에서는 久保田量遠이 『支那儒佛道交涉史』를 저
술하여 그러한 내용에 대해 개괄적이면서도 핵심적인 내용만을 간략
히 기술하였다.[44] 그 뒤에는 久須本文雄이 『宋代儒學の禪思想研究』라
는 책을 저술하여, 북송오자北宋五子 중에서 소옹邵雍을 제외한 네 인
물과 정자程子의 제자들 및 주희朱熹와 육상산陸象山의 사상에 나타나
는 선불교의 영향을 실체론과 심성론 및 방법론으로 나누어 구체적으
로 살피고 있다.[45] 근래에는 미우라 구니오가 불교인물인 천태지의天
台智顗의 지관법止觀法과 도교인물인 사마승정司馬承禎(647~725)의 좌
망론坐忘論, 그리고 신유학新儒學의 거경居敬이 삼교의 심신기법心身技
法 즉 수양론修養論으로서 갖는 의미의 연관성에 대해서 논구한 바가
있다.[46] 아래에서는 네 인물의 도교나 불교와의 관련성과 그들의 사상
체계 속에서 나타나는 수양론(방법론)을 간단히 살펴보기로 한다. 여기
서 중요한 점은 특이하게도 성리학자들에게는 그들 자신이 스스로 불
교나 도교로부터 어떤 영향을 받았다든지, 어떤 직접적인 교유가 있었
다든지 하는 기록을 거의 찾아볼 수 없다는 점이다. 나아가 그들은 불
교나 도교에 대해 장점을 지적하거나 호의적으로 평가하는 경우도 드
물고, 오히려 비판적인 관점을 표현하고 있는 경우가 많다는 것이다.

여기서 중요한 한 가지는 유학이 성리학으로 다시 태어나는 과정에
서 결정적으로 중요한 특징이 하나 첨가되었다는 사실이다. 바로 '성인
자기설聖人自期說'이 그것이다. 당시 유행하던 선불교에서는 누구나 마

---

44) 久保田量遠, 『支那儒佛道交涉史』(東京: 大藏出版社, 1943) 이 책의 번역서는 최준
     식, 『中國儒佛道三敎의 만남』(민족사, 1990) 제15장 참조.
45) 久須本文雄, 『宋代儒學の禪思想研究』, 名古屋: 日進堂書店, 1980을 참조할 것.
46) 미우라 구니오, 이승연 옮김, 『주자와 기 그리고 몸』, 예문서원, 2003, 제2부 제1장
     참조.

음의 본바탕을 깨닫기만 한다면 궁극적 목적인 '부처'가 될 수 있다고 하였고, 도교에서도 제대로 수련을 쌓기만 한다면 절대경지인 '진인'에 이를 수 있다고 주장하고 있었다. 그러나 전통적인 유교에서 말하는 절대이상인 '성인'은 노력에 의해서 도달되는 경지가 아니라 요, 순, 우, 탕, 문, 무, 주공, 공자와 같이 태어나면서부터 결정된 것이었다. 따라서 당시 사대부들에게는 불교나 도교가 더 큰 매력으로 다가설 수 있었다고 할 수 있다. 이런 실정에서 유학의 내부에서 '성인자기설'이 제기되었던 것이다. 인간은 누구나 유학의 가르침이 말하는 수양을 제대로 행하기만 한다면 '성인'이 될 수 있다는 것이 핵심이다.

주렴계(1017~1073)는 불교의 세력이 강했던 호남성에서 태어났고, 24세부터의 벼슬길은 선불교의 본거지라 하여도 과언이 아닌 강서성에서 지냈다. 렴계는 벼슬하기 전부터 승려인 수애壽涯에게서 불교를 배운 것을 시작으로, 벼슬 중에는 혜남慧南과 조심祖心, 료원了元과 상총常總 등으로부터 좌선을 배웠다는 기록이 있다. 만년에 려산驪山에 은거해서는 혜원慧園의 백련사白蓮社를 모방해 청송사靑松社를 결성하고 료원을 사주社主로 영입했다는 기록도 있다.47) 이러한 사실로 미루어 보면, 그는 불교와 매우 밀접한 관계를 가지고 있었음을 알 수 있고, 따라서 그의 학설이 불교의 영향을 받았을 것임은 충분히 짐작할 수 있는 일이다.

한편, 그의 「태극도」는 『송원학안』의 기록에 의하면 진단으로부터 전래된 것임을 확인할 수 있다. 진단은 마의도자로부터 선천역을 전수받았고, 이것이 충방种放을 거쳐 목수穆脩에게로 이어져 「무극도」로 변화하였으며, 다시 렴계에게 전해져서 「무극태극도」로 다시 태어났다고 한다. 그리고 이런 내용은 그 뒤 렴계가 명도와 이천 형제를 1년여 동안 가르칠 때 그들에게 전수되었다고 본다. 원래 「무극도」는 「삼오

---

47) 久保田量遠, 앞의 책, 178~179쪽 참조.

지정도三五至精圖」 및 「수화광곽도水火匡廓圖」와 더불어 도교 내단수련 이론을 도식화한 것으로, 후천을 선천으로 환원하는 방식을 그림으로 표현한 것이다. 렴계는 이를 뒤집어 우주만물의 생성원리를 나타내는 도식으로 변화시켰다는 것이 통설이다.[48] 그렇다면 렴계로부터 비롯된 성리학의 우주론(실체론)은 『주역』의 태극음양설과 『노자』의 '복귀무극설'이 마의도자의 '선천역'과 합하고, 다시 도교의 「무극도」로부터 영향을 받아 만들어진 것이라는 설이 성립하게 된다.

렴계는 이른바 '성인자기설'을 주장한 대표적 성리학자이다. 그에게 있어 성인은 곧 성誠을 갖춘 존재였다. 이 성의 내용성은 지정至正과 명달明達의 두 측면으로 나뉜다. 지정은 '적연부동寂然不動'이며, 명달은 '감이수통感而遂通'이다. 이것은 다시 '신神'과 '기幾'의 개념으로 수렴된다. 성인은 神을 갖춘 존재이면서 동시에 그의 일상은 기미幾微의 순간에 誠으로부터의 일탈을 제어를 받음으로써 도덕적 완전성을 보존할 수 있게 된다. 따라서 렴계가 말하고자 하는 수도론 즉 수양론은 자연스럽게 설명될 수 있다. 성인이 되기 위해서는 잘못된 행동들을 돌이켜서 誠의 영역으로 들어가는 것이다. 그 방법으로 제기된 것이 바로 '무욕無欲', '신동愼動', '주정主靜'이다. 무욕은 노자의 주장이며, 신동은 불교의 '무망無妄'과 다르지 않으며, 주정은 『주역』의 적연부동 감이수통과 같은 개념이라고 파악된다.

장횡거(1020~1077)는 하남성 출신으로 후에 섬서성에서 살았던 관학파의 성리학자이다. 성리학에 관한 그의 주요 저술은 『서명西銘』과 『정몽正蒙』을 꼽을 수 있다. 그는 처음 범중엄范仲淹을 통하여 『중용』 읽기를 권유받았으나 뜻을 얻지 못하고, 여러 해 동안 불교와 도교의 설을 연구했다는 사실은 여러 기록들에서 확인된다. 그가 동림사의 상총常總으로부터 성리론과 태극전을 전수받았다는 설도 있고, 홍국사에

---

48) 久須本文雄, 앞의 책, 62~65쪽 참조.

서 정명도와 종일 강론하였다는 설도 있다. 그런 연후에 다시 6경으로 돌아와서 유학 속에 모든 도가 갖추어져 있다는 사실을 알았으며, 특히 먼 친척 관계였던 명도와 이천과 함께 공부하는 기회를 갖고 난 후에 이단을 버리고 바른 길로 돌아왔다는 기록도 있다. 그러나 이는 그가 18세 무렵부터 37세경에 이정二程과 도학을 강론하기까지의 20년 가까운 기간 동안 그가 불교와 도교에 심취하였음을 역설적으로 말하고 있는 것이다.[49]

그는 『정몽』「건칭편乾稱篇」에서 불교와 도교를 '인생을 환망幻妄으로, 유위를 우췌疣贅'로 보는 것이라고 하여 비판하고 있다. 그러면서 그의 우주론은 태화太和로 설명한다. 태화에 허虛와 기氣가 있으며, 허는 기의 체이다. 만물을 이루는 것은 기이고, 기는 허에서 나오므로 결국 태허가 천지의 근본이라는 것이다. 그러나 그는 이 虛의 구체적 내용성을 설명하지는 않는다. 기는 음양으로 나뉘며, 성질은 굴신屈伸과 상감相感이 무궁한 것이다. 즉 기는 취산聚散이 무궁하여 천지만물이 그 신화神化의 산물이라고 본다.

그의 심성론은 태허와 기에 대한 구분으로부터 시작된다. 태허의 성은 천지지성天地之性으로 청명한데, 기는 만물로 응집할 때 그 청탁편정淸濁偏正으로 인하여 기질지성氣質之性이 되어 치우침이 있다고 본다. 따라서 선악이 혼재된 습習의 기질지성을 잘 돌이키면 온전한 선인 천지지성을 회복할 수 있다는 설명이다. 물론 이러한 설명에는 논리적 모순이 존재한다. 청탁편정의 기가 응집하여 사물로 이루어진 것을 다시금 천지지성으로 회복하려 한다면 응집된 사물을 해체하여야만 가능할 것이라는 논리가 되기 때문이다. 아무튼 그의 논리는 기를 길러서 근본으로 돌이켜 치우치지 않게 하면 그것이 성을 다하는 것이요 곧 天이라고 한다.

---

49) 위의 책, 250~256쪽 참조.

그의 수양론은 어떻게 기질의 성을 구체적으로 변화시켜 천지지성으로 바꾸느냐의 문제이다. 여기서 그의 유명한 명제인 '심통성정心統性情'이 나타난다. '성과 지각을 합하여 心이라는 명칭이 있게 된다'는 말로부터, 마음은 형체 이전의 성의 세계와 형체 이후의 정의 세계 즉 지각세계를 연결하는 고리로 등장한다. 그리하여 그는 이상적 인격의 성인에 이르는 길로써 '성성成性'을 제시하고, 또 그 방법으로써 '지례知禮'를 제시하였다. 그는 지각의 현상세계에서 습에 물들어 악을 행하는 것을, 예를 알고서 이를 행함으로써 그 기질지성을 바꿀 수 있다고 보았다. 그리하여 천지지성을 이루는 '성성'의 경지로 나아가게 되며, 그렇게 되면 만물이 일체가 된다. 만물이 일체가 된다는 것은 무아無我를 말하는 것이며, 여기서 횡거는 이른바 공자의 사무설四毋說을 그 경지로 드러낸다. 그러나 이런 논리에는 불교의 계율과 무아론이라는 색채가 농후하다는 것이 횡거의 사상을 분석하는 일본학자들의 일반적 견해이다.[50]

정명도(1032~1085)는 동생 정이천과는 1년 차이로 하남성 낙양 출신이다. 그들은 아버지의 벼슬길에 따라갔다가 15~16세경에 주렴계에게서 수업하기도 했으며, 25~26세경에는 장횡거와 도학을 강론하였고, 이 무렵 그의 유명한 저술인 「정성서定性書」를 장횡거에게 편지로 보내기도 하였다. 동생인 이천이 지은 명도의 「행장」에 의하면, 그는 15~16세경에 주렴계로부터 도에 대해서 듣고서 과거공부를 폐하고 도를 구할 뜻이 있었으나, 그 요지를 얻지 못하여 거의 10년 동안 불교와 도교에 출입하다가 다시 6경으로 돌아온 연후에 요체를 얻었다고 하고 있다. 또한 『송원학안』 등에서는 명도가 다른 사람들과는 달리 '선서禪書를 보고서 선의 폐단을 깊이 알았다'든지, '어려서 10년 가까이 불교와 도교에 출입하였으나 오염되지 않고 마침내 도의 밝음을 드러냈다'

---

50) 위의 두 책 모두 이러한 입장에 공통점을 보이고 있다.

는 표현으로 그를 칭송하고 있다. 역설적으로 이러한 표현은 그가 선불교에 얼마나 정통했는지를 말하는 것이라고 보아도 무방하다.

명도는 평생 불교의 서적과『노자』『장자』『열자』등의 서적을 읽었던 것에 반해, 이천은『장자』나『열자』와 같은 책도 읽지 않았다고 한다. 그리하여 명도는 이단의 폐해를 말한바가 많았는데, '도가 밝지 않음은 이단이 이를 해치기 때문이다. 옛날의 폐해는 가까워서 알기 쉬웠는데 지금의 폐해는 깊어서 알기 어렵다.'와 같은 류가 많다.51) 여기서 말하는 옛날의 폐해는 도가와 양주 및 묵적을 지칭하는 것이고, 요즘의 폐해란 불교를 지칭하는 것이다. 그러면서도 그는 승려들이 불경을 읽을 때 단정하고 엄숙한 모습을 보고서 제자들에게 경전을 읽을 때 마땅히 이와 같아야 한다고 하면서 요즘 독서하는 사람들은 먼저 자세가 태만하다고 꾸짖고 있기도 하는 등 불교의 장점을 본받을 것도 강조하고 있다.

성리학에서 명도의 업적은 이천이 말한 바와 같이 '천리天理'를 밝힌 것이다. 이것은 명도가 전현들이 밝히지 못한 것을 경전 속에서 스스로 밝혔다고 했다. 곧 '천즉리天卽理'의 도식을 말하는 것이다. 명도는 저술을 많이 남기지 않았는데, 대표적 저서가「정성서定性書」와『식인편識仁篇』이다. 전자는 25세경에 쓴 것으로 횡거의 '성성成性'과 비교되는 내용이다. 즉 선악을 보는 관점이 다른 것으로 논리적으로는 보다 진보된 것이라 할 수 있다. 후자는 47세에 쓴 것으로 정성 이후의 경지를 말한 것으로 바로 성인의 상태를 나타내고 있다. 명도의 우주론은 리와 기로 설명되는데, 리는 본체요 기는 현상적 차별성이다.

그의 심성설은 성과 기품이란 개념으로 설명된다. 성은 음양미분의 상태를 지칭하고 氣稟이란 음양이 교감하여 사물화된 것을 가리킨다. 사람의 기품에 차이가 있는 것은 正과 偏의 차이이다. 정은 선이고 편

---

51) 久須本文雄, 앞의 책, 142~143쪽 참조.

은 악이다. 따라서 그의 수양론은 자연스럽게 바로 이 편을 정으로 만드는 과정이 된다. 그런데 이 편을 정으로 할 수 있다는 점에서 본다면 이것은 본래적인 악이라고 할 수 없다. 다시 말하면, 그에게 있어 선과 악이란 현상적 차별성이지 절대적 구분이 될 수 없다. 모든 사람은 본래적으로 절대적인 성인의 상태를 가지고 있다고 보는 것이다.

그러므로 그의 수양론은 이 성을 어떻게 正의 상태로 만드는가 하는 것이 관건이다. 그는 '의이방외義以方外'와 '경이직내敬以直內'를 그 방법으로 제시한다. 원래 이 두 가지는『주역』「문언전」의 곤괘에서 나온 말이다. 내면적 수양과 외면적 수양을 함께 수행해야 한다는 것이다.「정성서」에서 그가 주장하는 핵심이 바로 이것이다. 이와 같이 수양하면 정성할 수 있게 되는데, 그 상태는 靜과 誠이 된다. 이 경지에 이르면 마침내 '식인識仁'이 가능해진다.『식인편』은 바로 이러한 과정을 서술하고 있다. 仁은 천지의 덕이요 심성의 본체이므로, 식인이 가능해지면 바로 성인이 되는 것이다. 정성은 적연부동의 상태요, 식인은 감이수통의 경지이다. 즉 정성은 체요, 식인은 용이다. 천지 사이에 큰 쓰임(大用)을 이룬 자가 바로 성인이다. 그의 수양론을 요약한다면, 의방직내義方直內로 정성定性의 경지에 이르고, 정성의 기능인 靜과 誠으로 식인의 경지에 이르러 마침내 성인이 된다는 것이다.

정이천(1033~1107)은 명도와 형제지간이면서도 그 성격이 확연히 달랐던 인물로 알려져 있다. 명도가 호탕하고 대범한 군자였다면, 이천은 치밀하고 엄숙한 군자였다고 할 수 있다. 그가 불교로부터 받은 구체적인 영향은 밝혀진 바가 없다. 그는 유학 이외의 서적은 보지도 않았을 만큼 철저한 도학군자의 삶을 살았다. 이정二程이 남긴 글 속에서 이단에 대한 비판과 관련된 것을 찾아보면, 명도는 그 실상을 파악하고 비판한 것임을 알 수 있는 반면에, 이천은 매우 피상적인 측면만 다루거나 정확한 이해가 없는 비판이라고 볼 수 있는 내용들이 많이 눈에 띈다. 그러나『이정유서二程遺書』제4장 등의 기록을 보면, 그 또한 자주 선승을 찾아서 법을 구했던 것을 알 수 있다.[52] 그는 평소 늘 좌선을 행했으며, 황룡산의 영원유청靈源惟淸과 교환한 편지글이 5통 있는데, 유청의 글에 의하면 이천의 구도심은 열렬하지만 도의 대요는 제대로 이해하지 못했다고 한다.[53]

이천의 우주론은 이기이원론이라 할 수 있다. 리가 우주의 본체이며, 기는 만물을 이루는 것이다. 그는 명도의 '천즉리'를 받아들이고, 이를 더욱 확장하여 '성즉리性卽理'의 명제를 도출하였다. 그의 심성론은 횡거의 설을 받아들여 '천명지성'과 '기질지성'으로 나눈다. 이때 천명지성은 '성즉리'의 도식을 그대로 보존한 것이 되어 오직 선한 것이며, 기질지성은 이 성이 움직여 기로 되면서 청탁으로 나뉘게 된 것으로 선과 악이 혼재하게 된 情이 된다. 이 정은 절도에 맞으면 선이 되고 맞지 않으면 악이 된다.

그리하여 그의 수양론은 情을 잘 다스려 절도에 맞게 하여 천명지성과 합일되게 하는 것이 된다. 이 경지의 삶이 바로 성인이다. 문제는 정이 절도에 맞는지 아닌지를 어떻게 아느냐 하는 것이다. 그 방법으로 제시된 것이 바로 '치지致知'이다. 즉 사사물물에 내재된 리(성)에 대해 궁극적인 知를 가져야 하는 것이다. 그래서 다시금 '경敬'의 중요성이 부각되어 그 방법으로 강조되었다. 이천은 명도의 '경직의방'을 받아들이되, 이를 자기의 방식으로 다소 변형하였다. 의이방외는 불교적 좌선을 변형하여 '정좌수행법靜坐修行法'으로 수용하고, 경이직내는 정좌수행의 내면적 실체인 '敬'으로 대체하였다. 이천이 경의 방법으로 제시한 것이 바로 '정제엄숙整齊嚴肅'과 '주일무적主一無適'이다. 이를 통해 사물의 본질인 리를 치지致知하여 일상적 삶으로 확보한 것이 바로 성인이다. 이천이 말하는 정좌는 수양법이 아니라 수행법이라는 점이 중요하다.

---

52) 久保田量遠, 앞의 책, 187쪽 참조.
53) 위의 책, 188쪽 참조.

4. 수양 수행 수련의 협주

북송초기에 이르기까지 유교와 도교는 이상적인 인간상에 이르는 완전한 방법론을 제시하지 않았다. 오히려 유교에서는 이상적 인간인 성인은 태어나는 것이지 노력에 의하여 도달되는 것이 아니라는 관점이었고, 도교에서 말하는 진인은 외단의 방법으로 구하다가 도리어 그 폐해만 심해져 중독으로 목숨을 잃는 경우가 하다하였다. 그러나 선불교에서 말하는 부처는 누구나 일심一心의 본바탕을 깨치기만 하면 도달할 수 있는 쉬운 목표로 제시되고 있었다.

개인의 존재에 대한 자각과 국가의 학문적 자유보장 등이 결합한 시기인 북송초기에는, 삼교에 새로운 변화가 일어나 그 나름대로의 논리적 체계를 갖춘 이상적 인간에 대한 추구의 노력이 결실을 가져온 시기였다. 유교에서는 '성인자기론'이 제기되어 누구나 성인에 이를 수 있다는 길을 열었고, 도교에서는 진인에 이르는 길을 밖에서 구하지 않고 스스로의 안에서 구하는 길을 제시하였다. 그리하여 삼교는 각각 이상적 인간의 모습과 그 구체적 내용 및 그에 이르는 방법론을 따로 정립하게 되었다.

이 글에서는 그러한 과정에 이르는 양상을 유불도 각각으로 나누어 서로 영향을 주고받는 내용을 중심으로 살펴보았다. 불교의 경우 연수로부터 계승으로 이어지는 과정에서 유불융회를 중심으로 전개되는 수도론의 방법이 얼마나 정치한 모습으로 그려지고 있는지를 알 수 있었다. 도교의 경우 마음과 몸의 이중적 구조를 가지고 있는 인간의 한계를 극복하기 위하여 그들의 수련론에 불교의 수행론을 도입하고 있는 과정이 진단으로부터 장백단에 이르면서 대단히 치밀해지고 있음도 살펴보았다. 유교의 경우는 일상성과 초월성 및 몸과 마음의 문제를 동시에 해결해야만 하는 복합적인 문제를 가지고 있었다. 성리학의 이른바 북송사자의 학문적 탐구 과정에서 그들이 수양론을 점차로 정비해가면서 유학의 본래적 내용과 일치시키려고 하는 노력도 볼 수 있었다. 이런 과정에서 우리는 유학의 본래이념인 '수기치인修己治人'이 이제 오히려 '수기치물修己致物'로 변해가는 듯한 모습을 찾을 수도 있었다.

전통적 동양철학의 궁극적 이상이 인간의 '자기완성' 내지는 '자아완성'이라고 할 때, 유불도 삼교가 각각 제시하고 있는 이상적 모델과 그에 이르기 위한 방법론(수도론)이 수양, 수행, 수련이라고 달리 불리는 만큼 각각에는 장단점이 있다고 할 수 있다. 그리고 그 장점은 살리면서 단점을 보완하여 보다 완전한 체계를 만들어가려고 하는 끊임없는 시도가 바로 동양철학의 역사였다고 하겠다.

이 글은 이러한 문제에 대해 역사상 가장 치열하게 논의를 전개하였던 시기의 특징을 살폈다. 불교의 계승이나 도교의 진단은 북송사자와 같은 시대를 산 인물들이다. 그들이 상호 직접적인 영향을 주고받은 흔적은 아직 발견되지 않고 있다. 하지만 그들의 치열한 논의를 통하여 '자아상실'의 시대로 불리는 현대의 우리들이 보다 행복한 삶을 찾을 수 있는 새로운 수도론—그것이 수양이든 수행이든 수련이든 아니면 셋을 회통한 것이건 간에—을 모색해 볼 수 있는 단초를 제공받을 수도 있지 않을까!

契嵩, 『鐔津文集』, ≪大正藏≫ 52.

禪學大辭典編纂所, 『新版 禪學大辭典』, 日本: 大修館書店, 2000.

楊曾文, 『宋元禪宗史』, 北京: 中國社會科學出版社, 2006.

李森 編著, 『中國禪宗大全』, 長春: 長春出版社, 1991.

張志哲 主編, 『中華佛敎人物大辭典』, 合肥: 黃山書社, 2006.

張淸泉, 『北宋契嵩的儒釋融會思想』, 臺北: 文津出版社, 1998.

『金丹四百字』, ≪正統道藏≫ 제40책.

『修眞十書雜著指玄篇』, ≪正統道藏≫ 제40책.

『玉淸金笥靑華秘文金寶內鍊丹訣』, ≪正統道藏≫ 제40책.

『紫陽眞人悟眞篇註疏』, ≪正統道藏≫ 제4책.

『周易參同契發揮』, ≪正統道藏≫ 제34책.

고지마 쓰요시, 신현승 옮김, 『송학의 형성과 전개』, 논형, 2004.

구보 노리따다, 최준식 옮김, 『道敎史』, 분도출판사, 2000(原書: 窪德忠, 『道敎
史』, 東京: 山川出版社, 1977).

柳承國, 『東洋哲學研究』, 근역학술총서 1, 槿域書齋, 1983.

미우라 구니오, 이승연 옮김, 『주자와 기 그리고 몸』, 예문서원, 2003.

서태원. 「종려의 우주관 고찰」, 『도교문화연구』 제27집, 한국도교문화학회,
2007.

신진식, 「『悟眞篇』의 "道禪合一"사상」, 『도가문화연구』, 제26집, 한국도교문
화학회, 2007.

윤영해, 『주자의 선불교비판 연구』, 민족사, 2000.

_____, 「유교와 도교, 그리고 불교의 다원주의 가능성」, 『불교학연구』 제5호, 불교학연구회, 2002.

李園國, 김낙필 외 옮김, 『내단 -심신수련의 역사 1·2-』, 성균관대학교출판부, 2006(原書: 李園國, 『道敎氣功養生學』, 四川: 四川省社會科學院出版社, 1988).

이재봉, 「장백단의 내단사상에 관한 연구」, 『大同哲學』 제20집, 대동철학회, 2003.

_____, 「『悟眞篇』 용어 연구 -노정을 중심으로-」, 『大同哲學』 제39집, 대동철학회, 2007.

임형석, 「劉謐의 『三敎平心論』에 관하여 -儒敎의 排佛論에 대한 한 불교도의 반응-」, 『한국철학논집』 제20집, 한국철학사연구회, 2007.

張君勘 지음, 김용섭·장윤수 옮김, 『한유에서 주희까지』, 형설출판사, 1996 수정판.

陳鼓應, 최진석 외 옮김, 『주역 유가의 사상인가 도가의 사상인가』, 예문서원, 1996(原書: 陳鼓應, 『易傳與道家思想』, 臺灣: 商務印書館, 1994).

孔令宏, 『宋明道敎思想硏究』, 北京: 宗敎文化出版社, 2002.

久保田量遠, 『中國儒佛道三敎史論』, 東京: 東方書院, 1931.

_____, 『支那儒佛道交涉史』, 東京: 大藏出版社, 1943(譯書: 최준식, 『中國儒佛道三敎의 만남』, 민족사, 1990).

久須本文雄, 『宋代儒學の禪思想硏究』, 名古屋: 日進堂書店, 1980.

常般大定, 『支那に於ける佛敎と儒敎道敎』, 東京: 東洋文庫, 東洋文庫叢書 제30, 1930.

沈志剛 主編, 『鍾呂傳道集注釋·靈寶畢法注釋』, 《道學經典注釋》 1, 北京: 中國社會科學出版社, 2004.

任繼愈 主編, 『中國道敎史』, 2책, 北京: 中國社會科學出版社, 2001.

張君房 輯, 『雲笈七籤』, 齊南: 齊魯書社, 2003.

漆俠, 『宋學的發展和演變』, 石家庄: 河北人民出版社, 2002.

土田健次郎,『道學の形成』, 東京: 創文社, 2002(譯書: 쓰치다 겐지로, 성현창 옮김,『북송도학사』, 예문서원, 2006).

韓鍾文,『中國儒學史-宋元卷』, 廣州: 廣東敎育出版社, 1998.

胡孚琛 主編,『中華道敎大辭典』, 北京: 中國社會科學出版社, 1995.

荒木見悟,『佛敎と陽明學』, 東京: 第三文明社, 1979(譯書: 배영동 옮김,『불교 와 양명학』, 혜안, 1996).

_____,『儒敎と佛敎』, 東京: 平樂寺書店, 1963(譯書: 심경호 옮김,『불교 와 유교』, 예문서원, 2000).

제4장

성리학의 시대와 주희의 환상

: 유학 현대화의 단초 모색

1. 변화의 시대와 유학

필자는 개인적인 경험으로 경남지역 특히 서부경남에 소재한 여러 집안의 고문헌들을 조사할 기회를 몇 번 가졌다.[1] 그 과정에서 몇 가지 특징적인 점을 발견했는데, 내용상으로는 남명南冥과의 연원을 강조하는 책이 많다는 점과, 외형적인 분류로 볼 때는 대부분의 집안에서 필사본 형태의 예서禮書를 다수 소장하고 있다는 점이었다. 이는 영조 초의 무신사태 이후 벼슬길이 막힌 이 지역 사족들이 양반으로서의 지위를 유지하기 위한 하나의 노력으로 볼 수도 있다. 집안마다 조금

---

1) 필자는 일찍이 1987년에 남명학연구원이 발족하고 난 직후 남명학파의 자료수집 책임을 맡은 오이환 교수를 보조하여 그 일을 도왔는데, 약 1년 남짓 기간 동안에 서부경남 각 지역의 많은 고문헌 소장자 및 소장처를 방문하여 대략 30,000여 책을 열람한 바 있다. 또한 2004년부터 1년 8개월간에 걸쳐 문화재청의 용역사업인 진주 및 함양지역의 고문서와 고문헌을 중심으로 하는 동산문화재 조사사업에 참여하기도 하였다. 최근에는 2007년부터 3년 동안 한국연구재단의 사업으로 안동의 한국국학진흥원에서 수행한 경남지역목판조사사업에도 참여하였다.

씩 독특한 예법의 전통을 지킴으로써 사족으로서의 위상을 보존하고, 향촌사회에서 지식인으로서의 품격도 그나마 유지할 수 있었을 것이다. 이러한 모습이 조선 후기 강우지역 유학의 양상이었다.

개화기와 일제강점기를 거쳐 해방이 되고 민주공화체제로 바뀌고서 70여 년이 지난 오늘날 우리사회에서 유학의 모습은 어떤가? 유학을 접하면서 생활하고 있는 사람들은 대체로 세 부류로 나누어 볼 수 있다. 첫째는 전통을 고수하는 나이 많은 유림儒林집단으로 자처하는 인물들이고, 둘째는 유학 내지는 성리학을 학문적 차원에서 연구하고 있는 학자들이며, 셋째는 교양 또는 취미로 유학의 경전을 공부하는 일반인들이다. 그러나 이들 중에 순수한 의미의 유자라고 할 수 있는 사람이 얼마나 될까? 필자는 실제로 서원이나 향교의 채례에 참여하여, 예법을 잘 알고서 행사를 주도하는 인물들 중에서 사실 자기 집에서는 제대로 조상의 제사도 지내지 않는 사람도 알고 있다. 엄격한 유교식의 예법대로 집안의 제례를 행하는 사람이 얼마나 될지 자못 의문스럽다. 그러면서 그들 중 다수는 유학의 경전에 대해서는 그다지 정통하지 못한 경우가 많다. 또한 유학이나 성리학을 연구하는 학자들을 유자라고 부를 수 있을까? 그 중에 과연 몇 명이나 자신을 유자라고 자칭할까? 대부분은 순수한 학자적 관심으로 유학을 연구하는 것으로 보인다. 교양 또는 취미로 유학경전을 연구하는 사람들은 굳이 부연하여 말할 필요도 없다.

그렇다면 오늘날 순수한 유학은 어디서 찾을 수 있을까? 성균관을 위시한 전국의 서원이나 향교에서 행하는 채례釆禮는 이미 관광상품이 된 색채가 강하며, 아니면 오히려 하나의 문화유산인 무형문화재로서 전승되는 느낌이 없지 않다. 또한 채례를 받들 사람이 없거나 재정적인 이유 등으로 인하여 그마저 폐지했거나 폐하고 있는 경우가 허다하다. 물론 아직도 전통적 방식대로 그 의미와 형식과 정신을 간직하면서 행사를 하는 곳이 없다는 말은 아니다. 다만, 이제 그와 같은 공적인 의례로서의 유교는 더 이상 입지가 없다고 하여도 과언이 아니다. 유학이 생명을 유지하기 위해서는 변해야 하는 이유가 여기에 있다. 아니면 역사 속의 문화재로서 박물관으로 가든지!

이 글에서는 유학의 역사를 간략히 뒤돌아보고서, 성리학의 시대에 주희가 꿈꾸었던 이상세계를 위하여 스스로 어떤 노력을 했는지 살펴볼 것이다. 주희는 많은 저술을 남겼지만, 그 중에서도 필자는『근사록』・『가례』・『소학』의 편찬과『대학』과『중용』의 보완을 통한 사서四書로의 편입에 초점을 맞추고자 한다. 주희는 이것들을 통하여 완벽한 이상세계를 구현하려는 환상을 가졌던 것으로 보인다. 그러면서 그는 자신의 환상을 위하여 무리한 논리와 근거 없는 주장을 펼치기도 하였다. 그것은 오직 단일한 원리에 의해서만 움직이는 이상세계를 건설하려는 그의 목적에서 이루어진 작업이었다. 그의 꿈은 통치자와 기득권자들에게는 좋은 무기가 되었지만, 상대적으로 백성들에게는 수백 년 동안의 족쇄가 되어 삶을 구속하였다. 주희가 가졌던 환상의 실체를 밝혀서, 다양성과 개인주의의 시대에 맞는 새로운 유학의 역할을 모색해보고자 하는 것이 이 글의 목적이다.

2. 유학에서 성리학으로

유학의 개창자인 공자孔子가 살았던 시기는 어떠했는가?[2] 공자의 사회철학은 '극기복례克己復禮'와 '정명正名'이라고 할 수 있다. 왜 공자는 이와 같은 주장을 하게 되었을까? 공자는 춘추시대(BC 770~BC 403) 중・

---

2) 공자와 유학의 관계에 대해서 최근에 새로운 이론이 제시되었다. 김경일,『유교탄생의 비밀』, 바다출판사, 2013에서 저자는 갑골문과 청동기의 문 그리고 죽간에 등장하는 글들의 의미변천사를 추적하여 유교가 하나의 시스템으로서 서서히 형성되어 왔으며, 공자는 이를 집대성하여 그 대략적인 골격을 완성한 인물 정도로 파악해야 한다고 하고 있다.

후반기를 살았던 인물이다. BC 1122년에 건국한 주周나라는 초기의 안정기를 지나 서쪽 오랑캐인 견융犬戎의 침입을 받아 수도인 호경鎬京이 파괴되고 유왕幽王이 죽임을 당한 이후, 평왕平王이 즉위하여 수도를 낙읍洛邑으로 옮기게 되었다. 평왕이 수도를 옮긴 해부터를 보통 춘추시대의 시작으로 간주한다. 이로부터 춘추시대의 가장 강력한 제후국 중 하나이던 진晉나라가 내분으로 인하여 한韓·위魏·조趙의 3국으로 나뉘기 전 해인 BC 403까지를 춘추시대라고 한다. 공자의 생몰시기를 BC 551~BC 479년으로 비정하기 때문이다.

공자는 이 시기를 어떻게 파악하였으며, 어떻게 대응하였던가? 주나라 왕실은 천도 이후 晉나라에 황하 이북의 땅을 넘겨주어, 직할지가 현저히 줄어 종주국으로서의 명목만 유지하였지 실제 그 위상은 상실하고 있었다. 제후국들은 서로 패권을 다투면서 작은 나라들을 합병하여, 건국 초기에 240여 개에 이르던 제후국들이 불과 10여 개 국으로 줄어들었다. 이런 와중에 이른바 '춘추오패春秋五霸'가 이어서 등장하여 명분으로만 '존왕양이'를 주창하면서 실질적으로는 패도정치로 왕의 역할을 대신하기에 이르렀다. 그런 한편 제후국들은 또한 그 내부에서 발호한 대부들의 힘에 의해 분열되는 지경에 이르고 있기도 하였다. 결국 당시 가장 강대국이었던 진나라는, 관중管仲의 도움을 받아 첫 번째 패자로 등장한 제齊나라 환공桓公을 이어 패자에 올랐던 문공文公 이후 급속도로 분열의 길로 나아가, 결국 한위조韓魏趙의 삼진三晉으로 나뉘게 되었다.3) 제후국들의 발흥과 대부들의 권력쟁탈은 모두 경제력의 상승으로 인한 개인주의의 강화에 의해서 촉발되었다. 진나라에서부터 시작된 것으로 알려진 우경牛耕과 이랑농사는 농업생산성

---

3) 이와 같은 당시의 상황은 이미 잘 알려진 것이기는 하지만 이 글의 논의를 위해서 다시 한 번 언급하고 가야할 필요가 있으므로 서술하였다. 이러한 상황에 대해서 간략히 잘 정리하고 있는 것으로는, 김학주, 『공자의 생애와 사상』, 명문당, 2003, 13~19쪽이 참고할 만하다.

을 극도로 향상시켰으며, 이는 다시 인구의 급격한 증가를 가져오게 되었고, 다시금 상공업의 발달을 촉진시켜 힘 있는 제후국과 대부들은 이를 이용하여 각자의 힘을 극대화하기에 이르렀던 것이다.[4] 경제력의 성장이 타고난 신분질서를 거부하는 개인주의 의식을 촉발하고, 이로 인하여 사회의 분열과 혼란이 야기되었던 것이다. 이제 이 시기에 이르러서는 순수한 의미의 봉건제도는 파괴되고, 그에 따른 사회질서도 붕괴되는 현상을 가져왔다.

이런 시기에 은殷나라의 후예에게 분봉해주었던 송宋나라 미자微子의 17대손에 해당하는 신분이면서도 몰락한 가문에서 불우하게 태어난 공자의 꿈은 무엇이었는가? 공자 학문의 출발점을 흔히 '우환의식憂患意識'이라고 한다. 혼란에 빠진 시대를 구하고자 하는 걱정에서 비롯되었다는 말이다. 공자는 현실을 인정하면서도 한편으로는 그 현실을 부정하였다. 은나라의 후손이면서도 주나라 시대에 태어난 자신의 현실은 인정하면서도, 주공周公 희단姬旦이 만든 '종법질서宗法秩序'에 의한 봉건제도가 무너져가는 현실을 안타까워하면서 이를 되돌리고자 하는 꿈을 꾸었던 것이다. 공자는 왜 주나라 초기의 제도로 당시의 상황을 되돌리고자 하였는가? 그것은 사회의 혼란을 바로잡는 방법인 동시에 자신의 원래 신분을 회복하는 길이었기 때문이다. 공자는 어떤 방법으로 시대를 되돌리고자 했는가? 그것이 바로 '극기복례'와 '정명正名'이다. 개인주의의 원천인 인간의 사사로운 욕심을 극복하여 이미 잘 정비되어 있는 예의 질서로 돌아가서 각자의 위치를 고수하자는 말이다. 그러니 역사의 진행을 되돌리고자 하는 공자의 꿈은 필연적으로 좌절될 수밖에 없는 운명을 타고난 셈이다.

공자가 자신의 꿈을 실현하기 위해서 평생 동안 한 일은 무엇이었는가? 그것은 결국 주공이 만든 법과 제도 즉 오경五經을 정비하고, 이를

---

4) 이러한 분야에 대한 연구로는 許進雄 저, 홍희 옮김, 『중국고대사회』, 동문선, 2003의 제5장에서 자세히 논구하고 있다.

현실정치에 실현하려고 애쓰다가, 드디어 그것이 불가능함을 알고서는 하늘을 원망하며 『춘추』를 저술하여 후세에 귀감이 되게 하고서, 제자들에게 자신의 꿈을 물려주는 것이었다. 노魯나라 조정에서 예의 실행을 강력히 주장하다가 권력을 잡고서는 이에 방해되는 소정묘를 죽였지만, 군주가 공자의 예를 싫어하고, 대부의 집에서 참람하게 팔일무八佾舞를 시행하는 것을 보고서는 더 이상 참지 못하고 모국을 떠나 천하를 주유하게 된다. 자신의 주장을 실행할 수 있는 나라를 찾아다녔지만 모두 허사로 끝나고 오히려 죽을 고비만 여러 차례 넘기게 된다. 공자는 평생 자신의 꿈을 위해서 투쟁했으나 끝내 실패하였다. 그러나 그는 하늘을 원망하였지만 자신을 포기하지는 않았다. 수많은 제자를 길러 꿈을 전수했기 때문이다. 등용되면 나아가 일하고, 버리면 물러나서 한가롭게 지내면서도 원망하지 않는 경지에 이르렀기에 가능한 일이었다.

그러나 여러 제자들에게 전해진 공자의 꿈은 불과 한 세대가 지나고부터 바로 온전한 전체의 모습을 잃기 시작했다. 오늘날의 관점에서 보면, 10대 제자 중에서 오직 증자曾子만이 공자의 본뜻을 이어받은 것이며, 이것이 자사子思를 통해 맹자孟子에게 전승된 것이 바로 공자의 진정한 뜻, 즉 유학의 본질이라는 것이다. 이것이 바로 허구로 만든 도통론의 실체이며, 여기에서 공자 유학의 일차적인 온전함이 무너지게 되었다. 공자는 당시로 본다면 다양한 분야의 공부를 하였으며, 제자들에게도 육예六藝를 고루 익혀야 한다고 했다. 10대 제자들도 각각의 장점이 있었고, 공자는 또 '사무四毋'를 말하여 끝까지 자신의 주장을 관철하고자 하는 점을 매우 경계하였다. 그런데 이후 공자의 문도임을 자처하는 대부분의 인물들은 이런 점에서 공자의 뜻을 저버렸다고 할 수 있다. 변화의 시대마다 나타난 유학자들은 그 어떤 다른 주장을 가진 인물들보다 강한 독선주의에 입각한 아집我執을 드러내었다. 이제 유학은 이데올로기화 되어 자신만의 세상을 만들고자 했다.

그 첫 번째 인물로 맹자를 들 수 있다. 맹자 평생의 임무는 양주楊朱와 묵적墨翟을 배척하여 공자를 드러내는 일이었다. 그가 '양주와 묵적의 도를 그치지 않으면 공자의 도가 드러나지 않는다'고 한 말이 그것이다. 그러면서 그가 비판한 양주와 묵적의 결점이란 '천하의 말이 양주로 돌아가지 않으면 묵적으로 돌아간다. 양주의 위아설爲我說은 임금이 없음이요, 묵적의 겸애설兼愛說은 아버지가 없음이다. 임금이 없고 아버지가 없음은 바로 금수禽獸'[5]라는 것이었다.

그러나 맹자가 말하는 것처럼 당시 양주와 묵적의 이론이 천하에 성행하고 있었다면, 그 이유가 오직 '임금도 없고 아버지도 없는' 패륜적 행위가 지배했기 때문일까? 실제로 그것은 농업의 비약적인 발전과 이에 따른 상공업의 성행, 그리고 무엇보다도 봉건적 신분질서체제가 붕괴하면서 가져온 개인주의의 발달에 기인한 것이었다. 극소수의 귀족(人)만이 사람으로 간주되던 시기에서 다수(民)가 사람으로서의 권리를 획득하고자 하는 과정에서 비롯된 자연스러운 현상이었다. 맹자는 이러한 현상을 금수와 같은 사회로 보았다. 오직 '人'만을 위하는 봉건체제에서 '民'의 자아의식이 싹트는 시기의 철학으로 대두한 것이 양주와 묵적의 사상이었는데, 맹자는 오늘날의 관점으로 말하자면 극우보수주의자의 입장에서 시대의 변화를 외면하고 복고주의復古主義를 주창한 것이었다. 그는 이러한 주장의 근거로서 공자와 요순을 내세웠다. 맹자에 대해서는 자세히 전하는 바가 거의 없지만, 그가 어려서 아버지를 잃고 고생했던 것과 나이 들어서 제자를 가르치고 세상을 유세하면서 부와 명예를 크게 얻었다는 것은 알려져 있다. 이는 그의 원래 신분이 '人'이었지 '民'이 아니었음을 말하는 것으로 보아도 좋다는 의미이다.

---

5) 이상 두 구절의 출전은 『맹자』 「등문공 하」의 '楊墨之道不息 孔子之道不著'와 '天下之言 不歸楊則歸墨 楊氏爲我 是無君也 墨氏兼愛 是無父也 無父無君 是禽獸也'를 인용하였음.

한나라에 이르러 유학은 백가를 물리치고 '독존유술獨尊儒術'의 시대를 맞이한다. 서한의 유학은 경학이 중심을 이루었는데, 이것은 공자이래 크게 두 파로 전개되어온 유학 중 자하子夏로부터 순경荀卿으로 이어지는 전경파傳經派의 역할이었다.6) 그러나 한고조漢高祖 유방劉邦이후 서한西漢 초기 제왕들의 통치이념은 '황로사상黃老思想'에 바탕을 두었다. 특히나 문제文帝와 경제景帝의 시대는 이러한 경향이 강하여 백성들이 안락한 생활을 누린 것으로 잘 알려져, 이른바 '문경지치文景之治'의 시대를 맞이하기도 하였다. 황로사상에 의한 통치는 태평을 구가하였지만, 유학의 등장은 이에 역행하는 결과를 가져오게 되었다.

우선, 진秦나라 때부터 시행되던 '협서율挾書律' 즉 책을 가지고 다녀서는 안 된다는 법이 혜제惠帝 4년(BC 191)에 이미 폐지되어 천하의 숨어있던 책들이 속속 세상에 드러났다. 이리하여 각 경전의 전문가들이 등장하고 유학이 서서히 정치적 색채를 나타내기 시작하였다. 또한 오랜 평화의 시대를 거치면서, 북방에 등장한 흉노와의 관계도 외교적으로 유지하였으나, 무제가 즉위하여 다시금 나라를 전쟁의 소용돌이로 몰고 갔다. 그러기 위해서는 국론의 통일이 무엇보다도 중요하게 되었고, 여기에 결정적 근거를 제공한 인물이 동중서였다. 동중서는 유학의 역사상 이단을 배척하고 다양성을 말살한 두 번째 대표적 인물이라고 할 수 있다. 공손홍公孫弘과 더불어 동중서董仲舒는 『춘추』 공양전公羊傳의 전문가였다. 동중서는 현량문학賢良文學으로 추천되어 등용되었는데, 그가 올린 대책對策에 의해 유학이 학문의 표준이 되고 통치의 이념으로 자리 잡게 되었다.

---

6) 가노 나오키, 오이환 역, 『중국철학사』, 을유문화사, 1986의 136쪽에 이른바 宋儒들에 의해서 도통론이 제기되면서 부각된 曾子-子思-孟子 계열의 傳道派와 구분되는 傳經派에 대한 계보를 이와 같이 제시하고 있다. 또한 269~270쪽에서는 이른바 5경의 전문가를 계통별로 잘 정리해두고 있는데, 이런 부분에 대해서는 우리나라에서는 치밀한 연구가 부족한 느낌이다.

이제 스승들은 도(道)를 달리하고, 사람들은 론(論)을 달리하며, 백가(百家)는 방(方)을 달리하여, 가리키는 뜻이 같지 않습니다. 이리하여 위로는 통일을 유지할 수가 없고, 법제가 번번이 바뀌며, 아래로는 지킬 바를 알지 못합니다. 어리석은 신은 생각건대, 육예의 여러 과목 가운데 공자의 학술이 아닌 것은 모두 그 도를 끊어 함께 나아가지 못하게 한다면 사악하고 치우친 학설이 종식될 것이며, 그러한 후에야 백성이 따를 바를 알 것입니다.7)

공자의 학설이 아닌 것은 모두 그 도를 끊어야 된다는 주장은 바로 독선주의이며 독단인 것이다. 그리고 오히려 그때로부터 백성의 삶은 질곡으로 치닫게 되었다는 사실이 중요하다. 다양성이 사라진 대신 기득권의 보수화를 초래하였기 때문이다. 무제 유철劉徹이 이 설을 받아들여 그대로 시행함으로부터 중국정치사의 통치이념은 변함이 없었다. 그런데 더욱 중요한 점은 그가 유학 중에서도 오직 금문今文『춘추공양전』만을 정통으로 세워서 유학의 다른 경전들조차 배척했다는 점이다. 그는 춘추의리를 강조하여 실은 이상적인 유학의 통치를 무시하고서 오히려 형명刑名에 의한 통치를 행했다. 그와 공손홍 등의 정치적 활동에 대해서『한서』의 내용을 토대로 이노우에 스스무는 다음과 같이 말하고 있다.

공손홍은 "춘추의 의리로 신하들을 옭아매 일약 한나라 재상의 자리에 올랐"으며, 동중서는『공양동중서치옥(公羊董仲舒治獄)』을 저술하여 관직에서 물러난 뒤에도 조정에 큰일이 있으면 형명 전문가인 혹리(酷吏) 장탕(張湯)이 그의 집으로 파견되어 말하자면 고문으로서 계속 정치에 관여했다. 무제 때부터 유교가 정통이 되었다고는 하지만, 그것이 법가의 엄벌주의가 폐지되었음을 뜻하는 것은 결코 아니다.8)

---

7) 이는『한서』「동중서전」에 있는 내용임. 위의 책, 267쪽에서 재인용.
8) 이노우에 스스무, 이동철 외 역,『중국출판문화사』, 민음사, 2013, 42쪽.

유학이 통치이념으로 자리 잡은 사실과 내용은 실로 이와 같은 역사를 가지고 있는 것이다. 유학은 실로 양두구육羊頭狗肉의 모습으로 국가의 통치이념이 되었던 것이다. 겉으로는 공자의 이상을 내세우고 요순堯舜을 말하지만, 속으로는 진秦나라 이래의 형명정치刑名政治를 더욱 강화한 셈이라고 할 수 있다. 이로써 역사의 흐름을 한 방향으로 고정시키는 일대 변혁을 만든 것이 바로 동중서에 의해 정착된 '독존유술'의 진면목인 것이다.

이후 유학은 불교 도교와 더불어 중국 학술상의 3대 축으로 정립되었지만, 실은 도교나 불교가 유학에 대항하여 자신을 정당화하려는 시도는 거의 없었다.[9] 3교는 서로 간에 투쟁과 조화를 모색하면서 전개되다가 당나라 말기에 이르러 혁신적인 변화를 가져온다. 이른바 삼교회통에 의한 새로운 학풍의 전개가 그것이다. 그 결과 북송北宋에 들어서서 성리학이 탄생하게 되는 획기적인 사건이 일어난다. 북송에 이르러 중국의 학술계는 춘추전국시대에 버금가는 다양한 이론과 뛰어난 학자들이 등장한다.[10] 이러한 현상이 있기까지에는 결정적으로 세 가지의 사건이 촉매의 역할을 한 것으로 볼 수 있다. 그 하나는 달마에 의해 조사선 또는 간화선이 중국으로 전래된 것이고, 다른 하나는 당唐의 무종武宗 연간에 있었던 불교에 대한 대대적인 탄압인 회창법란會昌法亂이며, 또 다른 하나는 당 말기에 새롭게 등장한 내단도교內丹道敎가 그것이다. 달마가 새로운 선풍禪風을 가지고 온 이후 그 세력을 확장하는 중에 일어난 회창법란은 그동안 교상판석敎相判釋에 의한 종파宗派불교로서의 발전을 해오던 기존불교에 치명적인 타격이 되었다.

---

9) 이에 대해서는, 久保田量遠, 『支那儒佛道交涉史』, 東京: 大藏出版社, 1943(번역본 최준식, 『중국유불도 삼교의 만남』, 민족사, 1990) 및 김경수, 「북송초기 삼교회통론의 양상」, 『퇴계학과 유교문화』 제48호, 경북대학교 퇴계연구소, 2011 참조.

10) 이러한 현상에 대한 논의는 김경수, 「유학의 본질과 남명학의 본질」, 『남명학』 제18집, 사단법인 남명학연구원, 2013의 제2장에서 충분히 다루었다. 이 글의 논의는 이에 대한 보충적인 내용을 중심으로 서술하였다.

'직지인심直指人心'이나 '견성성불見性成佛'과 같은 인간의 심성에 대한 직각적인 탐색이 전개되면서, 내단도교의 인간과 자연 그리고 우주론적인 이해의 구조가 중첩되는 상황이 있게 되었던 것이다.

당의 한유韓愈와 이고李翶에 의해 도통론道統論과 『중용』에 대한 중시에 바탕한 신유학의 기운이 싹트기 시작한 이래 오대십국五大十國시대 인쇄술의 발달로 인한 서적의 보급 확대에 힘입어 학문의 일반화가 급격히 진행되었다. 북송에 들어서는 문치文治주의의 강조로 유불도 삼교 모두의 서적이 정책적으로 인쇄되어 향리에까지 널리 보급되고 교육이 이루어졌으며, 지식인의 행동규범으로서의 예의 일반화가 급속도로 진행되어 그 범위가 서인庶人으로까지 확대되었다.11)

이와 더불어 유학은 또다시 이단異端에 대한 배척운동을 시작한다. 한유로부터 시작된 배불排佛의 이러한 움직임은 북송 초기의 송기宋祁와 석개石介 그리고 이구李覯와 구양수歐陽脩 등에 의해 계승되었다. 그러나 성리학의 실질적인 주창자라고 할 수 있는 이른바 북송오자北宋五子 중에서, 소옹邵雍을 제외한 주돈이周敦頤·정호程顥·정이程頤·장재張載 등의 사상적 편력의 과정이 불교와 밀접하게 관련되어 있음은 주지의 사실이다. 소옹은 이와 달리 오히려 진단陳搏으로부터 목수穆脩 그리고 충방种放으로 이어진 도교의 역학을 이어받고 있음도 이미 분명하게 밝혀져 있다. 그런 와중에 도교 측에서는 진단 이래로 장백단張伯端과 왕중양王重陽에 이르기까지 삼교의 회통을 주장하는 내단도교의 틀을 완성하였으며, 불교 측에서도 영명연수永明延壽로부터 불일계숭佛日契嵩에 이르기까지 유불융회설에 입각한 선불교의 논리를 드러내고 있었다.12) 성리학은 여전히 도교나 불교로부터 영향을 받은 바가

---

11) 이러한 부분에 대한 자세한 논의는 고지마 쓰요시, 신현승 옮김, 『송학의 형성과 전개』, 논형, 2004, 제4장 및 이용주, 『주희의 문화 이데올로기』, 이학사, 2003의 제5장에서 이루어져 있다.
12) 김경수, 앞의 논문, 2011에 그러한 내용이 자세히 언급되어 있다.

있다고 스스로 자인하는 사람이 없지만, 약자인 불교와 도교는 자신들의 근본교리가 유교와 배치되는 것이 아니라고 하면서 화해의 길, 차라리 생존의 길을 모색하고 있었다.

주희에 의해서 실제보다 크게 평가된 주돈이나 장재의 도학형성기를 거쳐, 정호가 근 1,400년 동안 맥이 끊어졌던 도통을 계승했다고 주장한 정이에 의해서 틀이 형성된 도학 곧 리학은 한때 상당한 기세를 떨쳤지만 정이의 학문도 말년에 위학으로 지목되어 배척받는 상황에 이르게 된다. 남송에 이르러 주희라는 유학사상 불세출의 인물이 등장하여 완벽한 시스템을 갖춘 거대한 이상세계를 꿈꾸게 된다. 주희는 역사상 이단을 배척하고 독단을 주창한 세 번째의 대표적 인물이라 할 수 있다. 주희는 공자가 집대성한 유학을 이어서 송대의 유학을 집대성하여 성리학 내지는 주자학이라고 불리는 새로운 체계를 만들었다. 주희가 만들려고 했던 이상세계는 어떤 모습이었는가?

3. 『근사록』·『주자가례』·『소학』의 편찬과 주희

유학의 근본이념은 '수기치인' 또는 '내성외왕'으로 규정된다. 즉 '자아완성'과 이를 통한 '백성교화'가 궁극적 목적이다. 유학이 도교나 불교에 비해 강점으로 가지고 있는 점이 바로 '치인' 즉 '리더십을 통한 백성의 교화'에 있다고 할 수 있다. 적어도 전통사회에서는 그러한 역할이 일정한 부분을 담당했었다. 고대의 중국에서는 통치자 계급만이 사람(人)으로 대우 받았으며, 피지배자들은 단지 백성(民)으로서 교화의 대상이면서 지배자를 위한 봉사만이 주된 의무로 부과되었다. 춘추전국시대에 들어서 개인주의에 기반한 자유의식이 확산되면서 사회적 혼란이 가중된 것이라고 할 수 있다. 전통적 계급사회에 대한 반감이 표출된 것이다. 이러한 때에 유학은 신분질서의 체계를 옹호하는 사상이었으며, 타고난 신분에 대한 순응을 가르치는 역할을 실제로 담당하였다고 하여도 과언이 아니다.

그러나 역사의 흐름에 따라 자연스럽게 지식의 대중화가 이루어지고, 이에 따라 民이 아니라 人의 삶을 살고자 하는 계층이 확대되었다. 그 원인으로는 노동생산성의 향상뿐만 아니라 상공업의 발달도 크게 기여하였다. 民이 노동을 중심으로 생존을 유지하는 것이라고 한다면, 人은 예악의 문화生活을 누리는 집단이라 할 수 있다. 북송에 이르게 되면 다수의 서인庶人들이 생업을 위한 노동과 문화生活을 함께 영위할 수 있게 되었던 것이다. 이러한 추세는 남송에 이르러 더욱 가속화되었으니, 이는 국방정책에 대한 소홀이 오히려 경제적 부를 크게 이루는 하나의 계기로 작용하였기 때문이다.

이런 시대에 태어난 주희는 시대에 맞는 사상의 필요성을 절감하고 이에 적합한 거대한 체계를 구상하였던 것이라고 하겠다. 그러나 주희도 처음부터 그런 공부를 한 것은 아니었다. 십대 무렵 그가 가르침을 받은 스승들은 당시 사대부들이 보편적으로 그러했던 것처럼 불교에 심취해 있었고, 도교에도 관용적이었다. 그런 영향에서 자란 주희 역시 자연스럽게 그런 풍습에 젖어들었는데, 이후 24세에 이통李侗에게 배우면서 학문의 전환을 이룬다. 유학에도 '敬'을 중심으로 하는 함양과 성찰로서, 불교나 도교와 다른 '수기修己'의 방법이 있다는 사실을 간취했던 것이다. 이로부터 그의 학문은 일대 전환을 이루게 되는데, 그 시작의 한 방향이 이단에 대한 비판이었던 것이다. 그는 당시 사대부 지식인들에게 커다란 영향력을 갖고 있던 대혜종고大慧宗杲에 대한 비판과 극복을 도모하였다.13) 이단에 대한 비판은 주희 평생의 과제이기도 했다.14) 그는 40세 무렵 채원정蔡元定을 만나 학문을 논한 뒤부터

---

13) 이러한 관점을 잘 드러낸 것으로는 아라키 겐고, 심경호 옮김, 『불교와 유교』, 예문서원, 2000의 「주희의 철학」편이 있으므로 참고할 만하다.

14) 주희의 선불교에 대한 비판은 윤영해, 『주자의 선불교비판 연구』, 민족사, 2000에

본격적으로 저술에 몰두하면서 자신만의 학문체계를 정립하기 시작한다. 그는 많은 저술을 남겼는데, 여기서는 주자학의 기초를 이루는 몇 가지의 저술을 대상으로 그의 구상한 거대한 사상의 체계를 살펴보면서 유학의 현대적 의미 확보를 위한 단초를 찾아보고자 한다.

시기적으로 그는 『가례』15)를 41세 전후에 먼저 편찬하고, 46세 무렵에 려조겸呂祖謙과 함께 『근사록』을 편찬하였으며, 56세 무렵에 제자인 유자징劉子澄에게 명하여 『소학』을 편찬하도록 한다. 이 차례에 따라 그의 편찬의도를 살펴봄으로써 그의 학문목적을 추적해본다.

주희는 예서禮書에 대해 많은 정성을 기우렸는데 『가례』는 40세 무렵의 저작이었고, 결국 완성하지 못하고 죽은 후 제자가 완성한 『의례경전통해儀禮經傳通解』는 그가 만년에 가장 관심을 가진 저작이라고 전한다. 그의 문집에 있는 「가례서」는 오늘날 『가례』에도 수록되어 있는데 편찬의 요점을 살펴보자.

삼대(三代)에는 예경(禮經)이 갖추어져 있었다. 그러나 지금 남아있는 것은 궁려기복(宮廬器服)의 제도와 출입기거(出入起居)의 절문으로 모두 이미 세상에 맞지 않다. 세상의 군자가 혹 고금의 변화를 참작하였다 해도 다시 한 때의 법이 되고 마니, 혹은 상세하고 혹은 소략하여 절충할 바가 없다. …그러므로 일찍이 고금의 전적을 궁구하였다. 그 대체의 변할 수 없는 것을 근간으로 하여 이에 수정을 조금 가하여 일가(一家)의 책을 만들었다. 명분을 신중히 하며 사랑과 공경을 숭상하는 것을 근본으로 삼았다. 그것을 시행함에 있어서는 쓸데없는 문식을 생략하고 근본과 진실에 힘써서 공자가 선진(先進)을 좇던 유의(遺意)에 덧붙였다. 진실로 원하는 것은, 뜻을 같이 하는

서 상세히 분석하고 있다.

15) 이 책에 대해서는 편찬 시기부터 시작하여 위작설 및 책의 이름 등에 대하여 다양한 이설이 있으나, 이 글에서의 주제와는 거리가 있으므로 다루지 않기로 한다. 책의 명칭에 대해서는 간단히 『가례』로만 칭하기로 한다.

선비들과 함께 깊이 익히고 힘써 행하여 옛사람의 수신제가(修身齊家)의 도리와 근종추원(謹終追遠)의 마음을 다시 보게 되는 것이다. 국가가 교화를 숭상하고 백성을 인도하는 뜻에도 조금이나마 도움이 있을 것이다.[16)

이것을 알기 쉽게 요약하면, '옛날 경전의 예법은 지금과는 맞지 않으며, 더러 학자들이 시절에 따라 첨삭을 가한 예서들이 있으나 그 또한 그 시절에만 맞는 것이었다. 그래서 내가 직접 여러 책들을 참고하여 이 책을 만들었는데, 예법의 변할 수 없는 것을 근본으로 삼고 나머지는 수정을 가하였는데 쓸데없이 꾸미는 것들은 생략하고 오직 공자가 앞 시대의 것들을 취한 뜻에 따랐다. 그리하여 예법이 다시 회복되기를 바라니 이는 국가가 백성을 교화하는 뜻에도 도움이 될 것이다.'라는 것이다.

주희가 참고한 주된 책은 사마광司馬光의 『서의書儀』이고, 그가 채용한 예설은 정이와 장재의 이론이며, 그가 수정을 가한 부분이라는 것은 『의례』를 기초로 하되 당시 민간에서 행하던 속례俗禮를 전체 내용의 약 절반 정도로 포함시켰다는 말이다.[17) 달리 말하면, 그는 예의 근본정신은 지키되 예의 절차는 매우 간략하게 줄였고 당시 민간에서 행하고 있던 예법들을 포괄적으로 수용했다는 것이다.[18) 그의 이 글에서

---

16) 三代之際 禮經備矣 然其存於今者 宮廬器服之制 出入起居之節 皆已不宜於世 世之君子 雖或酌以古今之變 更爲一時之法 然亦或詳或略 無所折衷 …是以嘗獨究觀古今之籍 因其大體之不可變者 而少加損益於其間 以爲一家之書 大抵謹名分崇愛敬以爲之本 至其施行之際 則又略浮文敦本實 以竊自附於孔子從先進之遺意 誠願得與同志之士 熟講而勉行之 庶幾古人所以修身齊家之道 謹終追遠之心 猶可以復見 而國家所以崇化導民之意 亦或有小補云
번역문은 임민혁 옮김, 『주자가례』, 예문서원, 2000의 것을 그대로 따랐다.

17) 이용주, 앞의 책 203~208쪽 참조.

18) 이러한 문제에 대한 연구로는 최진덕, 「주자가례와 주자학」, 『국학연구』 제16집, 한국국학진흥원, 2010 및 彭林, 「주자가례와 고례」, 『국학연구』 제16집, 한국구학진흥원, 2010 등이 있어 참고할 만하다. 아울러 우리나라에 『가례』가 수용 보급된 과정에 대해서는 장동우, 「주자가례의 수용과 보급과정」, 『국학연구』 제16집, 한

가장 중요한 점은, 그의 이러한 작업이 바로 공자의 뜻에 부합하는 일이라는 사실과, 국가의 백성교화정책에 도움이 될 것이라는 자신감을 표현하고 있음이다. 이는 그의 작업에 대한 정당성을 확보하려는 발상임과 동시에, 예의 적용범위가 사대부士大夫에게로 한정되었던 시대에서 이제 사서인士庶人의 시대로 확대됨에 따른 예법의 마련을 자신이 이루었다는 자신감의 표현이라고 할 수 있다. 다수의 비중을 차지하고 있는 서인을 자연스럽게 국가의 통치질서 속으로 편입하는 장치를 마련했다는 말에 다름이 아니라고 하겠다.

이제 송 대의 『논어』라고 불렸던 『근사록』의 편찬 목적을 살펴보자. 『근사록』은 주희와 려조겸19)이 함께 편찬하였는데, 6개의 범주에 14항목으로 나누어 총 622조목을 수록하였다.20) 수록한 내용들은 주돈이 장재 정호 정이 등의 글 16종에서 항목별로 중요하다고 판단한 부분들을 가려 뽑은 것이다. 1175년 려조겸이 주희를 방문하여 함께 네 사람의 글을 읽고서 초학자들이 성리학을 잘 이해할 수 있도록 할 목적으로 편찬하여 1178년 4월에 완성하였는데, 주희는 이 책의 편찬에 대해서 다음과 같이 서술하고 있다.

나는 그[려조겸]와 함께 주돈이 정호 정이 장재의 글을 읽고 그들의 학문이 크고 넓어서 끝없는 것에 감탄했다. 그래서 초학자들이 학문에 들어갈 바를

국국학진흥원, 2010이 있다.

19) 려조겸은 이때 주희와 더불어 독서하고 난 후에 육상산 형제와의 이른바 '아호사의 모임'을 주도한다. 여기서부터 주희의 성리학과 육구연의 심성학이 나누어지게 되었는데, 주희는 육구연의 학문을 '太簡'하다고 비판하였고 육구연은 주희의 학문을 '支離'하다고 비판하였다. 이 모임 이후 주희는 자신이 지향하는 학문의 완벽한 시스템화를 목적으로 하게 되는 계기가 되었으며, 이단적 학문을 배척하는 입장이 더욱 확고해졌다고 본다.

20) 『근사록』에 대한 개괄적 내용과 그 책이 우리나라에 도입된 과정 등에 대해서는 송희준, 「근사록의 도입과 이해」, 『한국학논집』 제25집, 계명대학교 한국학연구원, 2010이 평이한 내용을 담고 있다.

모를까 두려워하여 도의 대체에 관계되는 것과 일용에 절실한 것을 취하여 이 책을 편찬하였다. …대개 모든 초학자들이 이치의 단서를 찾아 힘을 쓰고, 자기 몸가짐과 남을 다스리는 방법을 찾는 것과 또 이단을 분별하고 성현을 본받는 일의 대략에 있어서 그 경개를 나타냈다. 그 때문에 궁벽한 시골의 후진들이 학문에 뜻은 있어도 좋은 스승이나 훌륭한 벗이 없어서 그를 인도해 주지 못하는 사람은 진실로 이 책을 얻어서 완미하면 족히 학문의 문에 들어갈 수 있을 것이다.21)

요점을 정리하자면 주희가 이 책을 편찬한 의도는, 북송4자의 학문의 핵심을 정리한 것이지만 그 내용은 모든 영역을 포괄하고 있다는 말을 하고 있으며, 나아가서는 궁벽한 시골의 선비들까지도 이 한 권의 책으로 성리학을 이해할 수 있도록 배려했다는 것이다. 따라서 학문에 들어가고자 하는 사람은 누구를 막론하고 이 책에서부터 시작하여 요점을 얻은 후에 비로소 그들 네 사람의 저서를 읽어야만 된다는 순서까지도 말해주고 있다. 이러한 편찬의도는 함께 작업했던 려조겸의 「후서」에서도 나타나고 있는데, 책의 첫머리에 '음양변화성명陰陽變化性命의 설'을 실은 이유는 배우는 자들이 목표로 지향해야 할 바를 먼저 보이기 위함이라고 하였다. 그 다음부터의 13항목은 그야말로 그 차례를 지켜서 순서대로 공부해야 된다는 친절한 설명을 하고 있다. 즉 '낮은 곳으로부터 높은 곳으로 올라가고, 가까운 곳으로부터 먼 곳으로 미치는(自卑升高 自近及遠)' 철저한 단계를 제시했다는 것이다.

려조겸의 「후서」에는 의미심장한 구절이 있다. 바로 '나는 가만히 일찍이 책의 편집순서의 의도를 들었다(祖謙竊嘗聞次緝之意)'는 말이 그

---

21) 『근사록』 주희 「서」: 相與讀周子程子張子之書 歎其廣大閎博 若無津涯 而懼夫初學者不知所入也 因共撰取其關於大體 而切於日用者 以爲此編 …蓋凡學者所以求端用力 處己治人之大要 與夫辨異端觀聖賢之大略 皆粗見其梗槪 以爲窮鄕晚進 有志於學 而無明師良友以先後之者 誠得此而玩心焉 亦足以得其門而入矣.

146 유학의 본질 남명학의 본질

것이다. 이 책은 둘이서 함께 편찬한 것으로 알려져 있지만, 사실은 주희의 의도대로 편집하면서 려조겸은 그저 그 의견에 따랐다는 말이라고 하여도 무리가 없다는 뜻이다. 주희는 북송4자가 성리학에서 언급한 내용들을 유학의 근본이념의 체제에 따라 분류함으로써, 유학과 성리학의 단절감이나 이질감을 해소하면서 모든 학자들로 하여금 자기가 제시하는 학문방법론을 따르도록 하고자 『근사록』을 편찬했던 것이다. 뒤에서 살피겠지만 주희의 이러한 의도는 『대학』과 『중용』에 대한 견해에서도 그대로 반영되고 있다.

이제 주희의 명을 받아 이미 몇 종류의 어린이 계몽서를 편찬한 경력이 있는 유자징이 2년 동안의 시간을 들여 완성한 『소학』의 편찬의도를 살펴보자. 『소학』은 6권으로 이루어졌는데 내편과 외편으로 나누어, 내편에는 입교入敎·명륜明倫·경신敬身·계고稽古 등으로 되어 있고, 외편은 가언嘉言과 선행善行으로 되어 있다. 주희는 이 책의 편찬에 즈음하여 그 서문인 「제소학題小學」에서 다음과 같이 말하고 있다.

> 옛날의 소학[학교]에서는 쇄소응대(灑掃應對)와 진퇴(進退)의 절도 등 일상의 예절과 애친(愛親)·경장(敬長)·융사(隆師)·친우(親友) 등 사람됨의 도리를 중심으로 가르쳤다. 그것은 모두 수신제가치국평천하의 근본이 된다. 그리고 그러한 예절과 도리를 어려서부터 몸에 익히게 하여 지식성장과 인격완성을 도모하고, 규율을 무시하는 습관을 제거했다. 지금은 옛날 소학에서 가르치던 내용을 담은 서책을 볼 수는 없지만, 잡다한 형태로 적지 않은 내용이 전해오고 있다. …그래서 그 단편적 기록들을 크게 수습하여 이 『소학』을 편집하고 어린이를 가르치는 강습교재로 제공하고자 한다. 그것이 풍속의 교화에 만 분의 일이라도 도움이 될 수 있을 것이라고 생각한다.[22]

---

22) 古者小學敎人以灑掃應對進退之節 愛親敬長隆師親友之道 皆所以爲修身齊家治國平天下之本 而必使其講而習之於幼稚之時 欲其習與知長 化與心成 而無扞格不勝之愚也 今其全書雖不可見 而雜出於傳記者亦多 …今頗蒐輯 以爲此書 受之童蒙 資其

여기서 우리는 몇 가지 사실을 알 수 있다. 첫째 주희는 옛날에는 '소학'이라는 정규교육기관이 있었다고 주장하면서 그 교육내용도 제시하고 있다는 것이며, 둘째 소학 교육의 목표는 지식성장과 인격완성에 더하여 사회적 규율을 무시하는 습관을 제거하는 것이라고 주장하고 있으며, 셋째 『소학』이라는 책은 중간에 없어졌지만 그 내용들의 많은 부분들은 다른 책에 여러 형태로 전해지고 있다는 것이며, 넷째 자신이 이 책을 편찬한 의도는 풍속의 교화를 위해서라는 것이다.

『소학』은 수기치인의 기본이 되는 내용을 담고 있으며, '소학'이라는 교육기관에서는 정해진 내용을 가르쳤다고 한다. 이러한 것이 사실인지 아닌지도 문제이지만 그 교육목표 중에 사회적 규율을 무시하는 습관을 제거하는 것을 포함시킨 점은 참으로 주희다운 발상이라고 할 수 있다. 유학의 '예교禮敎'시스템을 철저히 펴고자 하는 의도가 노골적으로 드러나고 있기 때문이다. 또한 일실된 『소학』의 내용이 다른 책에서 잡다하게 전해진고 있다는 것도 그것이 어떤 근거에서 주장한 것인지도 밝히지 않고 있다. 다만, 내편의 내용들은 『서경』·『의례』·『주례』·『예기』·『효경』·『좌전』·『논어』·『맹자』·『제자직』·『전국책』·『설원』 등에서 인용한 것으로 알려져 있다. 그런데 앞에서 열거한 책들을 본다면, 이들이 『소학』에서 일실된 내용들을 수록하고 있다는 주장의 근거가 되기에는 부족하다고 할 수 있다. 이 책들은 대부분 경전급에 해당되는 것들이기 때문이다. 궁극적으로 그가 이 책을 통하여 의도하고 있는 바는 풍속의 교화이다. 실제로 그는 옛날에 『소학』이라는 책이 있었는지에 대해서 그렇게 자신 있게 주장하지는 못했을 것이다. 또한 만약 '소학'이라는 교육기관이 있었다고 해도 그 시대에 교육의 대상이 되었던 사람들이란 그야말로 왕족과 극소수의 귀족자제들이었을 것임은 주희 자신도 잘 알고 있었을 것이다. 그런데 주희의 시대는

講習 庶幾有補於風化之萬一云爾.

이미 사대부 층이 확대되었을 뿐만 아니라, 서인庶人까지도 '예교'의 시스템에 포함되어 있었다. 따라서 이들을 하나의 보편적 예교시스템 으로 묶어서 잘 조직된 사회체제를 유지하는 것이 주희의 참된 목적이 아니었을까! 풍속의 교화에 도움이 될 수 있을 것이라는 그의 말은, 이 책을 토대로 이 시대의 사람들을 교화시켜야 한다는 강한 주장을 완곡 히 표현한 것일 뿐이 아닐까!

4. 『대학』·『중용』의 사서편입과 주희

유학의 공부 목적과 방법을 체계적으로 잘 드러내고 있는 것이 바로 『대학』과 『중용』이다. 『대학』은 유학의 목적을 '명명덕明明德', '친민親 民', '지어지선止於至善'의 3강목과, '격물'·'치지'·'성의'·'정심'·'수신'· '제가'·'치국'·'평천하'의 8조목으로 정리한 경문經文이 있고, 그 뒤에 정이와 주희에 의해 정리 보충된 10장의 전傳이 있어 경문의 내용을 풀 어서 설명하고 있다. 『중용』은 '천명'·'성'·'도'·'교'에 대해서 첫머리에 말하고, 이어서 '중화中和'에 대해서 말하며, 다시 '중'과 '용'을 체용體 用의 개념으로 설명하고, 그 다음은 '성誠'에 대해서 설명하고, 마지막 에는 지성至誠을 체득한 성인의 도와 덕 그리고 교화에 대해서 설명하 고 있다.

원래 『대학』과 『중용』은 현행본 『예기』의 42편과 31편으로 들어있는 것이었다. 『대학』은 당나라의 한유에 이르기까지 크게 중시되지 않았 는데, 그가 그 내용을 인용하여 도교와 불교를 배척하는 근거로 삼고서 부터 중시되었다. 『중용』은 한나라의 정현鄭玄이 처음으로 주석을 달았 고, 당나라 후기의 이고 이후로 크게 중시되다가 북송에 이르러서는 수 많은 주석서가 저술되기에 이르렀다. 두 책은 정이가 『예기』로부터 독 립시켜 사서四書로 분류하였으며, 주희에 이르러 그가 『사서집주』를 편찬함으로써 그 지위를 확고하게 하였다. 이후로 성리학의 시대에서는 '경經'에 버금가는 대우를 받았을 뿐만 아니라, 오히려 그 실용적 학문에서는 經보다 많이 읽히게 되었다고 하여도 과언이 아니다.

주자는 이 두 책에 대해서 어떤 입장을 취하였던가? 주희는 『대학장구』를 지어 전체의 내용을 經1章 205글자와 傳10章 1,546글자로 개정하였다. 이는 정이의 설을 기초로 하여 자기의 설을 더한 것으로, 착간 錯簡으로 판단되는 부분은 내용을 고치고 일실된 것으로 판단한 傳5章은 자신이 보충해서 넣었다. 이 부분을 '보망장補亡章'이라고 하는데, 그 내용은 격물치지에 대한 설이므로 보통 '격치보망장格致補亡章'이라고 한다. 이것이 주희 유학의 인식론을 구성하는 중요한 부분이다. 한편, 주희는 『중용장구』와 『중용혹문』도 지어 그 뜻을 천명하면서 도통론을 완성하는 계기로 삼고 있다.

『대학장구』의 서문은 주희의 학문관을 잘 드러내고 있고, '보망장'은 주희가 아니라면 할 수 없는 일이라고 할 만큼 그의 의도를 잘 표현하고 있다. 먼저 「대학장구서」의 요지를 살펴보자.

『대학』이라는 책은 옛날 태학에서 사람을 가르친 법의 바탕이다. …삼대(三代)의 융성했던 시기에 학교의 제도가 점차로 갖추어진 뒤에는 왕궁이나 나라의 도성으로부터 여항(閭巷)에 이르기까지 학교가 없는 곳이 없었다. 사람이 나서 8세가 되면 왕공(王公)으로부터 아래로 서민의 자제에 이르기까지 모두 소학에 들어가 그들에게 쇄소응대 진퇴의 절도와 예악사어서수(禮樂射御書數)의 육예에 관한 글을 가르치게 하였다. 그들이 15세가 되면 천자의 큰아들과 그 밖의 아들로부터 공경(公卿) 대부(大夫) 원사(元士)의 자제들 및 서민의 자제 중 뛰어난 자에 이르기까지 모두 태학에 들어가 궁리정심 수기치인의 도리를 가르쳤다. 이는 또 학교 가르침의 크고 작은 갈래가 된 까닭이다. …이리하여 그 시대의 사람들은 배우지 않은 이가 없었고, 그 배운 사람들은 자기 본성의 분수에 본래부터 지니고 있던 것과 직분으로 당연히 하여야 할 것을 알아서 각자가 힘써 자신의 역량을 다하지 않는 이가 없었다. …삼천 명이나 되는 문도 중에서 대학에 관한 설명을 듣지 않은 이가 없었지만 증자의 傳만이 홀로 그 정통을 유지하였다. 그리하여 해설을 지어서 공자의 뜻을 천명하였던 것이다. 맹자가 돌아가시자 그 전함이 없어져 버렸으니, 증자의 책은 있다고 하나 아는 사람은 드물었다. 그때부터 속된 선비들이 경전을 암송하고 시문을 짓는 습관은 그 노력을 『소학』에서보다 배나 더 하였으나 쓸데가 없었고, 이단적인 도교나 불교의 가르침은 그 고답함이 『대학』보다 더 하였으나 실속이 없었다. …이에 하남(河南) 땅의 정씨(程氏) 두 선생이 나오셔서 맹자의 도통을 잇게 되었으니, 실로 처음으로 『대학』의 편차를 제대로 정리하여 그 취지를 밝혀 놓으시니, …비록 나[주희]는 불민하지만 또한 다행히도 사숙(私淑)하여 그 가르침을 들은 바가 있다. 그러나 후에 돌이켜보니 그 책은 매우 산란하여져 있었다. 그래서 나의 고루함을 잊고 산란한 것을 찾아 모았으며, 간간히 또 사사로운 나의 뜻을 첨가하여 그 빠지고 간략한 점을 보충하여 …국가가 백성을 교화하여 좋은 풍속을 이룩하는 뜻과 학자들이 자기의 덕을 닦고 백성들을 다스리는 방도에 있어서는 작은 도움이 되지 않는다고 할 수는 없을 것이다.[23]

이 내용은 여러 가지 주장을 담고 있다. 첫째 삼대三代시대에는 왕궁

---

[23] 大學之書 古之大學 所以教人之法也 …三代之隆 其法寖備 然後 王宮國都 以及閭巷 莫不有學 人生八歲 則自王公以下 至於庶人之子弟 皆入小學 而教之以灑掃應對進退之節 禮樂射御書數之文 及其十有五年 則自天子之元子衆子 以至公卿大夫元士之嫡子 與凡民之俊秀 皆入大學 而教之以窮理正心修己治人之道 此又學校之教 大小之節 所以分也 …是以當世之人 無不學 其學焉者 無不有以知其性分之所固有 職分之所當爲 而各俛焉以盡其力 …三千之徒 蓋莫不聞其說 而曾氏之傳 獨得其宗 於是作爲傳義 以發其意 及孟子沒而其傳泯焉 則其書雖存 而知者鮮矣 自是以來 俗儒記誦詞章之習 其功倍於小學而無用 異端虛寂滅之教 其高過於大學而無實 …於是河南程氏兩夫子出 而有以接乎孟氏之傳 實始尊信此篇而表章之 既又爲之次其簡編發其歸趣 …雖以熹之不敏 亦幸私淑而與有聞焉 顧其爲書 猶頗放失 是以忘其固陋采而輯之 間亦竊附己意 補其闕略 以俟後之君子 極知僭踰無所逃罪 然於國家化民成俗之意 學者修己治人之方 則未必小補云.

으로부터 여항에 이르기까지 학교가 있었다는 점, 둘째 8세가 되면 서민의 자제에 이르기까지 모두 소학에 들어가 기초적인 공부를 하였고 15세가 되면 천자의 자제부터 서민의 자제 중에서 빼어난 자에 이르기까지 태학에 들어가 수기치인의 공부를 하였다는 점, 셋째 그러면서도 그들은 자신의 직분에 맞는 역할을 다했다는 점, 넷째 공자의 문도 중에서 오직 증자만이 『대학』의 참뜻을 이어받았고 맹자 이후로 그 맥이 끊어져 학자들의 공부는 쓸데가 없어졌고 이단의 실속 없는 학문이 융성했다는 점, 다섯 째 정호, 정이 두 형제가 맹자의 도통을 이어받아 『대학』의 가치를 살렸다는 점, 여섯 째 주희 자신이 그들의 맥을 계승하여 『대학』의 잘못된 부분을 고쳤다는 점, 일곱 째 이 책이 백성들의 교화와 학자들의 수기치인 공부에 도움이 될 것이라는 점 등이다.

여기서 첫째와 둘째에서 서민의 기준이 무엇이며 어떤 계층을 지칭하는지의 문제가 있지만, 이런 것은 접어두더라도 주희가 하고 싶은 말의 핵심은 셋째 그 시대의 사람들은 자신의 직분에 최선을 다했다는 점과, 넷째부터 여섯째의 도통에 대한 주장 그리고 자신이 완벽하게 정리한 이 책이 백성교화와 학자들의 공부에 도움이 될 것이라고 자부하고 있다는 점이다. 성리학의 시대를 확고히 다지고자 한 주자의 커다란 꿈이 모두 드러나고 있는 글이다. 주희는 자신의 역할을 간접적으로 빗대어서 이 서문의 서두에서 '총명하고 예지가 있어 그의 본성을 다할 수 있는 자가 나오면, 곧 하늘은 반드시 그에게 명하여 만민의 임금과 스승으로 삼게 하고 그로 하여금 백성들을 교화하게 하여 그들의 본성을 되찾도록 하였'[24]다고 말하고 있다. 그는 당세의 스승으로 자신의 역할을 통감하면서 그 의무를 다하고자 했던 것이다.

주자의 꿈은 획일적인 원리 위에서 일사분란하게 돌아가는 세상을 만드는 것이며, 그 어떤 다양성도 허용하지 않는 것이었다. 주자의 이

---

24) 一有聰明睿智能盡其性者 出於其間 則天必命之 以爲億兆之君師 使之治而敎之 以復其性.

러한 외고집은 그의 만년에 결국 '경원慶元의 당'으로 막을 내리게 되었다. 그는 정호 정이 형제를 최고로 받들고 여기에 부차적으로 자신의 필요에 의해 주돈이와 장재를 포함시키고, 그 외의 선배학자들은 모두 괄호 밖으로 두었다. 동시대의 육구연陸九淵과도 견해를 달리하였고, 『근사록』 함께 편찬했던 려조겸과도 만년에는 학문적 견해차로 인하여 등을 돌리게 된다. 주희에게는 자기와 뜻을 같이 하지 않으면 모두 적이었던 것이다. 주희의 성리학은 거짓학문[僞學]으로 몰렸고, 아이러니하게도 원나라 때에 이민족의 중국통치 수단으로 국교로 도입된다. 그리하여 이후 그 영향력은 막대하였지만 양명학의 비판을 면치 못하였고, 청대의 고증학자들에게서는 근본적인 비판을 받기에 이른다.25)

주희가 얼마나 완벽한 시스템에 대한 갈망을 가졌었는지를 잘 보여주고 있는 것이 '격치보망장'이다. 그는 『대학』 전체의 체계에서 볼 때, 傳5장 부분에 결락이 있다고 보았다. 3강목 8조목에 대한 보충설명에서 '격물치지'에 대한 부분이 부족했는데, 바로 여기서 절묘하게도 부합되는 내용을 찾았던 것이다. 그는 '가만히 정자의 뜻을 취하여 보충한다(間嘗竊取程子之意以補之)'고 하면서 자신의 견해로 격물치지의 의미를 추가해 넣었다. 그리하여 『대학』의 내용을 완전하게 하나의 체계로 만들어냈다.

『중용』은 여러 주석서가 있었고 그 중에서 정이의 『중용해』는 원래 33장이던 내용을 37장으로 개편한 것이었다. 주희가 이를 다시 33장으로 편집하여 『중용장구』를 편찬하고서 그 서문을 지어 책의 대의를 드러내면서 자신의 의도를 서술하였다.

---

25) 청의 고증학자 戴震과 같은 경우가 대표적이다. 그의 주희 비판은 명쾌한데, 성리학의 '리' 자체를 허구의 개념으로 규정하며, 주희의 저술에 대해서도 철저한 고증에 입각하여 잘못된 점들을 신랄하게 비판한다. 그러나 성리학의 본거지인 중국보다는 오히려 우리나라에서 성리학은 훨씬 강력한 힘으로 통치의 수단으로 작용하게 되는 특이한 현상을 초래하였다. 역시 사상의 통제는 작은 나라일수록 용이한 것인가!

중용은 무엇 때문에 지었는가? 도학(道學)이 그 전통을 잃게 될까 근심하여, 자사자(子思子)가 지은 것이다. 아주 옛날에 신성한 사람이 하늘의 명을 이어받아 법을 세우면서부터 도통(道統)이 전해져 내려왔다. 그것이 경서에 나타나는 것으로는, 요임금이 순임금에게 선양하면서 "참으로 그 中을 잡으라"고 하였고, 순임금이 우임금에게 선양하면서 "인심은 위태하고, 도심(道心)은 미세하다. 오직 정밀하고 오직 한결같아야만, 참으로 그 중을 잡을 수 있다"고 하였다. 요임금의 한 마디는 더할 수 없이 착하고 아름다운데, 순임금이 다시 그 말에다 세 마디를 더 보탠 까닭은 반드시 그렇게 해야만 요임금의 말을 실천할 수 있기 때문이었다. …그때부터 성인과 성인이 천하의 임금자리를 서로 계승하여 내려왔으니, 탕왕 문왕 무왕 같은 임금들과 고요(皐陶) 이윤(伊尹) 부열(傅說) 주공(周公) 소공(召公)같은 신하들이 모두 이러한 가르침을 실현함으로 도통의 전승을 이었다. 우리 공부자(孔夫子)같은 분은 비록 합당한 지위를 얻지는 못하셨지만, 옛 성인을 계승하고 앞날의 배울 사람들을 계발하였으니, 그의 공로는 요임금이나 순임금보다 더 훌륭하였다. 그러나 당시에 공부자의 가르침을 제대로 이해한 사람으로는 안회(顔回)와 증삼(曾參)이 그 도통을 전해 받았을 뿐이다. 증삼의 재전(再傳)제자 가운데 또 공부자의 손자인 자사가 나왔지만, 그때는 벌써 성인의 시대에서 멀어져 이단이 일어났다. …그 뒤 자사의 제자인 맹자가 나와 이 책을 부연 설명하면서 예전 성인의 도통을 계승하였다. 그러다가 맹자가 세상을 떠나게 되자 드디어 그 전승이 끊어졌다. 그 뒤로는 뛰어난 스승이 나오지 않아, 우리 道가 기탁한 곳이라고는 언어, 문자의 테두리를 넘어서지 못하였다. 그 반면에 이단의 학설은 나날이 새로워지고 다달이 성하여졌으며, 노장(老莊)과 불가(佛家)의 무리들까지 나오게 되면서는 더욱 이치에 가까워지는 듯하면서 진리를 몹시 어지럽히게 되었다. 그렇지만 다행히 이 책이 없어지지 않았기 때문에 정호, 정이 두 형제가 나와 연구하면서 천 년 동안 전해오지 못하던 실마리를 이을 수 있게 되었고, 의거할 곳이 있어서 사이비인 노장과 불가를 물리칠 수 있게 되었다. …이제 중용장구 한 편을 편술하여 뒷날 군자들의 비판을 기다리기로 하였다. …누가 도통을 제대로 전수받았는지를 함부로 논할 수는 없지만, 처음 배우는 사람들이 어쩌다 이 책에서 배울 점이 있다면 이 또한 한층 깊은 연구에 한 도움이 되기를 바랄 뿐이다.26)

이 내용을 정리하면, 『중용』은 유학의 도를 이어받은 이들에게 전해져 온 심법心法을 담고 있는 것이라는 점과, 그 도통은 요·순·우·탕·문왕·무왕·고요·이윤·부열·주공·소공·공자·안회·증삼·자사·맹자·정호·정이로 이어져서 결국 주희 자신에게까지 이르렀다는 점, 그리고 그 중간에 노장과 불교의 이단이 흥기했지만 다시 이 책의 요지를 밝혀서 그들을 물리칠 수 있게 되었다는 점, 마지막으로 자신이 편찬한 『중용장구』가 학자들의 공부에 도움이 될 것이라는 점이다.

주희는 도교와 불교, 특히 불교의 마음수행법에 심각한 경계심을 갖고 있었다. 유학의 『중용』에서 이에 대항할 만한 심법을 찾은 그는 성誠과 경敬의 방법을 통해 중용中庸에 이르는 학문방법론 즉 성리학적 수양론을 세우게 된다. 그는 『상서』 「대우모大禹謨」에 있는 요·순·우 사이에 전해진 심법인 中과 인심人心 도심道心의 설에서 그 단서를 찾았다. 그러나 그 내용은 청대의 고증학자들에 의해서 현재는 원래의 『상서』에는 없던 구절임이 밝혀진 것이다. 『위고문상서僞古文尙書』에 있던 것을 중간에 『상서』에 끼워 넣었던 것이다. 그러므로 오늘날의

---

26) 中庸 何爲而作也 子思子 憂道學之失其傳而作也 蓋自上古聖神 繼天立極 而道統之傳 有自來矣 其見於經則 允執厥中者 堯之所以授舜也 人心惟危 道心惟微 惟精惟一 允執厥中者 舜之所以授禹也 堯之一言 至矣 盡矣 而舜復益之以三言者 則所以明夫堯之一言 必如是而後 可庶幾也 …自是以來 聖聖相承若成湯文武之爲君 皐陶伊傅周召之爲臣 旣皆以此而接夫道統之傳 若吾夫子 則雖不得其位 而所以繼往聖開來學其功反有賢於堯舜者 然當是時 見而知之者 惟顔氏曾氏之傳得其宗 及曾氏之再傳而復得夫子之孫子思 …自是而又再傳以得孟氏 爲能推明是書 以承先聖之統 及其沒而遂失其傳焉 則吾道之所寄不越乎言語文字之閒 而異端之說日新月盛 以至於老佛之徒出 則彌近理而大亂眞矣 然而尙幸此書之不泯 故程夫子兄弟出 得有所考 以續夫千載不傳之緖 得有所據 以斥夫二家似是之非 …旣爲定著章句一篇 以待後之君子 …雖於道統之傳 不敢妄議 然初學之士 或有取焉 則亦庶乎行遠升高之一助云爾.

관점에서 본다면 주희의 이러한 견해는 한 편의 코미디에 불과하다고 할 수 있지만, 주희 자신의 당시 입장에서 본다면 성리학이 불교를 능가할 수 있는 좋은 단서였던 셈이라고 할 수 있다. 나아가 그러한 바탕 위에서 정립한 도통론도 사실은 아무런 근거가 없는 것임은 이미 주지의 사실이다. 그것은 다만 주희의 꿈이 만들어낸 허구에 불과하다. 그는 처음부터 끝까지 자신이 구상한 완전한 세계, 조화로운 국가를 위하여 많은 것을 하나의 체계로 조립하였다.

5. 유학의 현대화를 위한 제언

유학이 가진 가장 큰 장점은 '사회적 관계에서의 인간'의 행동, 특히 정치와 교육 등에서 인간의 삶을 제시하고 있는 점이라고 하겠다. 그리고 무엇보다도 이러한 인간의 자격요건으로서 먼저 '자기완성'을 필요로 한다는 논리를 가지고 있기에 이는 더욱 그 가치를 인정할 수 있다. 서양의 관점으로 본다면 '노블레스 오블레쥬'의 실현이면서, 오히려 도덕적으로 더욱 성숙한 인간상을 요구하고 있음이다.

그러나 맹자로부터 시작된 이단과의 싸움은 유학의 특권처럼 되었고, 유학이 국가의 통치이념이 된 이후로는 독존의 지위를 누린 시기가 많았다. 북송에 들어서 도학이 발흥하면서27) 유불도 삼교는 서로 간에 많은 교섭이 있었다. 사실 이 시기에는 민중들뿐만 아니라 사대부들조차도 겉으로는 유학을 하면서도 속으로는 도불에 심취한 자가 많았던 것이었고, 「도학전」에 수록된 인물들로부터 주희에 이르기까지 불교와 도교에 깊이 관련을 가지지 않았던 인물은 없다. 성리학이

---

27) 유학이 새로운 양상을 가지면서 스스로를 道學이라 칭했는데, 이는 다소 문제가 있는 표현이다. 이러한 표현을 사용한 것도 결국은 불교나 도교의 영향을 받아 그들을 염두에 두고서 쓴 명칭일 가능성이 많다.

형성기를 지나 주희에 의해 집대성되어 완벽한 체계를 갖추게 되기까지 그는 불굴의 노력으로 성리학에 의해서만 움직이는 세상을 구현하기 위해 혼신을 다하였다. 주희는 엄청난 저술을 남겼지만, 그 중에서 이 글에서는 『가례』·『근사록』·『소학』·『대학장구』·『중용장구』를 편찬한 그의 의도를 분석하여 그가 이루고자 했던 이상세계를 살펴보았다.

그가 가장 민감하게 대응했던 부분이 바로 유교적 예제의 붕괴였다. 당시 도교와 불교의 예제가 민간예제를 담당하고 있는 경우가 대부분이었고, 사대부들도 유학의 복잡한 예제를 채용하지 않는 경우가 많았기 때문에 그는 『가례』를 편찬하여 유학의 예를 대폭 간소화하고 민간의 예를 수용하여 유학의 고례古禮를 대신하고자 하였다. 이런 방법만이 왕공王公으로부터 서인에 이르기까지 유교의 예제로 다시 돌이키는 첩경이었기 때문이다. 나아가 그는 『근사록』을 편찬하여 성리학의 범위를 북송4자로 한정하면서, 이를 통하여 성리학에 입문하는 초학자들부터 시골의 선비들까지 학문에 입문하는 문으로 삼도록 하고자 하였다. 그는 『근사록』을 읽은 후에 북송 4자의 책을 읽도록 하였으며, 그 이후에 사서를 읽되 그 또한 『대학』·『논어』·『맹자』·『중용』의 순서로 읽도록 지남을 마련하였다. 그리고 그는 『소학』을 편찬하여 어린아이 때부터 철저히 유교적인 학습에만 젖어들도록 방편을 만들었다.

어린아이와 초학자 그리고 시골의 선비들까지도 모두 포괄하는 하나의 유학적 시스템을 건설하면서, 한편으로 그는 성리학의 목표와 그에 이르는 단계 및 학문방법론으로서의 수양론도 완성하여 제시했으니 바로 『대학』과 『중용』을 중시하여 사서로 표장標章한 것이다. 그는 스스로 당세에 있어 도통을 이어받은 '스승'으로 자임하였으며, 이런 모습은 시강侍講이 되어 황제를 교화했던 만년 중앙에서의 벼슬에서 여실히 드러난다. 그 결과 그는 정적들의 미움을 사고 황제의 기피대상이 되어 불행하고 쓸쓸한 만년과 임종을 맞이한다. 세상의 모든 것을 하나로 꿰려고 한 그의 꿈은 이론적 틀로서는 완성되었다고 할 수 있지만, 사실 그 틀의 많은 부분들은 억지와 조작으로 된 것들이 많았다. 그러나 그는 위대한 사상가로서 누구도 이루지 못한 종합적 시스템을 완성한 인물이었고, 그의 사상은 이후 700여 년 동안 동아시아의 주류로서 작동해왔다.

20세기에 접어들면서 유학은 서구사상에 밀려 급격히 쇠퇴하였다. 당나라 때에 달마가 선불교를 가지고 중국에 온 이래, 기존의 불교가 심각한 타격을 입고서 쓰러지기 직전에 선불교로 명맥을 유지하면서 살아남았다. 중국 전통의 도교는 외단을 버리고 선불교와 결합하여 내단도교로 전환하였다. 유학은 이 두 가지로부터 영양분을 공급받으면서 자양분을 길러 일신하여 성리학으로 거듭났다. 그리고는 그들을 압도하였다. 불교와 도교가 더 이상의 혁신을 이루지 못한데 반하여 성리학은 주희라는 집대성자를 만나 승자가 되었다.

이런 관점을 토대로 오늘날 유학의 역할과 입지를 모색해보자. 유학의 입장에서 본다면, 오늘날 이단은 무수히 많다. 유학이 그들 모두와 싸워서 이기고자 한다는 것은 불가능하다. 그렇다면 어떻게 해야 될까? 바로 역할분담이다. 유학은 자신이 가진 장점만을 살리고 다른 부분은 다른 것들에게 양보하는 회통의 입장을 지녀야 한다. 옛날 유학의 궁극적 목표는 '성인이 세상을 다스려 이상적인 국가를 유지'하는 것이었다. 그들에게는 높은 도덕적 덕성이 요구되었다. 그러나 오늘날 유학에게 그런 것을 기대하기는 어렵다. 다만, 유학은 교양인의 사회적 관계에 대한 지침이나, 더 나아가서는 사회의 지도자를 위한 유학적 리더십의 모형화에 힘을 기우리는 것이 바람직할 것이다. 이것이 오늘날 유학이 할 수 있는 '치인'이 아닐까? 오늘날 '예교'를 통한 '교화'는 어림도 없는 말이다. 역사적으로 끊임없이 배척해 온 이단의 종교들에 의한 예의 시행이 이제는 너무나 광범위하고, 모두가 매우 간편한 예를 선호하기 때문이다. 최소한의 유교적 전통에 따른 의례규범의 마련은 필요하겠지만, 그것도 주희의 입장과 같이 민간의 속설을 대부분

채용한 것이어야만 수용이 가능할 것이다.

마지막으로 한 가지 더 제시한다면, 오늘날과 같은 물질문명의 시대에 불교나 기독교 등 다른 종교가 추구하는 '안심입명安心立命'의 방법에 대해서 즉 개인적 수양을 위한 방편으로서의 유교적 수양법을 체계적으로 만들어 보급할 수도 있겠다. '수신'의 방법으로 제시되었던 '정제엄숙整齊嚴肅'·'상성성법常惺惺法'·'기심수렴其心收斂'·'주일무적主一無適' 등의 방법을 좀 더 구체적으로 행동양식화 할 수 있는 방법을 만들어 서원이나 향교 또는 일반교육기관에서 조금씩 시행하고 있는 '선비교육' 프로그램에 적용하는 것도 바람직하다고 생각된다.

참고 ___
___ 문헌

『근사록』.

『논어』.

『대학』.

『맹자』.

『소학』.

『주자가례』.

『중용』.

가노 나오키, 오이환 역, 『중국철학사』, 을유문화사, 1986.

고지마 쓰요시, 신현승 옮김, 『송학의 형성과 전개』, 논형, 2004.

김경수, 「북송초기 삼교회통론의 양상」, 『퇴계학과 유교문화』 제48호, 경북대 학교 퇴계연구소, 2011.

_____, 「유학의 본질과 남명학의 본질」, 『남명학』 제18집, 사단법인 남명학 연구원, 2013.

김경일, 『유교탄생의 비밀』, 바다출판사, 2013.

김학주, 『공자의 생애와 사상』, 명문당, 2003.

송희준, 「근사록의 도입과 이해」, 『한국학논집』 제25집, 2010.

아라키 겐고, 심경호 옮김, 『불교와 유교』, 예문서원, 2000.

윤영해, 『주자의 선불교비판 연구』, 민족사, 2000.

이노우에 스스무, 이동철 외 역, 『중국출판문화사』, 민음사, 2013.

이용주, 『주희의 문화 이데올로기』, 이학사, 2003.

장동우, 「주자가례의 수용과 보급과정」, 『국학연구』 제16집, 한국국학진흥원, 2010.

최진덕, 「주자가례와 주자학」, 『국학연구』 제16집, 한국국학진흥원, 2010.

彭林, 「주자가례와 고례」, 『국학연구』 제16집, 한국국학진흥원, 2010.

許進雄 저, 홍희 옮김, 『중국고대사회』, 동문선, 2003.

保田量遠, 『支那儒佛道交涉史』, 東京: 大藏出版社, 1943(번역본: 최준식, 『중국유불도 삼교의 만남』, 민족사, 1990).

제5장
남명의 실천성리학과 예학

1. 남명학의 특징

1) 연구의 의의

　남명南冥 조식曺植(1501~1572)의 학문이 경의敬義를 그 요체로 하여 형성되었다는 것은 주지의 사실이다. 이는 만년에 그가 거처한 산천재의 모습에 대해서 '산천재山天齋에는 나무로 된 창窓이 있는데 왼쪽에는 경자敬字를 쓰고 오른쪽에는 의자義字를 썼다. '경'자의 주변에는 고인古人이 경을 논한 긴요한 말들을 작은 글씨로 써두고 항상 눈으로 보고 마음으로 생각했다'[1]고 되어 있거니와, 이에 대해 남명은 '성현의

---

1) 『南冥集』卷5 東岡 撰「行狀」; '齋有板窓. 左書敬字. 右書義字. 其敬字邊旁. 細書古人論敬要語. 常目擊而心念之.' 本稿에서 인용하는 『南冥集』은 亞細亞文化社에서 『李朝中期思想叢書』에 포함시켜 1982年에 影印 刊行한 것을 대본으로 한다. 이 영인본은 『南冥集』釐正本을 本集으로 하고, 別行되었던 『山海師友淵源錄』을 別集으로서 포함한 것이며, 훨씬 後代에 간행된 重刊本 중 續集부분을 추가로 수록하고, 거기다 壬戌本 중 來庵의 文字인 「序文」「行狀」및 「神道碑銘」을 前後로 배

천언만어千言萬語가 그 귀착하는 요지는 모두 이 두 글자 밖으로 벗어나지 않는다'[2]라고 하고 있는 데서도 분명히 나타난다. 이때 경의의 의미는 선현 이론의 실천이라는 관점에서 '함성주경涵省主敬, 단제이의斷制以義'[3]의 성격을 가지게 된다. 바로 이점에서 우리는 '거경집의居敬集義, 반궁실천反躬實踐'[4]으로 표현되는 남명의 '위기천리지학爲己踐履之學'으로서의 학문적 자세를 볼 수 있다.

한편, 남명은 정치와 민생의 세계에도 깊은 관심을 가지고 있었던 바, '때로 말이 백성과 나라에 미치면 울면서 눈물을 흘렸다(或時語及民國, 鳴咽流涕)'[5]라고 하는 말과 같이 당시 정치의 폐단을 「을묘사직소乙卯辭職疏」와 「무진봉사戊辰封事」 등에서 극렬하게 논하고 있다. 이와 같은 사상은, 오늘날 확인할 수 있는 그의 다른 글들에서도 여러 곳에서 산견되는 것으로서, 그의 학문의 실학적 성격으로 규정되어 연구된 바도 있다.[6]

그러나 이 글에서는 남명의 '위기천리지학'이 단순히 그 혼자만의 독창적인 학문의 체계가 아니라는 점과, 나아가 그의 실학적 사상 또한 당시의 사회에 실질적으로 기여한 효과로서는 커다란 성과를 거두지 못했다는 점에 주목하고자 한다. 그러므로 이 글은 첫째로 경상우도 지역을 거의 망라한 남명학파를 형성했던 남명의 학문 체계를 사림파라는 역사적 토대 속에서 그 배경을 찾아보고, 둘째로 성리학자로서 그가 행했던 학문의 성과를 실천적인 측면에서 고찰하고자 하는 목적을 갖고 있다. 이러한 점은 한 인물의 사상을 역사적인 구조 안에서 검

치하여, 여러 板本들을 集成한 것이다. 따라서 本稿에서 『南冥集』別集 또는 『南冥集』續集이라고 표기한 것은 이 影印本에 수록된 것을 가리키는 것임을 밝혀둔다.
2) 上揭書, 續集 來庵 撰 「行狀」; '聖賢千言萬語. 要其歸. 都不出此二字外也.'
3) 上揭書, 卷5 德溪 撰 「祭文」.
4) 上揭書, 卷5 大谷 撰 「祭文」.
5) 上揭書, 來庵 撰 「南冥集序」.
6) 趙平來, 「南冥思想의 實學的 性格」, 慶尙大碩士論文, 1988.

토하게 된다는 의의를 갖는 것으로도 볼 수 있겠다.

2) 문제의 범위

주지하는 바와 같이 유학의 본래적인 이념은 수기치인이다. 이것이 북송北宋으로부터 비롯한 성리학에서는 존재일반과 윤리적 당위의 근거까지를 탐구하게 되어 그 범위가 확장된다. 한편 우리나라에서의 성리학은 고려 말에 도입되지만, 왕조의 교체라는 시기와 연관되어 활발히 연구되지 못하고 사림의 인물들을 중심으로 점차로 확산되다가 주자로부터 거의 4세기가 지난 다음인 16세기에 이르러서야 비로소 그 이론적인 체계에 대한 완전한 이해를 갖추게 된다. 사림은 향촌의 재지적 기반을 토대로 성리학적 실천과 예학의 보급에 힘을 쏟고 있던 중, 조선조가 안정기에 접어드는 성종 대를 기점으로 하여 중앙의 정치무대에 발을 들여 놓게 된다.[7]

김종직金宗直을 시작으로 정계에 진출한 사림은, 안으로는 언관言官과 전랑직銓郎職을 통하여 훈구세력을 견제하고 자파세력의 확대를 꾀하면서,[8] 밖으로는 '부모 봉양을 위하여 지방관을 원하는(爲親乞郡)' 명분을 내세워 지방의 수령으로 재직하면서 유향소留鄕所와 사창제社倉制 및 서재書齋를 이용한 교육으로 향촌에서의 주도적 위치 확보와 사림의 수적인 증가를 도모하였다. 또한 이들은 '공도론公道論'에서 '지치주의至治主義'로 이어지는 정치이념을 내세운 바, 이는 왕권을 강화하려는 군주의 뜻과 부합하여 중종 대에 이르기까지 그 세력의 급성장을 이루었지만, 이에 대응한 훈구세력과의 갈등으로 인하여 네 번에 걸친

---

7) 士林派의 성장과정에 대해서는, 李樹健,『嶺南士林派의 形成』, 嶺南大:『民族文化叢書』第2·3輯, 1980 및 李秉烋,『朝鮮前期 畿湖士林派 硏究』, 一朝閣, 1984에서 상세히 연구되어 있음.

8) 金宇基,「朝鮮前期 士林의 銓郎職 進出과 그 役割」, 慶北大碩士論文, 1984 참조.

참혹한 사화를 겪고서야 비로소 선조 대에 이르러 사림정치의 실현이라는 결실을 가져오게 된다.

이러한 시대적 상황을 배경으로 해서 남명의 학문도 그 체계를 형성한 것으로서, 성리학에 대해 그가 실제적으로 행한 공부의 방향을 추적해 보는 것을 본 논의의 범위로 설정한다. 이것은 지금까지의 남명학에 대한 연구들이 일반적인 관점에서 그를 실천유학자의 종장宗匠으로 지칭하는 것과 같은 무규정적인 의미에서가 아니라, 성리학에 있어서 '실천實踐'이라는 개념이 가지는 의미규정에 맞추어 조명해 보려는 것이다. 사림파가 추구한 학문의 주요한 목표는 '첫째, 불교와 음사적淫祀的인 상제의식喪祭儀式을 『가례家禮』대로 실행하여 성리학적인 실천윤리를 보급하려는 것이며, 다른 하나는 '통경명사通經明史'와 사장詞章 중심의 '위인지학爲人之學'을 대신하여 수양성찰修養省察을 중시하는 '위기지학爲己之學'을 숭상하는 문제'9)라고 보는 것이다. 이 글은 남명학 또한 이와 같은 관점에서 고찰하고자 한다. 즉 성리서性理書와 예학禮學에 대한 그의 탐구를 '위기지학'으로 보아, 이를 통한 학문의 수양과 예제禮制의 정립·보급을 실천적 차원에서 구명해 보려는 시도라 하겠다.

이를 위해서 이 글의 논의는, 먼저 남명 이전 영남사림파의 인물들과 남명과의 관련성을 간단히 살펴보고, 이어 남명이 학문적으로 종유했던 인물들의 성리학적 입장을 서술하는 방식으로 출발한다. 그리고 계속하여 남명의 성리학에 대한 관점을 알아보고, 나아가 예학에 관한 그의 견해 및 이의 영향에 대한 검토를 수행하는 형식을 취하고자 한다.

---

9) 李樹健, 前揭書 262쪽.

2. 실천성리학의 연원과 남명

1) 남명 이전 사림파와 남명

사림에 의해서 계승·보급되어 온 조선조의 성리학은 16세기에 이르기까지 뚜렷한 학파의 성립을 이루지 못할 정도의 실정에 처해 있었다.[10] 이러한 사실은 이때까지 성리학의 이론에 대한 정확한 이해가 없었음을 반영하는 것이지만, 오히려 그 이전에 선행되어야 할 성리서의 수입·보급이 일반 사대부들에게 널리 이루어지지 못하고 있었다는 증거로도 볼 수 있는 것이다.[11]

원元으로부터 수입이 이루어진 성리학은 명明의 건국과 더불어도 계속되는 것이지만, 이러한 초기의 단계에서는 또한 원·명대의 학풍을 반영하고 있었으니, 곧 원시유가의 색채를 지닌 실천위주의 경향이 짙은 것이었다. 또한 왕조의 교체를 이룬 조선도 고려가 숭상했던 불교 대신에 국가의 새로운 통치이념으로 유학을 채택했다. 이것은 성리학의 발전에 기본적인 토대를 마련한 것이라는 점에서 중요한 의미를 가진다. 즉 유교적 통치이념은 결국 효제충신으로 민풍을 교화하려는 것으로서, 이에 대한 기초적 자료로서의『소학』과『주자가례』의 정책적 수용 및 실질적 교육을 동반하게 되는 것은 필연적 과정이라 할 수 있다.

건국 이래 계속적으로『소학』과『주자가례』에 의한 윤리질서의 정

---

10) 金恒洙, 「16세기 士林의 性理學 理解」,『韓國史論』7, 國史編纂委員會, 1982 참조. 이 論文에서는 이때 이후 형성된 대표적 학파를 安東의 退溪學派, 善山의 朴英學派, 晋州의 南冥學派, 湖南의 金麟厚·奇大升學派, 近畿의 徐敬德學派 등으로 꼽고 있다.

11) 『龜巖集』鄭斗 撰「行狀」에 보면, 16세기의 인물인 龜巖 李楨의 행적 중에서 性理書의 刊行에 기여한 공로와 그가 간행한 책의 목록을 서술한 부분이 있는데, 이 견해와 관련한 하나의 증거라 할 수 있다.

착과 보급의 확대를 위해 많은 노력을 기울여 온 조선초기의 정책은, 이것이 왕가의식王家儀式의 모형으로 정착되었고 형식적으로는 법제화되기도 하였지만, 결론적으로 말하면 그 효과 면에서는 성공적인 결과를 초래하지 못한 것으로 보인다.[12] 이것은 당시의 중앙 정권이 지방에까지 완전히 영향력을 미치지 못하고 있었음을 반증하는 것으로서, 이 과제는 결국 중소지주층으로서 재지적 기반을 갖고 향촌에서 그 위치를 확보하고 있던 사림의 수중으로 돌아가게 되었다. 이에 사림은 이러한 기능을 수행함으로써, 오히려 중앙의 정치무대에서조차 그 권한을 확대시킬 수 있었던 것이기도 하다. 『소학』과 『주자가례』의 실질적인 보급은 김종직과 그의 문인인 김굉필金宏弼·정여창鄭汝昌 등에 의해 영남에서 비롯하였고, 김안국金安國 등의 지속적인 장려에 힘입어 이 지역의 확고한 전통으로 자리 잡게 된 것인데, 이를 수업한 당시의 사류들은 스스로 모범을 보이는 풍토를 조성했었다.

한편, 『소학』이 '쇄소灑掃·응대應對·진퇴지절進退之節·애친愛親·경장敬長·충군忠君·륭사隆師·친우지도親友之道' 등 유가적 이상실현에 가장 적합한 일용의 규범을 내용으로 하여 구성되었고, 『주자가례』는 '관혼상제冠婚喪祭' 등의 예식을 유교적 예법에 맞추어 정한 것이지만, 이것만으로는 성리학의 특성을 완전히 습득했다고 할 수 없는 것이다. 성리학이 원시유학과 구별되는 가장 큰 차이점은 우주의 존재원리와 행위의 당위에 대한 근거를 탐구함에 있다. 북송의 주돈이 이래로 이에 대한 논의는 수많은 저술을 남기게 되고, 다양한 이론들을 낳게 된다. 따라서 여기에 대한 입문서나 체계의 집대성 형식을 갖는 책들이 나오게 됨은 자연적인 추세라고 볼 수 있으니, 곧 『근사록近思錄』·『심경心經』 및 『성리대전性理大全』 등이 그것이다. 또한 성리학은 한漢·당대唐代의 경학經學과는 대조적으로, 『논어』와 『맹자』에다 『중용』과 『대

---

12) 이 문제에 관한 논의는 李秉烋, 前揭書, 136~143쪽 참조.

학』을 새로이 첨가하여 이른바 사서四書의 개념을 정착시켰다. 특히나 『대학』의 삼강령三綱領 팔조목八條目은 『소학』의 연장이라는 관점에서 중요시되는 것이며, 『중용』의 제일장은 리기심성理氣心性 문제의 단초를 제공하는 것이니 성리학에 있어서는 매우 중요한 책이다.

사서는 사대부들이 일상으로 읽는 유학의 기본적인 경전이다. 그러나 이것이 문예지학文藝之學으로서가 아니라 도학서道學書로서의 관점에서 강조된 것은 사림파의 인물들이 정계에 진출한 성종 대부터로 볼 수 있다. 『근사록』과 『성리대전』도 국초부터 극히 소수에 의해서 더러 읽혀지고 있었으나 중종 대에 이르기까지는 이해의 틀이 완전하지 못했던 것이며, 성종 대 이후로 사림파의 인물인 황효헌黃孝獻, 조광조趙光祖, 김안국金安國 등에 의해 이해의 수준이 높아지면서 널리 반포되기에 이르고, 이후 사림파에서는 필독서가 되었던 것이다.13)

앞에서 서술한 두 가지 사림파의 학문적인 기반 속에서, '남명은 사림파의 중요 인물들 대부분을 배출한 경상우도에 태어나, 일두, 한훤당, 탁영, 정암 등의 문인·사숙인 및 친족들과 밀접한 관계를 맺고 있어 그들의 학문과 사생활을 깊이 알고 있었던 것'14)으로 보이는 바와 같이, 남명과 사림파와의 인맥적 관계를 간단히 살펴보기로 한다. 여기서는 먼저 오늘날 그의 문집을 통하여 확인할 수 있는, 그 이전의 사림파 인물들에 관한 기록을 검토한다.

남명의 글 가운데에는 김종직의 3대 제자라 할 수 있는 일두 정여창, 한훤당 김굉필, 탁영 김일손에 관하여 단편적으로 언급하고 있는 부분들을 찾아 볼 수 있으니, 먼저 일두에 대한 것부터 살펴보자. 남명은 지리산을 유람하는 길에서 하동의 일두가 거처했던 옛집 주위를 지나면서,

---

13) 上揭書, 143~146쪽 참조.
14) 吳二煥, 「南冥學資料叢刊 解題 緖論 −旣刊文獻의 紹介를 兼하여−(南冥學研究院: 『南冥學研究論叢』第1輯, 1988) 339쪽.

선생은 이에 천령(天嶺)[함양의 고명(古名)]지방 유학의 종사(宗師)이다. 학문이 깊고 독실하여 우리 도(道)의 실마리가 되셨다. 처자를 거느리고 [지리(智異)]산(山)으로 들어갔다가 문한(文翰)의 내직을 거쳐서 외직으로 안음현(安陰縣)의 수령을 지냈는데, 교동주(喬桐主)[교동은 강화도의 섬으로 연산군(燕山君)의 귀양지]에게 죽임을 당한 바가 되었다. 이곳은 삽암과 십리 떨어진 곳인데, 철인(哲人)의 행과 불행이 어찌 운명이 아니겠는가?15)

라는 글을 남기고 있는 데서도 알 수 있거니와, 남명은 평생을 통하여 일두를 우리나라의 유자 중에서 가장 존경하고 있었다.

한편 '소학동자小學童子'로 자처하여 평생에 걸쳐『소학』을 교육하고 실천했던 한훤당에 대해서는 '한훤과 효직은 모두 선견지명이 부족하다(寒暄·孝直, 皆不足於先見之明)'16)이라고 하여, 제자인 조광조까지 더하여 출처를 비판하고 있는데, 이는 사화 이후의 결과를 두고서 평한 것이라 보인다. 그러나 구암龜巖 이정李楨이 편찬한『경현록景賢錄』을 보고서 그 속에 들어있지 않은 한훤당의 행적을 기록하여「서경현록후書景賢錄後」7조를 남기고 있는데, 여기서는 위와 대조적인 견해를 나타내고 있으니, 그 네 번째 항목에 다음과 같은 것이 보인다.

선생이 좌랑(佐郎)으로 있을 때 진사 신영희(辛永禧) 씨에게 말달려 찾아가 말하기를, 오늘로 나는 그대와 절교하고자 한다. 지금 선비들의 기운을 보니, 동한(東漢)의 말기에 머지않아 화가 일어나려하던 때와 제법 유사한데, 나의 경우는 화가 이미 급박하여 진퇴할 여유도 없다. 그대에게 청하노니 멀리 향곡(鄕曲)으로 은둔하라. 그렇지 않으면 내 쪽에서 절교할 터이니, 내

---

15) 『南冥集』卷2「遊頭流錄」16日 條; '先生乃天嶺之儒宗也. 學問淵篤. 吾道有緖. 挈妻子入山. 由內翰. 出守安陰縣. 爲喬桐主所殺. 此去鈒岩十里地. 明哲之幸不幸. 豈非命耶.'

16) 上揭書, 卷2「與吳御史書」

말을 들어 주겠는가? [이에] 신공(辛公)이 홀연히 은퇴하여 사산(斜山) 아래로 들어가 호를 안정(安亭)이라 하였다. 안정은 일찍이 남효온(南孝溫)·홍유손(洪裕孫)과 죽림우사(竹林羽士)를 맺어 문장과 행의(行義)로 한 시대의 영수(領袖)가 되었으니, 동남으로 지나가는 진신(縉紳)치고서 그 문에 예를 드리지 않는 이가 없었다. 이를 보건데, 선생은 시사의 기미를 알지 못한 것이 아니니, 어찌 아직 드러나기 전에 사태의 기미를 보지 못한 사람이라고 할 수가 있겠는가?[17]

이것은 사화와 관련하여 한훤당의 선견지명을 높이 평가하고 있는 내용인 것으로, 그 여섯 번째 항목에서는 추강秋江[남효온(南孝溫)]과의 관계도 이와 같은 맥락에서 서술하고 있다. 사화는 남명에게도 커다란 영향을 미쳤다. 조광조 일파가 숙청되는 기묘사화를 보고서는 '벼슬길의 기구함을 알게'[18] 되었는데, 이때에는 자신의 숙부인 언경彦卿도 연루되어 벼슬길에서 물러나기도 했기 때문이다.[19] 여기서 우리는 남명이 출처에 엄격하여 '열 번 부름을 사양한(十辭徵召)'한 맥락을 엿볼 수 있다.

남명은 삼족당三足堂 김대유金大有의 향사鄕祀 문제와 관련하여 당시 청도淸道의 군수로 있던 이유경李有慶에게 보낸 서신에서, 일을 처리함에 있어 몇 가지 신중을 기하여야 할 사항들을 나열하는 가운데, '탁영濯纓 선생은 이 사람[김대유]의 숙부이다. 살아서는 찬 서리와 같은 기

---

17) 上揭書, 卷2「書景賢錄後」; '先生爲佐郎時. 馳見辛進士永禧氏曰. 今日吾當絶君. 觀今士氣. 且類東漢之末期朝夕禍起. 如我則禍已迫矣. 進退無及矣. 請君遠遯鄕曲. 不者吾卽相絶. 肯聽我言否. 辛公忽引去斜山下. 號安亭. 安亭嘗與南孝溫·洪裕孫結爲竹林羽士. 文章行義. 爲一時領袖. 縉紳東南行過者. 無不禮於其門. 觀此. 則先生非不知時事幾微. 豈是不能見幾於未形者也.'

18) 上揭書, 別集 卷1「年譜」19歲 條; '知賢路之崎嶇.'

19) 彦卿은『燃藜室記述』卷8, 己卯薰籍 및『己卯錄』에도 수록되어 있다. 그는『昌寧曹氏派譜』卷首에 실린 당시 金海府使 權璜이 撰한「佐郎公墓碣銘」에 의하면, 이에 연루되어 '退居于三嘉之村庄. 越三年辛巳. 沒于家.'라고 되어 있다.

절이 있었고, 죽어서는 하늘에 통하는 원한이 있으니, 진실로 탁영을 먼저하고서 삼족당을 배향함이 마땅하다'20)고 하여, 탁영의 기절을 높게 보고 있다. 남명은 '삼족당 김 선생과 더불어 사귐이 가장 깊었으니 일찍이 천하의 선비들이 인정하였다(與三足金先生. 交道最深. 嘗以天下士許之)'21)라 할 정도로 삼족당과의 교유가 깊었으니, 가학의 바탕 위에다 김종직에게 수업한 탁영의 학풍은 삼족당을 통하여 깊이 알고 있었을 것으로 보인다.

2) 남명 종유인물들의 학풍

강우지역을 중심으로 거주한 그 당시 사족들의 연원에 관한 남명의 지식은, 오늘날 전하고 있는 그가 직접 찬한 23편의 묘도문자墓道文字를 통해서도 알 수 있듯이, 상당히 해박한 것이었다. 묘도문자는 아무에게나 부탁하지 않는다는 점에서, 이것은 또한 당시 이 지역에 있어 그의 위치를 반영하는 것이라 하겠다. 그러면서도 그는, 같은 시대에 강좌를 중심으로 하는 학파를 이끌고 있었던 퇴계가 평생 시사와 사람의 시비是非를 말하지 않았던 생활방식과는 다르게, 교우에 엄격한 기준을 가지고 있었으며22), '선생은 깊이 출처를 군자의 큰 절개로 여겨 고금의 인물을 폄론함에는 반드시 그 출처를 살핀 다음에 그가 행한 일의 득실을 논했다'23)고 보이는 바와 같이 인물의 시비도 확연히 말

---

20) 『南冥集』 卷2 「與淸道倅書; '濯纓先生. 乃此君叔父也. 生有凌霜之節. 死有通天之寃. 固當先濯纓. 而配以此三足也.'

21) 上揭書, 卷5 東岡 撰 「行錄」. 이 「行錄」은 『南冥集』 己酉本에 실린 것과 『東岡集』 卷17에 실린 「南冥先生言行錄」 간에 다소 차이가 있으니, 後者의 경우에는 東岡의 이름과 竝列된 來庵의 이름을 모두 삭제하고 있음을 볼 수 있다.

22) 『南冥集』 卷5 大谷 撰 「墓碣銘」; '取友必端. 其人可友. 雖在布褐. 尊若王公. 必加禮敬. 不可友. 官雖崇貴. 視如土梗. 恥與之坐. 以此交遊不廣.'

23) 上揭書, 卷5 「言行總錄」; '先生深以出處. 爲君子大節. 폄論古今人物. 必先觀其出處. 然後論其行事得失.' 『南冥集』에는 「言行總錄」이 『山海師友淵源錄』(南冥別集

했던 것이다. 이로써 우리는 남명이 종유한 인물들의 성격과 처세관의 일면을 미루어 짐작할 수 있는 것인데, 이제 그들에 대해서 알아보기로 한다.

여기서 다루는 남명의 종유인물은 『남명집』 소재 「사우록」의 대본인 무민당无悶堂의 벽한정碧寒亭에 소장되어 있는 필사본 『산해사우연원록山海師友淵源錄』[24]과 『덕천사우연원록德川師友淵源錄』 및 『동유사우록東儒師友錄』에 수록된 사람들 중에서, 그 종유여부가 확실하다고 보기 어려운 경우와 단순히 한두 차례 만나기만 했던 인물의 경우는 제외하고서, 실질적으로 학문적 교류가 있었다고 보이는 경우에 해당하는 인물들로 한정한다. 다음의 〈표〉는 이들 인물들의 학통과 주거주지 및 성리학적 학풍에 관한 기사를 도표화 한 것으로, 위의 세 책에 실린 「행장行狀」, 「묘갈墓碣」, 「유사遺事」 및 「제문祭文」 등을 중심으로 하여 간추려 뽑은 것임을 밝혀둔다.

〈표〉 남명종유인물들의 학행

성명	전거 (典據)	사문 (師門)	주거주지	성리학적 학행
成守琛(聽松)	A.B	趙光祖	坡州	日誦大學·論語
成運(大谷)	A.B.C		報恩	外事物而談性命. 非學也.
宋麟壽(圭菴)	A.B.C		서울	乙巳被禍人.
申季誠(松溪)	A.B	朴英	密陽	最愛小學之書.
林薰(葛川)	A.B.C		居昌	明宗引見時 大學·中庸으로 進言.
金大有(三足堂)	A.B.C		淸道	討論經史之弘儒.
李希顔(黃江)	A.B.C		草溪	讀論語, 豁然開明.

所收) 卷2에 또 하나가 있어 구별을 요한다. 한편 後者의 경우를 보면, 南冥이 門人에게 경계한 다음과 같은 구절이 보인다. 즉 '門人有論人之長短. 政之得失. 先生曰. 論人非君子自治之急務. 時政亦非學者之所豫. 諸君姑舍是.'라고 했으니, 그가 時政과 人物을 論한 것이 즐겨서 했던 일이 아님을 알게 한다.

24) 이 책의 編纂에 관해서는, 吳二煥, 「『山海師友淵源錄』의 編纂」, 『東洋學論叢』 第1輯, 次山 安晉吾 博士 回甲紀念論文集, 1990 참조.

成悌元(東洲)	A.B	柳藕	서울	스승으로부터 大學을 배움.
金希參(七峯)	A.B		星州	愛讀大易及庸學語孟之說
朴河淡(逍遙堂)	A.B		淸道	講朱子家禮·近思錄.B에 그의 弟瓶齋도 보임.
郭珣(警齋)	A.B		永川	常喜讀庸學.尤好中庸. 乙巳被禍人
丁熿(游軒)	A.B	趙光祖	巨濟	巨濟는 15年間 流配地. 與南冥禮義問答.
李浚慶(東皐)	A.B	黃孝獻	서울	小學·近思錄. 常置案上
李楨(龜巖)	A.B		泗川	多數의 性理書 刊行.
盧禛(玉溪)	A.B		咸陽	爲學不在多言求之. 大學篇初十六言足矣. 半世功力. 專在大學. 常所尊信愛玩者. 論語·近思錄.
李源(淸香堂)	A.B		丹城	南冥이 淸香堂 八詠 等의 詩를 남김.
崔櫟	A.B		서울	常愛近思錄·性理大全.
金禧年	A.B		서울	乙巳流配人.
李霖	B.C		서울	乙巳被禍人.
成日休(無心翁)	B		晋陽	夙歲懷道. 絶意公車. 그의 弟 南湖도 보임.
朴希參(茅菴)	B		宜寧	南冥의 敬義學을 보고서 두 아들을 及門시킴.
文敬忠(湖陰)	B		三嘉	見己卯禍起. 不復出世.
鄭雲(西磵)	B		草溪	南冥의 姊夫, 南冥이 性理之書를 권함.
權逵(安分堂)	B		丹城	君子素其位. 而行不願乎其外. 原心反性. 適情知足. 以畜其德.
李公亮(安分堂)	B		晋陽	一向朱門求進. 南冥의 姊夫
姜璣(慕庵)	B		宜寧	孝行으로 宜寧誌의 孝子條에 실림
姜應奎(六庵)	B		晋陽	南冥에게 두 孫子를 及門시킴. 그의 兄 應斗도 보임.
鄭白永(松潭)	B		草溪	爲人謹厚周愼. 好學不倦. 七年不出廞戶. 不擧頭日. 南冥의 妹夫

※ 1. 전거에서 표시한 A는『山海師友淵源錄』, B는『德川師友淵源錄』, C는『東儒師友錄』을 나타낸다.
  2.『德川師友淵源錄』은 그 범례에 '本錄以无悶本爲標準. 則追錄者. 編加續錄二字以別之'라 한 것인데, 여기에 실린 인물들은 대부분이 江右에 거주한 자들이며, 또한 그들의 자제들로서 남명에게 급문한 사람들이 많았다. 한편 이들은 문집을 남기지 않은 경우가 많아 위의 학행에서 나열한 사항들은『慶尙南道輿誌集成』(慶尙南道誌 編纂委員會, 1963)의 기사를 많이 참고했음을 밝혀둔다.

위의 〈표〉에서 우리는 다음 몇 가지 사실을 알 수 있다. 첫째로 이들이 수학한 사문師門을 보면, 사제관계가 분명한 몇몇을 제외하고서, 가학을 바탕으로 학문을 이루었다고 하는 경우에도 대부분이 김종직의 제자들 및 정암靜庵이나 모재慕齋 김안국金安國의 문에 직·간접으로 학통이 연결된 예가 많으니, 곧 이들의 아버지 또는 형의 대에서 이들에게 수업한 인물이 많았던 것이기 때문이다. 이러한 사실은 당시의 학풍이 성장기의 사림파라는 커다란 영역에 거의 모든 사림의 인물들이 포함되어 있었음을 입증하는 것이라 하겠으며, 또한 그때 이전의 사림파가 추구한 학문적 내용이 『소학』과 『주자가례』의 보급을 통한 지방의 문풍 진흥과 풍속교화에 초점을 맞추고 있었던 사실에서 기인하는 결과라 하겠다. 또한 이 시기는 성리학의 이론에 대한 이해의 수준도 완전한 경지에 이르지 못했던 때로서, 사문을 통한 수업의 예에서도 성리학의 근본적 이론에 관한 내용은 거의 찾아 볼 수 없다. 이러한 배경에는 성리학적 기초를 갖추고 있었던 것으로 보이는 조광조 일파가 거의 대부분 기묘사화에 연루되어 비교적 젊은 나이에 목숨을 잃었던 것도 그 이유의 하나로 보이는데, 우암尤庵 송시열宋時烈은 규암圭菴의 「행장」에서 다음과 같이 서술하고 있다.

기묘(己卯)의 참벌을 겪고 난 후에 당하여 사림의 기운이 꺾여서 막히니 사람들이 『소학』과 『심경』 등의 책을 꺼리는 바가 되어 감히 읽지를 못했다. 조금이라도 [이 같은] 법도에 달려가거나 규율에 걸음하는 사람이 있으면 사람들이 보기를 화나 재앙으로 여겨 혹 꾸짖고 나무라서 용납하고자 아니하였으니 [이에] 사문(斯文)이 어두워지고 막혀 이를 뜻하지 않음이 장야(長夜)와 같았다. 선생이 홀로 개연히 아침에 도를 들으면 저녁에 죽어도 유감이 없다는 뜻을 가져 성현의 책을 손에서 놓지 않고서 의리를 깊이 탐구하여 독실하게 믿고 힘써 행했다.25)

---

25) 『東儒師友錄』 卷19 所載 尤庵 撰 「行狀」; '當己卯斬伐之餘. 士氣摧沮. 人以小學·心經等書爲忌諱. 而不敢讀. 稍有繩趨規步者. 則人目以爲禍崇. 或譏誚而使不容. 斯文之晦塞不趣如長夜. 先生獨慨然有朝聞夕死之志. 聖賢之書. 未嘗去手. 沈潛義理. 篤信力行.'

이를 보면 당시 선비들의 성리학에 대한 입장을 알 수 있는 것인데, 남명의 경우에도 이와 거의 비슷한 내용의 언급이 있음을 볼 수 있다.

사림이 참벌을 당한 후에 선비의 습관이 구차하고 쓰러져 취생몽사(醉生夢死)로 풍속을 이루어 사람들이 도학(道學)을 보기를 큰 시장에 있는 평천관(平天冠) 같을 뿐만이 아니었다. 선생이 만(萬) 길 절벽과 같은 기상을 수립하여 이를 돌아보지 아니하고 분연히 일어나 이미 구차해진 사풍(士風)을 새롭게 하고 이미 어두워진 도학을 다시 밝게 하였으니, 무너진 것을 붙들고 물에 빠진 것을 건진 공은 우리 동국(東國)에 있어 또한 아직 없었던 일이었다.[26]

여기서 말하는 사림참벌은 기묘사화를 지칭하는 것이니, 이러한 맥락에서 본다면 도학道學이라는 개념도 리기심성理氣心性을 논구하는 것이 아니라 그때의 사림파가 추구했던 실천성리학을 가리키는 것이라 하겠다. 그리고 바로 이러한 견해는 성리학을 보는 남명의 관점으로서, 그가 평생을 통해 견지했던 학문관으로 볼 수 있다.

둘째로 이들이 거주한 지역을 보면, 대개가 서울이 아니면 영남의 강우지역에 분포되어 있다. 이들 가운데 서울에 주로 거주한 인물들은 남명이 30세에 김해에 완전히 정착하기 이전에 서울에서 상당기간 살고 있던 동안에 사귄 사람들로 보아도 무리가 없다. 나머지 강우지역에 거주한 인물들은 다시 청도·함양·거창 출신자가 많은데, 이는 김종직·정여창·김굉필·김일손 등과 같은 초기 사림파의 중심인물들의 출신지 또는 수령재직지로서, 이들의 유풍을 이어 받아 이곳에서 많은 학자들이 나왔을 것이라는 추측을 가능하게 해 준다. 이것은 남명이

---

26) 『南冥集』 來庵 撰 「南冥集序」; '當士林斬伐之餘. 士習偸靡. 醉夢成風. 人視道學. 不啻如大市中平天冠. 而先生奮起不顧. 堅立萬仞. 使士風旣偸而稍新. 道學旣蝕而復明. 扶顚拯溺之功. 在我東國宜亦未有也.'

김해·삼가·덕산 등으로 거주지를 옮겨가면서 살았던 것과 연관하여 지리적인 조건으로도 설명이 가능하다고 하겠다. 한편, 『덕천사우연원록』의 「종유속록從遊續錄」에 실린 인물들은 대부분이 강우지역에 거주한 사람들이여서 학문적 교류가 더러 있었을 것으로 짐작되지만, 이들 가운데 몇몇은 문집을 남기지 않고 있어 그 구체적인 학풍을 지적하기가 어려운 실정이다.

셋째로 이들의 성리학적 학풍을 보면, 『소학』에 의한 실천을 그 기본적인 바탕으로 한 위에 『대학』과 『중용』을 중요시하고 있는 혼적을 찾을 수 있으며, 나아가 『근사록』·『성리대전』 및 『심경』 등을 근간으로 하는 성리학의 이론을 다루고 있는 서적들에 깊은 관심을 가지고 있었음을 알 수 있다. 우리는 여기서 『소학』과 『근사록』이 주자에 의해 편찬된 책이고, 사서의 개념 또한 주자에 의해 정립되어 중시되었다는 점에서, 조선조의 성리학이 주자적인 것만을 고집하여 나머지를 이단으로 배척하게 된 단면의 하나를 보게 된다. 한편, 『소학』은 국초로부터 그 간행보급에 국가적인 차원의 노력을 기울여 일찍 일반에게까지 유포되었던 것이지만, 사림파에서 필독서로 간주되었던 『근사록』과 퇴계·남명에 와서야 비로소 그 중요성이 강조된 『심경』 등은 당시 영남지방에서도 이를 구하기가 어려웠다는 한 예를 찾아 볼 수 있다. 즉 소요당逍遙堂 박하담朴河淡의 「연보」를 보면, 그 정덕正德 12년(소요당 39세, 1517) 정축 조에 「강근사록講近思錄」이라 하고, 이어서

> 이때에 송의 주자가 편찬한 『근사록』이 비로소 우리나라에 퍼져 행하게 되었는데, 배우는 자들이 더러 얻기 어려움을 병으로 여겼다. 선생이 드디어 힘을 내어 목판에 새겨 보급한 다음에 또 『심경』 한 책을 간행하니, 그 도를 좋아하고 학자들을 인도하는 뜻을 대개 볼 수 있다.27)

---

27) 『逍遙堂逸稿』卷3「年譜」39歲條 ; '時宋朱文公所編近思錄. 始布行于我東. 學者往往 以難得病之. 先生遂出力鋟板以公之後. 又刊心經一本. 其樂道牖學之意. 槪可見矣.'

라고 보인다. 이러한 것은 남명이 25세에 『성리대전』을 읽고서 성리학에 전념하게 되는 것과, 30세에 동고東皐 이준경李浚慶이 보내 준 『심경』을 읽고서 깊이 감명을 받게 되는 것과 시기적으로 보아 비슷한 년대라고 할 수 있다.

넷째로 이들 가운데 정황·곽순·김희년·이림·송인수 등은 사화에 직접 연루된 인물들이며, 대곡의 형이면서 남명의 집우이기도 한 성우成遇 및 황강黃江의 형이자 조광조의 문인이기도 한 이희민李希閔 등도 사화에 연루된 사람들이었다. 남명은 이들 중 을사사화에 죽임을 당한 인물들을 대단히 애통해 하여 죽을 때까지 잊지 못하고 있는데,[28] 특히 이림과 같은 경우는 꿈속에서 만나 그에게 '나무 아래서 그대와 이별하니, 이 회포 누가 알리요! 타버린 마음 아직 살아 있는 듯, 오직 반쪽 가죽만 남았네(樹下與君別, 此懷誰似己. 燼心猶未死, 只有半邊皮)'[29]라는 시를 주기도 한다. 이것은 남명이 사화의 영향에서 완전한 국외자가 아니었음을 말하는 것이며, 동시에 남명의 사상 특히 출처관을 형성함에 많은 작용을 했으리라는 짐작을 가능하게 한다.

위의 네 가지 사실에 더하여 한 가지 덧붙일 사항은, 당시 강우지역 선비들의 성리학 이해의 수준에 대한 하나의 단면을 제시해 보는 것이다. 앞의 〈표〉에서 보면 노옥계盧玉溪의 스승으로 당곡唐谷 정희보鄭希輔(1488~1547)라는 인물이 보인다. 정당곡은 남명보다 13년 앞선 사람으로 남해로부터 함양으로 거주를 옮겨서 살았던 것인데, 오늘날 전하고 있는 『당곡실기唐谷實紀』를 통해서 보면, 그는 성리학에 대한 상당한 수준의 이해를 갖고 있었다고 보인다. 그것은 곧 그가 성리잡저편性理雜著篇에서 「론심성설論心性說」·「격치성정설格致誠正說」·「인포사덕설仁包四德說」·「론사단칠정지발論四端七情之發」 등을 통하여 조선조 성

---

28) 『南冥集』 別集 卷1 「年譜」 45歲條 및 『南冥集』 卷5 東岡 撰 「行錄」 참조.
29) 『南冥集』 卷1 「記夢贈河君幷小序」. 小序에 의하면 河君의 이름은 天瑞인데, 李霖의 外孫이며 또한 南冥의 妹夫인 安分堂 李公亮의 사위이다.

리학의 핵심적인 쟁점문제들을 거의 다루고 있으며, 역학도상총론편易學圖象總論篇에서 「론태극도상하권論太極圖上下圈」을 서술해 태극과 음양의 관계에 대한 설명을 행하고 있다는 사실로서 입증된다.30) 한편, 경과 의는 남명 사상의 중심을 이루는 것이지만, 김유金紐가 찬한 송계松溪 신계성申季誠의 「행장」에 '흰 병풍 두 폭을 만들어 하나에는 경이직내 의이방외라고 쓰고, 하나에는 간기배 불획기신 행기정 불견기인이라고 써서 펼쳐놓고 거처하다가 손님이 이르면 접었다(作素屛二幅 一書敬以直內 義以方外 一書艮其背 不獲其身 行其庭 不見其人 展之燕居 客至則卷去)'31)라는 것이 보이니, 이 또한 남명만의 독창적인 사상체계로 간주하기 어려운 예로 보인다.

3. 남명의 실천성리학

1) 원시유가적 실천학풍

남명은 스스로 '나는 처음부터 타고난 기질이 매우 박했는데, 또 스승과 벗의 규제가 없었다'32)고 한 것처럼, 가학의 바탕 위에서 독학으로 학문의 체계를 세워나갔다. 그러나 집에서 거할 때의 그는 '발이 대문과 담장 밖으로 넘지 않아 비록 이웃집에 사는 사람도 그 얼굴 보기가 어려웠던'33) 정도이며, 자굴산의 명경대明鏡臺에서 독서할 때에는 '거처하는 방에는 하루 종일 조용하여 아무런 소리도 없는데, 때때로

---

30) 『唐谷實紀』卷1 참조. 來庵 鄭仁弘의 弟子로서 壬辰倭亂이 일어난 1592年부터 16年間에 걸친 日記인 『孤臺日錄』을 남겨, 당시 이 지역의 義兵活動과 南冥學派의 움직임을 가장 잘 알려 준 鄭慶雲은 바로 唐谷의 孫子이다.

31) 『山海師友淵源錄』卷2 金紐 撰 「行狀」.

32) 『南冥集』卷2 「書圭菴所贈大學冊衣下」; '余初受氣甚薄. 又無師友之規.'

33) 『南冥集』別集 卷2 「言行總錄」; '先生足不蹈門牆之外. 雖連棟而居者. 罕得其面.'

손가락으로 책상을 치는 소리가 들릴 뿐이어서 아직도 독서하고 있음을 알 수 있었다'[34]고 할 정도로 학문의 연마에 열성적이었다. 이렇게 하여 그의 학문이 일가를 이루게 되지만, 그가 성리학에 전념하게 되는 것은 25세 때에 『성리대전』을 읽으면서 '이윤이 뜻한 바를 뜻으로 하고 안연이 배운 바를 배운다(志伊尹之所志 學顏子之所學)'이라는 구절에 나타나는 선비의 출처에 관한 글을 접하고서 부터이다. 이때부터 그는 공자孔子·렴계濂溪·명도明道·회암晦庵 등 네 사람의 상像을 직접 그려서 병풍으로 만들어 두고 거의 종교적으로 성리학에 몰두하게 된다.[35]

생애에 비추어 보면 남명은 안연의 처處하여 수수守하는 입장을 견지했다고 하겠는데, 남명학이 안연의 풍을 가지고 있었음은 선조가 내린 제문에서 '교교공안嘐嘐孔顔'[36]이라 한 것을 비롯하여 많은 글들에서 나타나는 것이다. 안자는 원시유가에 있어 위기실천의 대명사로 꼽히는 인물인데, 남명도 그를 '만고를 봉토로 삼았으니 누항이 그 땅은 아니었다(以萬古爲土 陋巷非其土也)'라든가 '도덕으로 지위를 삼았으니 팔베개가 그 지위는 아니었다(以道德爲位 曲肱非其位也)'[37]라고 묘사하고 있을 정도이다. 또한 남명은 이준경이 보내 준 『심경』을 보고서 심학에 있어

---

34) 『南冥集』卷5 東岡 撰 「行狀」; '常愛闍屈山之明鏡臺. 往來棲息者累年. 常關門獨坐. 看書達曉. 静嘿終晷. 有寺僧言. 其所處之室. 終日寂然無聲. 但時聞以手指抵書案微有聲. 因知其尙讀書也.'

35) 『南冥集』別集 卷1 「年譜」 25歲條 참조. 四人의 像을 그린 병풍은 진주에 거주하고 있는 南冥의 후손인 曹元燮 氏가 소장하고 있는데, 筆者는 南冥學資料叢刊을 위한 자료 수집의 일을 맡고 있던 吳二煥 교수를 돕고 있던 때인 87년 8월에 이를 직접 본 바가 있다. 당시의 상태는 좀이 많이 슬어 그림의 형태를 완전히 알아보기 어렵게 되어 있었다. 한편 이 四人은 『德川師友淵源錄』에서 南冥의 道統源流라 하여 책의 첫 머리에 간략한 記事를 싣고 있기도 한데, 그가 伊川이 아닌 明道를 그린 것은 그의 학문관에 대하여 시사하는 바가 있다고 하겠다. 이는 『學記類編』에서 伊川에 비해 저술이 현저하게 적은 明道의 글을 상당한 수에 걸쳐 인용하고 있음에서도 볼 수 있는데, 특히 「力行」篇에서는 二人 中 누구의 說인지 분명하지 못한 것을 제외하면 明道의 글만이 인용되고 있음에서 더욱 그러하다고 하겠다.

36) 『南冥集』卷5 宣祖 「賜祭文」.

37) 上揭書, 卷2 「陋巷記」 참조.

그 책의 중요성을 논하고 끝에 '안자를 희구함이 여기에 있다'[38]고 하여 안연을 학문의 표적으로 삼고 있다. 오늘날 남명의 사상에서 안자적 색채가 가장 잘 드러나고 있는 것은 『학기유편』에 실린 「박문약례도博文約禮圖」라고 할 수 있으므로 이를 검토해 본다.

이른바 '박문약례'란 공자 유학의 근본인 것인데, 남명은 이를 명선明善·택선擇善하는 지知와 성신고집誠身固執하여 성의誠意·역행力行하는 행行으로 구분한다. 다음의 〈그림〉은 실천의 차원인 약례約禮를 중점적으로 도시했는데, 한결같이 안연의 학풍을 나열하고 있다. 즉 '극기복례克己復禮'로 표시된 약례와 극기의 절목으로 표시한 사물四勿은 안연이 인을 물은데 대한 공자의 답으로 제시된 것이며(『논어』「안연」), 극기지사克己之事로 표시된 '무벌선無伐善'·'무시로無施勞'는 안연의 뜻한 바이며(『논어』「공야장」), 극기지공克己之功으로 표시된 '불천노不遷怒'·'불이과不貳過'는 안연의 호학好學에 대한 공자의 평이며(『논어』「옹야」), 미달일간未達一間으로 표시된 '삼월불위三月不違'와 박문약례博文約禮의 진적眞積으로 표시된 '불개기락不改其樂'은 인仁에 거한 안연의 어진 덕을 칭송한 공자의 말(『논어』「옹야」)이다. 또한 공자는 안연의 사람됨을 '중용에서 택하여 하나의 선을 얻으면 가슴 속에 깊이 간직하여 잃지 않았다(擇乎中庸 得一善則拳拳服膺而不失之矣)'(『중용』)라고도 말하고 있다. 이로써 보면, 남명의 실천학풍은 안자에게서 비롯됨을 알 수 있으며, 나아가 그 실천의 요체는 일상적인 예로 돌아가 이를 굳게 지킬 것을 강조한 것이라 하겠다.

---

38) 上揭書, 卷2「書李君原吉所贈心經後」.

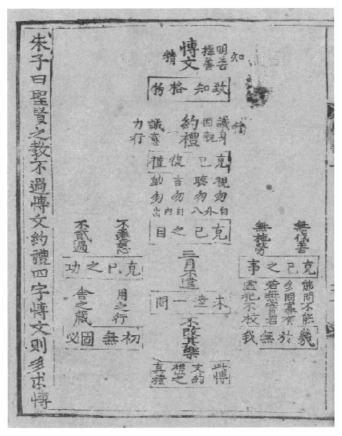

<그림 1> 「博文約禮圖」[39)]

2) 성리학적 실천학풍

하학에 근거한 실천을 강조한 남명이지만, 성리학의 이론에 대해서도
그는 탁월한 이해를 갖추고 있었다. 그는 동강東岡에게 보낸 편지에서

한당(漢唐)의 유자(儒者)들은 도덕의 행은 조금 갖추었으나 도덕의 학을 강

---

39) 『學記類編』(丁巳初刊本) 卷上 50b. 이 圖에 대해서는 裵宗鎬, 「南冥聖學圖」, 『南冥
學硏究論叢』(前揭), 62~63쪽에서 해설한 것도 있음.

론하지 않았다. 렴락(濂洛)의 제현이 나온 이후로 저술하고 집해(輯解)하여 계제(階梯)와 로맥(路脈)이 밝기가 일성(日星)같아서 처음 배우는 소생이라도 책을 열기만 하면 훤히 볼 수 있으니, 비록 뛰어난 스승이 가르칠지라도 전현이 표준으로 한 바에 조금이라도 더함이 만불능한 것이니, 어찌 맹자의 시대에서 구한 것 같음에 그칠 것이며 여타의 스승이 있을 수 있겠는가?40)

라고 하여 북송 성리학의 완전성을 말하고 있으며, 이로써 그 자신은 '정자와 주자 이후로는 책을 지을 필요가 없다(程朱以後 不必著書)'41)의 입장을 취하게 된다.

그렇지만 남명은 스스로 성리설을 강론하고 있기도 한데, 박소요당이 남명의 방문과 관련하여 '3일을 머물면서 사자四子[周·程·張·朱]의 글과 하락상수河洛象數의 설을 강론했다'42)고 했으니, 『소요당일고逍遙堂逸稿』 권3의 「연보」에 의하면 을사사화가 있었던 남명 45세 되던 해의 일이다. 또한 모촌茅村 이정李瀞의 「연보」 26세 조에 보면 '봄에 남명 선생을 모시고 갈천 임훈을 방문하였다(春陪南冥先生 往訪林葛川薰)'이라 하고, 그 주에

각재 하항·대소헌 조종도·영무성 하응도·조계 류종지도 배행했다. 옥계 노진의 집에 이르니 옥계가 개암 강익을 불러 제공이 이르매 함께 안음으로 향하여 갈천을 방문했는데 인근의 생도들이 모두 모였다. 연회의 자리에서

---

40) 『南冥集』 卷2 「奉謝金進士肅夫」; '漢唐諸儒. 粗有道德之行. 而未講道德之學. 濂洛諸賢以後. 著述輯解. 階梯路脈. 昭如日星. 初學小生. 開卷洞見. 雖明師提耳. 萬不能略加於前賢指南. 豈止如孟氏之時求. 而有餘師者乎.'

41) 『南冥集』 卷4 桐溪 撰 「學記類編跋」.

42) 『逍遙堂逸稿』 卷1 「送曹楗仲歸德山序」; '留連三數日. 講論四子及河洛象數之說.' 이 글은 南冥이 智異山에 거주하는 것과 연관하여 지은 것인데, 그는 이 사실을 '地得其人. 人得其所'하고 표현하고 있다. 이때 南冥은 三足堂과 같이 立巖精舍로 逍遙堂을 방문했는데, 그의 請에 의해 여러 생도들을 위해 강론했으며, 『西銘』도 포함되어 있었다.

가르침을 청하니, 심성정(心性情)의 변을 강질 하는데 노선생(老先生)[남명]이 좇아서 인도하되 싫증내지 아니 하셨다.[43]

고 보이니, 남명의 나이 66세 때의 일이다. 이로써 보면, 남명이 강조한 하학위주의 실천이 단순한 소학적 실천이 아니라 성리학적 이론의 체계에 바탕한 것임을 알 수 있거니와, 이러한 그의 실천 학풍은 네 가지의 관점으로 나누어 살펴볼 수 있겠다.

첫째는 위학의 차서로서 강조한 『소학』의 실천이다. 남명은 누구보다도 순서에 입각한 학문의 방법론을 강조한 인물이다. 제자인 오덕계에게 보낸 편지에서 그는

성(性)과 천도(天道)는 공자의 문에서 드물게 말한 바이다. 화정(和靜)이 이를 설하니 정자(程子)가 가벼이 말할 것이 아니라 하여 그치게 한 것인데, 그대는 지금의 선비들을 보지 아니하는가? 손으로는 물 뿌리고 청소하는 절차도 모르면서 입으로는 천상의 리를 말한다. 그 행동을 살펴보면 도리어 무지한 사람만도 못한 것이다.[44]

라고 말하고 있기도 하다. 그리하여 그는 『소학』의 절목들을 위학의 시작으로 간주했으니, 성대곡은 이에 대해

---

43) 『茅村集』, 『李朝中期思想叢書』所收, 亞細亞文化社, 1982, 卷3 「年譜」 26歲條; '河覺齋沆·趙大笑軒宗道·河寧無成應圖·柳潮溪宗智亦陪行. 至盧玉溪禎家. 玉溪要姜介庵翼. 及諸公. 同向安陰. 訪葛川. 隣近諸生齊會. 請敎于函筵. 講質心性情之辨. 老先生循誘不倦.' 이것을 南冥의 「年譜」 66세 조에 보면, '三月. 先生會盧玉溪禎·姜介庵翼. 訪葛川先生兄弟. 同游玉山洞'이라 했으니, 이와 일치함을 알 수 있다. 또한 이 해에 남명은 정월에는 智谷寺, 2월에는 斷俗寺 등으로 유람하면서 많은 문인들을 만나고 있으며, 十月에는 일생에 단 한번 徵召에 응하여 명종과 면담을 하기도 했다.

44) 『南冥集』卷2 「與吳御史書」; '性與天道. 孔門所罕言. 和靜有說. 程先生止以莫要經說. 君不察時士耶. 手不知麗掃之節. 而口談天上之理. 夷考其行. 則反不如無知之人.' 이와 유사한 내용은 「與退溪書」에서도 보인다.

일찍이 학자들에게 이르기를, 지금의 배우는 자들은 절실하고 가까운 것을 버리고 높고 먼 것을 쫓는데, 위학이란 처음부터 부모를 섬기고 형을 공경하며 어른에게 공손하며 어린 사람에게 자애롭게 하는 사이를 벗어나지 않는 것이다. 만약에 혹시 이것에 힘쓰지 않고 갑자기 성리의 오묘함을 탐구하고자 하면, 이는 인사에서 천리를 구하는 것이 아니어서 마침내 마음에 실제로 얻는 것이 없을 터이니 마땅히 깊이 경계해야 한다.45)

라고 쓰고 있다.

그러면『소학』에서부터 비롯되는 남명의 실천성리학은 어떻게 전개되는가? 이에 대해 낙천洛川 배신裵紳은

[선생이 이르기를], 지금의 배우는 자들은 매양 육상산의 학문이 질러가고 간략함을 주로 삼는 것을 병으로 여기나, 그들이 자기를 수양하는 학문은 『소학』・『대학』・『근사록』을 먼저 읽지 않고서 힘들여 먼저『주역』과『계몽』을 읽으며, 格・致・誠・正의 차례를 구하지 않고 또 반드시 성명의 리를 먼저 말하니, 그 유폐는 상산(象山)에서 그치는 정도가 아니다.46)

라고 기술하고 있어, 후일 남명학을 육왕학에 관계된다고 보는 관점47)과는 대조적으로 도리어 육왕학의 폐단을 남명의 말을 통해서 비판하고, 위학의 차례는『소학』에서『대학』으로 다시『근사록』으로 이어짐을 나

---

45) 上揭書, 卷5 大谷 撰「墓碣銘」; '嘗語學者曰. 今之學者. 捨切近趨高遠. 爲學初不出事親・敬兄・悌長・慈幼之間. 如或不勉於此. 而遽欲窮探性理之奧. 是不於人事上求天理. 終無實得於心. 宜深戒之.' 大谷은 이 글의 끝에서 자신을 '從遊最久. 觀德行於前後. 亦有人所不及知者. 此皆得於目. 而非得於耳.'라 하여 자신의 표현이 사실임을 강조하고 있다. 한편 來庵이 撰한「行狀」에도 이와 비슷한 내용이 보인다.

46) 上揭書, 卷5 裵紳撰「行錄」; '今之學者. 每病陸象山之學以徑約爲主. 而爲自己之學. 則不先讀小學・大學・近思錄. 而做功先讀周易・啓蒙. 不求之格致誠正之次序. 而又必先言性命之理. 則其流弊不但象山而止也.'

47) 이러한 見解는『光海君日記』卷 155, 12年 8月 丙寅條 등에서 확인할 수 있다.

타내고 있다. 한편 남명 자신은 제자인 성암省菴 김효원金孝元에게 보낸
글에서,

생각건대 공은 자기(資器)가 온량하여 하나의 좋은 사람일 뿐만이 아니니,
쇄소와 응대는 어릴 때부터 습관된 일이라. 이미 육분(六分)은 이루었으니,
이제 바로 『대학』을 잡고 보면서 틈틈이 『성리대전』을 탐구할 것이라. 한
두 해 항상 『대학』 한 책에 드나들면, 비록 연(燕)에 가고 초(楚)에 가게 할
지라도 필경에는 본가로 돌아와 자게 되는 것이니, 성인이 되고 현인이 되
는 일이 모두 이에서 벗어나는 것이 아니다. 회암은 평생에 힘을 얻은 것이
모두 이 책에 있다 하였으니 어찌 후인을 속였겠는가?[48]

라고 하여, 위학이 『소학』에서 시작하여 『대학』으로 완성되는 것임을
강조하고 『성리대전』을 참고로 할 것을 말하고 있다.
　남명은 『소학』과 『대학』의 연계성을 그림으로 나타내고 있으므로
이를 살펴본다.[49]

　이 그림에서 그는 『소학』을 수방심收放心하는 것으로, 『대학』을 찰
의리察義理하는 것으로 보고 그 절목들은 주자가 「大學章句序」에서 밝
힌 '쇄소응대진퇴지절 예락사어서수' 및 '궁리정심 수기치인'을 그대로
옮기고 있다. 그리고 이것을 知의 천심과 行의 小大로 구분하고, 나아
가 『대학』의 삼강령 팔조목을 敬에 부속시키고 『중용』의 덕목을 誠에
부속시켜, 결국 소학적 실천이 敬과 誠의 개념을 통해 천명에까지 이
어짐을 나타내며, 거꾸로 보면 '天命'의 性이 마침내 소학적 실천으로

---

48)　上揭書, 卷2 「答仁伯書」; '想公資器溫良. 非但一介好人. 灑掃應對幼稚習慣事也. 己
　　向六分路頭. 於今直把大學看. 傍探性理大全. 一二年常常出入大學一家. 雖使之燕之
　　楚. 畢竟歸宿本家. 作聖作賢. 都不出此家內矣. 晦菴平生得力. 盡在此書. 豈欺後人耶.'
49)　『學記類編』(前揭) 卷上 41a. 이 그림에 대한 해석은 裵宗鎬 「南冥聖學圖」(前揭)
　　61쪽 및 金忠烈 「南冥學의 要諦 -「敬義」-」(同上) 109쪽에도 보인다.

<그림 2>「小學大學圖」[49]

귀착함을 나타낸 것이라 하겠다.

둘째는 경서를 통한 내면적 실천 절목의 확보와, 그 근거로서의 이론적 개념의 정립이다. 『소학』이 일상행위의 준칙을 나열한 것인데 반해, 경서를 통해 남명이 확보한 개념은 이의 논리적 당위성을 부여하고자 한 것으로 보인다. 우선 그가 사서에 투철했던 것은 '항상 『논어』·『맹자』·『중용』·『대학』·『근사록』 등의 책을 궁구하여 그 근본을 배양하고 아취雅趣를 넓혔다. 그 가운데서 더욱 자기에게 절실한 곳에 대해서는 다시 완미玩味를 더할 뿐 아니라 들어서 사람들에게도 고했다'[50]고 한데서 알 수 있다. 나아가 그 자신은

고금의 배우는 자들이 易을 궁구함이 매우 어렵다고 하는데, 이는 사서를 깊이 이해하지 못한 까닭이다. 배우는 자는 모름지기 사서에 정숙해야 하는데, 참으로 힘을 들임이 오래되면 道의 상달(上達)을 알 수 있게 되고 易을 궁구함도 거의 어려움이 없을 것이다. (중략)다만 『대학』은 모든 경전의 강통이니 모름지기 『대학』을 읽어 깊이 이해하고 관통하게 되면 다른 책을 읽기도 쉬워질 것이다. (중략)세상의 배우는 자들이 사서에 대해 그 심상함에 싫증내어, 그것을 읽음이 속유가 장구를 기송(記誦)하는 습관과 다를 것이 없으며, 구하는 자는 문견을 넓혀주는 책을 즐겨하여 부질없는 공을 들이기 좋아하니, 이것이 이른바 색은행괴(索隱行怪)하는 자이다. 다만 도체를 알

---

50) 『南冥集』續集 來庵撰 「行狀」; '常繹語孟庸學近思錄等書. 以培其本. 以廣其趣. 就其中尤切己處. 更加玩味. 仍擧告人.'

지 못할 뿐만 아니라 마침내 그 문호를 엿볼 수조차 없을 것이다. 주자가 이르기를 '평생의 정력이 모두 『대학』에 있다'하고, 程子가 이르기를 '『논어』와 『맹자』를 이미 익히고 나면 六經은 익히지 않아도 밝아질 것이다' 했으니, 학자가 文을 넓히는 공부는 마땅히 이와 같아야 할 것이다.[51]

고 하여 사서의 중요성을 강조하고, 당시의 선비들이 이에 공을 들이지 않는 풍조를 비판하고 있다.

특히나 남명은 주자가 사서의 위치로 정립한 『대학』과 『중용』을 중시한 것으로 보이는데, 이는 당시 사림파 인물들이 공통적으로 애독한 것이라 할 수 있다. 『대학』이 위학의 차서에서 가지는 비중은 이미 서술한 바이지만, 그는 이 책을 '善으로 돌이키는 도구가 모두 이 책에 있다'[52]고 평한 정도이며, 나아가 시를 남겨 '대학의 처음 열여섯 글자, 반평생 공부로도 근본을 만나지 못했네(大學篇初十六言 工夫半世未逢源)'[53]이라고 표현할 정도로 심취했던 것이다. 한편 문인인 죽각竹閣 이광우李光友가 처음 입문했을 때, 남명은 그에게 '중용장구성경도의지설中庸章句誠敬道義之說'을 질문하고 죽각은 이에 대해 경의로 결론지어 대답하고 있으니,[54] 『중용』에 대한 남명의 관심의 한 단면을 볼 수 있다.

---

51) 『南冥集』卷2「示松坡子」; '古今學者. 窮易甚難. 此不熱四書故也. 學者須精熱四書. 眞積力久. 則可以知道之上達. 而窮易庶不難矣. (中略)但大學. 群經之綱統. 須讀大學. 融會貫通. 則看他書便易. (中略)世之學者. 其於四書. 厭其尋常. 讀之無異俗儒記誦章句之習. 而求者喜於聞見之書. 好着枉功. 此所謂索隱行怪者. 不시不知道體而已. 終不能기유其門戶矣. 朱子曰. 平生精力. 盡在此書. 程子曰. 語孟既治. 則六經不可治而明矣. 學者博文之工夫. 當如是矣夫.'
52) 上揭書, 卷2「書圭菴所贈大學冊依下」; '善反之具. 都在此書.'
53) 上揭書, 卷1「無題」.
54) 『竹閣集』(『李朝中期思想叢書』所收) 卷1「德川拜門錄」 참조. 그의 「年譜」에 의하면, 그가 南冥에게 及門한 것은 22歲 때의 일로서 南冥이 50歲 때이다. 또한 竹閣은 退溪에게도 及門하는데, 「陶山拜門錄」에 의하면 理氣四七論을 질문하고 있어, 兩門의 차이점을 보여주고 있기도 하다.

그러면 경서를 통해서 그가 확보한 것은 무엇이었는가? 이를 다음의 그림을 통해서 살펴보자.

이 그림은 『주역』·『상서』의 두 경전과 『대학』·『중용』·『논어』·『맹자』의 사서에서 남명이 취한 중심개념들을 하나의 道로 연결시켜 3단계로 구분한 것이다. 맨 위의 권에서는 『상서』의 精을 중심으로 하여 극기 박문 성찰의 개념들을 묶어 진덕進德의 방편으로 삼았는데, 정은 택선擇善으로서,56) 곧 이론적인 知의 단계임을 표시하고 있다. 그리고

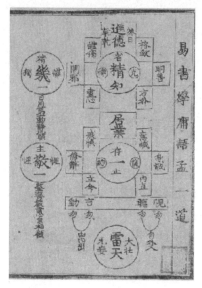

<그림 3> 「易書學庸語孟一道圖」55)

이것은 '일용제일日用第一 동정지두動靜地頭'의 기幾에 의해 제어할 것임을 나타낸다. 중간의 권에서는 역시 『상서』의 一을 중심으로 하여 복례 약문 존양의 개념들을 묶어 거업居業(修業)의 방편으로 삼았다. 一은 고집固執으로서57) 止의 단계임을 표시했으니, 止는 곧 行이므로 내면적 실천의 덕목들을 나타내고 있다. 나아가 그 아래에 四勿을 배치했으니, 경서를 통한 내면적 실천이 『소학』에서 말하는 행위적 실천절목을 바탕으

로 해야 함을 표시했다고 하겠다. 또한 이 내면적 실천은 '정제엄숙整齊嚴肅 심식상고心息相顧'인 내명의 경으로 일관할 것을 보이고 있다. 가장 아래의 권은 『주역』의 '뇌천대장雷天大壯'과 '천뢰무망天雷无妄'의

---

55) 『學記類編』(前揭) 卷上 54a. 이 그림에 대한 해석은, 裵宗鎬, 「南冥聖學圖」(前揭) 63~64쪽, 金忠烈, 「南冥學의 要諦-「敬義」」(前揭) 111~112쪽, 및 張永儁, 「南冥先生之理學造詣與人格成就」(同上) 170~171쪽에도 보인다.

56) 『學記類編』(前揭) 卷上 47a 「林隱心圖」 참조.

57) 同上.

두 괘를 묶어서 표시했다. 이 두 괘의 뜻은 강정剛正이니,58) 위의 두 권역에서 표시한 내용을 굳게 간직해야 한다는 의미로 보인다.

남명의 이 그림은 사림파가 일상윤리의 절목으로 강조한 소학적 실천에 성리학적 근거를 부여한 것으로 볼 수 있으며, 나아가 성리학 또한 실천의 범주를 벗어나지 않는 것임을 확실히 보여 준 것이라 하겠다.

셋째는『심경』·『성리대전』·『근사록』등의 성리서를 통한 자아의 정립이다.『근사록』과『성리대전』이 위학의 차서로서 강조된 사실은 이미 서술한 바이거니와, 특히나 후자의 경우는 남명이 과거를 위한 공부를 버리고 성리학에 전념하게 된 결정적인 동기를 부여한 책으로 스스로 인정하고 있는 것이다. 그는 이에 대한 느낌을 '처음에 인륜의 일상적인 일이 모두 본분 가운데서부터 나옴을 몰랐는데, 드디어 과거의 공부를 싫어하다가 또 다시 [이를] 그만두게 되면서, 학문에 뜻을 오로지 하여 점차 본래의 고향으로 들어가게 되었다'59)고 하여, 일용의 실천 영역으로 돌아오게 됨을 밝히고 있다.『근사록』은 남명이 평상시 독서의 차기箚記로 남긴「학기」를 래암의 청에 따라 그 분류를 이에 따라 맞추도록 허락할 정도로60) 그 가치를 인정하고 있는 책이다. 이『학기유편』에 대해 래암은 '선생의 이 책은 한결같이 전현의 本書 가운데 나아가 가장 절실한 것 일구 혹은 일단을 절취했을 따름이니, 곧『근사록』수집의 엄격한 기준과 일치하며 또한 술이부작述而不作의 말인 것이다'61)라고 했는데, 엄격한 기준으로 수집한『근사록』의 조목들은 그 편집 방침이 하학에서부터 상달에 이르는 위학의 절차를 중시한

---

58) 張永儁,「南冥先生之理學造詣與人格成就」(前揭) 171쪽 참조.

59) 『南冥集』卷2「書圭菴所贈大學冊依下」; '初不知人倫日用事皆本分中來也. 遂厭科擧之學. 亦復廢輟. 專意學問. 漸就本地家鄉入焉.'

60) 『學記類編』의 體裁와 刊行經過에 대한 자세한 내용은, 吳二煥,「南冥集板本考(Ⅱ) -滄洲刊本을 中心으로-」,『東洋哲學』第1輯, 韓國東洋哲學會, 1990 참조.

61) 『學記類編』(前揭) 來庵 撰「南冥先生學記類編敍」; '先生此書. 則一就前賢本書中. 節取最切實者一句或一段而己. 卽近思蒐集之律令. 亦述而不作之謂也.'

것이므로,62) 남명의 학문적 경향을 알 수 있게 하는 것이라 하겠다.

『심경』은 남명의 성리학적 사상정립에 커다란 영향을 끼친 것으로 보이는데, 경의로 대표되는 그의 중심사상이 여기서 유래한 것이며, 나아가 전체적으로 남명의 도학이 『심경』과 동일한 것으로 보는 관점이 그것이다.63) 그는 이 책을 31세 때 이준경으로부터, 또 44세 때에 이림으로부터 두 차례에 걸쳐 선물로 받고서 그 때마다 감상을 적어 남기고 있다. 먼저 이준경이 보내준 책에 대해서는,

마음이 죽고서 몸만 행하는 것은 짐승이 아니면 무엇이겠는가? 그런즉 李君을 저버리는 것이 아니라 곧 이 책을 저버리는 것이며, 이 책을 저버리는 것이 아니라 곧 내 마음을 저버리는 것이다. 슬픔은 마음이 죽는 것 보다 큰 것이 없으니, 불사의 약을 구하여 오직 먹음이 급하다. 이 책이 오직 不死의 약이겠는가? 반드시 먹고서 그 맛을 알고, 좋아하여 그 즐거움을 알아, 오래 갈 수 있고 편안할 수 있으며, 아침저녁으로 매일 사용하여 스스로 그만두지 못할 것이다. 노력하여 게으르지 않으면 顔子를 희망함이 여기에 있다.64)

고 하여, 心의 중요성과 이에서 얻어지는 효과를 기술하고 있다. 또한 이림이 선물한 책에 대해서도 '사람이 이 마음이 없으면 비록 말이 천하에 가득 차게 할지라도 성성이가 됨에 불과하여 살다가 죽는 것이라'65)고 서술하여, 마음의 정립을 대단히 강조하고 있음을 볼 수 있다. 그리고 이러한 心의 정립은, 일상적 실천과 이에 바탕한 위학차서爲學

---

62) 『近思錄』朱子「識」및 東萊 呂祖謙「識」참조.

63) 吳二煥,「南冥學資料叢刊 解題 緒論 －旣刊文獻의 紹介를 兼하여－」(前揭) 344~345쪽 참조.

64) 『南冥集』卷2「書李君原吉所贈心經後」; '心喪而肉行. 非禽獸而何. 然則非負李君. 卽負是書. 非負是書. 卽負吾心. 哀莫大於心死. 求不死之藥. 惟食爲急. 是書者. 其惟不死之藥乎. 必食而知其味. 好而知其樂. 可久可安. 朝夕日用而不自已也. 努力無怠. 希顔在是.'

65) 上揭書, 卷2「題李君所贈心經後」; '人無是心. 雖使言滿天下. 不過爲猩猩. 生而死矣.'

次序에 곧바로 이어져, 구조적으로 체계화 된 실천학을 이루게 된 것이라고 하겠다.

넷째는 앞에 서술한 자신의 학문적 관점을 교육을 통해 실현한 실천학풍의 수립이다. 남명의 중요 제자들은 거의 대부분이 그의 나이 50세 이후에 입문하고 있는데,[66] 그의 교육방법은 '각각 그 재질에 따라 독려하는'[67] 것이었다. 그런데 유학사에 있어 사제 관계의 성립은 집경수업執經受業이 아닌 학문적 강질講質이나 단순한 방문만으로도 이루어지는 경우가 많은 것으로, 남명의 경우에도 오늘날 『덕천사우연원록』에 수록된 문인 중에는 '비록 집경執經하여 어려운 곳을 질문하지 않았더라도, 혹 깊이 사랑함을 입거나 혹은 [선생을] 경앙함이 매우 지극하여 문인과 다름이 없다고 자처하는 자가 있으면 같이 수록했다'[68]고 보이는 바와 같다. 게다가 우리는 그가 실제로 행한 교육의 구체적인 내용을 정확히 확인할 수 없는 실정이지만, 다음과 같은 사실에서 그 대강은 짐작할 수 있다.

오건의 입문에 『소학』·『대학』·『근사록』을 권하고,[69] 하항에게는 『소학』·『근사록』 및 여러 성리서를 권하며,[70] 김우옹에게 『근사록』을 권하고,[71] 손천우에게는 『소학』과 『근사록』을 읽도록 권유하고 있다.[72] 또한 하락은 문하에서 『심경』과 『근사록』을 읽고 易과 禮를 강질했으며,[73] 곽재우는 『논어』를,[74] 하천주는 『근사록』을[75] 각각 읽고

---

66) 南冥의 중요 門人이라고 할 수 있는 德溪와 來庵은 그의 50代 때에 入門한 제자들이며, 寒岡과 東岡은 60歲 이후에 入門한 弟子들이다.

67) 『南冥集』 卷5 大谷 撰 「墓碣銘」; '其敎人. 各因其才而篤焉.'

68) 『德川師友淵源錄』 「凡例」; '老先生之門. 有雖不執經問難. 或深被眷愛. 或景仰甚摯. 自處無異門人者. 同載一編.'

69) 『南冥集』 別集 卷1 「年譜」 51歲條 참조.

70) 上揭書, 「師友錄」 卷6 所載 陳克敬 撰 「行錄略」 참조.

71) 『南冥集』 卷2 「又與肅夫書」; '海家医中有靑依近思錄小帙. 須取而熟思之.'

72) 『德川師友淵源錄』 卷3 「孫天祐 條」 참조.

73) 上揭書, 卷3 「河洛 條」 참조.

74) 上揭書, 卷3 「郭再祐 條」 참조.

있다. 이것은 남명이 문인을 교육한 내용의 단편에 불과한 것이지만, 철저하게 『소학』에 기초하고 있다는 점과, 이의 성리학적 확대판이라고 할 수 있는 『근사록』을 대단히 강조하고 있음을 보여주고 있다. 실제로 『근사록』은 그 구성을 보면 전체가 622조로 이루어져 있는데, 그 가운데 「위학지요爲學之要」 편에만 111조를 포함하고 있어 다른 편에 비해 월등한 분량으로 되어 있다. 이를 미루어 보면, 남명이 교육에서 가장 강조한 것은 위학의 실천적 차서라고 할 수 있겠거니와, 또한 이러한 학풍은 이후 강우지역을 중심으로 하는 남명학파의 특성을 가장 잘 나타내는 점이라고 할 수 있다.

지금까지 서술한 내용을 통하여 남명이 추구한 성리학을 살펴보면, 안자의 학풍에 바탕한 『소학』의 윤리규범에 의거한 실천을 기본으로 하고, 경서에서 뽑은 중요 개념들을 지행으로 나누어 실천을 위한 이론적 토대를 마련한 위에, 성리서를 통해 자아를 정립하고 학문의 차서를 명백히 하여 하나의 체계를 이루고서, 이로써 독특한 학맥을 성립시킨 것이라 할 수 있겠다. 이를 시기적으로 보면, 25세와 31세 때에 『성리대전』과 『심경』을 각각 읽고서 학문적 관점을 확보한 다음에 일상적인 실천의 영역으로 돌아온 것이라 할 수 있다. 이것은 초기 사림파에서부터 문풍 진흥의 차원으로서 강조한 『소학』을 중심으로 하는 성리학을 일관된 구조로 완성시킨 것으로 볼 수 있다.

물론 그의 이러한 학문적 태도는 한결같이 경의에 기반을 두고 있고, 엄격했던 출처관에 의해서 그 가치가 높아지는 것이지만, 여기서는 남명학파에서 사림파가 추구했던 학문적 취지를 가장 잘 계승하여 발전시켰다고 보는 것이다. 나아가 여기서 남명이 조선조 유학사에서 차지하는 위치도 찾을 수 있다고 하겠다. 그리고 이와 같은 실천학풍이 계속적으로 유지 확대될 수 없었던 첫 번째 이유는 인조반정과 정희량

---

75) 上揭書, 卷3 「河天澍 條」 참조.

의 란으로 인하여 강우지역이 정치적으로 소외되었던 데에 있는 것이며,76) 두 번째 이유는 퇴계학파를 중심으로 하는 이론지향적인 사류들에 의해서 이후의 학풍이 주도되면서 사상의 독점화 경향을 낳게 되고 권력마저 차지하게 되어 보수적이고 훈구적인 세력으로 변화해 가게 된 데에 있었던 것이다.77)

4. 남명의 예학

유교를 통치이념으로 채택한 조선조는 국초부터 그 전례典禮로서 『주자가례』의 보급에 많은 노력을 기울였지만 크게 실질적인 효과를 거두지 못했는데, 사림파의 정계진출과 더불어 이의 향촌에로의 보급이 가속화 되었다. 이와 같이 된 데에는 '무릇 예학은 실천유학의 이론적 발전이며, 또한 그 필연적 과정이라 할 수 있는 것'78)이므로, 이것은 곧 초기의 사림파가 추구한 학문적 목적의 하나인 향촌교화의 측면과 적절히 부합했기 때문이다. 이때부터 『주자가례』는 禮의 전형이 되어, 이후 사류들의 문집을 보면 이에 준한 예의 실행을 자랑스럽게 서술하고 있음이 거의 관례처럼 되고 있음을 볼 수 있다. 그러나 이러한 풍속은 사대부가를 중심으로 행해졌던 것이고, 이들 중에도 토정 이지함 같은 경우에는 '제사는 그 정성을 다하되 전부를 『주자가례』대로 하지는 않았다'79)고 보이는 바와 같이 완전한 정착을 이루지 못하고 있는 실정이었다. 나아가 일반에게 있어서는 음사淫祀로 통칭되는 불

---

76) 鄭希亮의 亂과 그 당시 右道士林의 動向에 관해서는 李在喆, 「18世紀 慶尙右道 士林과 鄭希亮亂」, 慶北大碩士論文, 1985 참조.

77) 이와 같은 관점은 權仁浩, 「朝鮮中期 士林派의 社會政治思想硏究 -南冥曺植과 來庵 鄭仁弘을 中心으로-」, 成均館大 博士論文, 1990 제3·4장 참조.

78) 吳二煥, 「南冥學資料叢刊 解題 緖論 -旣刊文獻의 紹介를 兼하여-」(前揭) 347쪽.

79) 『南冥集』別集 卷5 「師友錄」所載 李山海 撰 「墓碣」; '祭祀極其誠. 不盡依 文公家禮.'

교적이고 토속적인 예식이 성행하고 있었던 것이다.

이와 같은 상황에서 실천을 중시한 남명이 예의 문제에 깊은 관심을 갖게 된 것은 당연한 일이라 하겠다. 남명이 예학에 뛰어났음은, 그가 '의례의 삼천 항목을 깊이 탐구한 지 50년(儀禮三千錄. 尋究五十年)'[80]이라고 표현한 개암 강익이 '동지와 더불어『의례』를 읽는데 예가취송禮家聚訟은 조그마한 견해로는 능히 궁구할 바가 못 되니, 가까운 시일 내에 의의疑義를 넘차拈箚하여 선생께 가르침을 청하고자 합니다'[81]라는 데서 알 수 있다. 또한『덕천사우연원록』의 문인 도희령 조에 의하면, '선생이 지곡사 및 단속사를 유람함에 공이 수일간 배종했는데, 도를 강하고 례를 논했다'[82]고 되어 있다. 그리고 이천경의「연보」31세 조에「남명 선생께 가서 문안드렸다. 상제喪制의 예절과 자신에게 절실한 요체 및 위기의 방법을 물었다」[83]고 되어 있어, 남명이 예학에 밝았다는 사실과 문인들의 예에 대한 관심의 정도를 충분히 짐작할 수 있게 한다.

『주자가례』는『의례』를 대체로 하고 송대 사대부들의 거가예법居家禮法을 중심으로 편집된 것인데, 그 구체적인 내용은『소학』의 가범과 비슷한 점이 많다. 예는 관혼상제의 사례四禮가 기본을 이루는데, 효를 제일의 덕목으로 꼽는 유가에서는 상례와 제례가 가장 중요한 문제였다. 이것은 후일 예송에 있어 중심문제로 대두하기도 한 것인데, 당시

---

80) 『南冥集』卷1「姜參奉軾詩」.

81) 『介庵集』(『李朝中期思想叢書』所收) 卷上「上南冥先生書」; '與同志讀儀禮. 而禮家聚訟. 非諛見所能究. 竟近當拈箚疑義. 承敎於函丈之列.'

82) 『德川師友淵源錄』卷3「都希齡 條」; '先生之遊智谷及斷俗寺. 公數日陪從. 講道論禮.' 이 기록은 南冥의「年譜」66歲 條에도 보이는데, 『養性軒實紀』卷2에 引用되어 있는「德溪吳先生日記」의 正月 十日 條에 '往智谷入道士館. 待都著作. 鄭琢初 同行. 投宿禪房. 曹南冥是日有約而不來. 恐爲風雨所敗也'라 하고, 12日에 斷俗寺에 들어가고, 13日에 南冥이 도착했다고 되어 있으니, 이에 의하면 이때 南冥은 智谷寺에는 들르지 않은 것이 된다.

83) 『日新堂集』(『李朝中期思想叢書』所收) 卷2「年譜」; '往候南冥先生. 問喪制禮節. 及切己之要. 爲己之方.'

국가에서 표창한 효자의 덕목이 ① 효양부모孝養父母 ② 려묘廬墓와 삼년상 준수 ③ 가례대로 상제봉행喪祭奉行한[84] 것을 중시했던 데서도 잘 드러난다. 이리하여 부모의 상과 관련한 사류들의 글에서는 '몸에서 질대를 벗지 아니하고 발은 려묘를 떠나지 않았다(身不脫衰. 足不出廬)'라는 구절이 관용구화 되어 나타난다. 남명의 예학도 이 상제례喪祭禮와 혼례婚禮를 중심으로 전개되는데, 대체로『의례』를 표준으로 하고『주자가례』를 모방한 것으로 보인다.

남명은 71세 되던 해 정월에 퇴계의 부음을 듣고서 자신의 삶도 얼마 남지 않았음을 말하고,『사상례절요士喪禮節要』를 지어 문인 하응도 등에게 주면서 그의 상을 이에 의해 치르도록 하고,[85] 죽음을 이틀 앞둔 때에 '문인 하응도, 손천우, 류종지 등에게 명하여『의례』로써 상을 다스리게'[86]하고 있다. 이를 보면, 그가 지은『사상례절요』가『의례』에 준한 것임을 알 수 있다. 한편 남명은 일찍이 혼婚·상喪·제례(祭禮의 절차에 대해 따로 정한 바가 있었는데,

혼인·상장·제사의 예는 대략『주자가례』를 모방하였는데, 그 대의는 취하되 그 절문은 모두 이에 합치되도록 구하지 아니하였다. 친상(親喪)을 당함에는 삼 년을 곡읍하고 몸에서 상복을 벗지 아니하며 발은 려묘(廬墓)를 벗어나지 않았다. 혼례에 있어서는 국속으로써 부가(婦家)에서 예를 행하게 하여 친영(親迎)의 일절은 행하지 않고 다만 신랑과 신부가 혼례청에서 서로 보고서 교배(交拜)의 예를 행하게 했으니, 대개 이로써 점차 복고의 풍습이 일어나게 되었다. 또 혼례와 상례에 있어서는 속설을 좇아 과상(果床)을 높이 배열하지 아니하였으니, 당시 사대부의 집에서 이를 따름이 많았고, 풍속 또한 이로 말미암아 다소 변하게 되었다.[87]

---

84) 李樹健,『嶺南士林派의 形成』(前揭) 241쪽.
85) 『南冥集』別集 卷1「年譜」71歲 條 참조.
86) 上揭書, 72歲 條; '命門人河應圖·孫天祐·柳宗智等. 治喪以儀禮.'

고 한 것이 그것이다. 여기서 '그 친상을 당하여는 3년을 곡읍하며 몸에서 질대를 벗지 아니하고 발은 려묘를 떠나지 않았다(其執親之喪 哭泣三年 身不脫衰 足不出廬)'의 구절을 제외한 나머지는 「언행총록」에도 기록되어 있는데, 이의 아래에는 '정한강이 이르기를, 혼례의 폐함이 오래되어 아래의 사람들은 참으로 돌이킬 수 없다. 그러나 남명 선생이 옛 것과 지금 것을 참작하여 초혼의 상견으로 하여금 친영 일조를 뺀 외에 나머지의 곡절은 오히려 스스로 예에 의거하게 하셨다'[88]고 보인다.

이를 통해 보면, 남명의 예학은 『주자가례』를 모방하되 오래된 국속은 이에 포함시키고 있음을 알 수 있으며, 고배과상高排果床을 따르지 않은 것은 예의 본질인 검소함을 중시했던 것으로 여겨진다. 그가 예제에 국속을 수용한 것은 『주자가례』의 편집방침이 '고금의 서적을 보고서 그 대체의 변하지 않음에 인하고, 그 중간에 빠지고 보탠 것을 조금 더하여 일가의 서를 이루었던'[89] 점과 상통하는 면이 있다고 하겠다. 한편 이러한 국속 수용의 문제는 남명의 장례식에서 제주題主의 복장을 둘러싸고 논란의 대상이 되었던 것인데, 『주자가례』에 의한 소복素服의 착용은 한강이 극력 주장하고[90] 동강과 래암이 이에 동의했으며, 나머지는 국제國制에 의한 길복吉服의 착용을 주장했던 것이다.[91]

---

87) 『南冥集』卷5 東岡 撰「行錄」; '婚姻喪葬祭祀之禮. 皆略倣家禮. 取其大意. 其節文不求盡合. 其執親之喪. 哭泣三年. 身不脫衰. 足不出廬. 於婚禮則以國俗行禮於婦家. 不得行親迎一節. 只令壻婦相見於廳事. 行交拜之禮. 盖以是爲復古之漸也. 又於昏喪. 不從俗說高排果床. 一時士大夫之家. 多有化之者. 而風俗亦爲之少變矣.'

88) 上揭書, 卷2「言行總錄」; '鄭寒岡曰. 婚禮之廢久矣. 下之人. 固不可復. 然南冥先生酌古參今. 使之初昏相見. 闕親迎一條外. 其餘曲折. 尙自依禮.'

89) 『朱子家禮』序文; '觀古今之籍. 因其大體之不可變者. 而少加損益於其間. 以爲一家之書.'

90) 吳二煥,「『山海師友淵源錄』의 編纂」(前揭) 300쪽에 의하면, 寒岡의 禮學은 철저하게 『朱子家禮』를 따르고 있는 것이며, 婚禮에 있어서도 伯兄의 딸과 張旅軒과의 婚事에 우리나라에서는 처음으로 親迎을 행하게 했던 것으로 되어 있다.

91) 『南冥集』別集 卷6「師友錄」李敎授(濟臣) 條 참조.

196 유학의 본질 남명학의 본질

남명 자신이 상제喪祭에 임한 자세는

선생이 복중(服中)에 있을 때는 피눈물로 애모(哀慕)하여 질대를 벗지 아니
하고 이른 아침부터 밤늦게까지 일찍이 몸이 빈소의 곁을 떠난 적이 없었으
며, 비록 질병에 걸려도 또한 물러나 복사(服舍)에 나아가고자 하지 않았다.
제사에는 반드시 제물을 갖추고서 삶고 조리함의 마땅함과 씻고 닦음의 깨
끗함은 주방의 노비에게만 맡겨두지 아니하고 반드시 몸소 살폈다. 조문하
여 위로하는 사람이 있으면, 반드시 엎드려 곡하고 답배할 따름이어서 일찍
이 앉아서 더불어 이야기하지 않았다. 머슴에게 경계하기를, 상이 끝나지
않음에는 집안일의 번잡한 것으로써 와서 말하지 못하게 했다.92)

라고 되어 있어, 그 애모의 정이 지극했음과 스스로 예의 실행에 엄격
했음을 알 수 있게 한다.

한편 이러한 남명의 예학은 후대에 있어서도 상당한 영향력을 미친
것으로 보이는 바,

근세에 상제혼인의 예는 남명 선생이 참작해 정하여 준행함으로 말미암아
거의 옛날로 돌이킴에 이르렀는데, 또 병란(兵亂)이 있은 뒤부터 그 예가 마
침내 폐해짐에, 선생[부사(浮査) 성여신(成汝信)]이 개연히 이를 인도하여
앞장서서 드디어 남명 선생이 정한 바의 예를 회복하게 되었다. 일찍이 이
르기를, 혼인에 배상(排床)함은 혹 가하다 할 것이나 장례와 제사에 이르기
까지 또한 모두 배상하고, 더러는 손님이 술을 달라 해서 놀이판을 벌이기
에 이르니, 법도에 어긋난 잘못이 이보다 더한 것이 없는데도 끝내 고치지
않으니 매우 탄식할 일이다.93)

---

92) 上揭書, 卷2「言行總錄」; '先生在服. 哀慕泣血. 不脫経帶. 晨夜身未嘗不在几筵之側.
雖遘疾亦莫肯退就服舍. 祭必備物. 烹調之宜. 滌拭之潔. 不以獨任廚奴. 必躬親視之.
有吊慰者. 必伏哭答拜而己. 未嘗與之語. 戒僮僕. 喪未終. 勿以家事冗雜者來諗.'

라고 한 것이 그것이다. 또한 한강 예학의 연원을 남명에게서 구하여, 남명을 예학의 시조로 보는 견해도 있으니,94) 여기서도 예학에 있어서 그의 영향력을 짐작할 수 있다. 나아가 덕계가 「론국혼비례소論國昏非禮疏」 및 「청국혼상검계請國昏尙儉啓」 등을 통하여 왕가 혼례의 그릇된 점을 지적하고, 예를 검소하게 할 것을 간하고 있는 것에서도95) 남명의 색채를 찾을 수 있다. 여기서 한 가지 부기할 것은, 남명 문인의 한 사람인 모촌 이정 등에 의해 진주의 원당에 향약이 시행되는데96) 이 또한 남명 예학의 영향과 관련이 있을까 하는 점이다.

이상의 서술에서는 남명이 예에 밝았으며 또한 예제를 정하여 풍속을 교화함이 많아 후대에까지 깊이 영향을 미치고 있음을 살펴보았는데, 이 또한 사림파의 전통을 그대로 계승 발전시킨 것으로 볼 수 있다. 그러나 오늘날에 있어서는 남명이 정한 예의 구체적인 내용들을 더 이상 확인할 수 없는 것이 안타까운 일이라 하겠다.

5. 사림의 전통을 계승한 남명학

여기서는 지금까지 논의한 바를 요약하는 것으로 결론을 대신하고자 한다. 이 글은 조선중기 영남학파를 이끌었던 대표적 인물의 한 사람인 남명이 성리학자로서 중시한 실천적 측면을 사림파의 학문적 전

---

93) 『浮査集』 卷8 附錄 「言行錄」; '近世喪祭婚姻之禮. 因南冥先生參定遵行. 幾至復古. 又自兵亂後. 其禮遂廢. 先生慨然倡率. 遂復南冥所定之禮. 嘗曰. 婚姻排床. 猶或可. 至於喪葬祥祭. 亦皆排床. 或至賓客索酒團欒. 無謂之失. 莫過於此. 而終未革. 甚可歎也.'

94) 吳二煥, 「南冥學資料叢刊 解題 緖論 -旣刊文獻의 紹介를 兼하여-」(前揭), 345~346쪽 참조.

95) 『德溪集』(『李朝中期思想叢書』 所收) 卷2 참조.

96) 『茅村集』(同上) 卷2 「元塘洞約文」 및 「附約條」 참조. 李茅村은 咸安 茅谷(山仁)출신으로서 壬亂 後 德川書院의 院長을 역임할 정도로 남명학파에서의 비중이 컸던 인물이다.

통과 연관하여 살펴보고자 하는 목적을 가지고 있다. 사림파가 추구한 학문의 내용은『소학』및 사서를 중심으로 한 지방에서의 문풍 진흥과 『주자가례』를 근간으로 하는 향촌풍속의 유교적 교화라는 두 가지 점으로 집약된다. 그리고 이러한 것은 비록 그 체계에 대한 완전한 이해를 갖추었다고 보기는 어렵지만, 성리학적 소양을 갖춘 젊은 사림들에 의해서 주도되었는데, 기묘사화를 계기로 상당한 타격을 입고서 분위기가 침잠되어 있었다. 그러나 그 유풍이 가장 많이 남아 있었던 강우 지역에서는, 남명 종유인물들의 학행을 통해서 볼 수 있듯이, 이와 같은 전통을 계승하려는 노력이 계속되었고 나아가 성리학에 대한 이해의 수준도 한층 높아졌음을 알 수 있다.

남명은 이러한 시대적·지리적 기반 위에서 성리학을 실천학의 체계로 완성시켰고, 예의 절목을 정하여 상당 부분이 음사淫祀에 의해 행해지고 있던 예법을 바로잡았던 것이다. 그의 실천성리학을 요약하면, 그 목표를 안자의 실천에 두었는데,『소학』적 덕목의 실천이 결국 '천명지성天命之性'에 도달함을 밝히고, 경서의 중심 개념들로써 이의 이론적 근거를 마련하고, 성리서를 통해 자아를 정립했다고 할 수 있다. 그리하여 그는 위학의 차서를『소학』에서『대학』, 그리고『근사록』의 순서로 할 것을 제시하고 있다. 한편, 그의 예학은『의례』를 기본으로 하고 국속을 수용하고 있어『주자가례』에 대한 맹목적 추종을 지양하고 있음이 특색이라 할 수 있다.

이러한 것들을 바탕으로 남명은 일가의 학을 이루어 이후 강우를 중심으로 실천을 숭상하는 남명학파를 형성했으니, 사림파의 학문적 전통을 가장 잘 계승한 것이라 할 수 있으며, 나아가 조선조 성리학사에 있어 그가 차지하는 위치도 여기서 찾을 수 있다고 할 수 있다.

참고___
___문헌

姜翼, 『介庵集』, 『李朝中期思想叢書』 所收, 亞細亞文化社, 1982.

金宇顒, 『東岡集』(木板本).

都希齡, 『養性軒實紀』, 『李朝中期思想叢書』 所收, 亞細亞文化社, 1982.

李光友, 『竹閣集』, 『李朝中期思想叢書』 所收, 亞細亞文化社, 1982.

李楨, 『龜巖集』(木板本).

李瀞, 『茅村集』, 『李朝中期思想叢書』 所收, 亞細亞文化社, 1982.

李天慶, 『日新堂集』, 『李朝中期思想叢書』 所收. 亞細亞文化社, 1982.

朴河淡, 『逍遙堂逸稿』(木板本).

成汝信, 『浮查集』(木板本).

吳健, 『德溪集』, 『李朝中期思想叢書』 所收, 亞細亞文化社, 1982.

鄭希輔, 『唐谷實紀』(木活字本).

曺植, 『南冥集』, 『李朝中期思想叢書』 所收. 亞細亞文化社, 1982.

『慶尙南道輿誌集成』, 慶尙南道誌編纂委員會, 1963.

『近思錄』.

『南冥先生學記類編』(萬曆丁巳本).

『大學』.

『德川師友淵源錄』(鉛活字本).

『東儒師友錄』.

『論語』.

『孟子』.

『山海師友淵源錄』(碧寒亭所藏 筆寫本).

『尙書』.

『性理大全』.

『小學』.

『心經』.

『燃藜室記述』.

『周易』.

『朱子家禮』.

『中庸』.

『昌寧曺氏派譜』(鉛活字本).

權仁浩, 「朝鮮中期 士林派의 社會政治思想 硏究 -南冥 曺植과 來庵 鄭仁弘을
　　　　中心으로-」, 成均館大 博士學位論文, 1990.

金成龍, 「南冥 曺植의 倫理思想」, 韓國精神文化硏究院 碩士學位論文, 1983.

金宇基, 「朝鮮前期 士林의 銓郎職進出과 그 役割」, 慶北大 碩士學位論文,
　　　　1984.

金忠烈, 「生涯를 通해서 본 南冥의 爲人」, 『大東文化硏究』 第17輯. 成均館大
　　　　大東文化硏究院, 1982.

_____, 「南冥學의 要諦 -「敬義」-」, 『南冥學硏究論叢』 第1輯. 慶南: 南冥學
　　　　硏究院, 1988.

金恒洙, 「16세기 士林의 性理學理解」, 『韓國史論』 7, 國史編纂委員會, 1982.

李秉烋, 『朝鮮前期 畿湖士林派硏究』, 一朝閣, 1984.

李樹健, 「南冥 曺植과 南冥學派」, 『民族文化叢書』 第2·3輯. 嶺南大 民族文化
　　　　硏究所, 1980a.

李樹健, 『嶺南士林派의 形成』, 『民族文化叢書』 第2·3輯, 嶺南大 民族文化硏究
　　　　所, 1980b.

李在喆, 「18世紀 慶尙右道 士林과 鄭希亮亂」, 慶北大 碩士學位論文, 1985.

文暻鉉, 「江右學派의 形成과 人脈」, 『韓國의 哲學』 第11號. 慶北大 退溪硏究
　　　　所, 1983.

裵宗鎬,「南冥聖學圖」,『南冥學研究論叢』第1輯. 南冥學研究院, 1988

吳二煥,「南冥集板本考(Ⅰ) -來庵刊本을 中心으로-」,『韓國思想史學』第1輯.
　　　韓國思想史學會, 1987.

_____,「南冥學研究論叢 解題 緒論 -旣刊文獻의 紹介를 兼하여-」,『南冥
　　　學研究論叢』第1輯. 慶南: 南冥學研究院, 1988.

_____,「『山海師友淵源錄』의 編纂」,『東洋學論叢』第1輯. 次山 安晋吾博士
　　　回甲紀念論文集, 1990.

_____,「南冥集板本考(Ⅱ) -滄洲刊本을 中心으로-」,『東洋哲學』第1輯. 韓國
　　　東洋哲學會, 1990.

張永儁,「南冥先生之理學造詣與人格成就」,『南冥學研究論叢』第1輯, 慶南: 南
　　　冥學研究院, 1988.

趙平來,「南冥思想의 實學的 性格」, 慶尙大 碩士學位論文, 1988.

崔丞灝,「南冥의 反躬體驗과 持敬居義思想의 研究」,『韓國의 哲學』第11號, 慶
　　　北大 退溪研究所, 1983.

제6장
남명의 인물평을 통해 본 출처관의 기저

1. 남명과 출처

　지난 20여 년간 남명南冥(1501~1572, 名은 식(植), 字는 건중(楗仲))과 남명학파에 대한 연구는, 한 인물에 대한 경우로 본다면 퇴계退溪를 제외하고서는, 실로 그 유례를 찾아보기 어려울 정도로 많은 성과를 축적하였다.[1] 특히 탄생 500주년을 맞이한 2001년에는 상당한 규모의 기념행사(기념사업은 별도)를 개최하였는데, 그 중에서 '남명 탄신 500주년 기념' 또는 '퇴계·남명 탄신 500주년 기념'이라는 명분을 걸고서 개최한 학술회의만 해도 적어도 7회 이상이 되는 것으로 알고 있다. 더불어 이 기간 동안에만 출판된 단행본, 논문집, 학술회의 발표자료집 등의 학술적 자료도 상당한 숫자가 될 뿐만 아니라, 신문이나 잡지 등의 기사, 그리고 TV나 라디오 및 비디오와 CD 등으로 남명을 선양 홍보한 것까지 포함한다면 가히 상상을 초월할 정도로 많은 실적물들이 역사

---

[1]　이러한 사실은 오이환, 「남명학관계기간문헌목록 2002」, 『남명학연구논총』 제10집, 남명학연구원출판부, 2002에서 충분히 확인할 수 있다.

속의 한 인물을 재조명하기 위해 제작 배포되었다. 게다가 그 이전에 3개였던 남명 관련 연구기관 및 홍보단체가 7개로 늘어났다.[2] 그리하여 이제 남명은 국내에서는 거의 모르는 사람이 없을 정도이며, 외국 학자들의 학술적 연구 참여자도 많이 증가한 실정이다.

그 결과, 학술적인 연구 분야에서 본다면 이제 남명 개인에 대한 연구는 거의 한계에 도달하여 독특하고 참신한 새로운 연구실적을 기대하기가 어려운 상황으로 보인다. 다만 한국유학사의 한 축으로서의 남명학파에 대한 연구는 이제 비로소 본격적인 시작의 단계에 있다고 보아도 큰 무리가 없다고 할 수 있다. 그런데, 남명에 대한 기존의 연구는 한결같이 남명학의 특징을 경의敬義에 바탕한 실천유학의 정립, 엄격한 출처관에 기초한 선비정신의 표상, 민본주의에 의한 위민정치의 강조, 강직한 상소를 통한 사림의 언로言路개척, 교육을 통한 인재 양성 등을 밝히는데 집중되어 왔다고 할 수 있다. 그리고 무엇보다도 이 모든 것을 아우르는 저변의 핵심사상은 경과 의로 규정짓고 있다. 이러한 견해는 이제 학계에 일반화되어 있는 것으로 보아 무리가 없으며, 필자도 기본적으로 동의하고 있다.

그러나 엄밀한 의미에서 역사적 인물로서의 남명을, 그의 당대에서나 그의 사후 오늘에 이르기까지, 가장 남명답게 규정짓는 요소는 무엇인가? 경과 의로 정립된 그의 철학인가? 이 점에 있어 필자는 다소

---

2) 남명학에 대한 연구기관으로는 먼저 사단법인 남명학연구원과 경상대학교 부설 경남문화연구원 남명학연구소, 그리고 남명학부산연구원이 있었다. 남명 탄생 500주년에 즈음하여 학술연구를 목적으로 하는 단체로서 남명학회가 서울을 중심으로 창립되었고, 국제남명학연구회가 중국 서안을 중심으로 설립되었다. 또 선양과 홍보를 목적으로 하는 단체로는 남명협회가 인터넷을 중심으로 활동하고 있고, 남명의 고향인 합천 삼가에서는 남명 선생선양위원회가 구성되기도 하였다. 그러나 지난 1994년 9월부터 2002년 3월말까지 7년 7개월 동안 사단법인 남명학연구원에서 초대 사무국장 겸 상임연구위원으로 일을 해왔던 필자의 안목으로 본다면, 외형상의 이러한 확충(?)은 실제로 각 기관의 정체성·역할·운영 등의 측면에서 그 내면을 살펴볼 때, 참으로 알 수 없는 부분들이 많다고 할 수 있다.

다른 견해를 가지고 있다. 남명 사후 그를 위해 지어진 「묘갈墓碣」· 「행장行狀」·「제문祭文」·「신도비神道碑」·「묘지墓誌」 등의 글을 주의 깊게 살펴보면, 한 인물의 일생에 있어 가장 특징적인 면을 부각하여 묘사하는 그 글들에서는 모두 출처에 있어 처사로서의 지조를 끝까지 지킨 남명의 출처사상을 가장 높게 평가하고 있음을 알 수 있다. 그러한 글들에서 표현하고 있는 남명에 대한 평가어 내지는 수식어로는 '단엄직방端嚴直方'·'강의정민剛毅精敏'·'각의견절刻意堅節'·'강대탁원剛大逴遠)'·'추상열일秋霜烈日'·'태산벽립泰山壁立'·'고고탁절孤高卓絶'·'봉상만인鳳翔萬仞'·'「벽립천인壁立千仞'·'일월쟁광日月爭光' 등이 많이 쓰였다. 이와 같은 표현은 결코 경의사상의 탁월함을 드러내고자 하는 것은 아니라고 보이며, 오히려 그것은 평생 동안 10여 차례가 넘게 조정의 부름이 있어도 끝내 나아가지 않고 자신의 뜻을 지킨 굳은 출처관에 대한 경외敬畏의 표현이라고 본다.

남명이 후세에 끼친 공적을 우암 송시열은

남명 선생이 이미 세상을 떠남에 선비는 더욱 구차해지고 풍속은 더욱 투박하니 식자들이 선생을 사모함이 더욱 간절하다. 그러나 사람들이 義를 귀하게 여기고 利를 천하게 알아 조용히 물러남을 가상히 여기고 탐욕을 부끄러이 여기게 되었으니, 선생의 공이 참으로 위대하다.[3]

고 하였으니, 여기에서도 남명의 출처를 높이 평가하는 우암의 뜻을 알 수 있다. 더구나 한말 대학자로서 벼슬에 나아가지 않고 평생을 살았던 면우 곽종석은 남명을 형용하면서 '선생이 곧 日月'이라고 했는

---

3) 『남명집』 송시열 찬 「신도비명」. 이 글에서 인용하는 『남명집』은 일일이 권수를 표시하지 않기로 한다. 『남명집』은 그 판본이 다양한 만큼 이미 많은 종류가 영인 간행되었고, 특히 『남명집 4종』, 남명학연구원출판부, 2002는 주요 판본별로 비교 검토하기에 아주 용이하며, 남명학연구소에서 간행한 『교감국역 남명집』은 대체로 번역이 무난하게 되어 있다.

데, 이 또한 경의를 온축하여 끝까지 처사로 살아간 남명의 삶의 자취를 존경한 말이라고 보아야 옳을 것이다.

남명은 살았을 때에 평생 사양했던 벼슬을 사후에 바로 하게 되는데, 사간원 대사간의 벼슬을 추증 받았던 것이다. 그 후 정인홍을 중심으로 하는 北人정권의 시대인 광해군 7년(1615)에 다시 최고의 벼슬인 영의정에 추증되고, '도덕박문왈문道德博聞曰文 직도불요왈정直道不撓曰貞'[4]이란 의미로 '문정文貞'이란 시호諡號까지 받게 된다. 이는 남명이 시에서

사람들이 바른 선비 사랑하는 것은,	人之愛正士
호랑이 털가죽을 좋아함과 비슷하네.	好虎皮相似
살아 있을 땐 죽이려 하다가,	生則欲殺之
죽은 뒤에야 칭찬한다네.	死後方稱美[5]

라고 읊은 바와 같은 경우라 하겠지만, 이 또한 출처에 엄정했고 과감한 직언을 서슴지 않았던 남명의 기질에 부합하는 벼슬이고 시호라 할 수 있다.

만약 남명에게 '처하여 지킨 지조'가 없다고 한다면, 과연 그가 정립한 경의의 학문만으로 그를 역사에서 지금처럼 평가했을까? 이 글은 이러한 관점에서 남명의 출처관을 새롭게 조명해 보고자 한다. 물론 지금까지 남명의 출처에 대한 연구가 없었던 것은 아니다. 그러나 그러한 연구들은 남명의 출처에 대한 관점만을 단편적으로 부각하여 전

---

4) 신용호·강헌규,『先賢들의 字와 號』, 동양문화총서2, 사단법인 전통문화연구회, 1998, 175~179쪽에 의하면, 諡法의 규정에 '貞'자의 용례는 '淸白守節' '大慮克就' '不隱無屈' '廉約自守' 등 4가지만 있고, '直道不撓(도를 곧게 하여 굽히지 않았다)' 는 용례는 없는 것으로 되어 있다. 그렇다면 남명의 시호 중 '정'자는 그 뜻은 남명의 일생과 부합하지만 정식 시법의 규정에 의한 것은 아니라는 말이 된다.
5)『남명집』오언절구「偶吟」.

체적인 면모를 드러내지는 못한 것으로 보인다. 이 글에서는 그의 출처관을 그 자신의 人物評을 통하여 살펴보고, 나아가 그러한 인물평의 저변에 깔려 있는 출처사상의 바탕을 찾아보고자 하는데 목적이 있다.

2. 남명의 성격과 출처

1) 남명의 성격

한 인물의 타고난 성격은 그의 삶을 결정짓는데 있어 결정적인 요소로 작용한다고 할 수 있다. 남명에게서는 그러한 면모가 특히 강하게 나타난 것으로 보이는데, 그 자신이 스스로 술회하기를

> 나는 애초에 타고난 자질이 매우 둔한데다 스승과 벗들의 규계(規戒)도 없어서, 오직 남에게 오만한 것으로 고상함을 삼았다. 사람에게만 오만한 마음이 있었을 뿐만 아니라 또한 세상에 대해서도 오만한 마음이 있어서, 부귀와 재리(財利)를 보면 마치 풀이나 진흙처럼 멸시하였으며, (사람됨이) 가벼워 진실하지 못하고 호연히 휘파람이나 불기도 하고 팔을 걷어 부치기도 하였으며, 항상 마치 세상일을 잊고 살 듯한 기상이 있었다. 이 어찌 돈후(敦厚) 주신(周信) 박실(朴實)한 기상이겠는가? 날마다 소인이 되는 쪽으로 달려가면서도 스스로 모르고 있었다.[6]

고 한 것처럼, 그는 남들이 보기에 오만한 성격을 타고났으며 세속에 영합하지 않는 것으로 고상함을 삼았고 부귀와 재리를 멸시하는 강직함을 지닌 인물이었다. 이 기록은 남명이 45세 되던 해, 을사사화가 일

---

6) 『남명집』「서규암수증대학책의하」.

어나기 얼마 전에 쓴 것으로 확인되는데, 그 후 남명이 55세 되던 해 단성현감을 사직하는 상소와 관련하여 실록에서는

조식은 천성이 강개하고 정직하여 세상 따라 부앙(附仰)하려 하지 않았고, 몸을 깨끗하게 가져 속된 사람과 말할 때는 자신을 더럽힐까 두려워하여 뒤도 돌아보지 않고 떠날 뜻이 있었으며 국가에서 누차 초빙하였으나 응하지 아니하였다.[7]

라고 하여, 남명이 강개 정직하며 처신이 깨끗한 사람임을 말하고 있다.
한편, 이 상소와 연관되는 실록의 다른 기록을 보면, 남명이 평생 존경하면서 도의道義로 교유하였던 「청송聽松 성수침成守琛의 졸기卒記」에

그는 젊었을 때 조식과 벗이었는데, 그가 올린 사직소의 말씨가 너무 격렬한 것을 보고, "오랫동안 건중(楗仲)을 만나지 못하였는데, 이미 원활해 졌는가했더니 지금 이 소(疏)에 가시가 너무 드러난 것을 보니 아직도 그 공부가 원숙하지 못한듯하니 실천의 진도를 알 것 같다"하였다.[8]

고 평한 것으로 보아, 청송도 일찍부터 남명의 성격이 원만하지 못하고 강직함을 앞세우는 면이 있음을 알고 있었으며 또한 그때까지도 그것이 변하지 않고 있음을 말하고 있다. 그리고 이러한 남명의 성격은 늙어갈수록 더욱 강해지는데, 명종 말년 실록의 기록을 보면

방정하고 염결하였으며, 세속을 벗어나 은둔하였으며 추상같은 지기가 있었다. 늙어 갈수록 더욱 엄격하여 남의 과오를 용서하지 않았다. 세상을 너

---

7) 『명종실록』 8년 5월 6일(신해). 이 글에서 인용하는 실록의 기록은 Copyright© 1995 Seoul Systems Co. Ltd.를 따른다.
8) 『명종실록』 18년 12월 26일(경오), 징사 성수침의 졸기.

무 깔보고 항시 하는 말은 거의가 풍자였으니, 대개 은거하여 방담하는 자였다. 자신이 말하기를 "나는 항상 객기에 사역을 당한 적이 많다" 하였다.[9]

라고 하였고, 이보다 조금 후에 그 자신도

저의 강계지성(薑桂之性, 생강과 육계처럼 매운 성격)은 늘그막에 이르러도 오히려 매워지기만 합니다. 밖에서 들려오는 말이 아무리 많더라도 매양 차가운 웃음으로 흘려버립니다. 목을 잘리게 되더라도 전혀 애석해 하지 않을 것인데, 하물며 목을 잘리지 않는 데 있어서이겠습니까?[10]

라고 쓰고 있다. 이 편지는 남명이 만년에 이른바 음부사건淫婦事件[11]에 연루되어 극심한 마음의 고통을 겪고 있던 와중에 쓴 것인데, —이 사건은 당시에 있어서나 남명 사후에 있어서나 실로 복잡한 문제들의 단초가 되었던 것이며— 여기서 우리는 남명 성격의 특징을 찾을 수 있다.

반듯하고 깨끗하며 늙어갈수록 더욱 엄격한 추상같은 기상으로 목이 잘리더라도 굽히지 않고 남명이 힘 쓴 것이 과연 무엇인가? 그것은 곧 선과 악, 정正과 사邪를 엄격히 구분하여 인간 행위의 옳음(是)과 그릇됨(非)을 밝히는 것이었다. 남명은 철저하게 선을 추구하고 악을 미워한 사람이었다.[12] 선조가 즉위한 후 경연에서 음부사건에 대한 이야기가 화제로 나오자 고봉 기대승이 '조식은 악을 미워하는 사람'[13]이

---

9) 『명종실록』 21년 7월 19일(무신).

10) 『남명집』 「여성대곡서」 제3서.

11) 이 사건에 관련해서는 정만조, 「宣祖初 晋州 淫婦獄과 그 波紋」, 『韓國學論叢』 22, 國民大學校, 2000 참조.

12) 이 점에 대하여 설석규는 「16세기 정국과 남명의 출처의리」, 『남명학과 정치철학 연구』, 남명학연구원출판부, 2001에서 다소 생소한 용어인 '理氣分對論'이라는 개념으로 남명의 이기론을 파악하여, 리를 선으로 기를 악으로 대립시켜 악을 미워하고 선을 좋아한 남명을 주리론자로 파악하고 있다. 그러나 남명의 선악에 대한 인식을 '이기분대론'으로 본 관점이 타당한 것인가는 의문이 있다.

라고 한 말도 이러한 견해를 뒷받침한다고 할 수 있다. 특히 남명 사후 『선조실록』과 『선조수정실록』에서 기록하고 있는 「처사 조식의 졸기」를 보면,

조식은 도량이 청고하고 두 눈에서는 빛이 나 바라보면 세속 사람이 아님을 알 수 있었다. 언론은 재기가 번뜩여 뇌풍(雷風)이 일어나듯 하여 다른 사람으로 하여금 자기도 모르게 이욕(利慾)의 마음이 사라지도록 하였다.14)

고향으로 돌아와 벼슬하지 않고 지리산 아래에 살았다. 취사를 함부로 하지 않아 남을 인정해 주는 일이 적었으며 항상 조용한 방에 단정히 앉아 칼로 턱을 고이는가 하면 허리춤에 방울을 차고 스스로 행동을 조심하여 밤에도 정신을 흐트러뜨린 적이 없었다. 한가로이 지낸 세월이 오래되자 사욕과 잡념이 깨끗이 씻어져 천 길 높이 우뚝 선 기상이 있었고, 꼿꼿한 절개로 악을 미워하여 선량하지 않은 향인에 대해서는 엄격하게 멀리했기 때문에, 향인이 감히 접근하지 못했으며 오직 학도들만이 종유하였는데 모두 심복하였다.15)

라고 하고 있다. 이를 종합해 보면, 남명의 성격은 곧고(直) 반듯하고 (方) 바르며(正) 깨끗하되(淸) 다소 오만하였으며(傲) 평소 말에서는 풍자를 많이 섞었으며, 이욕을 멀리하고, 비분강개하여, 선악을 엄격히 구분하여 악한 자를 철저하게 싫어하였다고 할 수 있다. 이러한 성격은 그가 의를 보면 과감하게 행동하고 불의를 보면 참지 못하는 행동으로 표출되었던 것이며, 그가 정립한 '외단자의外斷者義' 사상의 기초가 된 것이라고 할 수 있다. 그러나 한편으로 그는 자신의 과격한 성격의 폐단을 잘 알고 있었던 인물로 보이는데, 임종 직전에 그가 '나는 학자가

---

13) 『선조실록』 2년 5월 21일(갑자).
14) 『선조실록』 5년 2월 8일(을미).
15) 『선조수정실록』 5년 1월 1일(무오).

아니다. 평생에 협기가 많았으나 다만 공부의 힘으로 해결했을 따름이라'16)고 한 말은 '의'의 기준을 밝혀주는 '내명자경內明者敬'의 수양공부가 얼마나 중요한지를 나타내고 있다.

한편, 많은 경우 사람들은 남명의 성격을 위와 같은 면에서만 파악하여 어떤 의미에서는 너무나 고지식한 인물인 것처럼 보는 듯하다. 그러나 일상에 있어서의 남명은 참으로 가슴이 따뜻한 사람이었다. 이러한 측면은 평생의 지기인 대곡 성운이 쓴 「묘갈」에

능히 세상을 잊지 못해 나라를 걱정하고 백성을 근심하더니 매양 달 밝은 밤이면 홀로 앉아 슬피 노래하고 노래가 끝나면 눈물을 흘렸으나 곁에 있는 이들이 그 까닭을 알지 못했다.17)

고 한 것처럼, 그는 남의 고통을 자신의 고통 이상으로 가슴아파한 사람이다. 또한 「유두류록遊頭流錄」에서 그는 산 속의 중을 위하여 지방의 수령에게 세금을 감면해 줄 것을 청하는 편지를 대신 써 주기도 하며, 「여이합천서與李陜川書」에서는 다른 사람이 상喪을 당하여 곤궁한 처지에 있음을 보고서 합천군수에게 그를 도와주도록 권하는 내용을

---

16) 『남명집』 동강 찬 「행록」.
17) 『남명집』 대곡 찬 「묘갈」. 남명의 사후 그에 대한 많은 기록들이 나오게 되는데, 후대의 것은 내용의 진실성에 문제가 있다고 보이는 것들도 있다. 즉 남명을 너무 존모하여 과장하거나 다른 사정으로 폄하하기 위하여 사실이 아닌 기록을 남긴 경우가 있다고 여겨지는데, 남명에 관하여 가장 잘 묘사하고 있는 기록이 바로 이 「묘갈명」이라고 할 수 있다. 이 기록에 대해 대곡 자신이 이미 그 글의 끝 부분에서 '내 외람되이 벗의 반열에 끼어 종유한지 제일 오래인지라 전후에서 덕행을 보아 또한 남들이 미처 알지 못한 바가 있다. 이는 모두 눈으로 본 것이지 귀로 들은 것이 아니기에 가히 믿고 전할 수 있다'고 하였고, 후대에 면우 곽종석도 남명의 「묘지명」에서 '선생의 벗 대곡 성 선생 운이 그 묘갈을 지으면서 선생의 진학 성덕의 실체와 출처 동정의 절도를 극진히 말하여 마치 향당에 聖人像을 그려 놓은 것 같으니 백 세의 후에도 이를 읽는 이는 선연히 선생을 다시 보는 것 같을 것이다'고 표현하고 있다.

담고 있기도 하다.

나아가 그는 을사사화에 희생된 친구들을 죽도록 잊지 못하고서 그들을 생각할 때마다 눈물을 흘린 사람이며, 아들 차산次山이 요절한 후 자식에 대한 죄책감과 그리움을 여러 기록들에서 통절하게 토로하고 있기도 하다.

2) 남명의 출처

조선조에 있어 사대부로서 과거를 통하여 출사하는 것은 당연한 일이라고 할 수 있다. 남명 또한 처음부터 과거를 보아 벼슬할 뜻을 가지고 있었으며, 그 자신은 쉽게 과거에 합격할 것으로 자부하고 있기도 하였다. 그러나 기묘사화 이후 벼슬길의 기구함을 목격하면서 이러한 생각에 변화가 생기기 시작하였고, 25세 이후 출처에 대한 신념을 확고히 굳히게 된다. 과거에 응시한 남명의 기록은 그 자신이 다음과 같이 술회하고 있다.

약관에 문과한성시에 합격하고 다시 사마시 복시에도 합격하였으나 회시에서는 다 낙방을 했다. '과거 시험이 애초에 장부가 자신을 세상에 드러내는 방법이 되지 못하는데 하물며 소과(小科)임에랴!'라고 생각하고는 드디어 사마시는 포기하고, 다만 동당시에만 나아가 세 차례 일등에 합격하였다. 그 뒤 혹은 합격하기도 하고 혹은 떨어지기도 하면서 나이 서른을 이미 넘겼다. 또 문장이 과문(科文)의 형식에 맞지 않는다는 생각을 하여, 다시 평이하고 간실(簡實)한 책을 구하여 보았다.[18]

또 남명이 벼슬에 제수 되었던 바에 대해서는, 래암이 스승의 「신도

---

18) 『남명집』「서규암소증대학책의하」.

비명」에서

중종 조부터 이미 벼슬을 제수하는 왕명이 있었으나 나아가지 아니했고, 명
종 선조 양 조의 소명이 거듭 이르렀지만 오랫동안 나아가기를 꺼리다가 뒤
에 상서원판관으로 한 번 은명(恩命)에 사례했으니, 대개 군신(君臣)의 의를
아니 폐하고자 해서이다.19)

라고 하였는데, 남명의 과거 및 출처와 관련된 경력을 정리해 보면 다
음과 같다.

19세: 기묘사화를 목격하고 벼슬길이 기구함을 알았다. 숙부 언경이 연루되
      어 파직됨
20세: 사마시와 문과한성시에 합격
21세: 기묘사화 연루자에 대한 추죄, 사마시 포기, 부친의 독려로 동당시에
      만 나감
25세: 산사에서 『성리대전』을 읽다가 과거 공부보다는 성현의 학문에 전념
      하게 됨
33세: 향시에서 2등함
34세: 명경시에 응시하여 낙방
37세: 모부인에게 청하여 과거를 폐할 것을 허락받음
38세: 이언적의 천거로 헌릉참봉에 제수되었으나 나아가지 않음20)
43세: 이언적이 경상감사로써 만나기를 청했으나 사양함
45세: 을사사화에 많은 친구들이 화를 당하는 것을 목격하고 평생 잊지 못함

---

19) 『남명집』 래암 찬 「신도비명」.
20) 이와 관련하여 『중종실록』 35년 7월 16일(을사 조)을 보면, 이 때 남명을 천거한
    인물로는 회재 이언적 외에 남명의 절친한 벗이자 을사사화의 희생자인 이림도 있
    었던 것으로 되어 있다.

48세: 전생서 주부에 제수되었으나 나아가지 아니함

49세: 사도시 주부와 예빈시 주부에 제수되었으나 나아가지 아니함21)

51세: 종부시 주부에 제수되었으나 나아가지 아니함

53세: 퇴계로부터 출사를 권하는 편지를 받았으나 발운산을 구해달라는 답
　　　 장으로 사양

55세: 단성현감에 제수되었으나 「을묘사직소」를 올리고 나아가지 아니함

59세: 조지서 사지에 제수되었으나 나아가지 아니함

66세: 5월에 소명이 있었으나 나아가지 않음

　　　 8월에 상서원 판관에 제수되어 10월에 대궐에서 임금을 만나고 바로
　　　 돌아옴

67세: 11월에 두 차례의 소명이 있었으나 나아가지 아니함

68세: 5월에 소명이 있었으나 나아가지 않고 「무진봉사」를 올림

69세: 종친부 전첨에 제수되었으나 나아가지 아니함

70세: 조정에서 거듭 불렀으나 나아가지 아니함

남명에게 몇 번의 벼슬이 제수되었고, 구체적으로 어떤 벼슬이었는
지에 대해 지금으로서는 위에 열거한 정도밖에는 확인할 수 없다. 그
런데 그의 다음 시를 보면 산천재에 거주할 때에만 최소한 7번의 소명
이 있었다는 사실은 확인할 수 있다.

우연히 사륜동(絲綸洞)[덕산]에서 살다가,　　　　偶然居住絲綸洞

조물주가 속이는 줄 오늘 비로소 알았다네.　　　今日方知造物給

일부러 공연한 편지로 수나 채우는 은자로 만들어,　故遣空縅充隱去

임금의 부르는 사자 일곱 번이나 왔다오.　　　　爲成麻到七番來22)

---

21) 이 기록은 다른 곳에서는 보이지 않고 실록에서만 보이는데, 사도시 주부에 제수
된 것은 『명종실록』 8년 3월 13일(갑자)이고, 예빈시 주부에 제수된 것은 같은 달
26일(임신)로 되어 있다.

주지하는 바와 같이 남명은 25세 때에 과거공부를 위하여 서울 인근의 산사에서 글을 읽다가 크게 깨달은 바가 있어 실질적으로 과거를 포기하게 되었다고 할 수 있는데, 그 자신은 이에 대해서

그래서 처음으로 『성리대전』을 읽었는데, 하루는 보다가 허 씨(노재 허형)의 다음과 같은 글을 접하게 되었다. "이윤의 뜻을 뜻으로 삼고 안자의 학문을 학으로 하여 나아가 벼슬하면 나라를 위해 크게 하는 일이 있어야 하고, 물러나 은거해 있으면 스스로를 지킬 줄 알아야 한다. 대장부는 마땅히 이와 같이 하여야 한다. 나아가 벼슬해도 하는 일이 없고 물러나 은거하면서도 지키는 것이 없다면, 뜻하고 배운들 무엇 하겠는가?"23) [나는 이 글을 보고서] 흠칫 스스로 반성하고, 부끄럽고 위축되어 정신을 잃을 것 같았다. 배운 것이 형편없어 거의 일생을 그르칠 뻔 한 것과, 애초에 인륜이나 일상 생활에서의 일들이 모두 본분 속에서 나오는 것인 줄 몰랐던 것에 대하여 깊이 탄식하였다. 문득 과거공부에 싫증이 나서 또 다시 이를 폐지하여 포기하고, 학문에 전념하여 점점 근본적인 곳으로 나아가게 되었다.24)

라고 언급하고 있다. 그러면 남명에게 있어 '나아감(출)'과 '물러나 있음(처)'은 어떤 차이가 있는 것인가? 이에 대해 면우 곽종석은

[남명 선생께서]항상 말하기를 "처신의 처음에는 마땅히 금옥(金玉)이 작은 먼지의 더러움도 용납하지 않는 것 같이 하고 동정을 산악같이 하여 만 길의 절벽처럼 우뚝 섰다가, 때가 되어 펼칠 적에는 바야흐로 허다한 사업을 이루어야 한다"고 하였으니, 이것이 그 종신토록 불우하였으나 밭두렁에서

---

22) 『남명집』 칠언절구 「德山偶吟」.
23) 이 내용은 『性理大全』 「학8 역행」권 50에 수록되어 있는 것이며, 남명의 독서차기서인 『학기유편』의 '출처' 편에도 인용되어 있다. 이 글에서 언급하는 『학기유편』은 초간본(만력 정사본)을 말하는 것임을 밝혀둔다.
24) 『남명집』 「서규암소증대학책의하」.

요순을 즐기고 유독(幽獨)한 가운데서 한운(寒雲)을 좋아하며 출처의 사이에 권도(權度)가 정확하여 털끝만큼도 구차하지 않았던 것이다.[25]

라고 하여, 깨끗하게 스스로를 닦아 준비하는 것이 '물러나 있음'이요, 때가 되어 배운 바를 펼쳐 허다한 일을 하는 것이 '나아감'이라고 보았다.

그런데, 남명은 왜 평생 나아가지 않았는가? 남명이 나아가지 않은 이유에 대해 역시 면우는

대개 기묘년 이래로 현로가 기구하여 참소가 성행하고 을사년 이후 외척이 권력을 천단하여 정사가 무너지고 착한 이들이 도륙되었으니, 선생과 평소 교분이 두텁던 청명직절한 이들이 반이 넘게 참화를 당하였다. 선생은 이에 확고히 꺾을 수 없는 뜻을 지녔던 것이다.[26]

라고 하여, 사화로 인한 현자들의 억울한 죽음과 이러한 상황을 초래한 암울한 정치적 원인을 그 첫째의 이유로 들고 있다.[27] 실제로 단성현감에 제수되었을 때 이를 사양하는 「을묘사직소」에서 남명이 밝힌 출사하지 못하는 이유는 첫째 실질을 갖추지 못하고 헛된 이름으로 몸을 파는 형국이라는 겸양과, 둘째 [실질적으로 일할 수 있는 자리가 아니어서] 관직을 얻어 녹을 먹으면서 그 직분을 수행하지 못하기 때문이라고

---

25) 『남명집』 면우 찬 「묘지명」.
26) 위와 같음.
27) 벼슬길의 기구함과 관리의 책임에 대해서 「언행총록」에는 다음과 같은 일화가 전한다. ① 선생께서 김해 산해정에 계실 때 석천 임억령이 찾아뵙고 길이 매우 험하더라는 말씀을 드리니, 선생께서 웃으시며 말씀하시기를 "그대들이 밟고 있는 벼슬길이 아마 이보다 더 험할 것이야"하셨다. ② 선생께서 항상 보도를 차고 계셨는데, 상국 이양원이 본도의 감사가 되어 선생을 찾아뵙고 칼을 가리키며 말하기를 "이 칼이 능히 무겁지 않습니까"하니, 선생이 말씀하시기를 "무엇이 무거우리오! 나는 생각건대 상공의 허리 아래 금대가 더 무거울 것 같소"하니, 이 씨가 사례하여 말하기를 "재주는 없고 임무는 무거우니 감당하지 못할까 두렵습니다"하였다.

하였다. 이에 대해 율곡도 『석담일기』에서 당시에 어진 선비를 부른 것은 허명으로 명분을 위한 것이었다는 점을 말하고 있으며,28) 출사를 권유하는 퇴계의 편지에 대한 답신에서 남명은 '아직은 현자의 지위가 위태롭고 벼슬에 나아갈 시기가 아니라'고 하여 결국 퇴계도 이에 동조하는 의견을 피력하였다. 선조가 즉위한 후에도 남명은 「정묘사직승정원장」에서 '산야에 버려진 사람을 찾아 어진 이를 구한다는 아름다운 이름만을 일삼으려 하는데, 아름다운 이름은 알맹이를 구하기에 부족합니다. 이는 마치 그림의 떡으로 굶주림을 구제하지 못하는 것과 같으니, 구급하는 데에는 전혀 보탬이 안 됩니다.'29)라고 하여, 명실이 상부하지 못한 부름을 사양하였다.30)

여기에 더하여 남명은 선조 즉위 초에 올린 「무진봉사」에서

또한 듣건대 임금을 섬기는 자는 임금을 헤아려 본 뒤에 들어간다고 하는데, 정말 전하는 어떠한 임금이신지 모르겠습니다. 만약 저의 말을 좋아하지 않으시면서 한갓 저를 보려고만 하실 뿐이라면 섭공(葉公)이 용을 좋아하던 일이 될까 두렵습니다.31)

라고 하여, 임금이 신하를 부르는 것이기는 하지만 신하 또한 그 임금의 역량을 헤아려 보고 출사한다는 경전의 말을 인용32)하여 불출사에

---

28) 『남명집』「편년」55세조 참조.
29) 『남명집』「정묘사직승정원장」.
30) 여기에 더하여 『학기유편』「출처」에서는 『중용』제10장을 인용하여 "나라에 도리가 행해질 경우에는 자신의 지키던 지조가 변화되지 않고 행하던 바가 막히지 않는다. 나라에 도리가 행해지지 않을 경우에는 죽음에 이르기까지 지키던 지조를 변화시키지 않는다"고 하여, 불출사에 대한 이유를 한 가지 더 제시하고 있다.
31) 『남명집』「무진봉사」.
32) 이 구절은 『학기유편』「출처」에서 인용하고 있는 『예기』「소의」편의 '임금을 섬기는 자는 충분히 고려해 본 후에 조정에 들어가는 것이지, 들어간 후에 고려해 보는 것은 아니다'라는 구절과 일치한다.

대한 자신의 뜻을 은유적으로 나타내고 있다.

게다가 죽기 직전에 그가 '내 평생에 한 가지 장점이 있으니 죽을지라도 구차하게 따르지 않는 점이다'[33]고 스스로 말한 것처럼, 출처에 확고한 입장을 지녔던 남명이 죽고 난 다음 그의 출처에 대해, 성격적으로 그를 너무나 닮았다고 할 수 있는 문인 래암은 스승의 「신도비명」에서 오직 남명 출처의 정당성만을 말하면서

> 세상 사람들은 혹 고항(高亢)하다 여기고 혹 일절(一節)이라고 배척하니, 심하도다! 그 도를 알지 못함이여! …그렇기 때문에 은둔하여 후회하지 아니함은 성인도 고항이라 하지 않고 이에 중용을 의거했다고 하였으니, 그 뜻을 여기에서 이미 볼 수 있다. 하물며 증자와 자사가 벼슬하지 아니하고 그 뜻을 고상히 지킴도 또한 하나의 道임에 있어서랴!34)

라고 평하였고, 실록에서도

> 지식이 고명하고 진퇴의 도리에 밝아 세도가 쇠퇴하여 현자의 행로가 기구해지자 도를 만회해 보려는 뜻을 두었으나 끝내 때를 못 만났음을 알고 산야로 돌아갈 생각을 품었다.35)

고 하였다. 특히 선조는 남명에게 내린 「사제문賜祭文」에서 '하늘이 사문에 화를 내리어 선비들이 인도하는 바를 잃어 참되고 질박한 사람을 헐뜯으며 시대에 아첨하였지만, 공은 더욱 뜻을 굳게 지켜 지조를 변치 않았다'[36]고 하여, 남명의 출처가 정당한 사유가 있는 것이며 꺾을

---

33) 『남명집』 동강 찬 「행록」.
34) 『남명집』 래암 찬 「신도비명」.
35) 『선조실록』 5년 2월 8일(을미) 「처사 조식의 졸기」.
36) 『남명집』 「사제문」.

수 없는 견고한 뜻에서 나온 것임을 말하고 있다.

이러한 남명의 출처는 결국 래암에 의해

고괘(蠱卦) 상구(上九)의 전(傳)에서 말한 선비의 고상함은 한 가지 길만 있
는 것이 아니다. 도덕을 품고서도 때를 만나지 못하여 고결히 자기를 지킨
이도 있고, 자족의 도를 알아 물러나서 스스로를 보전한 이도 있으며, 능력
과 분수를 헤아려 알아주기를 구하지 아니한 이도 있고, 청렴과 절개로 자
기를 지켜 천하의 일을 탐탁하게 여기지 않으면서 홀로 그 일신을 깨끗이
지닌 이도 있으니, 혹자는 선생이 이 몇 가지 중에 해당된다고 여겼다.[37]

는 말로 정리되었고, 이에 대해 용주龍洲 조경趙絅도 남명의 「신도비명」
에서 '아! 선생의 도는 역易 고괘蠱卦 상구上九에 있으니 오직 도덕을
지니고서도 때를 만나지 못해 고결히 스스로를 지킨 것이 그것이다'[38]
라고 하였다. 『주역』「괘」 상구가 왜 남명의 출처를 대변하는가? 상구
의 경문은 '왕후를 섬기지 아니하고 그 하는 일을 고상하게 한다'고 하
였고, 그 상사에는 '왕후를 섬기지 않는다는 것은 그 뜻이 모범이 될
만한 것이기 때문이다'[39] 라고 되어 있다. 이는 결국 남명이 '처하여
지킨 바가 있음'을 밝히는 것이라 할 수 있다. 남명은 스스로 자신의
출처가 '고괘' 상구에 있다고 한 적은 없으나, 그가 『학기유편學記類編』
「출처」에서 인용하고 있는 『주역』의 「대과괘大過卦」, 「둔괘屯卦」, 「비괘
否卦」 등의 상사象辭에서 유추해 보면 그 뜻을 충분히 짐작할 수 있다.[40]

---

37) 『남명집』 래암 찬 「행장」.
38) 『남명집』 용주 찬 「신도비명」.
39) 『주역』 「고괘」.
40) 이러한 남명의 입장은 결국 『학기유편』 「출처」의 끝에 인용되어 있는 '공자가 일찍이
가난 때문에 벼슬을 하였다. 어떤 사람이 이것으로 인해 정자에게 벼슬할 것을 권면
하니, 정자가 다음과 같이 말하였다. "굶주리게 되어 문밖을 나서지 못하게 된다면
그때 천천히 도모할 것이다"'라는 구절과 그 뜻이 상통하는 바가 있다고 보인다.

3. 남명의 인물평

1) 인물평의 기준

예나 지금이나 남의 장단점을 들어 평을 하기는 쉽지만 그 평이 자기에게로 돌아오는 경우를 생각해 본다면 삶에 신중하지 않을 수 없다고 할 수 있다. 남명은 다른 사람에 비하여 남의 장단점을 노골적으로 표현하고, 당시의 시정時政의 잘못된 점을 직선적으로 지적하여 글로 남긴 예가 많은 경우에 해당된다. 그는 왜 남의 시비와 장단長短에 대해서 많은 평을 했을까? 그리고 어떤 기준으로 그러한 평을 했을까? 그는

> 문인 중에 남의 장단과 시정의 득실을 논하는 자가 있으니, 선생께서 말씀하시기를 "다른 사람을 논하는 것은 군자가 스스로를 다스리는 급한 임무가 아니고 시정도 또한 배우는 자가 즐겨할 일이 아니니 제군들은 이런 것은 하지 말라" 하셨다.41)

라고 한 것처럼, 제자들이 그와 같은 말을 하는 경우에는 이를 제지하였다. 그것은 스스로 수양이 부족하고 자신에게 흠이 있는 사람이 섣부르게 남의 장단과 시정의 득실을 논하다가 오히려 화를 당할 것을 우려했기 때문일 수도 있다고 보인다.

남명이 사람의 선악과 시비의 기미를 미리 잘 판단하는 혜안을 가지고 있었다는 예가 있으니

가) 사람 보는 눈이 환하게 밝아서 사람들이 숨길 수 없었으니, 어떤 신진소

---

41) 『남명집』 「언행총록」.

년이 청반(淸班)에 올라 명성이 드러났거늘 공이 한 번 보고 사람들에게 말하기를 "그 재주를 끼고 스스로 뽐내며 기세를 부려 사람 대하는 것을 보니 뒷날 어질고 능한 이를 해치는 일이 반드시 이 사람을 연유할 것이다" 하였으니, 그 후 과연 높은 벼슬에 올라 몰래 흉악한 괴수와 결탁하여 법을 농간하고 위세를 부려 사류(士類)를 섬멸하였다.[42]

나) 또 어떤 선비가 글재주는 있으나 급제하지 못했는데 그 사람됨이 음험하고 시기심이 많아 어진 이를 원수같이 여겼다. 공이 우연히 모임 중에서 보고 물러나 친구에게 말하기를 "내 그 사람의 미간을 살펴보고 그 사람됨을 짐작컨대 외모는 호탕하지만 흉중에 남을 해칠 마음을 품었으니 만일 벼슬을 얻어 심술을 부리면 착한 사람들이 위태할 것이다" 하니, 친구가 그 밝음에 탄복했다.[43]

라고 한 것이 그것이다. 위 두 예에서 공통점은 남명이 그들의 사람됨이 악한 것을 미리 알았다는 것이고, 차이점은 가)는 그 인물의 행실을 보고서 판단한 것인 반면에 나)는 그 인물을 관상학적으로 살펴서 그 심성의 악함을 알았다는 점이다. 그리고 가)에서는 남명의 평이 있은 때부터 상당한 세월이 흐르고 난 후 그 예언이 실제 결과로 드러난 일을 말하였고, 나)에서는 그 결과를 말하지는 않았으나 남명의 평을 들은 친구는 평소 그 사람의 성품이 그렇다는 것을 잘 알고 있었다는 사실을 함축하고 있다. 이와 같이 남명은 살아 있고 직접 만나본 사람에 대해서 그 선악을 잘 판단하였을 뿐 아니라 이미 죽은 역사적 인물에 대해서도 또 다른 판단기준을 가지고 있었다.

죽은 사람에 대한 평은 대체로 그 失은 덮어두고 장점만을 취하여 「묘표」·「묘지명」·「묘갈명」 등에 기록하는 것이 상례이다. 남명은 이

---

42) 『남명집』 대곡 찬 「묘갈명」.
43) 위의 글..

러한 경우에 두 가지의 원칙을 가졌던 것으로 보인다.

가) 나는 남에 대해서 인정을 잘 해주지 않는다. 무슨 일이 있어도 살아있는
   사람에게 아첨한 적이 없었는데, 지금 편안히 지내면서 어찌 죽은 귀신
   에게 아첨하려 하겠는가?[44]

나) 고령[황강 이희안]은 일찍이 나를 세상 사람에게 아첨하지 않는 사람으
   로 여겼다. 따라서 무덤 속에 있는 사람에게도 아첨하지 않으리라 생각
   하여, 나에게 묘표를 지어주기를 요구하기에, 삼가 그 가계를 차례대로
   적는다.[45]

다) 생원이 사귄 사람은 모두 문학의 대가들이었는데, 이들에게 묘표를 써
   달라고 하지 않고 나에게 요구하는 것은, 나무꾼이 난초를 본 것처럼 내
   가 집안일을 잘 알기 때문이다. 그런데 내가 쓰지 않으면 그윽한 난초를
   본 것이 진신(縉紳)들에게 알려지지 않을 것이라서 사양할 수 없었다.[46]

라) 작록으로 조정의 반열에 서지는 못했지만 사람들이 선을 그에게 돌리
   면, 그는 언제 어디서나 존경받을만한 점을 지닌 사람일 것이다. 우리
   고을에 선사(善士)가 있으니, 노군(盧君) 수민(秀民)이 그 사람이다. 나
   는 남들에 대해서 잘 인정을 해주지 않는데, 그를 볼 때마다 마치 면류
   관을 쓴 사람처럼 훌륭해 보였으니, 그 또한 평범한 사람과 다른 점이
   있는 사람인가 보다.[47]

---

44) 『남명집』 「의성김씨묘지」.
45) 『남명집』 「정부인최씨묘표」.
46) 『남명집』 「어집의부인백씨비문」.
47) 『남명집』 「노군 묘명」.

위에서 가)와 나)는 남명이 평소 남을 잘 인정해주지 않는다는 점과, 비록 죽은 사람에 대해서도 결코 미화하거나 과장하지 않고 단지 사실만을 기록하여 전한다는 자신의 성격을 스스로 표현한 말이며, 또한 그를 아는 다른 사람들도 그렇게 여겼다는 점을 밝히고 있다. 이러한 그의 입장은 매부 정백빙이 죽은 후에 여동생이 '내가 죽은 이에게 아첨하지 않는다는 것을 알고 나에게 명銘을 지어 달라'[48]고 하였을 정도였던 것이다. 또 다)와 라)를 보면 남명은 평소 그가 아주 잘 알고 있던 사람의 착한 점을 오래 전하기 위해 글을 지었다는 점을 나타내고 있다. 즉 그는 오직 사실에 입각하고 또 자신이 직접 책임질 수 있는 내용의 글만으로 죽은 인물에 대한 비문류의 기록으로 남겼다고 볼 수 있다. 만약 그렇지 않고 마지못해 글을 지어야 할 경우에는 '내가 여기에 쓴 것은 단지 사람들의 말을 기록한 것일 따름'[49]이라고 단서를 달았던 것이다.

그러나 무엇보다도 중요하게 여겼던 남명의 인물평의 기준은 바로 '출처'였으니,

> 출처로써 군자의 대절을 깊이 삼았으니 고금의 인물을 두루 논할 때에는 반드시 먼저 그 출처를 살핀 연후에 그 행사득실을 논했다.[50]

라고 한 것이 그것이다. 이 말은 남명은 어떤 인물이 훌륭한 업적을 남겼다고 할지라도 결국 그 출처에 잘못된 점이 있다면, 그 사람을 올바른 사람으로 보지 않았다는 것을 뜻한다. 4장에서 살펴보겠지만 지극히 악을 미워한 남명에게 있어 출처란, 선과 악이 나뉘는 분기점인 기미에서의 입장 선택을 의미하는 것이다. 즉 기미의 순간에 나아갈 때

---

48) 『남명집』「효자정백빙묘갈명」.
49) 『남명집』「진사강군묘표」.
50) 『남명집』 래암 찬 「행장」.

와 물러날 때를 판단함에 그것이 도에 합치하는 순선純善의 경우가 아니고 조금이라도 악이 개입된 경우일 때에는 이미 사욕私慾이 내재된 것으로 보는 것이다. 다시 말해서 어떤 일이 '해서는 안 되는 일'이거나 '해서는 안 되는 때'에 하고자 하는 것은 끝내 그 결과가 좋을 수 없을 수밖에 없다는 것임과, 거기에는 개인적 욕심이 개입될 수밖에 없다는 점을 말하고자 하는 것이라 할 수 있다.

2) 남명 자신에 대한 평

남명은 스스로 자기의 단점을 실토하기를,

나 같은 사람은 겨우 삼사 할을 얻어서 태어난 사람인데다 기질적인 병통이 있어서 남과는 다른 점이 있다. 당시에 뜻을 얻었더라면 자신을 그르쳤을 뿐만 아니라 응당 또한 나라도 그르쳤을 것이니, 비록 나이 들어 뉘우침이 있은들 잘못을 만회할 수 있겠는가? 지금 와서 생각해 보니 나도 모르게 혀가 내둘러진다. 비록 평범한 사람을 만나더라도 모두 나보다 나은 사람 같으니, 다시 남에게 오만하고자 해도 오만할 수가 없다. 앞의 사고방식대로 살면 소인이 되고 뒤의 사고방식으로 살면 道를 들은 사람이 되니, 한 치 되는 기미를 옮김에 따라 천 리만큼 어긋나게 되는 것이다. 사실 부귀에 대하여 오만했던 한 가지 마음으로 말미암아 사사로운 욕심을 적게 하는 한 가닥 길을 열게 되었다.[51]

라고 하였다. 이는 그가 30세 때에 친구인 송규암이 책을 보내 준 것에 대한 감회를 서술하면서 쓴 내용인데, 사물과 사람에 대해 오만한 기

---

51) 『남명집』 「서규암소증대학책의하」.

질적인 병통을 타고나서 일생을 그릇되게 살아갈 위기에서 허노재의
말을 접하고서 이를 반성하게 되었다는 젊은 시절의 기록이다. 그런데
66세 때 명종을 만나기 위해 상경했을 당시 일재 이항 등과의 만남에
대한 회고에서 그는

나를 지목해 말과 태도가 거만하다고 하는 것이 바로 이 우각(牛角)의 희롱
입니다. 주공보다 낫다고 말하는 것이 과연 참말입니까? 술이 크게 취하기
전에 큰 구나(驅儺)를 만나 빠져나오지 못한 것이 한스럽습니다. 사자(士子)
들의 소견이 이와 같으니, 대체로 그 사람들을 대강 상상해 볼 수 있습니다.
나는 평생 다른 기예를 배우지 않고, 혼자 책만 보았을 뿐입니다. 입으로 성
리를 말하고자 하면 어찌 남들보다 못하겠습니까마는, 오히려 그 점에 대해
기꺼이 말하고 싶지 않았습니다.[52]

라고 하여, 자신의 학문에 대한 자부심을 피력하면서도 다른 사람들이
자신의 말과 태도가 거만하다고 평하는 것에 대해 그 소견이 얕음을
말하고 있다. 그러나 어쩌면 이 당시 상경했을 때 남명은 그 명망이 높
아져 있었음에 비해 다소 거친 모습을 보인 것으로 볼 수 있으며, 이는
일재에 대한 그의 견해를 반영한 것이라고 할 수도 있겠지만 그의 타
고난 기질적인 병통이 완전히 고쳐지지 않았다고 보는 것이 더욱 타당
성이 있을 것이다.

　그보다 더욱 만년에 쓴 것으로 보이는 편지에서 그는 또 스스로에
대해

평생의 행동거지는 웃음과 한탄을 자아낼 만하고, 늙고서도 저술할 것이 없
으니, 이미 도적이나 다름없습니다. 이제 다시 이 몸은 이름난 도적이 되어,

---

52) 『남명집』 「여오어사서」.

백방으로 도망을 치려해도 달아날 수 없게 되었으니, 바로 하늘의 명호(名號)를 훔쳐 하늘이 도망을 치지 못하게 하는 것입니다.[53]

라고 하여, 음부사건으로 남의 입에 오르내리게 된 자신의 처지를 비관하고 학문도 완전하지 않다고 하고 있으며, 세상에 알려진 이름에 비해 내실을 갖추지 못한 처지임을 토로하고 있다. 그는 임종의 직전에도 경의의 중요성을 말하면서 '나는 이런 경지에 이르지 못하고 죽는다'[54]고 하여, 자신에 대해 엄격한 평을 하고 있음을 볼 수 있다.

3) 타인에 대한 평 - 역사적 인물, 당대의 인물, 문인

남명은 자기의 성격과 다른 사람에 대한 철저한 평가의 기준으로 인하여 교유의 폭이 넓지 못하였고,[55] 나아가 타인에 대한 비판적인 평가를 서슴지 않았으므로 그의 생전이나 사후에 많은 부정적인 영향을 초래하게 되었다고 할 수 있다. 어쩌면 그가 끝내 문묘文廟에 종사되지 못한 이유도, 후세의 사람들이 대부분 정인홍이 『남명집』의 간행에서 회재와 퇴계를 변척하는 글을 수록한 점에서 찾고 있지만, 사실은 오히려 그 자신이 그들에 대해 비판하는 글을 남긴 것이 보다 근본적인 이유라고 볼 수 있다. 어쨌든 남명은 다소 지나치다 할 정도로 냉철하게 타인의 善하지 못한 면을 지적하였다. 그리하여 그에게는

벗을 사귐에 반드시 단정하여 그 사람이 벗할 만하면 비록 포의(布衣)라도 王公처럼 높여 반드시 예로써 공경했고, 벗하지 못할 사람이면 비록 벼슬이

---

53) 『남명집』「여김숙부서」 제8서.
54) 『남명집』「편년」 72세 조.
55) 우암도 「신도비명」에서 이 점을 지적하면서 남명이 친했던 인물을 성청송, 성대곡, 성동주, 이황강, 김삼족당 정도로 꼽고 있다.

높고 귀하여도 흙으로 만든 인형같이 여겨 함께 앉기를 부끄러워하였다. 이 때문에 사귐이 넓지 못했지만 그러나 그 더불어 아는 이는 학행과 문예를 지니어 모두 당세의 이름난 선비 중에 선택된 사람들이었다.56)

는 평이 따르게 된 것이었다.

그가 남긴 글을 살펴보면, 그는 중국의 역사적 인물로부터 시작하여 그의 시대보다 앞서는 선배 및 그와 동시대를 살았던 종유인, 그리고 그의 문인에 이르기까지 상당한 숫자의 인물에 대해 평을 하고 있는데, 이를 하나씩 살펴보기로 한다.

중국의 역사적 인물

남명에게 있어 출처의 표적이 되었던 인물은 안연과 이윤이었다. 그런데 실제로 그에게는 '나아가 이룬 업적'이 있는 이윤보다는 '처하여 지킨 바'가 있었던 안연이 더욱 훌륭한 인물로 비춰진 것은 아닐까? 안연에 대해서

안씨의 道는 사물의 시초에까지 극진하였고 조화의 시작에까지 아득히 닿아 있다. 천지 같은 크기로도 그의 도를 측량할 수 없으며 일월 같은 광명도 그의 도보다는 밝을 수 없다. …천자는 천하로써 자신의 영토를 삼는 사람이지만 안자는 만고(萬古)로써 자신의 영토를 삼는 사람이므로 누항(陋巷)이 그의 봉토는 아니었던 것이며, 천자는 만승(萬乘)으로써 자신의 지위로 삼는 사람이지만 안자는 도덕으로써 자신의 지위를 삼는 사람이므로 곡굉(曲肱)이 그의 지위는 아니었던 것이다. 그러니, 그의 봉토는 얼마나 넓은가! 그러니, 그의 지위는 얼마나 큰가!57)

---

56) 『남명집』 대곡 찬 「묘갈명」.
57) 『남명집』 「누항기」.

라고 하였으며, 나아가 그 글에 이어서 그는 '순 임금도 하빈河濱을 떠나지 않았으면 누항에 살던 안회와 같이 되었을 것이고, 부열傅說이 부암傅巖을 나가지 않았더라면 단사簞食로 연명하던 안회와 같이 되었을 것'이라고 극찬하였으니, 결국 끝까지 지조를 지켜 벼슬에 나아가지 않았음을 칭송한 것이다.

또한 그는 「엄광론嚴光論」에서

나는 자릉(子陵)을 성인의 도를 추구하는 사람이라고 생각한다. …또 자릉의 언론과 기풍을 상고하건대 뜻이 높아 세상을 깔보고, 영원히 떠나가서 돌아보지도 않는 사람은 아니었다. 특히 이윤 부열과 같은 무리였는데, 때를 만나지 못한 것이었다. 아아. 만약 이윤이 성왕과 탕 임금을 만나지 못했다면 마침내 유신(有莘)의 교외에서 죽었을 것이고, 만약 부열이 은(殷) 고종을 만나지 못했다면 마침내 부암 들에서 늙었을 것이니, 반드시 도를 굽혀 가면서 결합하기를 구하지는 않았을 것이다.[58]

라고 하여, 광무제의 벗인 엄광이 세상을 구하려는 뜻이 없었던 것이 아니라 때가 아님을 알고 출사하지 않은 점을 높이 평하면서, 그를 이윤이나 부열에 못지않은 인물로 묘사하고 있다.

남명의 인물평에서 특기할 만한 예가 바로 제갈량에 대한 경우이니,

일찍이 이르기를 "제갈공명은 소열(昭烈)이 삼고(三顧)하여 나왔으나, 행할 수 없는 시기에 행하려고 하다가 작은 쓰임의 유감을 면하지 못했다. 만약 끝내 소열을 위해 일어나지 아니하고 차라리 융중(隆中)에서 일생을 마쳐 천하 후세가 무후(武侯)의 사업을 알지 못하더라도 또한 괜찮았을 것이다" 하였으니, 고인을 상론할 때 전언에 얽매이지 아니하고 일단의 새로운 뜻을

---

58) 『남명집』「엄광론」.

구함이 왕왕 이와 같았다.[59)]

라는 말처럼, 한나라를 재건하기 위하여 의리로써 유비를 도와 노력했던 제갈량의 출사를, 결국 뜻을 이루지는 못하고 한 평생 고단한 삶만을 살았던 것으로 보아, 차라리 나아가지 않은 것만 못하다고 보았다.[60)] 여기에 더하여 그는 「기서사옹寄西舍翁」이란 시에서

만 겹의 푸른 산 온통 아지랑이,	萬疊靑山萬市嵐
이 몸은 애오라지 하늘만 보이는 골짜기를 사랑한다네.	一身全愛一天函
구구하게 제갈량은 끝내 무슨 일로,	區區諸葛終何事
손권에게 무릎 굽혀 겨우 삼국이루었나?	膝就孫郞僅得三

라고 하여, 엄광과는 대조적으로 '할 수 없는 일'을 억지로 하려고 하다가 이루지 못한 식견의 부족을 비꼬고 있기도 하는 등 보통 사람들과는 다른 견해를 가지고 있었다.

그의 시대보다 앞서는 인물

남명은 고려 말의 인물 4인에 대한 평을 남기고 있는데,

가) 눈 깜짝할 사이에 악양현을 지났는데 강가에 삽암(鍤岩)이라는 곳이 있었다. 이곳이 바로 한록사(韓錄事) 한유한의 옛집이 있던 곳이다. 한유한(韓惟漢)은 고려가 장차 어지럽게 되리라는 것을 알고, 처자를 데리고 이곳에 와서 살았다. 조정에서 불러 대비원(大悲院) 록사(錄事)로 삼았으나, 그 날 저녁으로 달아나 버려 그 간 곳을 몰랐다고 한다.[61)]

---

59) 『남명집』 래암 찬 「행장」.
60) 이에 대해서는 동강 찬 「행장」에서도 '그 출사의 부당함을 이른 것이라'고 적고 있다.

나) 부모를 섬김에 지극히 효도했고, 또 서모 氏를 잘 섬겼으며, 부자 아내를 거느렸으나 검소하고 부지런하였다. 과거에 올라 문하성 주서(注書)로 되었다. 홍무 23년(1390) 경오에 공양왕이 왕위에 오르자 드디어 봉계(鳳溪: 경북 김천)에 물러나 살았다. 그 후에는 벼슬을 제수해도 부임하지 않았다. 공양왕이 서거하자 방상(方喪) 3년을 하였다. 우리 태종 때에 태상박사(太常博士)로 부름을 받았으나, 사양하고 나아가지 않아서, 두 성씨를 섬기지 않는 의리를 지켰다.62)

다) 대저 한 몸의 나그네로서 오직 나라를 보위하고 백성을 윤택하게 하는 일만을 위하는 사람을 나는 공에게서 보았다. …만년에는 고려 운수가 다할 것을 보고는 병을 핑계하여 벼슬하지 않았다. …그 후에 다시 한 번 세상에 나온 일도 아마 할 일이 또 있었기 때문이었을 것이다.63)

라) 절 부서지고 중 파리하고 산도 옛날 같지 않은데,　　寺破僧羸山不古
　전 왕조의 임금은 집안 단속 잘하지 못했네.　　前王自是未堪家
　조물주가 추위 속에 지조 지키는 매화의 일 정말 그르쳤나니,

　　　　　　　　　　　　　　　　　化工正誤寒梅事
　어제도 꽃을 피우고 오늘도 꽃을 피웠구나.　　昨日開花今日花64)

라고 한 것이 그것이다. 가)는 한유한韓惟漢, 나)는 길재吉再, 다)는 문익점文益漸, 그리고 라)는 강회백姜淮伯에 대한 것이다. 여기서 한유한은 선견지명先見之明이 있어 벼슬을 버린 인물로, 길재는 시세가 벼슬할 시기가 아님을 판단하고서 물러난 인물로, 문익점도 물러날 때를

---

61) 『남명집』「유두류록」.
62) 『남명집』「야은길선생전」.
63) 『남명집』「삼우당문공묘사기」.
64) 『남명집』「斷俗寺政堂梅」.

안 인물로 묘사되었다. 그런데 강회백은 고려와 조선 두 조정에서 벼슬한 것이 의리를 지키지 않은 잘못된 일이라고 풍자하였는데, 같은 상황을 두고 문익점이 벼슬한 것은 '아마 할 일이 있었을 것이라'고 감싸고 있는 점이 특이하다. 더구나 길재에 대해서 '두 성씨를 섬기지 않는 의리를 지켰다'고 한 것과 비교하면, 문익점이 남명의 선대先代에서 인척관계가 된다는 점을 감안하더라도 또 다른 이유가 제시되어야 할 것 같다.

한편 남명은 오덕계의 출처가 기미를 살피지 못하고 있다고 나무라면서 보낸 편지에서,

> 고정(考亭)[주자의 호]처럼 어진 분에게도 참수하라는 설이 있음을 면치 못하였는데, 하물며 인심이 지극히 교묘한 우리나라에 있어서이겠습니까? 전시대 한훤당과 효직(孝直)[조광조의 자] 같은 분들도 모두 선견지명이 부족했는데, 하물며 나와 그대들 같은 사람이겠습니까? 이런 시국에는 거짓 미친 척하여 자신을 더럽히더라도 화를 면하기 어려울 듯합니다.65)

라고 하여, 주자와 같은 인물도 다른 사람의 참언이 있었음을 말하고, 김굉필과 조광조와 같은 현인들도 선견지명이 부족하였다고 지적하고 있다. 그런데 김굉필에 대해서는 「서경현록후書景賢錄後」에서 몇 가지 일화를 보충하면서, 한훤당은 자신의 명예를 중히 여기면서도 자신을 평범한 사람과 구별하지 않은 현인이며, 조심스럽고 온후한 도량과 재능이 천성에서 나온 인물이며, 그가 신영희와 절교한 사실과 추강 남효온이 그와 절교한 사실 등에서 그들은 식견이 높아 이미 사화의 기미를 이미 보고 있었던 인물이었을 것으로 보고 있다. 그런데도 끝내 한훤당이 화를 면하지 못한 것은 '당시의 험난하기 그지없는 세상일은

---

65) 『남명집』「여오어사서」.

철인哲人이 아니면 그 화란을 벗어날 수 없는 것', 또는 '천명天命'으로 볼 수밖에 없다고 말하고 있다.66)

또 그는 일두 정여창에 대해서도,

도탄에서 한 마장쯤 떨어진 곳에 정여창 선생의 옛 거처가 있었다. 선생은 바로 천령(天嶺)[함양의 옛 이름] 출신의 유종(儒宗)이다. 학문이 깊고 독실하여 우리 도학(道學)에 실마리를 이어주신 분이다. 처자를 이끌고 산으로 들어갔으나 나중에 내한(內翰)을 거쳐 안음 현감으로 나아갔다가 교동주(喬桐主)[연산군]에게 죽임을 당했다. 이곳은 삽암과 십 리쯤 떨어진 곳이다. 명철의 행불행이 어찌 운명이 아니겠는가?67)

라고 하여, 철인의 불행을 운명으로 돌리고 있다. 여기에 더하여 남명은 '탁영 선생은 살아서는 송죽松竹 같은 절개가 있었고, 죽어서는 하늘에 사무치는 원통함이 있었다'68)고 하여 탁영 김일손에 대해 그 절개를 칭송하였는데, 이로써 그는 이른바 무오사화의 중심이면서 영남 사림파의 핵심인물 3인에 대하여 모두 긍정적인 평가를 한 셈이다.

마지막으로 그는 지족당知足堂 조지서에 대해서도

저녁에 정수역에 이르렀다. 객관 앞에 정씨의 정문이 서 있었다. 정씨는 승선(承宣) 조지서(趙之瑞)의 아내이며 문충공(文忠公) 정몽주(鄭夢周)의 현손녀이다. 승선은 의인이었다. 높은 곳으로 부는 바람이 불어오니 벽을 사이에

---

66) 『남명집』「서경현록후」참조. 여기서 남명은 한훤당이 스승인 점필재 김종직을 어기게 된 사실을 두고서 훗날 논의가 있겠지만 실로 선생인 점필재를 어길 수밖에 없는 경우였다고 보고 있어, 개혁정책을 추진하지 못하고 우유부단한 입장을 취하고 있었던 점필재를 풍자한 시를 지어 보냈던 한훤당의 입장을 지지하고 있음을 알 수 있다.
67) 『남명집』「유두류록」.
68) 『남명집』「여청도쉬서」.

두고서도 몸이 춥고 떨렸다. 조지서는 연산군이 능히 선왕의 업적을 잇지 못할 줄 알고 십여 년을 물러나 있었건만 그래도 화를 면하지 못했었다.[69]

고 하여, 기미를 알고 있었지만 끝내 화를 피하지 못한 것을 애석해 하고 있다.[70]

남명과 동시대의 인물

남명은 동시대를 살았던 다수의 인물들에 대해서도 긍정적이거나 부정적인 평을 하였으니, 먼저 그와 친했던 벗들에 대한 것부터 살펴보자. 일생을 통해 남명과 가장 절친했다고 할 수 있는 대곡 성운에 대해서는

평소 나의 몸가짐이 보잘 것 없어서 오늘날의 이런 비방을 불러온 것이니, 공이 옥처럼 자신을 지켜 남들이 감히 이러쿵저러쿵 흠잡을 수 없게 하신 점에 더욱 머리가 숙여집니다. 더욱이 공이 일찍이 질병을 얻어 세상사에 귀를 기울이지 않고 문을 굳게 닫아버린 것이 부럽습니다.[71]

라고 하여, 평생 남으로부터 한 번도 비방을 받지 않고 살고 있는 대곡의 몸가짐을 흠모하고 있다. 이 편지는 남명이 음부사건에 연루되어 괴로움을 겪고 있을 때 쓴 것으로 자신의 경우와 더욱 비교되고 있지만, 그 이후의 편지에서도 끊임없이 대곡의 처세를 칭탄하고 있다. 그보다 앞서 남명은 청송 성수침과 더불어 유일遺逸로 천거되었던 사실과 관련하여 청송에게 보낸 편지에서, 이름이 함께 천거된 데에 대하여 죄송한 마음을 피력하면서 '건숙健叔[성운의 자]이 자신을 드러내지

---

69) 『남명집』「유두류록」.
70) 조지서는 남명 조모의 동생이어서 인척 관계가 된다. 조지서에 대해서는 『남명집』의 보유편에 「지족당조공유사」가 있어 좀 더 상세한 내용을 담고 있다.
71) 『남명집』「여성대곡서」 제2서.

않고 학문에 잠심하여 일찍이 남에게 보증을 받지 않았음을 칭찬'72)하
고 있어, 대곡의 인격에 대한 존경이 오래된 것임을 알 수 있게 한다.
이러한 점은 실록에서도 확인되는데, '당세에 은일로 부름을 받은 자들
이 모두 세상의 의논을 면치 못했으나 성운만은 담박하고 충퇴하여 찾
을 만한 자취가 없었으므로 조식이 매양 탄식하고 부러워하였다'73)고
하였고, 소재蘇齋 노수신도 오직 대곡의 인품이 흠잡을 데가 없다고 칭
송하였음도 볼 수 있다.74) 그러면서 남명은 대곡이 참으로 숨어 있는
인재임을 「기건숙寄健叔」이라는 육언시에서 말하고 있다.

이 사람 오봉루(五鳳樓)를 지을 솜씨를 지니고서도,　　　之子五鳳樓手

태평성대에도 밥 한 그릇 얻어먹지 못하네.　　　　　　堯時不直一飯

오래된 방합(蚌蛤)조개에 명월주가 감추어져 있건만,　　明月或藏老蚌

왕은 어찌 가짜만을 찾아 쓰는지?　　　　　　　　　　山龍烏可騫楦

또 어린 시절 친한 벗이었던 이윤경李潤慶, 이준경李浚慶 형제에 대
해서 다음과 같이 쓰고 있다.

가) 외딴 곳에서 쓸쓸히 살다 보니, 공의 생사와 길흉에 대해 전혀 소식을

---

72) 『남명집』「답성청송서」제2서.
73) 『선조수정실록』12년 5월 1일(을사),「처사 성운의 졸기」참조.
74) 『선조수정실록』12년 7월 1일(을사)조에서는 성운에 대한 증직의 일을 논의하면
　　서 노수신이 말하기를 "조식 이항 성운은 같은 시대의 어진 선비이지만 인품에 있
　　어서는 동일하지 않습니다. 조식은 뜻과 기개가 높고 식견이 고매해서 비록 성현
　　의 글이라 하더라도 만족하지 않게 여겼으므로 조금 병통이 있습니다. 그러나 성
　　운은 온아하고 간묵하며 초연히 세상일에 얽매이지 않고 항상 겸양하는 마음으로
　　스스로를 지켰으므로 한 세상의 흠잡을 데 없는 사람이 되었습니다. 그리고 이항
　　은 몸을 단속하되 성현으로 법을 삼고, 글을 읽되 사서로 근본을 삼았으며, 사람을
　　인도하되 기질을 변화시키는 것으로 선무를 삼았기 때문에 학자들에게 많은 공이
　　있으니, 덕을 숨기고 사는 사람 중 혹 편벽된 곳이 있는 자와는 같지 않습니다"라
　　고 하였다.

듣지 못하였습니다. 다행히 신자성(申子誠)[송계 신계성의 자]을 통해 공의 안부를 물으니, 올해 백제의 고도(古都)를 맡았다고 하더군요. 비로소 여러 사람들의 입에 오르내려 입장이 난처해진 줄 알게 되었습니다. 늘그막의 심경을 더욱 상상할 만합니다. …지금은 삼가현에 있는 선친의 옛집으로 이사와 살고 있습니다만, 살림이 빈한하여 매일 끼니도 제대로 잇지 못하고 있습니다. 그러나 허물이 적고 걱정거리가 별로 없으니, 내 입장에서 공의 처지를 보면 오히려 내가 더 낫습니다.[75]

나) 나의 벗 광릉(廣陵) 이원길(李元吉)[동고 이준경의 자]이 이 책을 주면서 스스로, "나는 비록 착하지 못하지만 남이 착하도록 도와주려는 생각은 진실로 얕지 않다. 이 '마음'을 잘 미루어 나가면 비록 나랏일을 저울 눈처럼 분간하는 것도 평범하고 자잘한 일일 것이다"라고 하였다.[76]

가)는 내용으로 보아 남명이 50세 무렵에 이윤경에게 보낸 편지인데, 험난한 벼슬길에서 무고에 의해 문외출송門外黜送을 당하면서 사는 것이, 끼니도 제대로 잇지 못하지만 마음은 편한 자신의 처지보다 못함을 말하고 있다. 나)는 남명이 30세 때에 이준경이 『심경』을 선물한데 대한 느낌을 쓴 내용 중의 일부로서, 그의 善을 행하고자 하는 마음을 인정하면서 또한 그의 정치적 식견을 암시하고 있다. 결국 이준경은 영의정에까지 이르게 되는데, 그 즈음에 남명은 편지에서 '저 또한 공께서는 소나무처럼 위로 우뚝하게 치솟아, 사람들이 등나무넝쿨처럼 아래서 타고 올라오지 못하게 하시기를 부탁드립니다.」[77]고 하여, 청렴한 정치를 할 것을 권고하고 있다.[78]

---

75) 『남명집』「여전주부윤서」.
76) 『남명집』「서이군원길소증심경후」.
77) 『남명집』「답상국이원길서」.
78) 남명과 이준경의 관계에 관해서는, 남명이 상경했을 때 당시 영의정으로 있던 이준경이 남명을 찾지 않았던 일화나, 「여신송계서」에서 서울로 가서 이준경을 만나

남명은 과거를 포기하고 고향으로 돌아온 이후 강우지역에서 멀거나 가까운 혈연관계나 사림파의 연원관계를 통하여 그는 새로운 교유를 구축하게 되었는데, 그 중에서 가장 절친한 종유인이 바로 삼족당 김대유, 황강 이희안, 송계 신계성 등이다. 그리고 이들은 모두 남명보다 일찍 죽었고, 따라서 남명은 이들의 묘문墓文을 짓게 되어 그들에 대한 평을 남기게 된 셈이다.

가) 내가 남을 보증하는 경우가 대체로 드문데, 유독 천하의 훌륭한 선비로 인정해 주는 사람이 공이다. 어떤 때 보면 단아한 모습으로 경사를 토론하는 큰 선비이고, 또 다른 때 보면 훤칠한 키에 활쏘기와 말달리기에 능숙한 호걸이다. 홀로 서당에 거처하면서 길이 노래를 부르고 느릿느릿 춤을 추기도 하는데, 집안사람들은 아무도 그 의중을 짐작하는 이가 없었으니, 이는 그가 타고난 본성을 즐겨 노래하고 춤추는 때문이다. 자연에 몸을 맡겨 낚시하고 사냥할 때에는 당시 사람들이 쫓겨난 사람인 줄 알았는데, 그것은 세상을 피해 숨어사는 것을 근심하지 않고 재주를 감추고 있는 것이다. 그러나 덕을 같이 한 내가 보기로는, 국량이 크고 깊어 부지런히 인을 행하고, 언론이 격앙하여 엄격히 의를 지키는 것이었다. 선을 좋아하였으나 자기 홀로 선을 행하였고, 크게 일을 이루려 하였으나 자기만을 이루었을 뿐이니, 천명인가 시운인가.[79]

나) 공은 학문으로 몸가짐을 단정히 하여 시종 변함이 없어서 아무도 겨룰 사람이 없었다. 법도로 집안을 다스리고 한 고을에 모범이 되어 사람들이 감히 트집을 잡지 못했다.[80]

기로 한 신송계에게 보낸 편지에서 '친한 친구도 벼슬이 높아지면 편지하고 싶지 않은 법이라고 전해 주십시오' 라고 한 점으로 보아 말년에는 그렇게 절친한 정을 가지지 않은 듯한 느낌이 있다.

79) 『남명집』 「선무랑호조좌랑김공묘갈」.
80) 『남명집』 「처사신군묘표」.

다) 그의 효성과 자애, 그리고 형제간의 우애하는 정성과, 선을 돈독히 하고 학문을 좋아하며, 남을 사랑하고 일에 부지런한 마음은 거의 견줄 데가 없었다. 붙잡으면 주저앉기로는 유하혜(柳下惠)와 비슷하고, 통달해서 알기로는 진동부(陳同父)와 유사하였다. 도를 지키려는 뜻을 가지고 있으면서 도가 구현되기를 바랐지만, 직접 보지는 못한 사람이다. 활쏘기와 말타기 재주를 겸비하여 무인의 반열에서도 뛰어났다. 마침내 세상에 쓰이지 못하고 그 가능성만 보였으니, 사람들이 아까워하는 바이다.[81]

위에서 가)는 삼족당 김대유에 대한 평인데 남명으로서는 실로 최대의 찬사를 보낸 경우라고 할 수 있다. 삼족당은 가난한 남명을 위하여 임종 시에 자식에게 해마다 남명에게 곡식을 보내줄 것을 유언으로 남길 정도로 정이 깊은 사이였는데,[82] 남명은 그가 온갖 경륜을 갖추고서 인의를 행한 인물이면서도 혼탁한 시대를 피해 숨어서 산 현인으로 보았던 것이다. 이는 남명이 '삼족당은 경세제민經世濟民할 수 있는 큰 재주가 있었고, 평생 한 점의 흠도 없었습니다. 다만 그 땅에서 태어나 그 땅에서 죽었기 때문에 사람들이 견문을 통해 감동을 불러일으키는 점에 있어서는 혹 탁영보다 못할 것입니다. 그러나 요즘 사림의 의논으로 기준을 삼는다면 조카가 숙부보다 낫습니다'[83] 라고 한 데서도 확인되며, 시에서도 '백성들이 복이 없기 때문에, 이 사람이 누런 배 빛이라네(蒼生無福故 此人黃梨色)[84]' 라고 애석해 하고 있다.

나)는 송계 신계성에 대한 평인데, 학문과 인품이 한 고을에서는 모범이 되는 훌륭한 인물로 묘사하였다. 후에 송계는 신산서원에 남명과

---

81) 『남명집』 「군자감판관이군묘갈」.
82) 이에 대해 남명은 「辭三足堂遺命歲遺之粟」이란 시로써 사양하였다.
83) 『남명집』 「여청도쉬서」.
84) 『남명집』 「제삼족당」. 이 외에 남명은 「증삼족당」이라는 시에서도 그의 인격을 칭송하고 있다.

함께 배향된 사람으로 평소 그의 학문은 남명과 같이 경과 의를 준적으로 삼았던 것으로 알려져 있다.

다)는 황강 이희안에 대한 평인데, 그의 많은 장점을 칭찬하였지만 결국 출처가 의에 합당하지 못함을 들어 그가 도를 보지 못한 사람이라고 폄하하고 있다. 남명은 황강이 고령현감으로 부임하자 그의 집을 지날 때는 고개를 돌리고 갔다는 일화가 전할 정도였고, 그러한 점을 풍자하는 시를 남기기도 하였다.[85] 또 함께 두류산을 유람할 때에 삼가식현을 넘으면서 황강이 혼자 말을 타고 앞서간 것을 남명이 질책하는 구절이 있는 것으로 보아 황강에게는 다소 무인적인 기질이 있었던 것으로 보인다.[86]

그 외의 친구들에 대해 언급한 경우로는 동주 성제원에 대해서는

중려(仲慮)[성제원의 자]는 청빈하기가 물과 같아서 일찍이 나와 단금지교(斷金之交)를 맺었고 기와 조각처럼 합치지는 않았다. 나에게 반 푼어치 정도를 나누어 주는 것조차 마치 장차 몸을 더럽히는 듯하였는데, 나에게 백붕(百朋)의 가치에 해당하는 것을 선물하니 예기치 못했던 일이다.[87]

조그마한 고을이라 볼 사무 별로 없어,	斗縣無公事
때때로 술 취한 세계에 들 수 있다네.	時時入醉鄉
눈에 완전한 소가 보이지 않는 칼솜씨를,	目牛無全刃
어찌 닭을 잡다가 상하겠는가?	焉用割鷄傷[88]

---

85) 그 시는 「聞李愚翁還鄉」라는 것이니, '山海亭에서 꾼 꿈이 몇 번이던가(山海亭中夢幾回) 黃江 노인 뺨에 흰 눈이 가득한 모습을(黃江老叟雪盈腮) 金馬門에 세 번 이르렀지만(半生金馬門三到) 임금님은 만나 뵙지 못하고 돌아왔다지(不見君王面目來)」라고 하였다.
86) 『남명집』「유두류록」참조.
87) 『남명집』「제성중려소증동국사략후」.
88) 『남명집』「贈成東洲」.

고 하여 그 성품이 맑은 것을 칭찬하였고, 또 그의 역량에 비해 벼슬이 하찮은 것을 안타까워하고 있다. 동주는 보은에서 대곡과 함께 남명을 만나 다음해 8월 15일에 가야산 해인사에서 다시 만날 것을 약속하고, 때가 되자 벼슬을 버리고 폭우를 무릅쓰고 약속을 지킨 일화가 전한다.

이림에 대해서는

나의 벗 이군 림 중망(仲望)[이림의 자]은 어질고 공경할 줄 아는 사람이다. 그 사람됨이 내면은 얼음으로 만든 항아리[氷壺]처럼 깨끗하고 맑으며, 외면은 옥색같이 곱고 부드럽다. 입으로는 일찍이 남을 헐뜯는 말이나 조급한 말을 한 적이 없으며, 마음에는 일찍이 남을 거스르거나 해치려는 싹조차 움튼 적이 없다. 옛 것을 매우 좋아하고 벗을 좋아한다. 그를 바라보면 노여움이 사라지고 분한 마음이 풀어진다. 이로써 그가 충신(忠信)한 사람임을 알 수 있다.[89]

고 하여 그의 맑고 깨끗함, 그리고 온화함을 칭송하였다. 이림은 회재와 함께 처음으로 남명을 벼슬에 천거한 인물이기도 하지만, 이 글은 그가 을사사화에 희생되기 직전 무렵에 쓴 것으로 보인다. 을사사화 후 남명은 그를 생각할 때마다 눈물을 흘렸다고 할 정도의 교분을 나눈 벗이지만 만약 남명이 다시 그에 대한 글을 썼다면 '기미를 살펴 미리 벼슬에서 물러나지 못한 것을 옥에 티'로 꼽지는 않았을까?

그 외 임억령林億齡에 대해서는

지금 세상에 석천자 있는데,	今有石川子
그 사람됨 옛날의 남은 절개라.	其人古遺節
(중략)	(중략)

---

89) 『남명집』「제이군소증심경후」.

돌아와 꽃 키우는 일을 일삼으며,	歸來花卉事
그 처신 변치 않는구나.	其行不改轍
비록 굶주려도 말을 삼키질 않으니,	雖飢不食言
사람들 사이에서 말썽이 없도다.	人益紅爐雪
그대의 현명하고 편안한 훈계 높게 치나니,	尙君明逸戒
사무치는 그리움 풀 길이 없네.	有懸非解緤90)

라고 시를 읊어, 곧은 절개와 출처의 합당함을 칭탄하였다. 임억령은
을사사화 당시 윤원형과 결탁하여 사림을 해친 임백령의 형이지만, 동
생과 달리 처신을 잘한 인물이다.

정종영鄭宗榮에 대해서는

오십육 년 동안 좋은 소문 듣고 놀래 왔는데,	驚聽瑤音五十六
아련한 신선 사는 집 뜰의 가을을 느낀다네.	依依紫府感庭秋
대신의 높은 절개 바야흐로 쉬지를 못하고,	鼎臣高節方未鹽
풀에 맺힌 이슬 같은 남은 혼 오래도록 수습하질 못해.	草露餘魂久未收
북두성 빛나는 높은 하늘의 물방울처럼 기억되고,	星斗九天微沫記
바람 서리에 백 번 변하여 이 한 몸 남았다네.	風霜百變一身留
그대가 마음 노력 대단히 한다는 것 알고 있으니,	認渠已汗心頭馬
정녕코 상류에서 물러나기를 권유하노라.	說道丁寧退上流91)

고 하여 심신을 괴롭게 하는 벼슬길에서 물러나기를 권하고 있다. 정
종영은 남명이 을묘사직소로 인해 곤경에 처했을 때 이를 구제하는데
힘쓴 인물인데, 이 시를 지은 시기가 어느 때인지는 분명하지 않다.92)

---

90) 『남명집』「贈石川子」.
91) 『남명집』「次方伯韻」.
92) 이 외에도 남명은 정종영의 방문을 받고「鄭監司宗榮見過」라는 칠언절구 한 수를

이제 남명이 크게 좋아하지 않았던 인물들에 대한 평을 검토해 보자. 여기에는 대체로 회재 이언적·일재 이항·퇴계 이황·이기 등이 거론되었다. 먼저 퇴계에 대해서 남명은[93] 이미 잘 알려진 것처럼 서로 서신을 교환하여, 먼저 퇴계가 남명에게 벼슬에 나올 것을 종용하니, 남명은 발운산撥雲散을 구해 달라고 하여 당시의 시국이 벼슬에 나아갈 때가 아님을 말했다. 다음은 남명이 퇴계에게 편지를 보내 손으로 물 뿌리고 비질하는 절차도 모르면서 입으로는 하늘의 이치를 논하여 세상을 속이고 이름을 훔쳐 자기를 다치게 하고 남을 헤치게 되는 습속을 바로잡아 줄 것을 요청함에, 퇴계는 제자들에게 남명의 말이 약이 되는 소리라고 하여 반성할 것을 말하였지만 실제로는 효과를 보지 못한 상황이었다. 이러한 점에 대하여 남명은 퇴계의 제자이면서 그의 고제高弟인 오덕계에게 보낸 편지에서

온 세상이 모두 그러해 혹세무민(惑世誣民)하는 데 급급하고 있으니, 크게 어진이가 있더라도 구제할 수 없을 것입니다. 이는 실로 사문의 종장인 사람이 오로지 상달만 주로 하고, 하학을 궁구하지 않아 구제하기 어려운 습속을 이룬 것입니다. 일찍이 그와 더불어 서신을 왕복하며 논난을 했지만, 돌아보려 하지 않았습니다. 공은 지금 이 폐단을 구제하기 어렵다는 것을 알지 않아서는 안 됩니다.[94]

라고 하였다. 이는 실천을 학문의 토대로 삼지 않고 단지 성리를 논하

지어주기도 하였는데, 여기에 '감사의 벼슬로서 도리어 포의와 더불어 어울리네 (金章還與布衣同)'이라 한 점으로 미루어 보아 뜻이 서로 통했던 인물이었다고 할 수 있다.

93) 남명의 퇴계관에 대해서는 오이환, 「남명과 육왕학 -지와 행의 문제를 중심으로-」, 『남명학파연구』, 남명학연구원출판부, 2000, 제5절에 자세히 분석되어 있으며, 동시에 같은 책, 제2장 제4절에서는 퇴계의 남명관이 자세하게 검토되어 있다.

94) 『남명집』「여오자강서」.

는 습속을 이룬 책임이 퇴계에게 있음을 다시 한 번 강조한 것이며, 퇴계의 시국관과 그에 따른 출처가 완전히 義에 합당한 것인지에 의문을 나타낸 것이라 할 수 있다. 이에 대해 래암은

> 일찍이 말하기를 "근세에 군자로서 자처하는 사람이 또한 적지 아니 하지만 출처가 의에 합당한 이는 전혀 듣지 못했다. 얼마 전 오직 경호(景浩: 퇴계의 字)가 고인에 거의 가깝다고 하지만 그러나 인욕(人欲)이 다했는가를 논할진대 필경 그 분수를 다하지 못함이 있다"고 하였다.[95]

고 기록하였다.

또 남명과 함께 천거되어 서울에서 처음 만났던 것으로 알려진 일재 이항에 대해서 남명은

> 내가 당일 입대(入對)할 적에, 아뢰는 말이 간략하지 못하고 번잡함을 오히려 한탄했습니다. 그리고 언사와 안색을 거짓으로 꾸미며 선비들과 만나지 않았습니다. 다만 항지(恒之)[이항의 자]를 만났을 때, 그가 의논하는 것을 듣고서 마음속 깊이 승복되지 않아 머리를 끄덕이려 하지 않았습니다. 술에 취하고 나서야 그의 팔을 당겨 손을 잡고 "이 팔은 튼튼하기도 한데, 자네는 어찌하여 자네의 우각(牛角)을 드러내지 않아 이런 부끄러운 일을 함께 만났는가? 자네는 상적(上賊)이고 나는 부적(副賊)이니, 이 도적이 어찌 담장을 뚫거나 넘어 들어가는 도둑의 무리에 비견되겠는가?" 하였습니다. 그리고 문득 허리띠를 묶고 잔에 술을 가득 채우고서 "도적은 도망을 잘 치는 법이니, 두 도적 중에 먼저 도망치는 도적이 있을 것이다" 하고, 멋대로 농담을 주고받으며 법도를 따르려 하지 않았습니다. 참으로 어지러이 세상 사람들과 뒤섞여 술자리에 있는 다른 사람들과 다름이 없고자 하였습니다.[96]

---

95) 『남명집』 래암 찬 「행장」.
96) 『남명집』 「여오어사서」.

라고 술회하여, 일재의 학문이 순정하지 못함을 지적하였다. 이 문제와 관련하여 래암은 '선비들이 이를 괴이하게 여기자 선생이 이르기를 "일재는 세습에 물들었는데도 엄연히 현자로 자처하니 내가 수긍할 수 없다."고 하였다'[97]고 구체적인 일재의 흠을 밝히고 있다. 즉 남명은 일재가 순정하지 못한 학문으로 '기세도명欺世盜名'한 인물이면서 현자로 자처하는 것이 잘못이라고 본 것이다.

이 당시 남명이 서울에서 곧바로 돌아온 사실과 관련하여 옥계 노진과 주고받은 글이 있는데,

선생께서 남으로 돌아오시니, 노옥계가 편지로 빨리 돌아온 사유를 물었는데, 선생이 편지로 답했는데 그 대략은 '식이 여러 번 은명을 받았으니 예의상 마땅히 한 번은 나아가 대궐에서 배알해야겠지요. 천천히 도하(都下)에 머물러 다시 무엇을 하려 하였겠소? 명공(明公)께서 조석으로 입조(入朝)하더라도 만약 도를 행할 일이 없이 오래 머물러 물러나지 않는다면 구차히 녹을 구한다는 것에서 면하지 못할 것이요' 하였다.[98]

라고 하였다. 이는 상황이 아닌 때에 벼슬길에 나아가 크게 하는 일이 없으면서 물러나지 않는다면 단지 녹봉을 위하여 벼슬한다는 비난을 면하기 어려울 것이라고 하여, 옥계도 군자 출처의 대의에 맞게 처신해 줄 것을 오히려 충고하고 있는 것이라고 할 수 있다.

또 을사사화의 주모자 중 한 사람인 이기를 대하기를

이기가 일찍이 영남으로 출사하였는데, 기(芑)는 평소 『중용』을 즐겨 읽어 당시 사람들에게 추중을 받았다. 책을 가지고 선생을 찾아와 의리에 의문나는 점을 논하자 답하여 말하기를 "상공은 제가 과업을 버리고 산림에 살

---

97) 『남명집』래암 찬「행장」.
98) 『남명집』「편년」66세조.

고 있으니 혹 학문을 쌓아 견문이 있으리라고 짐작하였겠지만 이는 속임을 많이 당한 것입니다. 이 몸은 병이 많기에 인하여 조용한 곳에 들어앉아 단지 여생을 보전할 뿐 의리의 학문은 강론할 바가 아닙니다"라고 하였다. 이렇게 겸손한 말로 회피함에는 실로 뜻이 있었으니, 기는 결국 을사사화의 흉괴가 되었다.[99]

라고 한 것처럼 하여, 그의 흉중에 나쁜 생각이 있음을 간파하고서 교유를 허락하지 않았던 것이라고 하였다.

남명은 어떤 이유인지는 모르지만 「해관서문답解關西問答」에서 회재 이언적의 언행에 대해 조목조목 비판을 가하고 있다. 이것은 근본적으로 불의를 보고 참지 못하고, 선과 악은 분명히 가리고야 마는 자신의 성격에서 기인한 것이겠지만, 「서경현록후」에서 한훤당의 장점만을 나열한 것과 비교해보면 완연한 차이라고 아니할 수 없다. 우리는 여기서 남명이 다른 사람을 비판하는 모든 관점을 한꺼번에 확인할 수 있다고 하여도 과언이 아니다. 어떻게 보면 이 「해관서문답」은 회재의 서자인 이전인李全仁의 「관서문답」의 잘못을 지적한 것이지만, 그 저변에는 을사사화 때 추관이었던 회재가 곽순, 송인수 등을 구하지 않았다는 데 대한 불만이 표출되어 회재의 처신에 대한 비판으로 일관하고 있는 것으로 보인다.

이를 몇 가지로 정리해보면, 첫째 옥강玉剛[이전인의 예전 이름]이 전에 자신을 아버지로 여기지 않은 죄를 다스리지 못하였으니 부자간에 의리의 분별이 없는 것이요, 둘째 복고復古[이언적의 자]가 자신을 천거하였던 사실과 연관하여 사람의 선악을 알지도 못하면서 다른 사람의 말만 듣고 천거하였으니 다른 날 또 다른 사람의 말만 듣고 비난할 수도 있다는 점을 들어 사람에 대한 판단력이 부재하다는 것이요, 셋째 중

---

99) 『남명집』 래암 찬 「행장」.

종에게 십조봉사十條封事를 올려 칭찬 받고 바로 그 날 벼슬이 가선대부에 승진된 것과 연관하여 신하의 본분을 다하고서 사양하는 말 한마디 없이 상을 받는 것은 염치가 없다는 것이요, 넷째 이조판서로 있으면서 선물을 받은 것은 뇌물로 보아야 하는 것이니 청렴하지 못하다는 것이다. 그러나 더욱 중요한 것은 회재가 남명을 만나자고 했을 때, 남명은 주자가 조정에서 일한 날짜의 고사와 자신의 신분이 과거를 준비하고 있는 사람이라는 점을 들어 사양한 일이 있었다. 이에 대해 회재는 다른 사람에게 "조식이 나를 기롱하는데 아직도 벼슬을 내어놓고 물러나지 못하고 있으니 참으로 부끄럽다"고 하고서도 끝내 벼슬에서 물러나지 못한 출처를 남명은 비판하였다.

이 점과 관련하여 남명은

나는 일찍이 복고가 성현의 도를 배웠으면서도 알아서 깨닫는 지경에 이르는 치지(致知)의 소견이 분명치 못함을 안타깝게 여기고 있었다. 당시에는 대윤(大尹) 소윤(小尹)의 싸움이 곧 일어날 듯하여 나라의 형편이 위태롭기 그지없다는 사실을 어리석은 아낙도 알고 있었다. 그런데도 복고는 낮은 관직에 있을 적에 일찍 물러나지 않고 있다가 중망을 입어 그만 둘 수 없는 지경에 이르러 낯선 땅에 유배되어 죽고 말았으니, 이는 명철보신(明哲保身)의 식견에는 모자람이 있었던 듯하다.[100]

고 하여, 기미를 보아 물러나는 명철보신의 선견지명이 없는 인물로 판단하고 있다.

남명의 문인

남명은 그의 문인들에 대해서도 장점과 단점, 그리고 더욱 힘써야

---

100) 『남명집』 「해관서문답」.

할 부분들을 지적하고 있음을 볼 수 있다. 그가 임종 직전에 정인홍, 정구, 김우옹 등에게 출처에 대해서 다소 본 바가 있기 때문에 허여한다고 했던 것은, 자기 평생의 장점이 제자들을 통해서 이어지리라는 믿음을 표현한 것이기도 하지만, 그들의 학문이 스스로 깨달은 바가 있음을 인정한 말이기도 하다.

그런데 여러 글들에서 보면 평생 가장 애틋한 인간적인 정감을 가지고 있었던 제자로 보이는 덕계 오건에 대해서는 이 부분에 대한 강한 질책을 하고 있음을 볼 수 있다.

내가 사람들을 만나본 것이 적지 않은데, 유독 선생에 대해서 출처의 뜻으로 권면하는 것은, 전에 그대가 밥 먹는 것을 보니 등줄기를 따라 내리지 않고 식도를 따라 내리기 때문입니다. 시사가 두려워할 만하다는 것은 어리석은 부인들도 알고 있습니다. 선생은 본래 식견이 높지 않은데 지금 그 판국 안에 나아가 있으니, 소견이 벌써 어두워졌을 것입니다. …그대는 매양 기미를 살피지 못하니, 하루아침에 화란이 발생하면 피하기 어려울 듯합니다. 붕우 사이에는 선으로 권면해야 하는데, 나는 지금 선생에게 화로써 분부하고 있으니, 분부하는 것이 도리어 선하지 못합니다.101)

위의 글에서 남명은 덕계의 출처가 그 뜻을 따르지 않고 방편을 따르고 있음과 식견이 부족한 사람으로서 시사가 어떤지를 잘 판단하지 못하며, 무엇보다도 기미를 살피지 못하는 폐단이 있음을 다소 격렬한 언사로서 질책하고 있음을 알 수 있다. 덕계가 포조逋租 포졸捕卒의 문제를 처리했던 것에 대하여 남명은 '배운 바를 저버리지 않았다'고 하여, '나아가서는 하는 바가 있어야 한다'는 관점에서 '나아감'의 도를 인정한 적이 있기는 하지만 '물러나 지킴'에 대해서는 인정하지 않고

---

101) 『남명집』 「여오어사서」.

있다고 할 수 있다. 이는 제자를 아끼는 스승의 간절한 마음이기도 하며, 제자의 잘못에 대해서는 끝까지 가르치려는 스승으로서의 자세를 드러낸 것이기도 하다.

한편, 그의 절친한 친구의 아들이자 외손서이기도 한 동강 김우옹에 대해서는

매번 살펴보건대, 그대는 물처럼 청렴하고 고요하지만, 정성스럽고 독실하고 세밀하게 살피는 뜻이 적으니, 길이 진보하기가 쉽지 않을 것 같아 이 늙은이는 항상 염려스럽습니다. 청컨대 정성스럽고 독실하게 하는 공부를 통렬히 더해, 성취한 것을 이 늙은이에게 나누어 주길 바랍니다. 다른 사람에게 선을 하도록 도와주는 것이 군자의 첫 번째 좋은 일입니다.102)

남에게서 잘 취하는 점을 그대는 가지고 있습니다. 다만 살펴보건대, 내가 그대에게 걱정스러운 것은 하루 햇볕을 쬐이고 열흘을 춥게 하는 것과 같을 뿐만이 아닙니다. 근본이 확립되지 않아 행동을 절제하는 데 재능이 없고, 학문을 강구하는 데 정밀하긴 하지만 차용(致用)에 졸렬합니다. 자유자재로 운용해 쓸 수 있는 수단이 짧으니, 이 점이 가장 시급히 갖추어야 할 일입니다.103)

라고 하여, 그 장점은 청렴하면서 남의 좋은 점을 자기의 것으로 잘 취하는 것이라고 하였지만, 단점은 정성스럽고 독실함이 부족하니 그것은 근본이 확립되지 않았기 때문이라고 꼬집어 지적하고 있다. 동강은 남명의 만년 제자로서 그가 평생 차고 다니던 '성성자惺惺子'를 전해줄만큼104) 기대하고 아낀 인물이다. 여기서 남명이 '근본이 확립되지

---

102) 『남명집』 「여김숙부서」 제2서.
103) 『남명집』 「여김숙부서」 제6서.
104) 남명은 성성자를 주면서 '雷天'이란 글자를 같이 써 주면서 동강을 격려했는데, 그 뜻은 『주역』의 「大壯」괘에서 취한 것으로 '굳셈으로 행동하라'는 의미이다.

않았다'고 한 말의 의미는 무엇인가? 그것은 곧 함양과 성찰, 그리고 극기를 통해서 얻어지는 '敬'의 확보라고 할 수 있을 것이다. '경' 공부가 부족한 동강에게 '성성자'를 준 것은 매우 어울리는 것이다.

또 한강 정구에 대해서는

> 그리고 자정(子精)[정구의 자]이 외직을 구했으나 나오지 못하게 되었다고 들었습니다. 몸가짐에 법도가 있어 동료들에게 버림을 받지 않았음을 알 수 있으니, 참으로 기뻐할 만한 일입니다. 다만 내직이건 외직이건 모두 녹봉만 타먹고 있는 듯하니, 벼슬길에 나아가기 어려움이 어찌 오늘날과 같은 때가 있겠습니까?[105]

라는 언급을 하였는데, 이는 한강이 몸가짐이 바른 것을 칭찬하면서도 '나아가서 하는 일'이 기대에 미치지 못함을 말한 것으로 보인다. 물론 이러한 언급이 단지 한강만을 지적한 것이라고도 보기 어려우며 또한 한강이 내직에 있으면서 마땅히 할 수 있는 일이 없어 외직을 구했다고 볼 수도 있으며, 당시의 상황이 전체적으로 벼슬길에 나아가기가 어려운 때임을 말하는 것이라고도 할 수 있다.

다시, 우리는 실록에서 다음과 같은 재미있는 기록을 찾아볼 수 있다.

> 김효원을 정언으로 삼았다. …오건이 전랑으로 서울에 올라올 때 조식이 효원을 그에게 부탁하였는데, 오건이 조정에 들어와서는 맨 먼저 청망을 열어 그를 지평으로 삼았었다.[106]

이 기록은 남명이 김효원을 적재적소에 잘 기용해 줄 것을 덕계에게 부탁하였고, 덕계는 이 부탁에 응하여 그를 기용하였다는 사실이다. 성

---

105) 『남명집』 「여자강자정서」 제4서.
106) 『선조수정실록』 1년 1월 1일(신해) 조.

암省菴 김효원金孝元은 24세 때(1565)에 알성문과에 장원으로 급제하였으며, 뒤에 덕계의 후임으로 이조전랑에 천거되어 이른바 동서분당의 단초를 제공한 인물이다. 『명종실록』 22년 5월 28일 조나 『선조수정실록』 23년 4월 1일 조(김효원의 졸기)를 보면, 그는 지방의 수령으로서 치적이 뛰어났고 매우 청렴결백하였으며 바르고 곧은 사람으로 묘사되었다.107) 이를 보면, 남명은 김효원을 '나아가 일할 수 있는' 인물로 판단하여 추천하였던 것이라고 할 수 있다.

이러한 입장과 관련하여 남명은 편지 글에서

> 내가 경여(景餘)[배신의 자]에게는 벼슬길에 나아가기를 권유하고, 자강(子强)[오건의 자]에게는 끌어당겨 물러나게 하였는데, 이는 록사(祿仕)와 행도(行道)가 참으로 다르기 때문입니다.108)

라고 한 것이 있으니, 낙천 배신에게 벼슬길에 나아가기를 권하면서 그 이유를 록사祿仕 즉 집안이 가난하여 녹봉을 받기 위하여 벼슬하도록 하였다는 것이다. 그런 낙천은 42세에야 진사에 급제하고 46세 (1565)부터 관의 추천으로 참봉벼슬에 나아갔다가 54세 되던 해에 죽었다. 남명이 낙천에게 벼슬을 권한 것은 아마도 공자가 젊어서 가난 때문에 벼슬하였던 것과 같은 맥락이었던 것으로 보인다.

또 남명은 생질인 이준민[남명의 자형 이공량의 아들]에게 보낸 「기자수질寄子修姪」이란 시에서

---

107) 실록의 「김효원의 졸기」에 의하면, 동서분당 이후 당사자의 한 사람이었던 심의겸이 개성유수로 있을 때부터 두 사람은 인간적으로 가깝게 지냈고, 심의겸은 자기의 잘못을 뉘우치고 있었으며, 성암이 죽자 깊이 애도의 뜻을 표했다고 한다.

108) 『남명집』 「답오자강배경여서」.

굶주리고 추위에 떠는 어머니와 동생,	飢寒母弟在
벼슬 구하는 뜻 결코 다른 데 있지 않다네.	求仕定非他
양주(楊朱)의 길에 서서,	却立楊朱路
머뭇거리는 너를 어이해야 할지?	遲回奈爾何

와 같이 읊어, 부모 봉양을 위한 벼슬과 군자의 출처에 합당한 벼슬 사이에서의 고민을 어쩔 수 없는 아픔으로 토로하고 있다. 그러나 이준민은 청렴하고 사리에 밝았으며 바르고 곧게 일을 처리하여 후에 이조판서에까지 오르게 된다.

남명의 문인 중에서 종실의 인물로 이요李瑤가 있었는데, 남명은 그에게 편지를 보내어

오직 공께서는 배운 바를 변치 마시고 인간의 대도를 우뚝한 모습으로 걸어서, 넓은 성으로 돌아가 서로 만날 수 있기를 바랍니다. 종가의 화려한 뜰에 공과 같이 걸출한 사람이 몇이나 있겠습니까? 다만 걱정되는 바는 한혈마(汗血馬)가 길을 가다가 중도에서 그만두지 않을까 하는 점입니다.[109]

라고 하였다. 이요는 세종의 아들인 담양군의 증손으로 경안령慶安令이다. 남명은 그가 종실의 인물로는 보기 드물게 도에 뜻을 두고 있는 사람으로 보아 끝까지 '배운 바를 실천할 것'을 부탁하고 있다. 실제로 이요는 선조에게 붕당의 폐해를 억제하도록 진언하였고, 임진왜란에 일본과 화친하지 말 것을 주장하는 등 남명의 정신을 계승하고 있는 점들을 실록에서 확인할 수 있다.[110]

---

109) 『남명집』 「答慶安令守夫書」.
110) 김경수·사재명, 『남명 선생문인자료집』, 남명학연구원출판부, 2001, 「이요」편 참조.

4. 출처관의 기저로서의 '기'

1) 인물평의 기준으로서의 先見之明, 幾微把握

남명의 인물평에서 분명하게 강조되고 있는 점은 바로 출처와 기미를 파악하는 식견에 있음을 볼 수 있었다. 그는 '나아가(출)' 한 일이 있는 경우보다 오히려 '물러나(처)' 지킨 바가 있는 인물들을 높게 평했으며, 그것은 그들이 시사에 대한 식견이 뛰어난 것에서 기인한다고 보았다. 그는 벼슬에 나아가 사화에 희생된 벗들에 대해 그들의 장점을 칭탄하면서 평생 애통해 하였지만, 궁극적으로는 물러나 자신을 온전히 지킨 인물 즉 삼족당 김대유와 같은 경우를 가장 탁월한 인물로 평가하고 있음을 알 수 있다. 이러한 점은 남명 당시의 시대가 사화로 점철된 시기여서 벼슬길에 나아가 처신하기가 어려웠던 데에 그 원인이 있지만, 벼슬에 나아가서 하는 일이 없다면 이것은 단지 녹봉만을 취하는 것이 되고, 일을 이루자면 목숨이 위태롭게 되는 이중적인 난관에 처하는 상황을 역설적으로 말하고 있다고 할 수 있다. 남명의 출처관은 이러한 시대적 상황에 대한 정확한 판단에서 비롯된 것이었으니,

> 공은 지혜가 밝고 식견이 높아 진퇴의 기미를 잘 살폈으니 일찍이 스스로 보건대 세도가 상실되어 인심이 이미 그릇되고 풍속이 각박해져 대교가 침체되었으며 또 현인의 벼슬길이 기구하여 재앙의 기미가 은밀히 드러나니, 이때를 당해서는 비록 교화를 만회시킴에 뜻을 둔다 해도 도가 때를 만나지 못하여 결국 내가 배운 바를 행하지 못할 것이라고 여겼다. 이런 까닭으로 과시(科試)에도 나가지 않고 벼슬도 구하지 않았으며 뜻을 거두어 산야에 은둔하였으니 남명이라 자호하고 그 정자를 산해(山海)라 일컬었으며, 사(舍)를 뇌룡(雷龍)이라 하였다.[111]

라고 평한 데서도 이를 잘 알 수 있다.

　벼슬에 나아가 일을 이루려고 하다가 오히려 화를 당하는 경우를 남명은 애석해 하였으니, 래암은 스승의 그러한 생각을

　　세상에 군자들이 나아가 등용되어서는 좋은 일을 하려다 도리어 일을 실패하고 몸을 망쳐 사림에 화를 끼친 이들을 애석히 여겼으니, 이는 바로 기미를 살핌에 밝지 아니하고 시세를 판단함에 자세하지 아니하며 또한 송나라 원풍 연간의 대신들과 함께 하는 뜻을 알지 못하고 시세를 살피지 아니하며 마음을 합치지 않고서 단지 강직과 날카로움으로 자임하여 망령되이 일을 저지르고는 혹 서로 전후하여 승부를 다투니, 이는 처음부터 진심으로 나라를 위한 것이 아니라 단지 사사로운 뜻을 좇았을 뿐이다.112)

라고 술회하였다. 남명은 출처란 기미幾微를 파악하는 것, 즉 선견지명으로부터 비롯하는 것으로 보았다. 나아가 일을 이룰 수가 없다면 물러나 그 뜻과 일신을 고상히 지키는 것이 더욱 중요하다. '할 수 없는 시기'에 '할 수 없는 일'을 억지로 하려고 해서도 안 되며, 억지로 하려고 하다가 자기를 상하게 하고 남을 상하게 하는 일은 현명하지 못한 것이다. 이러한 때라면 마땅히 기미를 살피는 선견지명의 식견으로 다가올 일을 미리 살펴서 한 발 일찍 물러나는 것이 바로 출처의 기본이며, 그보다 더욱 중요한 것은 처음부터 기미를 파악한 연후에 출처를 결정하는 것이라고 할 수 있다. 그러므로 남명은 「차우인운次友人韻」에서

두둥실 버드나무 배에 목련나무 노를 저어,	泛泛楊舟檣木蘭
내 님은 어드메 있는가? 구름을 사이하였네.	美人何處隔雲間
순채(蓴菜)국과 농어회 속에 많은 뜻이 있으니,	蓴鱸裡面猶多意

---

111) 『남명집』 대곡 찬 「묘갈명」.
112) 『남명집』 래암 찬 「행장」.

강동으로 가는 돛단배를 만나 물어 보소서.　　　　　　只會江東一帆看

라고 읊었다. 여기서 그는 장한張翰의 고사를 인용하여, 그가 고향의
순채국과 농어회를 핑계로 벼슬을 버리고 떠났던 사실을 높이 평가하
고 있다. 장한이 떠난 것은 고향의 음식이 그리워서가 아니라 세상이
어지러워질 것임을 미리 알았기 때문이었음을 알았던 것이기 때문이
다. 래암은 스승이 기미를 파악하는 식견이 높았음에 대해 '중종 정유
년 선생의 나이 37세였으니, 이 때 나라에는 다급한 일이 없었는데도
홀로 우환의 기미를 보고 드디어 선부인에게 청하여 과거를 포기하고
는 산림에 은둔하였다'[113]고 거듭 강조하고 있다.

　그렇다면 남명은 출처관의 기저로 확보한 기幾를 어떤 의미로 파악
하였는가? 그는『학기유편』「성찰」편에서『주역』「계사전하」의 '역에
이르기를, 기미를 아는 것은 그 신인져!'라는 구절을 인용하고 있다. 역
의 이 구절 뒤에는

　　군자는 윗사람을 사귀어도 아첨하지 않으며, 아랫사람을 사귀어도 더렵혀
　　지지 않으니 그 기미를 아는 것이다. 기미라는 것은 움직임의 미세함으로
　　길한 징조가 먼저 나타나는 것이다. 군자는 기미를 보고 움직이니 종일을
　　기다리지 않는다.

라는 구절이 이어져 있다. 남명은 군자의 처세를 이와 같이 파악한 것
인데,『학기유편』에서는 그 첫 구절만 인용한 것으로 보인다. 이제 남
명이 확보한 '幾' 개념을 좀 더 상세히 분석해보자

───────────────

113)『남명집』래암 찬 「행장」.

2) 남명이 파악한 '기'

'幾'란 무엇인가? 원시유학에 있어서는『주역』「계사전」에서 철학적
인 의미로 언급되었을 뿐으로 그 개념은 크게 중시되지 않았던 것으로
보인다. 그러나 성리학의 시대에 접어들면서 '기'는 새로운 시각에서
중요한 개념으로 등장하게 된다. 이것은 주렴계가『통서通書』에서 '기'
를 중시하고, 이에 주자가 주를 달면서 그 의미를 상세히 드러내면서
부터였다. 남명도『학기유편』에서 인용하기를

> 주자는 '통서에 기 자를 힘껏 설명했는데, 진실로 사람을 깨우치는 곳이 있
> 다. 가까우면 공사(公私)와 사정(邪正)을, 멀게는 흥폐(興廢)와 존망(存亡)을
> 다만 이곳에서 간파하여 바로 돌리게 된다. 이것이 일용하는 제일 친절한
> 공부로서, 정세함과 조잡함, 숨음과 나타남을 일시에 꿰뚫게 된다. 요순이
> 이른바, 오직 정하고, 오직 하나(惟精惟一)라는 것과 공자가 이른바, 제 사
> 욕을 이겨서 예에로 회복한다는 것이 바로 이 일이다'라고 하였다.114)

고 하였다. 그렇다면 다시 '기'란 무엇인가? 주렴계는 '선과 악의 기미
이다(幾善惡)'라고만 했는데, 주자의 주에

> 기란 움직임이 작은 것으로 선과 악이 갈라지는 분기점이다. 생각건대 사람
> 마음의 은미한 곳에서 움직이면 천리도 당연히 드러나지만(發見), 인욕 또
> 한 그 사이에서 이미 싹튼다(萌). 이는 음양의 상징이다.115)

라고 하여 그 의미를 명백히 규정하였다. 즉 '기'란 첫째 '움직임의 미
세함(動之微)'이라는 의미와, 둘째 '선과 악의 분기점'이라는 의미이다.

---

114)『학기유편』「성찰」.
115)『통서』제3장, 주자 주.

이 때 '움직임의 미세함'이란 사물의 운동성을 지칭하는 것이 아니라 인간 인식의 단초를 말하는 것이다. 이는『통서』4장에서 '성하고 신하고 기한 것을 성인이라 한다(誠神幾 曰聖人)'라고 하였는데, 이에 대해 주자가 '기란 있는 것 같기도 하고 없는 것 같기도 한 것으로 그것을 인식하기에 달려 있다'고 주한 것에서도 확연히 알 수 있다.

이제 '기'의 공용에 대해서 살펴보자.『통서』4장에서는 '성은 정밀하기 때문에 밝고, 신은 감응하기 때문에 오묘하며, 기는 작기 때문에 그윽하다(誠精故明 神應故妙 幾微故幽)'고 하였고,『학기유편』의 「성찰」편에서는『주역』「계사전」을 인용하여 '지극함을 알아 지극하게 되면 가히 기와 더불어 할 수 있다' 또는 '오직 기라야 능히 천하의 일을 이룰 수 있다'라는 구절을 인용하여, 기의 중요성을 극대화시키고 있다. 남명은 여기서 더 나아가『학기유편』「성찰」편에서 계속적으로

천리(天理)와 인욕(人欲)의 분간은 기미의 사이에 있다.

기가 의지를 따르지 않는 곳이 이에 천리와 인욕이 어울려 싸우는 곳이다.

학문을 하려면 모름지기 내외와 의리를 분간할 것인데, 이것이 바로 살고 죽는 길머리이다.

움직이는 것이 바로 기이고 靈한 것이 곧 神이다.

동정의 사이에 한 순간이라도 선하지 못하면 곧 악이다

라는 구절을 인용하여 사물에 대한 인식의 단초에서 기미를 잘 다스려 선과 악을 잘 판별해야 한다는 점을 강조하였다. 선은 곧 천리天理이고, 악은 곧 인욕人欲이니 군자의 처신은 한 치의 악에도 물들지 않는

철저한 자기 성찰이 따라야 함을 지적하고 있는 것이다.

이것은 남명의 「무진봉사」에서도 살펴볼 수 있으니,

그러나 부부에서 시작해서 가정. 국가. 천하에 미치는 것은 다만 선과 악의 나눔을 밝혀 자신이 성실해지는 데로 돌아가게 하는 데에 있을 뿐입니다.

그러나 사람을 취하는 것은 솜씨로 하지 않고, 반드시 몸으로써 합니다. 몸이 닦이지 않으면 자기에게 있는 마음 중의 저울과 거울이 없으므로, 선악을 분별치 못하여 사람을 쓰고 버리는 데 실수하게 됩니다.

선악(善惡)의 소재와 시비(是非)의 분별을 알지 못해서 그 임금의 도리를 잃게 됩니다. 어찌 임금이 그 도리를 잃고서 능히 사람을 다스릴 수가 있겠습니까?

이는 곧 모든 인간의 삶에서는 선악과 시비의 분별이 무엇보다도 중요하며, 이것은 곧 스스로를 성찰하는데서 비롯하는 것임을 분명히 한 것이다. 그리고 선악과 시비를 분별하는 그 지점이 '기'라는 것을 알 수 있는 것이다.

사람에게 한 치의 인욕이 개입되면 곧 악인이 되는 것이니, 이것이 남명이 파악한 출처의 근본 원칙이다. 선악과 정사의 구별이 엄격한 성격에, 반드시 시비를 가리고야마는 남명에게 있어 선악의 갈림길인 '기'의 확보는 무엇보다 중요한 개념이었던 것이다. 여기서 출처가 결정되고, 한 일의 득실이 판단되는 것이니 곧 남명이 한 인물평이 모두 이 바탕 위에 있는 것이라고 할 수 있다. 남명의 「신명사도」에 대해서 면우는

그 신명사도명을 지어 태일진군으로서 마음이 태극의 본지임을 들었으니,

경은 총재되어 천덕과 왕도의 요체를 세우고, 지는 백규(百揆)어 사물의 기미를 살피며, 의는 사구(司寇)되어 발동하는 조짐을 억제하게 하였다. 밖으로는 삼관(三關)을 방어하여 조차(造次)에도 감히 소홀히 아니하고 안으로는 사직을 수호하여 전패(顚沛)에도 떠나지 아니하니, 지극함을 알아 지극하고, 끝을 알아 마친 것이다. 그 존심·찰리·성신·극기·조도·성덕의 실체가 정연히 조리 있고 확연히 근거 있지 않음이 없어 만세토록 학자들의 지남이 될 것이니, 이는 어찌 편질(篇帙)을 쌓아 그 사설을 많이 한 연후에 지대하다 하겠는가?[116]

라고 하였지만, 「신명사도」의 구관口關 이관耳關 목관目關의 삼관에 대장기大壯旂를 세우고 여기에 '기미를 살핀다(審幾)'고 표기하였으니, 바로 성찰 함양된 마음 밖의 세계는 몽夢, 귀鬼 등의 사악한 곳이니, 마음이 이를 접할 때 철저히 기미를 살펴 사악함이 침입하지 못하도록 해야 한다는 뜻을 표시하였다.

또한 남명은 『학기유편』에서 「기도幾圖」를 그려 그 의미를 나타내었다. 그 그림은 기가 곧 극기와 성찰의 단초가 됨을 말하고 있는데, 성찰은 격물치지를 바탕으로 이루어지고 극기는 仁, 勇의 바탕에서 이루어지는 것으로 보고 있다. 나아가 이 성찰과 극기는 뜻을 정성스럽게 하는 것(誠意)으로부터 비롯되는 것이고, 뜻을 정성스럽게 하는 것은 그 홀로 있음을 삼가 스스로를 기만함이 없는 데에 있음을 나타내고 있다. 스스로를 기만함이 없다고 하는 것은, 다시 악취를 싫어하는 것과 같고 호색을 좋아하는 것과 같은 것으로 선과 악, 정과 사, 시와 비를 본성의 근본에서부터 살펴서 대처해야 한다는 뜻이라고 할 수 있다. 그러므로 군자는 그 홀로 있을 때를 삼가 하여 인욕이 개입되지 않은 상태로서의 천리를 잘 보존하여야 함을 말하고 있는 것이다.

---

116) 『남명집』 면우 찬 「묘지명」.

5. 경의에 앞서는 '기'

경과 의로 표현되는 남명 사상은 그 성립이 그의 출처관 정립보다 앞서는 것은 아니다. 남명은 그 타고난 성격이 처음부터 사람들에게 굽히기를 싫어하는 다소 오만한 것이었으며, 그것은 많은 면에서 죽음에 이르기까지 크게 완화되지 않은 것으로 보인다. 그러한 성격에다 사화로 얼룩진 당시의 시국이 벼슬에 나아갈 시기가 아님을 살펴서 평생 처사로 살아간 남명은 바로 그 점으로 인하여 역사에서 이름을 남기게 되었다고 하여도 과언이 아니다. 또한 그는 천성이 악을 미워하는 사람으로서 불의를 보면 가만있지 못하는 성격이었다.

남명은 자신의 출처를 '물러나 그 뜻을 지키는' 쪽으로 정했다. 그것은 시사가 위험하여 벼슬에 나아가도 뜻을 펼 수가 없으며 오히려 자기를 상하게 하고 남까지 다치게 하는 결과를 초래할 것임을 깨달았기 때문이었다. 그리하여 그는 역사적 인물들과 당대의 인물들에 대한 비판적 검토를 통해서 그들의 출처를 논하였다. 남명은 그 출처가 합당한가, 아닌가에 대한 기준으로서 기미를 파악하는 선견지명을 꼽았는데, 이때의 '기'는 바로 선과 악으로 나뉘는 분기점이었던 것이다. 기미의 순간에 인욕을 배제하고 천리를 잘 보존하게 된다면 바로 吉人이 되고, 인욕이 천리에 포함되게 되면 바로 惡人이 되는 것으로 파악한 것이다. 벼슬길에 나아감에 있어서도 일을 '할 수 없는 시기'에 나아가는 것이나, '할 수 없는 일'을 하려고 하는 것은 모두 인욕이 개입된 것으로 보았으니, 곧 그 출처가 잘못된 것이라는 관점이다.

남명이 말하는 '경'이란 천리로서의 본성을 잘 함양하는 것이며, '의'란 기미의 순간에 인욕이 개입하는 것을 과감히 막아내는 것에 다름 아니다. 여기서 '기'에 대한 남명의 의미파악이 오히려 경과 의에 앞서는 것임을 알 수 있고, 경과 의는 이 기미의 순간에서부터 자신을 잘 보존하여 악으로 나아가지 않도록 인도하는 방편으로 확보한 것이라고 할 수 있다.

참고 문헌

『南冥集四種』, 晉州, 南冥學硏究院出版部, 2000.

『學記類編』 丁巳初刊本 共2冊, 『南冥學硏究論叢』 4, 南冥學硏究院, 1996. 所收.

『周易』 「繫辭傳」.

김경수·사재명, 『남명 선생문인자료집』, 남명학연구원출판부, 2001.

신용호·강헌규, 『先賢들의 字와 號』, 동양문화총서 2, 사단법인 전통문화연구
　　　회, 1998.

오이환, 「남명과 육왕학 -지와 행의 문제를 중심으로-」, 『남명학파연구』, 남
　　　명학연구원출판부, 2000.

_____, 「남명학관계기간문헌목록 2002」, 『남명학연구논총』 10, 남명학연구
　　　원출판부, 2002.

鄭萬祚, 「宣祖初 晉州 淫婦獄과 그 波紋」, 『韓國學論叢』 22, 國民大學校, 2000.

정우락, 『남명설화 뜻풀이』, 남명학연구원출판부, 2001.

周敦頤 지음, 朱熹 주석, 권정인·김상래 역주, 『通書解』, 청계, 2000.

최석기, 「南冥의 「神明舍圖」·「神明舍銘」에 對하여」, 『南冥學硏究』 4, 慶尙大
　　　學校 南冥學硏究所, 1994.

제7장
남명의 불교관

1. 남명학의 다양성

남명(1501~1572)의 학문이 제자백가를 두루 통달하였음은 지금까지의 남명학에 대한 선행 연구들에서 이미 밝혀졌다. 또한 그의 학문이 성리학의 이론에 대해서도 뛰어난 이해를 갖추고 있었으면서도, 이론적 탐구는 정자와 주자에서 모두 밝혀졌음을 말하고 오로지 이의 실천에 중점을 두었던 사실도 확인되었다. 그리하여 남명학은 성리학적 개념의 '敬'으로써 내면을 수양하고, 원시유가의 실천적 측면을 강조하는 '義'로써 행동을 반듯하게 한다는 경의철학으로 정립되었다. 이는 남명의 학문 성향이 성리학과 원시유학의 조화를 이룬 것으로 평가되며, 아울러 남명 이전 영남사림파의 학문적 특징을 잘 계승한 것으로 볼 수 있게 한다.

물론 이러한 배경에는 당시의 상황이 이른바 사대사화를 겪고 또 척신정치의 와중에서 백성들의 삶은 외면되고 오로지 권력쟁탈에만 집착하는 정치에 회의를 느낀 점이 크게 작용했다고 보인다.[1] 따라서 남명은 유학의 이상인 수기치인에 목적을 두고서 위기지학에 치중하면서 民生을 위한 정치를 펼 것을 수차례에 걸친 상소문으로 강조하였던 것이다. 그리하여 그는 일찍이 과거를 통한 벼슬을 포기하고, 교육을 통해 제자를 길러 후일을 기약한 것으로 보인다.

한편 그가 제자백가의 학설을 두루 섭렵한 것은 국가와 백성들의 삶에 실질적으로 필요한 실용적인 측면에서도 이해할 수 있다. 즉 의약이나 천문, 지리, 복서卜筮 등은 당시의 사대부나 일반 백성의 삶에 있어서 중요한 부분을 차지하고 있었던 것이며, 제자들에게 병법을 가르친 것은 임진왜란壬辰倭亂을 당하여 국가가 위기에 처했을 때 많은 제자들이 의병장으로 궐기하여 국난을 극복하는 데 크게 기여하였다.

그러나 현재까지의 남명학에 대한 연구에서는 위에서 언급한 남명학의 다양한 측면뿐만 아니라, 남명학에 포함되어 있는 노장학적 요소 및 심지어 남명 스스로가 비판한 양명학적 성격에 대한 분석도 이루어졌고, 나아가 이에 대해 정통 성리학적 관점에서 다시 검토한 연구논문도 있다. 그런데 아직 남명의 불교에 대한 관점이나 불교와 관련한 측면을 통해서 본 견해에 대한 연구는 전혀 없는 실정이다.[2]

본 연구는 이러한 점에 초점을 맞추어 일차적으로『남명집』[3]에 수록된 내용들을 중심으로 남명의 불교에 대한 견해를 살펴보고, 이어서 승려와의 관계나 사찰에서 느낀 감상들을 분석하고자 하는데 목적이 있다. 또한 이로써 유학자로서의 남명이 불교를 통하여 본 시대적 상황을 살펴보는 데에도 그 의의가 있다.

---

1) 남명이 느낀 당시의 정치적 위기 상황에 대해서는『남명집』「을묘사직소」참조.
2) 이와 관련하여서는 1997년 12월 27일자 일본의 종교전문 신문인 ≪中外日報≫에 필자가 「李朝朝鮮の大儒學者 南冥先生の佛敎觀」이란 제목으로 1면 전면 및 2면의 일부분에 걸쳐 그 개략을 기고한 한 편밖에 없는 것으로 알고 있다.
3) 『南冥集』은 다양한 여러 板本이 있는데, 여기서는 1982년 아세아문화사에서 간행한 판본을 저본으로 하고, 1996년 이론과 실천에서 간행한 교감국역본을 참고로 한다.

물론 성리학이 그 성립 당초부터 도교적 요소와 선불교의 특징을 상당부분 포함하고 있음은 주지의 사실이다. 그러므로 성리학자로서 불교를 아무리 비판한다고 할지라도 불교로부터 완전히 자유로울 수는 없다고 보는 것이 타당할지도 모른다. 그러나 이러한 한계를 어느 정도 인정한다고 하더라도 본 연구의 의미가 결코 적지는 않을 것이다. 이는 곧 당대의 대표적 성리학자로서 사림의 종사로 추앙받았으며, 결국 남명학파로 통칭되는 거대한 학문적 집단을 형성한 인물에 대한 종합적 연구에서 빼놓을 수 없는 부분이기 때문이라고 할 수 있다.

2. 시대적 배경

주지하는 바와 같이 한국에 있어서의 불교는 삼국시대에 유입되어 정착기와 발전기를 거쳐 고려시대에 융성기를 맞았다. 그러나 불교를 국교로 채택한 고려 전기에는 왕자나 귀족의 자제들이 출가하여 승려가 되는 사례도 허다하여 극성기를 이루었지만, 중기 이후에는 수적으로 엄청난 증가를 이룬 사찰과 승려들이 부를 축적하고 정치적 영향력도 증가하여 횡포를 자행하는 상황이 되었다. 이로 인하여 국가의 기강이 무너지게 되어, 이 시기에 중국으로부터 유입된 성리학으로 무장한 젊은 신진사대부들을 중심으로 개혁을 요구하는 소리가 높아지게 되었고, 이를 기반으로 혁명이 일어나 조선이 개국하게 되었다.

이하에서는 조선조의 불교정책에 대한 선행연구 성과에 의해 통설로 인정된 내용들을 간략하게 요약하는 정도에서 그 시대적 배경을 서술하고자 한다. 조선은 고려를 거울삼아 '숭유억불崇儒抑佛' 정책을 펴게 되었던 바, 승려의 자격을 제한하여 그 수를 대폭 줄이고 승려들의 도성 출입을 금지하였다. 이러한 정책의 기본이 이른바 '度牒制'인데, 이는 국가의 경제적 입장도 고려된 정책이었다. 뿐만 아니라 세종 때에는 불교를 선종禪宗과 교종敎宗의 양종으로 통합하여 관리하였고, 성종 때에는 승려가 되는 길을 원천적으로 봉쇄하기 위해 도첩제마저 폐지하기에 이르렀으며, 연산군 때에는 과거에서 승과僧科를 제외하였으며, 사림세력이 정치에 등장하여 상당한 역할을 담당하였던 중종 때에는 승과를 폐지하게 되었다.[4]

그러나 민간의 불교신앙은 여전한 추세였을 뿐만 아니라, 이른바 '왕실불교'라고 불리는 바와 같이 국왕의 개인적인 취향에 따라 불교를 부분적으로 인정하기도 하고 불경을 간행하기도 하였다. 즉 기우제 祈雨祭나 수륙재水陸齋 등과 같은 불교적 의례는 궁중에서도 꾸준히 시행되었으며, 세종이나 세조는 불교에 대한 개인적인 신앙심이 깊어 불경을 간행하거나 궁중 안에 불당을 설치하기도 하였던 것이다. 또한 세종의 비인 소헌왕후昭憲王后 심 씨나 세조의 며느리로써 덕종비가 된 인수대비仁粹大妃 韓 氏, 성종의 妃인 정현왕후貞賢王后 尹 氏 등과 같은 왕비들의 불교에 대한 신앙도 매우 깊었으며, 특히나 효령대군孝寧大君의 불심은 널리 알려져 있는 바와 같이 왕실의 불교신앙은 그 명맥을 꾸준히 유지하고 있었다.

이렇게 정책적으로는 불교를 억압하고 승려가 되는 길을 막으면서도, 왕실의 일부에서는 불교를 신앙하며 왕실관련 사원을 비호해 주면서 그로부터 재정수입의 일부를 충당하기도 하였다. 한편 전체적으로 볼 때, 꾸준한 억압정책에도 불구하고 조선 전기에 있어서 승려의 수는 계속적인 증가추세에 있었으니, 그 이유는 도첩을 지니지 못한 불법승이 대단히 늘어났기 때문이었다. 이는 공납貢納과 군역軍役의 폐단으로부터 기인하는 바가 가장 컸으니, 즉 농민으로써 과중한 공납과 족징族徵 내지는 인징隣徵으로까지 이어지는 군역의 부담을 피해 도망하여 도적이 되거나 불법승이 된 경우도 많았으며, 또 양민으로써 죄

---

4) 金宇基,「16世紀 戚臣政治期의 佛敎政策」,『朝鮮史硏究』第3輯, 伏賢朝鮮史硏究 會, 1994 참조.

를 짓고 유랑하다가 승려가 되는 경우도 있었고, 천민으로서 도망하여 삭발하게 된 경우가 급격히 늘어난 현상의 결과이었다.

앞의 경우를 대체적으로 '포도무뢰인逋逃無賴人'이라 하고 뒤의 경우를 '배주도역지배背主逃役之輩'라 하는데, 삶의 터전이 없는 이들은 살인, 방화 약탈을 일삼게 되어 그 폐해가 막심하였던 것으로 나타나고, 국가에서는 이에 대한 대책 마련에 고민하게 된다. 즉 '불교의 쇠퇴함이 오늘날보다 심함이 없지만 승려의 번성함은 숭불할 때의 백 배나 됩니다. 산림의 사찰은 포도무뢰인의 소굴이 되었으며, 사람을 죽이고 물건을 빼앗고 여막을 불태우고 분묘를 파헤칩니다'[5]라고 한 바와 같이, 정책에 의해 불교는 쇠퇴하였음에도 불구하고 불법승의 증가로 인해 곳곳에서 피해가 발생하고 있었던 것을 알 수 있다.

이러한 상황을 해결하기 위하여 국가에서는 '역승급패役僧給牌'의 방법을 강구하였으니, 이는 곧 피역승을 국가의 役에 자원하여 일하게 하고, 그 대가로 호패를 발급하여 합법승으로 인정해 준다는 것이다. 이리하여 중종 31년과 32년에 국가에서 시행한 두 가지 사업에 동원되어 호패를 받아 합법승이 된 숫자가 약 8,000여 명에 달하였다고 하니, 당시 불법승이 얼마나 많았는지 짐작할 수 있겠다. 그리고 이러한 정책은 김안로를 중심으로 하는 척신정권의 기반을 강화시켜 주는 결과를 가져왔으나, 한편으로는 합법승이 된 이들의 세력이 커져 사회적 물의를 야기하기도 하였다. 이로 인하여 유교이념으로 무장한 유생들이 척불 입장이 되면서 표면적으로는 억불책의 모습을 보이게 되기도 하였다.

그러나 인종이 즉위한 지 1년이 못되어 죽고, 명종이 즉위하자 불교에 깊은 신앙심을 가지고 있던 문정왕후가 섭정하면서, 윤원형 등 척신정권의 지원을 받으면서 보우普雨와 결탁하여 불교정책은 일대 전환

---

5) 『중종실록』권83, 32년 2월 신해 조.

기를 맞이하게 된다. 우선 명종 5년에는 선교禪教 양종이 복립되어 각각 봉은사奉恩寺와 봉선사奉先寺가 본산으로 선정되어 승려들을 통제하게 하였다. 명종 7년에는 승과僧科가 실시되어 급제자에게 직첩을 발급하고 각 사찰의 주지로 임명하였다. 한편 보우는 시문에 능하고 유불儒佛사상에 밝아 불교계뿐만 아니라 윤원형, 정만종鄭萬鍾, 상진尙震, 송인宋寅, 정사룡鄭士龍 등 권문세가와도 교제하여 이미 이름이 많이 알려진 인물이었는데, 명종 3년에 봉은사의 주지로 임명되면서부터 문정왕후의 지원 하에 불교부흥운동에 적극적으로 활동하게 된다. 이후 그는 수천 명에 달하는 피역승들을 도승법度僧法을 핑계로 신분과 자격을 가리지 않고 합법승으로 만들면서 당시의 불교계를 대표하는 인물로 등장하게 된다.

물론 이러한 정책의 저변에는 잘못된 정치로 과중한 세금을 견디지 못하고 도망쳐서 승려가 되거나 임꺽정 일당처럼 도적이 되는 양민의 숫자가 지속적으로 증가하게 되어, 이들을 제도권으로 끌어들이려는 의도도 내포되어 있으며, 또한 사찰을 이용하여 부족한 왕실의 재정을 충당하려는 정치적 의도도 깔려 있었다. 또한 어차피 불교를 완전히 말살할 수 없는 현실적 상황을 고려하면, 불교계의 조직을 정비하고 계통을 세워 국가의 통제 하에 두는 것이 바람직한 방향이라고 판단했을 수도 있다. 하지만 유교를 국시國是로 내건 조선에서 지나치게 급진적인 숭불정책은 필연적으로 한계를 지닐 수밖에 없었던 것이다.

특히나 명종 후반기에는 그동안 몇 차례의 사화를 거치면서도 결국 보다 체계화된 성리학의 이론으로 무장한 사림세력이 정치의 전면에 부상하게 되었고, 이들에 의해 당시의 불교정책은 비판받을 수밖에 없었으며, 결국 명종 20년 문정왕후의 죽음으로 왕실과 결탁한 숭불정책은 막을 내리게 된다.

남명은 바로 이와 같은 시기, 즉 정치가 잘못되어 민생은 피폐되고, 사방에서는 도적이 들끓으며, 밖에서는 외적이 출몰하고, 안으로는 사화의 와중에서 척신들에 의한 권력다툼이 자행되는 때에 살았던 인물이다. 그는 평생 벼슬에 나아가지 않고 처사로 생활하면서 백성들의 고통을 직접 목격하고 이를 가슴 아파하였으며, 승려나 사찰의 생활상을 보고서 그 어려움을 통탄하였다. 이제 불교에 대한 남명의 견해와 승려 및 사찰과의 관계에서 느낀 점들을 구체적으로 정리해 보자.

3. 남명의 불교에 대한 이해

1) 이론적 이해

불교의 이론에 대해서 남명이 얼마나 전문적으로 이해하고 있었는지 살필 수 있는 내용을 담은 글은 남아 있지 않다. 그러나 비록 남명이 제자백가를 섭렵했다고 하더라도, 당시의 여러 가지 시대적 상황으로 미루어 보건대, 직접 불경을 통하여 그 교리에 대한 정밀한 분석을 했다고는 생각되지 않는다. 따라서 여기서는 『남명집』이나 『학기유편』의 「변이단辨異端」 편에 나타나는 불교와 관련된 기록들을 중심으로 내용을 분석하고자 한다.

먼저 남명 자신이 직접 불교의 교리에 대해 언급한 것으로 나타나는 내용은 명종 10년에 단성현감을 제수하자 이를 사직하면서 올린 「을묘사직소」 한 곳에 나타난다.

불교에서 말하는 진정(眞定)이란 것은 다만 이 마음을 간직하는 데에 달려 있을 뿐이니, 위로 하늘의 이치에 통하게 되는 데 있어서는 유교와 불교가 한 가지 입니다. 다만 사람의 일을 시행함에 있어서는 다리가 없이 땅을 밟고 있는 형국이므로, 우리 유가에서는 배우지 않는 것입니다. 전하께서는 이미 불도를 좋아하시니, 그것을 학문하는 데로 옮기신다면, 이것은 우리 유가를 옳게 여기시는 것입니다. 어찌 어렸을 때 집을 잃었던 아이가 자기 집을 찾아 부모, 친척, 형제, 친구를 만나보는 일과 같은 것이 아니겠습니까?[6]

위의 내용을 우리는 세 가지로 요약할 수 있다. 첫째, 진리 그 자체라는 면에서 본다면 유교나 불교에서 말하는 바가 일치한다는 점, 둘째, 진리의 추구방법에 있어서 불교는 유가에서 말하는 인륜을 저버리고 있다는 점, 셋째, 당시 문정왕후의 섭정 아래에 있던 명종으로 하여금 불교를 버리고 유학의 도에 힘쓰도록 권장하고 있다는 점이다.

남명이 불교에서 궁극적으로 추구하고자 하는 진리에 대해서 긍정적인 생각도 가지고 있었다고 하는 것[7]은 인정할 수 있지만, 그 추구방법에 대해서는 분명히 부정적인 관점을 가지고 있었으니, 면우 곽종석도 남명의 「묘지명」에서 위의 내용을 인용하여 '항상 불씨[불교]는 바로 상달에 힘쓰기 때문에 실지가 없다고 하였고, 육씨[육왕학]는 강학을 일삼지 않으므로 그릇되다'[8]고 한 것처럼 인륜을 버리고 오로지 진리에만 매달리는 일이 실질적인 학문의 방법이 아님을 강조하여 불교를 비판하고 있다. 그러나 남명은 이와 같은 상황을 불교에만 적용시킨 것이 아니니, 가장 절친한 벗이었던 대곡 성운이 지은 남명의 「묘갈명」에는

또 배우는 이를 경계하여 말하기를 "지금의 학자들은 지극히 가까운 것을 버리고 높고 먼 것을 쫓으니 병통이 적을 뿐만이 아니다. 학문이란 처음부터 부모를 섬기고 어른에게 공손하고 어린이를 사랑하는 사이에서 벗어나

---

6) 佛氏所謂眞定者 只在存此心而已 其爲上達天理 則儒釋一也 但施之於人事者 無脚踏地 故吾家不學之矣 殿下旣好佛矣 若移之學問 則此是吾家事也 豈非弱喪而得其家 得見父母親戚兄弟故舊者乎!

7) 이 점에 대해서는 孫炳旭, 「南冥 '敬義'思想의 基底로서의 靜坐修行」, 『남명학연구논총』 제2집, 남명학연구원, 1992, 222쪽에서도 견해를 같이 하고 있다.

8) 常以佛氏之徑務上達 爲無脚踏地 以陸氏之不事講學 爲非.

지 않는다. 만일 여기에 힘쓰지 않고 갑자기 성명의 오묘함을 궁구하고자
하면 이것은 사람의 일에서 하늘의 이치를 구하는 것이 아니니 결국 실지로
얻음이 없을 것이다"라고 하였다.9)

고 한 바와 같이, 유가 역시 잘못된 공부에 빠지면 불교와 같은 폐단에
빠지게 됨을 강하게 경계하고 있음을 알 수 있다. 여기서 우리는 남명
의 실천적 학풍을 다시 한 번 확인할 수가 있다.

『학기유편』은 이미 알려진 것처럼 엄밀한 의미에서 남명이 독창적
으로 주장한 학설을 수록한 내용은 아니다. 이것은 남명이 평소에 독
서하면서 전현前賢들의 글 속에서 긴요한 부분들을 메모 형식으로 발
췌하여 기록해 둔 것들이다. 이를 래암 정인홍이 스승의 허락을 얻어
주자와 동래 려조겸이 함께 편찬한『근사록』의 형식에 따라 새롭게 편
찬하기로 하였다가, 여러 가지 사정으로 인하여 후에 창주 하징 등에
의해서 편집이 완성되어 1617년에 래암이 서문을 쓴 형태로 처음 간행
된 책이다.10)

그러나 이 책의 내용은 남명 스스로 공부에 도움이 된다고 생각한
부분들을 모아 둔 것이므로, 대체적으로 남명의 사상과 일치한다고 보
아도 크게 무리가 없을 것이다. 여기서는 그 중에서 이 글의 논점과 관
계되는 내용들을 수록하고 있는 권 하「변이단」편의 불교관련 기록
15항목을 분석하여 그의 불교관을 이해하는 데 참고하기로 한다.

A) 묻기를 "장자(莊子)는 석가와 비교해 어떻습니까?" 하니, 대답하기를
"장자가 어찌 석가와 비교될 수 있겠는가? 석가의 설은 고차원적이면서
도 묘한 부분이 있지만, 장자는 기상만 클 뿐이다. 그러므로 차원이 낮고

---

9) 且戒學者曰 今之學者 捨切近 趨高遠 不是小病 爲學 初不出事親敬兄弟長慈幼之間
　　如或不勉於此 而遽欲窮探性命之奧 是不於人事上求天理 終無實得.
10) 『학기유편』 초간본, 정인홍 撰「학기유편서」 참조.

쓸데가 없다"라고 하였다.[11]

B) 석가는 부모를 버리고 산으로 들어가서 마침내 부처가 되었다. 만약 유학자의 도리로 따진다면 부모를 버린 그때에 이미 죽임을 당할 것이니, 어찌 그가 부처가 될 수 있었겠는가?[12]

C) 자후가 이르기를 "부처는 마치 큰 부잣집의 가난한 아들과 같다"라고 하였으니, 이 말이 매우 마땅하다.[13]

D) 부처도 또한 말하기를 "사람의 본성은 착하다"고 하였다.[14]

E) 불교의 학문은 모두 형이상학적인 공부에만 열중하고 형이하학적인 공부는 없으니, 근본과 말단이 서로 연결되지 못하고 떨어지게 되었다.[15]

F) 석가의 가르침은 敬으로써 마음을 바르게 하는 부분은 있으나, 의로써 행동을 반듯하게 하는 부분은 없다.[16]

G) 묻기를 "방외(方外)의 선비는 능히 먼저 성인을 알고서 부정하기를 즐겨 합니까?" 하니, 대답하기를 "석가와 같은 이는 조금 도리에 비슷하게 접근한 자인데도 그를 부정하지 않거늘 하물며 성인을 부정하겠느냐? 석가는 일찍이 말하기를 '암자 가운데에 앉아 있어도 암자 밖의 일을 본다'고 하였으나 이것은 엉터리 같은 말이 아니겠는가?"라고 하였다.[17]

---

11) 問 莊周與佛何如 曰 周安得比他佛 佛說直有高妙處 莊周氣象大故淺近.
12) 佛逃父入山 終能成佛 若儒者之道 則當逃父之時 已誅之 豈俟其成佛也.
13) 子厚謂 佛如大富貧子 此言甚當.
14) 佛亦言 人性本善.
15) 佛氏之學 一務上達 而無下學 本末間斷.
16) 佛氏 敬以直內 則有之 義以方外 則末之有也.

H) 세상의 학문을 하는 사람 중 많은 수가 선(禪)에 들어가서 도를 구하지만 얻는 바도 없고 생각도 이미 다해져서 조금 확 트인 경지를 보고서는, 그 마음이 여기에서 편히 안주한다.18)

I) 선가(禪家)에서 속세를 떠난다고 하는 설은, 마치 눈을 감고 자신의 코를 보지 않지만 그래도 자신의 코는 그대로 있는 것과 같은 것이다.19)

J) 불교의 학설과 유교의 학설은 비록 같은 부분이 많이 있으나, 단지 본질에 있어서는 한결같지 않으니, 그 차이는 사물을 잊는 것과 사물에 얽매이는 폐단 등이다.20)

K) 문정공(文定公) 호굉(胡宏)이 양구산(楊龜山)의 묘지(墓誌)를 썼는데, 호굉의 물음이 묘지에 실려 있기를 "서쪽의 호걸이 가만히 [중국에 학문이 없는] 틈새를 살펴서 중국으로 들어왔다"고 하니, [양구산이] 대답하기를 "맹자가 죽은 후 세상에는 마음을 전하는 학문이 없어졌으니, 이 한 조각 마음이 점차 황폐화 되었고 동진(東晋)의 시기에 이르러서는 아무도 마음공부에 노력하지 않았다. 석가의 가르침을 따르는 무리로서 달마(達摩)와 같은 이가 가장 뛰어난 호걸이었으니, 이 틈새를 엿보고 학문하는 사람이 없다고 여기고 드디어 중국으로 들어와서 면벽하고 단정히 앉아 눈썹을 치켜세우고 눈을 깜박이니 이르는 곳마다 존경받게 되어 중국 사람들이 손을 모으고 귀의하여 그의 영향권에서 벗어날 수가 없었다"고 되어 있다.21)

---

17) 問 方外之士 能先知聖人肯爲否 曰 使釋氏稍近道理者 便不肯爲 況聖人乎 釋氏嘗言 庵中坐 却見庵外事 莫是野狐精.

18) 世之學者 多入於禪 却爲他求道 未有所得 思索旣窮 乍見寬廣處 其心便安於此.

19) 禪家出世之說 如閉目不見自鼻 然鼻有自在.

20) 佛說與吾儒 同處雖多 只是本領不是一齊 差却忘物與累物之弊等.

21) 胡文定誌楊龜山之墓 宏問 誌云 西方之傑 窺見間隙 遂入中國 答曰 自孟子沒 世無

L) 구산 양씨가 말하기를 "육경에서는 무심을 말하지 않았으나 유독 불교에서는 이것을 말하였고, 육경에서는 본성을 수양한다는 말을 하지 않았으나 유독 양웅이 그것을 말하였다. 마음이 없다는 것도 옳지 않고 본성을 수양한다는 것도 옳지 않은 까닭에 『주역』에서는 단지 '마음을 닦고 성품을 다한다'고 하였고, 『예기』에서는 '마음을 바르게 하고 덕성을 높인다'고 했으며, 『맹자』에서는 '마음을 보존하고 본성을 기른다'라고 하였다.[22]

M) 도심은 하나의 선악을 구별하는 마음이 있는 것이니, 석가도 또한 사악하다고 말하지 않았다. 단지 구별하는 마음이 없이 마음을 보존하게 된다면 이미 대체적으로 옳지 못한 곳이 없게 된다.[23]

N) 석가가 도를 설명함에는 상하가 하나로 연결되지 않음이 없었지만, 실제적으로 쓰는 경우를 살펴보면 두 부분으로 나누어진다.[24]

O) 주자가 말하기를 "요즘 사람들은 도를 설명할 때 고차원적이고 기묘한 것만을 즐겨 쫓아 선(禪)으로 쉽게 빠져든다."고 하였다.[25]

위의 인용문은 『학기유편』에 실린 순서대로 나열한 것인데, 이 중에서 D) L) M)은 그 정확한 출전을 알 수 없는 것들이고, O)는 주자의 설이며, 나머지는 대체로 『이정전서二程全書』에서 발췌한 것으로 확인

傳心之學 此一片田地 漸漸抛荒 至東晉時 無人耕種 佛之徒如達摩輩 最爲傑 黠見此間隙 以爲無人 遂入中國 面壁端坐 楊眉瞬目 到處稱尊 此土之人 拱手歸降 不能出他圈讀.

22) 龜山楊氏曰 六經不言無心 惟佛氏言之 亦不言修性 惟楊雄言之 心不可無 性不假修 故易止言洗心盡心 記言正心尊德性 孟子言存心養性.

23) 道心 是箇有揀擇底心 佛氏也不可謂之邪 只是無箇揀擇底心 到心存時 已無大段不是處.

24) 釋氏談道 非不上下一貫 觀其用處 便作兩截.

25) 朱子曰 今人說道 愛從高妙處 便入禪去.

되는데, 그 가운데서 명도明道의 설은 E) 하나이고 그 외는 모두 이천伊川의 설이다.

이 항목들을 우리는 다음 몇 가지의 경우로 분석할 수 있다. 첫째는 불교가 추구하는 진리를 인정하는 내용으로써 A) D) M)이 이에 속하고, 둘째는 이론적인 면과 실천적인 면에서 들어나는 불교의 폐단을 지적한 내용으로써 B) C) E) F) G) H) I) J) L) N) 등을 들 수 있고, 셋째는 유교의 학문에서 드러나는 폐단과 불교와의 연관성을 지적한 내용으로써 K) O) 등이 이에 속한다는 점이다.

첫째의 경우를 요약해 보면, 불교가 추구하는 진리가 장자의 견해보다 더욱 정치한 것이며, 불교의 인성론이 善을 말하고 있다고 파악한 것, 그리고 석가도 마음의 본체인 道心을 사악한 것으로 보지 않고 있다는 것이다. 이는 물론 유가의 관점에서 불교를 파악한 것으로써 인성론적인 면에 치중하여 이른바 『중용』에서 말하는 「솔성지위도率性之謂道」의 개념과 불교의 교리가 크게 다르지 않은 것으로 인정하는 내용으로 볼 수 있다.

둘째의 경우는 불교의 진리를 인정하는 바탕 위에서 현실적으로 인간의 도리를 저버리고 있음에 대한 비판이 주축을 이루고 있는데, B)나 I)의 경우처럼 부모를 버리고 현실에서 도피하는 것과 같은 반인륜적인 일, C) G) H)의 경우처럼 겉모양은 좋은듯하지만 실질적인 내용에서는 허망하여 사이비와 같다는 점, E) F) N)의 경우처럼 이상과 현실 내지는 이론과 실천 사이에 괴리가 있어 완전한 체계를 이루지 못하고 있다는 점, L)의 경우처럼 무심이라는 개념을 내세움으로써 본체론적으로 진리를 잘못 파악하고 있다고 본 것으로 구분된다. 이는 유가가 근본적으로 불교와 다른 점을 강조하는 것이지만 궁극적으로는 유교의 우월성을 드러내고자 하는 내용으로 볼 수 있다.

셋째는 K)와 같이 중국에서 불교가 융성하게 된 까닭을 유교의 쇠퇴 즉 유가 자체의 폐단에서 찾고 있는데, 이는 곧 남북조시대의 정치적 혼란 때문에 빚어진 결과였다. 이로 인해 학자들이 O)와 같은 경우에 쉽게 빠져드는 유풍이 생겨나게 되었던 것이다. 다시 말하여 내일을 예측할 수 없이 계속 이어지는 전쟁 속에서 사람들은 종교적 열망을 가질 수밖에 없었으며, 도교의 융성과 불교(특히 선불교)의 유입 및 정착이 쉬웠던 것이며, 이러한 경향은 더욱 침투가 용이한 식자들에게서 두드러졌다고 할 수 있다.

물론 위에서 분석한 내용들이 불교의 관점에서 본다면 정확한 것이라고 할 수는 없다. 불교에서 말하는 진리가 인간의 관점에서 완전히 부정될 수도 없으며, 또한 불교에서 인류을 저버리는 일을 가르치지도 않을 뿐더러, 유가에서 주장하는 이론과 실천 사이의 괴리라고 하는 점도 한 단면만을 본 것이지 결코 전체를 파악한 것이라고는 할 수 없을 것이다. 그러나 이러한 관점은 당시의 정치적, 학문적 상황 하에서 당시의 학자의 눈에 비친 관점으로 분석해 둔 것임을 염두에 두어야 할 것이다.

이상과 같이 불교에 대한 남명 자신의 견해와 남명이 긴요하다고 메모한 내용들을 중심으로 하여 살펴 본 바에 의하면, 남명의 불교에 대한 이론적인 면에서의 이해는 긍정적인 측면과 부정정인 측면을 함께 지니고 있었음을 알 수 있다.

2) 현실적 시각

여기서는 남명이 현실의 삶에서 불교에 대해 어떠한 견해를 나타내고 있었는지 『남명집』에 나타나는 세 가지의 사례를 분석하고자 한다.

첫 번째의 사례는 『남명집』의 보유편에 실린 「야은길선생전冶隱吉先生傳」의 기록인데,

초상이 났을 때 조심해서 불교의 의식을 따르지 않았다. 매양 한 밤중에 자

고 닭이 울면 일어나서 의관을 갖추고 사당과 앞 시대 성인들의 화상(畵像)을 배알하고 사당을 물러나왔다. 책상을 대해 꿇어앉아서 학문을 강습하되 하루 종일 게으름을 몰랐다. 양촌이 별세하자 3년을 심상(心喪)하였고, 박분이 죽자 또 같이 하였다. 배우는 자들이 야은(冶隱) 선생이라 일컬었고, 원근의 학도가 사방에서 모여들었는데, 중들도 느껴 깨달아서 본성으로 돌아온 자가 수십 명이었다.26)

라고 되어 있다. 이는 야은 길재에 대한 평론으로, 그 요지는 그가 유학의 학문에 투철하였음을 말하고, 특히 상례喪禮에 있어 불교의 의식 대신에 유교의 의식을 따랐으며 중들을 교화시켜 환속하게 한 숫자가 많았음을 지적하여 칭송하고 있는 것이다.

유가에 있어 禮란 대단히 중요한 내용이므로 이를 잘 준수하는 것이 큰 덕목일 수밖에 없었다. 우리나라에 성리학이 도입된 이래 이 예의 항목과 내용을 담은 『주자가례주자가례』는 곧 유학자에게 있어서는 하나의 전형이 되었는데, 영남사림파를 중심으로 더욱 이 책을 중시하였다. 또한 남명도 예외가 아니어서 예학禮學에 밝았으니, 그가 정비한 예의 내용이 지역의 민풍을 바꾸었던 것이며, 임종 직전에 『사상례절요』한 책을 지어 제자들에게 주면서 자신의 장례를 그 절차에 따르도록 하였던 사실이 확인되고 있다.27)

이와 같이 남명은 예의 문제에 있어 불교식 대신에 유가의 의식을 중시함으로써 현실적으로 불교와 대비되는 시각의 한 단면을 보여주고 있다.

두 번째의 사례는 제자이자 외손서外孫胥인 동강 김우옹에게 쓴 「여

---

26) 謹於喪 不用浮屠 每中夜而寢 鷄鳴而起 具衣冠 謁祠堂及先聖像 退于書堂 對案危坐 講學 竟日忘倦 陽村卒心喪三秊 朴賁卒 又如之 學者稱爲冶隱先生 遠近學徒四集 緇類感悟反本者數十.

27) 김경수, 「사림파의 전통에서 본 남명의 실천성리학과 예학」, 『남명학연구논총』 제2집, 남명학연구원, 1992 참조.

김숙부서 우與金肅夫書 又」에 나타나는 것으로,

> 내 듣건대, 상산(商山)에서 해약(解約)한 문건이 이 부(府)에 도착했다고 합
> 니다. 성상께서 들으시고 회부하여 양종(兩宗)을 새로 혁파했으며, 못된 짓
> 을 하던 중은 죽고 음사(淫祠)도 불태웠다고 합니다. 당초 궁궐 문을 두드리
> 며 부르짖던 날과는 같지 않으니, 태도를 바꾸어 도모하는 것이 합당하며,
> 또 그렇게 하는 것이 의리를 해치지 않을 것입니다. 다만 경부(敬夫)에게는
> 오히려 독단적으로 재단해야 할 의리가 있을 것입니다. 나는 아직 예전의
> 모습을 보전하고 있습니다.[28]

라는 내용으로 되어 있다. 이 편지가 정확히 언제 쓴 것인지는 기록이
남아 있지 않지만, 내용과 당시의 상황으로 보아 명종 21년 무렵에 쓴
것으로 봄이 타당할 것이다. 왜냐하면 이 내용이 문정왕후와 보우의
죽음으로 인해 불교에 일대 타격이 가해진 시기와 매우 깊은 관계가
있다고 보이기 때문이다.

이 편지의 내용을 분석해 보면, 먼저 상산에서 해약한 문건이 무엇
을 지칭하는지 알 수는 없지만, '양종을 혁파'했다는 것은 유신과 유생
의 요구에 의해 명종이 21년 4월에 내린 결단[29]이었으며, '못된 짓을
하던 중은 죽고'라고 한 것은 명종 20년 4월에 문정왕후가 죽고, 이어
결국 제주도로 유배되었던 보우도 그 해 12월 제주목사에 의해 장살杖
殺된 일을 가리키는 것일 수밖에 없을 것이다. 또 '음사도 불태웠다'고
한 것은 명종 21년 정월에 개성지방의 유생들이 송악산에 가서 성황당
城隍堂·월정당月井堂·개성당開城堂·대국당大國堂·덕적당德積堂을 태우
고 국사당國祀堂 지붕의 기와를 거두어 깨트렸는데, 유생들이 이렇게

---

28) 吾聞商山解約文 移到此府 上聽已回 新罷兩宗 賊髡已斃 淫祠亦焚 不似方初叫叩闕
　　闕之日 合宜改圖 亦不害義 但在敬夫 則猶有所獨裁之義 僕尙保宿狀耳.
29) 『명종실록』 권32, 21년 4월 신사조.

한 것은 문정왕후와 윤원형이 개인적으로 기도를 위해 세운 것이 많았기 때문이었[30]다는 기록과도 일치한다. 경부敬夫는 동강의 형인 개암開巖 김우굉金宇宏의 자인데, '독단적으로 재단해야 할 의리가 있다'는 부분은『개암집』의「연보」42세 조의 '8월에 여러 선비들을 불러 모아「청주적승보우소」를 올렸다'[31]고 한 내용과 연관이 있는 것으로 보인다. 즉 그 항목의 註를 요약해 보면, 그 해 곧 명종 20년에 문정왕후가 회암사檜巖寺의 무차회無遮會에 참석하고 얼마 되지 않아 승하함에 영남의 유생들이 보우의 주살을 청하는 상소 모임을 갖고서 개암을 소두疏頭로 추대하였다. 그 당시에 연이어 22차례에 걸쳐 상소를 올렸고, 그 중에서 개암이 직접 쓴 것도 다섯 번이나 된다. 이 상소는 현재 그의『개암집』에 수록되어 있는데, 위의 내용은 이러한 일과 관련된 것으로 생각할 수 있겠다.

위의 내용으로 보아, 남명도 문정왕후 당시의 숭불정책을 매우 잘못된 일로 여기고 있었음을 알 수 있을 뿐만 아니라, 양종의 혁파, 보우의 장살, 음사를 불태운 일 등을 잘한 것으로 판단하고 있다고 보인다. 그러나 이후의 일에 대해서는 과격한 행동에 대해 경계하는 표현을 하여 사리에 맞게 처리해 나가야 할 것임도 말하고 있다.

세 번째의 사례는 남명 만년의 제자인 부사浮査 성여신成汝信이 한 일과 연관한 것인데,『남명집』의「연보」66세 조에는 이 일이 매우 간략히 기록되어 있으므로,『부사집』에 있는 기록을 중심으로 살펴본다.「연보」선조대왕 원년 선생 23세 조에 '겨울에 동지들과 더불어 단속사에 거주하였는데, 불상을 훼철하고 불판을 불에 태웠다. 인하여 덕산으로 들어가 남명 선생을 배알하고『상서』를 받았으며, 최수우당 영경과 교분을 맺었다'[32]고 되어 있고, 그 주에

---

30) 『명종실록』 권32, 21년 정월 병진조.
31) 八月 倡率多士 上疏請誅賊僧普雨.
32) 冬與同儕 居接于斷俗寺 毀佛像 焚佛板 因入德山 謁南冥先生 受尚書 因與崔守愚永

이 해 가을에 임당 정유길과 주 목사 정응용이 가까운 고을의 유생을 모아 시(詩)와 부(賦)를 시험하여 열 사람을 얻고서 단속사에 거주하게 하였다. 뽑힌 자는 하면·진극경·손경인·손경의·정승윤·정승원·박서구·이곤섭·하박 등이었는데, 선생이 제1등이었다. 10월에 비로소 절에 들어갔는데, 이에 앞서 승려 휴정이 『삼가귀감』을 저술하여 절에서 판각하였는데, 유가를 끝에 두었다. 또 불상을 만들어 이름을 사천왕이라 하였는데 형상이 매우 괴상하였다. 일행 중 한 사람이 그 책을 인출하므로 선생이 마음으로 매우 분하게 여겨 일행이 모인 자리에서 그 사람을 꾸짖고 그 책을 찢어버렸다. 그리고 말하기를 "우리 도를 훼손하고 우리 유가를 모욕한 이 책과 불상을 더럽히지 않을 수 있겠는가?"라고 하고서 곧 승려들에게 명하여 그 책판을 불지르게 하고, 또 명하여 오백 나한과 사천왕을 끌어내 모두 불태우게 하니, 승려들이 모두 두려워 떨면서 그 명령을 어기지 못했다.

선생이 여러 사람에게 말하기를 "이곳은 남명 선생께서 사시는 곳과 거리가 멀지 않으므로 우리들은 이 일을 고하지 않을 수 없다"고 하고서, 먼저 옆에 있는 사람을 보내어 그 일을 아뢰게 하니, 남명 선생이 말하기를 "만약 먼저 알았다면 내가 어찌 권하였겠는가? 하지만 지나간 일이니 허물하지는 않겠지만 올바른 방법은 아니었다. 사람들이 어려서는 과격하다가 중년에는 점점 평정으로 나아가는 것이니 어려서부터 조소와 책망으로만 나아간다면 어떻게 성취를 이루겠는가? 공자께서 우활한 사람을 취한 것도 이와 같은 것이다. 다만 책판은 아까운 일이니 만약 잘게 잘라서 활자로 만들어 유가의 책을 인쇄하였다면 저쪽에서 쓸데없는 것을 취하여 나에게 쓸모 있는 도구로 삼는다면 또한 좋은 일이 아니겠는가?"라고 하였다.

다음날 선생이 남명 선생을 찾아가 절하니, 선생이 바로 맞아들여 앉아 더불어 이야기함에 매우 탄식하며 말하기를, "나는 그대 선대와의 교분이 매우 좋았습니다. 자경 씨는 선생의 할아버지로써 휘 일휴의 자이니 나에게는

慶定交.

나이 많은 벗이요, 자화 씨는 선생의 종조부로써 휘 일장의 자이니 나와는
서로 도우는 벗으로서 항상 서로 오고 감이 그치지 않았는데, 지금 그대를
보니 옛 사람을 보는 것 같습니다"라고 하였다.

이와 같이 이야기를 나눌 때, 뜰에서 보고하여 아뢰기를 "최 생원께서 서울
로부터 내려와 문밖에 있습니다"라고 하였다. 남명 선생이 나아가 맞이하여
들이니 바로 수우당이었다. 남명 선생 자리의 오른쪽에 끌어 앉히고 인사를
나누었다. 잠시 후 남명 선생께서 부사 선생을 가리키면서 불상을 훼철한 일
을 말하니, 수우당이 매우 경탄하면서 늦게 만난 것을 한스러워 하였다 …33)

라고 되어 있다. 이 기록에 의하면, 이 사건으로 인하여 남명과 부사
성여신이 스승과 제자의 관계를 맺은 것으로 나타난다.34)

---

33) 是秋鄭林塘惟吉與本州牧崔應龍 聚近邑儒生 制詩賦 選得十人 居接于斷俗寺 被選
者河公沔·陳公克敬·孫公景仁景義·鄭公承尹承元·朴公瑞龜·李公鯤燮·河公박 而先
生居第一 十月始入接 先是僧休靜者 撰三家龜鑑 入梓於寺 而儒家居末 且造佛像 名
曰四天王 形甚怪偉 接中一人 印取其書 先生心甚憤然 聚會同接 面責其人 而裂其書
仍曰 毁吾道 侮吾儒 是書與佛 不以誣乎 卽命僧徒 火其板 又令曳出 五百羅漢及四
天王者 幷火之 僧皆股慄 莫敢違越 先生謂諸君曰 此去南冥先生居不遠 吾儕 此擧不
可不告 先送接人 往陳其事 南冥先生曰 若先知之 吾豈勿勤爲 旣往勿咎 然末路 人物
早年激昂 中年漸就平正 自少調適 何以進就 夫子之取狂簡者 此也 旦板子則 有可惜
者 若截以細鉅 爲活字 印吾家書則 取彼無用之物 爲吾有用之器 不亦善乎 翌日 先
生往拜南冥先生 先生卽迎引入 座與語甚歡曰 與君先世 交道甚好 子慶氏 先生之祖
父 諱曰休之字 於我 爲年長之友 子華氏 先生之從祖考 諱曰章之字 於我 爲相執之
友 常往來無間矣 今見君 如見故人矣 如是敍話之際 庭奚入報曰 崔生員 自京下來
在門外 南冥先生 出而迎入 乃守愚堂也 引坐於先生之座右 敍寒暄 訖南冥之先生 而
語其毀佛事 守愚深加敬歎 恨其晩見.

34) 이보다 한 해 앞선 22세 조에서는 '가을에 덕산으로부터 쌍계사로 들어가 독서하
였다'라고 되어 있고, 그 주에 '7월에 최순경, 권세인, 유장, 하천주 등과 더불어
걸어서 응석사로부터 광제산, 단속사, 덕산사 등을 탐방하였고 남명 선생을 배알
하고자 하였으나 선생께서 마침 김해로 가셨으므로 배알하지 못하였다. 시내 위에
초정이 있고 정자의 기둥에 선생께서 직접 쓰신 시 한 수가 있었으니, 請看千石鐘
非大扣無聲 爭似頭流山 天鳴猶不鳴의 구절이었다. [부사]선생이 한참 동안 음미하
고서 지극히 칭탄하면서 여러 사람들에게 말하기를, "선생의 모습은 비록 배알하
지 못했지만 선생의 역량은 이를 미루어 상상할 수 있으니, 어찌 이번 행차의 큰
다행이 아니겠는가"라고 하고서 드디어 복숭아 시내 위로 산보하였으니, 곧 지금

아래에서 위 인용문의 내용을 분석하여 사건의 발단 및 경위, 그리고 이 일에 대한 남명의 견해를 살펴보면 다음과 같다. 진주 인근의 유생을 대상으로 하는 향시에서 10명을 선발하여 단속사에서 공부하게 하였는데, 그 절에는 서산대사 휴정의 저술인 『삼가귀감三家龜鑑』의 목판이 있었다. 이 책은 불가, 도가, 유가의 순서로 요점을 정리한 것이었고, 사천왕상을 만들었는데 형상이 괴이하였다. 마침 일행 중의 한 사람이 그 책을 인출하므로 부사가 이를 꾸짖고 책을 찢어버리면서 유가를 모욕한 책과 불상을 모두 불에 태우게 하였는데, 아무도 이를 저지하지 못했다. 그리고 이를 가까운 곳에 거주하고 있는 남명 선생에게 알리지 않을 수 없다고 하여 다른 사람으로 하여금 우선 알리게 하였다. 이에 남명은 올바른 방법이 아니었음을 말하나 젊은 혈기로 인해 이미 저지른 일이니 허물하지 않겠다는 입장을 표방하고, 목판에 대해서는 잘게 잘라서 목활자로 만들어 유가의 책을 간행하는 일에 사용하였으면 좋았을 것이라는 현실적인 견해를 나타내었다. 다음날 부사가 직접 남명을 찾아뵙고 인사를 드리고 집안간의 교분을 이야기함에, 서울로부터 수우당 최영경이 내려와 상면하고서 남명이 수우당에게 부사가 한 행동을 말하니 수우당이 경탄하고서 교분을 맺었다는 내용이다.

이에서 우리는 몇 가지의 중요한 사실을 살필 수 있다. 첫째, 당시 성여신은 벼슬도 하지 않은 유생이었음에도 거의 단독적으로 절에 보관되어 있는 책판과 불상들을 불에 태우게 하였는데 아무도 이를 저지하지 못했을 뿐만 아니라, 궁극적으로는 官으로부터도 실질적으로 아무런 제재를 받지 않았다는 점이다. 이는 당시의 정치 상황이, 숭불정치를 표방한 문정왕후가 이미 죽었고, 유학의 투쟁으로 불교를 다시 혁파하여 그 힘을 회복하여 사림파에 의한 정국이 주도되기 시작한 선조 원년이었다는 사실이 이 일을 가능하게 했다고 여겨진다.

의 서원 터이다. …'라고 되어 있어, 부사는 실제로 이 일이 있기 1년 쯤 전에 남명을 배알하고서 제자가 되기를 원했던 사실을 알 수 있다.

둘째, 당시 남명은 이미 69세의 고령으로 그 명성은 조야에 널리 알려진 인물이었다. 게다가 경상우도 지역을 주축으로 하여 거대한 학문적 집단의 영수로서 자리를 잡고 있었던 시기인 만큼, 이러한 중대사를 남명이 거주하는 산천재와 불과 30리 안팎에서 저지르고 이를 남명에게 알리지 않을 수는 없었던 것이다.

셋째, 이 일을 보는 남명의 입장이 상당히 온건하다는 것이다. 즉 그와 같이 과격한 행동을, 자신이 곁에 있었다면 권하지는 않았겠지만 지나간 일이니 허물하지는 않겠다고 하였다. 이는 그동안 잘못된 불교정책에 대한 남명 나름대로의 평가를 반영한 것으로 볼 수 있으며, 오히려 한편으로는 젊은 유생에게서 후일을 기대하고 있는 듯한 인상을 받을 수 있다. 또한 책판에 대해서는 대단히 실용적인 관점을 드러내어 아쉬움을 표명하고 있는 점이 특징이라고 하겠다.

넷째, 이 글의 내용에 등장하는 수우당 최영경의 관점을 통하여 당시 유생들이 이 일을 바라 본 관점을 유추해 볼 수 있다는 점이다. 즉 수우당이 이 일을 남명으로부터 듣고서 '매우 경탄했다'고 하였으니, 당시의 시대적 분위기에서는 하나의 쾌거로 여겨질 수도 있는 일이었다고 보는 것이 별 무리가 없을 것이다.

이상의 세 가지 사례를 통하여 불교에 대하여 현실적으로 가진 남명의 시각을 정리해 볼 수 있다. 즉 남명은 불교의 의식 대신에 유교의 의식을 철저히 준수한 성리학자라는 점과, 문정왕후 섭정시의 잘못된 불교정책에 대한 혁파 소식에 대해 매우 긍정적인 입장을 표명하고 있다는 점, 그리고 유생으로써 절에서 책판과 불상을 불태운 일에 대해서도 상당히 온건한 견해를 나타내고 있다는 것이다. 이는 결국 남명이 철저하게 실천을 중시하는 성리학자로서의 삶을 살아가고 있었음을 반영해 주는 것으로 이해할 수 있겠다.

4. 승려와의 관계와 사찰에서 느낀 감상

1) 승려와의 관계

여기서는 남명이 승려와 개인적으로 가졌던 관계를 『남명집』에 나타나는 기록 및 현재까지 확인된 바로서 승려가 남명에게 보낸 것으로는 유일하게 남아있는 서산대사가 남명에게 올린 편지를 중심으로 분석해 보도록 한다. 이 부분과 관련하여 남명의 글은 세 가지의 유형으로 나누어 볼 수 있는데, 시詩, 서書, 유두류록遊頭流錄 등이다. 이 경우를 보면 남명은 당시의 승려들과 인간적인 교유를 가진 것으로 확인되는데, 한편으로는 조선조시대에 성리학자로서 승려와 교분을 가진 점이 이상할 수도 있는 일이지만, 당시 성리학자들의 문집을 검토해 보면 별로 특이한 상황이 아니라고 할 수 있다. 이는 당시의 성리학자들이 독서를 위하여 산사山寺를 이용했던 사례가 허다했던 사실에서나, 산수유람 중에 사찰에 들러 승려로부터 접대를 받는 일들은 예사로운 일들이었다는 점에서 이해할 수 있다.

먼저 승려와의 교분관계를 읊은 시는 다음과 같은 것들이 남아있다.

가) 경온 스님과 이별하며[35]

스님은 구름과 함께 산으로 들어가고,
나그네는 티끌세상으로 돌아간다네.
그대 보내고 산마저 이별했으니,
서산에 지는 해는 어떻게 할까?

---

35) 「別敬溫師」: 僧同雲入嶺, 客向塵歸兮. 送爾兼山別, 奈如山日西.

나) 행각승에게 줌36)

나도 한양 서쪽에 살면서,

삼각산을 오갔었지.

정녕 도로 말 부치노니,

이젠 편안히 다리를 쉬어야지.

다) 유정 산인(山人)에게 줌37)

꽃은 돌로 만든 홈통에 떨어지고,

봄은 옛 절의 축대에 깊었도다.

이별할 때를 잘 기억해 두게나!

푸른 열매가 정당매라네.

라) 중이 둥근 부채를 보내준 것에 사례함38)

일찍이 지팡이를 날리며 방문했기에,

더할 나위 없는 부지런함에 매우 감사했다오.

다시 둥근 부채를 보내오니,

달을 쪼개어 가져온 듯하구나.

---

36) 「贈行脚僧」: 渠在漢陽西, 曷來三角山. 丁寧還寄語, 立脚尙今安.
37) 「贈山人惟政」: 花落槽淵石, 春深古寺臺. 別時勤記取, 靑子政堂梅.
38) 「謝僧送圓扇」: 僧將飛錫訪, 太謝太顚勤. 便寄團團面, 分來一桂根.

마) 희감 스님에게 줌39)

암자는 쓸쓸히 황혼에 잠겨 고요한데,

대 그림자 솔바람 소리에 道는 저대로 존재하네.

기심(機心)은 끊었어도 시 좋아하는 버릇은 남아 있어,

굳이 아름다운 시구를 갖고서 남의 문을 두드리네.

바) 오대사(五臺寺)의 중에게 줌40)

산 아래 외로운 마을 풀 덮인 문에,

날이 막 어두워질 때 중이 찾아왔구나.

시름겨운 마음 다 이야기하고 나서 잠 못 이루는데,

달빛은 앞 시내에 가득하고 밤은 이슥했도다.

사) 주경游周景游의 운에 따라서 중의 시축詩軸에 씀41)

백운산(白雲山) 스님 신응사(神凝寺)에서 만나니,

책을 펼쳐 시를 바치는구나.

아침 해가 다시 시내로부터 골짜기로 나오는데,

자는 구름은 어느 곳에서 돌아가는 스님을 재울는지?

위에서 인용한 시들에서 다음 몇 가지의 사실을 지적할 수 있다. 첫째는 가) 다) 마)와 같이 시를 준 승려의 법명이 밝혀져 있는 경우와

---

39) 「贈熙鑑師」: 上房岺寂鎖黃昏, 竹影松聲道自存. 斷盡機心詩癖在, 强將佳句扣人門.
40) 「贈五臺僧」: 山下孤村草掩門, 上人來訪日初昏. 愁懷說罷仍無寐, 月滿前溪夜欲分.
41) 「次景游韻題僧軸」: 白雲山衲神凝見, 篇面開來獻納詩. 朝日更從川出谷, 宿雲何處宿歸師.

그렇지 않은 경우를 구분할 수 있다. 그러나 다)의 사명대사 유정惟政을 제외하면 나머지 두 승려는 『한국불교용어사전』에서 조차도 정확히 어떤 사람인지 확인할 수 없는 승려이다. 하지만 이와 같이 시를 주고받을 수 있었다는 점을 고려한다면, 남명은 당시에 그리 많지 않았던 것으로 분류되는 학승들과 어느 정도 교류를 가졌다는 사실을 알 수 있다. 유정은 스승인 서산대사 휴정과 함께 당대 불교계를 대표할 만한 학승이었으며, 뿐만 아니라 임진왜란 당시 승의병僧義兵을 이끌고 나라의 위기를 구하는 일에 앞장섰던 인물이다.

둘째는 당시 어려웠던 승려들의 생활을 엿볼 수 있는 내용의 시로써 나) 마) 사)를 들 수 있다. 즉 정처 없이 떠도는 행각승을 걱정하여 「이젠 편안히 다리를 쉬어야지」라고 한 것이나, '암자는 쓸쓸히 황혼에 잠겨 고요한데'라고 하고서 아름다운 싯구를 갖고서 찾아가는 자신을 형용한 것, 그리고 신응사에서 만난 승려의 뒷일을 걱정하여 '자는 구름은 어느 곳에서 돌아가는 스님을 재울런지?'라고 한 표현은 현실적으로 과중한 부역과 세금으로 고통 받고 있던 승려들의 삶을 걱정하는 남명의 마음이 표출된 시라 하겠다. 이 부분은 뒤에서 좀 더 자세히 논의할 것이다.

셋째는 승려들로부터 가벼운 선물을 받을 수 있었고, 또 세상의 시름을 터놓고 이야기 할 수 있었다는 내용을 담고 있는 것으로써 라)와 바)가 이에 속한다. 승려가 남명에게 가벼운 선물을 줄 수 있었고, 남명이 이를 부담 없이 받을 수 있었다는 것을 볼 때 상당한 친분이 있었다는 사실을 알 수 있다. 더구나 저물 즈음에 찾아온 승려를 집에서 재우면서 같이 '시름겨운 마음 다 이야기' 할 수 있었다는 것은 그 승려와의 인간적인 관계로만 볼 수 있는 점을 넘어서 오히려 어지러운 세상을 향해 절규하는 남명의 메아리 없는 하소연으로 볼 수도 있지 않을까?

넷째는 가)의 경우에서 찾을 수 있는 의미처럼 세상을 잊고 유유히 산으로 들어가는 승려와 대비하여 끝내 혼란한 세상 속에서 그 세상을 바로잡고자 몸부림 칠 수밖에 없는 유학자로서의 한계 내지는 자세를 드러낸 것들로 구분할 수 있다.

다음은 남명의 편지글에 나타난 내용들을 살펴보기로 한다.

가) 마침 공이 계신 곳으로 가는 사미를 만나게 되니, 그리운 마음 억누를 수 없고 그 옛날의 회포만 더할 뿐입니다. 곶감 한 꾸러미를 상자에 담아 애오라지 소식을 전하니, 살펴주시기 바랍니다.(『남명집』권2,「答成聽松書」)42)

나) 지금 이 편지를 가지고 가는 자는 이름이 원우석(元右釋)인데, 일찍이 사미승으로 출가했던 사람입니다. 판서 송헌숙(宋獻叔)이 우석이라고 이름을 지어준 것은 전에 중이었다는 뜻입니다. 그런대로 소식을 잘 전할 만한 자이기에 이 사람에게 부탁해 천 리 밖으로 면목을 부칩니다.(상동, 又)43)

다) 지난 해 속리산으로 들어가는 승려가 있어 안부 편지를 띄웠는데, 도착했는지 어떤지 모르겠습니다.(『남명집』권2,「與成大谷書」)44)

라) 봄부터 여름이 다가도록 속리산으로 가는 사미승을 탐문해 편지를 띄우려 하였는데, 끝내 인편이 없었습니다.(상동, 又)45)

위 글의 내용은 한 마디로 승려나 사미승이 당시에 있어서 유학자들에게는 서신 전달의 수단으로 널리 이용되고 있었음을 나타내고 있다.

---

42) 適見沙彌有邁公居者 情不能裁 徒增舊抱 篋藏乾柹一緉 聊以寄信 伏惟尊照.
43) 今此賫書歸者 其名元右釋 曾自沙彌出家 宋尙書獻叔名之曰右釋者 乃謂前則釋也 稍可與傳信者 借寄千里面目.
.44) 去年 僧有入俗離者 修奉寒溫 未委已得達否也.
45) 自春徂夏 探問沙彌僧 有往俗離者 以寄音書 竟未得焉.

이는 승려들 특히 사미승들이 수양의 과정으로써 전국을 두루 많이 다니고 있었기에 가능한 일이었지만, 한편으로는 이를 통해서도 유학자와 승려들 사이의 사회적 지위를 쉽게 알 수 있게 한다고 볼 수 있다. 나)에서 말하는 원우석이라는 인물은 곧 「유두류록」의 첫머리 '11일. 내가 있는 계부당鷄伏堂에서 식사를 하고 여정에 올랐다. 아우인 환桓이 따라왔다. 원생元生 우석右釋은 일찍이 중이 되었다가 환속하였는데 총명하고 노래를 잘 불렀기 때문에 불러서 함께 길을 떠났다'46)에서 말하는 바로 그 사람이니, 아마도 당시에 남명이 거주하고 있었던 삼가 또는 그 인근에 살았던 사람이었을 것으로 추정해 볼 수 있다.

이제 「유두류록」47)에 수록된 승려 관련 기록들을 살펴보자.

가) 16일 조에 '절의 중인 혜통(惠通)과 신욱(愼旭)이 차와 과일에 산나물을 섞어서 빈주지례(賓主之禮)로 우리 일행을 대접해 주었다'48)

나) 18일 조에 '신응사 持任 允誼가 와서 우리에게 인사를 했다'49)

---

46) 十一日 飯我鷄伏堂 登道 舍弟桓隨之 元生右釋 曾爲釋化俗 爲其慧悟而善謳 召與之行.

47) 남명은 만년에 살 터를 잡고자 여러 차례 두류산을 유람하였는데, 이 기록을 남기게 된 사연과 자기의 심정을 이 글의 끝에서 언급하고 있으므로, 참고삼아 옮겨보면 다음과 같다. 25일 조에 '이번 여행을 함께 한 여러 사람들이 내가 두류산에 자주 다녀서 그 사정을 상세히 알 것이라고 하여 나로 하여금 이번 여행의 전말을 기록하도록 했다. 내 일찍이 이 두류산을 德山洞으로 들어 간 것이 세 번이었고, 靑鶴洞과 神凝洞으로 들어 간 것이 세 번이었고, 龍遊洞으로 들어 간 것이 세 번이었으며, 白雲洞으로 들어 간 것이 한 번이었으며, 獐項洞으로 들어 간 것이 한 번이었다. 그러니 어찌 다만 산수만을 탐하여 왕래하기를 번거로워 하지 않은 것이겠는가? 나름으로 평생 계획을 가지고 있었으니, 오직 華山의 한 쪽 모퉁이를 빌어 그 곳을 일생을 마칠 장소로 삼으려고 했기 때문이었다. 그러나 일이 마음과 어긋나서 머무를 수 없음을 알고, 배회하고 돌아보며 눈물을 흘리며 나오곤 하였으니, 이렇게 했던 일이 열 번이었다. 이제는 박이 시골집에 매달려 있는 것처럼 걸어 다니는 하나의 시체가 되어 버렸다. 이번 걸음은 또한 다시 가기 어려운 걸음이었으니 어찌 가슴이 답답하지 않겠는가'

48) 寺僧慧通愼旭 餉以茶果 雜以山蔬 接以賓主之禮.

49) 神凝寺持任允誼來見.

다) 19일 조에 '중 신욱이 길을 안내했다'[50]

라) 20일 조에 '절(신응사)의 중이 술과 과일을 소반에 갖추어서 우리 일행을 위로하므로, 나도 또한 우리 일행이 가져온 술과 과일로 서로 대접하며 바위 위에서 춤을 추면서 한참 즐기다가 그만두었다'[51]

마) 23일 조에 '절을 떠나 칠불암 시냇가에 이르니 옥륜과 윤의가 나무를 걸쳐 다리를 만들어 시내를 가로 지르게 하여 모두들 천천히 편안하게 건널 수가 있었다. 시내를 따라 내려가서 쌍계사 건너편에 이르니 혜통과 신욱이 시냇물을 건너 와서 우리 일행을 전송하였다. 건장한 중 서너 명이 함께 와서 우리 일행이 시내 건너는 것을 도왔다'[52]

여기서 우리는 나) 다) 마)의 경우는 쉽게 이해할 수 있다. 왜냐하면 당시 승려들의 사회적 지위를 고려한다면 당연히 그렇게 할 수밖에 없을 것이라고 판단할 수 있기 때문이다. 게다가 이 여행에 동참했던 인물들을 살펴보면, 인근 지역의 고을수령이 여러 명 포함되어 있었고 그 당시 경상우도 지방을 대표한다고 할 만한 인물들이 대거 참여하였을 뿐만 아니라 중앙에서 벼슬하였던 인사들까지 동참하였으며, 이들을 수행한 기생과 하인들까지 합하면 실로 수십 명에 달하는 대규모 행차로서, 흔히 있을 수 없는 나들이었기 때문이다.

그러나 가)와 라)의 경우는 다소 이해하기 힘든 부분이 있다. 우선 가)의 경우에서 승려들이 대접하는 일은 당연하다고 할 수 있겠지만, 그 대접이 '빈주지례賓主之禮'로 하였다는 점이 문제로 부각된다. 또

---

50) 僧愼旭向道而去.
51) 寺僧爲具酒果盤盞以勞之 吾亦以行中酒果 交酬迭作 據石踏舞 盡歡而罷.
52) 出到七佛溪上 玉崙允誼 架木爲橋 橫截溪面 皆得穩步徐渡 沿溪下 到雙磎越邊慧通
愼旭 涉水來送之 健僧數人 同來護涉.

라)의 경우에서도 서로의 음식으로 서로를 대접하는 일은 이해할 수 있으나'서로 대접하며 바위 위에서 춤을 추면서 한참 즐기다가 그만두었던' 일은 어떻게 이해할 수 있을까? '빈주지례'가 전통적인 유교식이었을까? 함께 어울려 춤을 춘 것은 술 때문이었을까? 아니면 자연과의 동화에서 오는 일체감 때문이었을까? 어떻든 간에 승려를 한 인격체로 인정해 주고 있다는 사실이 확인된다.

한편, 서산대사의 문집인 『청허당집淸虛堂集』 권3에 「상남명처사서上南溟處士書」라는 글이 실려 있는데, 참고로 그 전문을 인용해 본다.

월일(月日)에 모(某)가 사뢰옵니다. 강변 정자에서 한 번 이별한 뒤로 날아다니는 반딧불을 다섯 번이나 보게 됨에, 멀리서 사모하는 간절한 회포는 실로 어찌할 수 없습니다. 모는 멀리서 은혜로운 빛을 입고 옛날과 다름없이 산골짝을 지키고 있을 뿐입니다. 집자(集字)의 보축(寶軸)과 친히 쓰신 단장(短章) 한 폭을 받자온대, 글씨는 건실하고 그 뜻은 맑아 뒷사람의 마음을 열기에 족하오니 매우 감사합니다.

구름과 연기가 아득하니 어느 날 다시 뵙고 교훈을 들음으로써 뼛속을 씻을 수 있겠습니까? 사람의 일이란 어긋나기를 좋아하는 것이라 처연함을 이기지 못하겠습니다. 바라건대 수긍하시옵소서. 月日에 모는 거듭 마음을 가다듬어 아홉 번 머리를 조아립니다.[53]

이를 보면 남명과 휴정(1520~1604)은 약 20년의 나이 차이가 있지만, 일찍이 휴정이 지리산 쌍계사에서 공부한 인연도 있고 그 후에도 계속적으로 지리산을 왕래하였다는 점을 감안한다면, 남명과의 만남이 있었다는 사실을 쉽게 유추할 수 있다. 또한 휴정은 문정왕후와 보우가

---

53) 月日某白 一別江亭 五見飛螢 望風懷渴 良不自已 某遠借恩光 依舊守壑而已 今承集字寶軸與親筆短章一幅 字健意淸 可啓後人之心目 尤感尤感 雲烟杳杳 不知何日 更高脩唅 以聽風語而洗髓耶 人事喜乖 不勝悽然 伏惟領可 月日 某三熏心 九頓首.

불교진흥책을 펴고 있던 때인 1550년 30세의 나이로 승과에 급제하여 얼마 지나지 않아 선교양종판사禪敎兩宗判事의 직에까지 올라 학문과 명성이 널리 알려지게 되니, 실로 당대의 대표적인 학승이라고 할 만한 인물이었다. 남명은 이러한 인물과 종교의 차원을 넘어서 교분을 맺고 가르침을 베풀었으며, 나아가 글까지 선물로 보내는 여유를 가지고 있었다. 이에 대해 휴정은 편지의 문맥에서도 느낄 수 있듯이 극진한 존경의 마음을 지니고 있었던 것으로 보인다.

이상을 통해 우리는 남명이 승려와 가진 관계는 주로 학승들과의 관계였으며, 승려의 궁핍한 생활을 염려하는 마음을 가지고 있었음을 알 수 있다. 그러면서도 승려를 서신 전달의 수단으로 이용하기도 하였으며, 지리산을 유람할 때는 승려로부터 많은 도움을 받기도 하는 면을 보이고 있다. 또한 남명은 승려들의 생활방식에 비추어 유학자로써 세상을 살아가야 하는 자신의 삶에 일종의 의지도 보이고 있음을 알 수도 있다.

2) 사찰에서 느낀 감상

남명은 젊어서 사찰에서 독서를 한 경우가 더러 있는 것으로 확인되는데, 이른바 25세 때에 사찰에서 글을 읽던 중에 『성리대전』을 보다가 크게 깨달은 바가 있어 과거를 위한 공부를 그만두고 오로지 위기지학에 전념하게 되었다던가, 자굴산의 명경대에서 글을 읽을 때에는 하루 종일 고요하여 중이 방문 앞에서 귀를 기우려 책장 넘기는 소리를 듣고서야 여전히 책을 읽고 있다는 것을 알았다고 하는 일화가 이를 증명해 준다. 이후에도 그는 자연을 즐기기 위해 산수를 유람하는 중에도 여러 사찰을 방문했다는 사실을 확인할 수 있는데, 여기서는 이와 관계되는 기록들을 검토해 보기로 한다.

먼저 남명의 시에 나타난 내용들을 검토해 보면 다음과 같다.

가) 구암사에 씀54)

동쪽 고개의 소나무로 지은
불당에 사람들이 절을 하누나.
나 남명은 이미 늙었기에,
애오라지 산 속의 지초를 묻노라.

나) 산 속의 절에서 우연히 읊음55)

수풀 속 천 년 된 옛 절에,
사람이 외로운 학을 따라 찾아왔네.
중은 굶주려 아침 부엌 싸늘하고,
오래된 대웅전엔 밤 구름이 깊도다.
봉우리 위의 달이 등불이요,
물속의 돌에선 방아 소리 들리네.
불전의 향불은 이미 꺼졌고,
보이는 것은 오직 식은 마음뿐이네.

다) 단속사 정당매56)

절 부서지고 중 파리하고 산도 옛날 같지 않은데,
전 왕조의 임금은 집안 단속 잘하지 못했네.
조물주가 추위 속에 지조 지키는 매화의 일 그르쳤으니,
어제도 꽃 피우고 오늘도 꽃을 피웠구나.

---

54) 「題龜巖寺」: 東嶺松爲木, 佛堂人拜之. 南冥吾老矣, 聊以問山芝.
55) 「山寺偶吟」: 林下千年寺, 人隨獨鶴尋. 僧飢朝竈冷, 殿古夜雲深. 燈點峯頭月, 春聲水中砧. 佛殿香火死, 唯見已灰心.
56) 「斷俗寺政堂梅」: 寺破僧羸山不古, 前王自是未堪家. 化工正誤寒梅事, 昨日開花今日花.

라) 오대사에 씀57)

이름자를 산기슭에 쓰기를 일찍이 부끄러워하였는데,
변변찮은 입 가지고 웃으며 절간에 들렀다네.
인연은 예로부터 삼세에 얽힌 것,
한나절 만에 돌아오며 적송자에 비긴다네.

마) 신응사(神凝寺)에서 글을 읽다가58)

아름다운 풀로 봄 산에 푸르름 가득한데,
옥 같은 시냇물 사랑스러워 늦도록 앉았노라.
세상을 사노라면 세상 얽매임 없을 수 없기에,
물과 구름을 다시 물과 구름에 돌려보낸다.

위에서 가)는 나무로 지은 불당에서 사람들이 절하면서 命과 福을 비는 것을 부질없이 여기면서, 자신은 차라리 산 속에서 병을 다스릴 약재를 찾으니 이것이 오히려 실질적인 효과가 있음을 말한 것으로 보인다. 나)와 다)에서는 사찰의 궁핍한 재정과 승려의 어려운 삶을 반영하고 있다. 즉 나)에서 '중은 굶주려 아침 부엌 싸늘하고'라 한 것이나 '불전의 향불은 이미 꺼졌고'라는 구절에서 알 수 있는 모습이나, 다)에서 '절 부서지고 중 파리하고'라고 한 구절은 한결같이 승려나 사찰의 어려움을 나타내고 있다고 볼 수 있다. 라)와 마)에서는 세상을 구제하고자 하는 뜻을 지닌 유학자로서 어려운 현실세계를 살아가고 있는 고단함을 역설적으로 드러내고 있다고 하겠다. 즉 라)에서 삼세三世에 얽힌 인연으로 인해 현실을 살고 있는 상황에서 한나절 동안 속세를 떠났다

---

57) 「題五臺寺」: 名字曾羞題月脅, 笑把蚊觜下蟬宮. 因緣舊是三生累, 半日歸來擬赤松.
58) 「讀書神凝寺」: 瑤草春山綠滿圍, 爲憐溪玉坐來遲. 生世不能無世累, 水雲還付水雲歸.

가 돌아오면서 도교에서 말하는 신선인 적송자赤松子에 자신을 비교해 보는 심정이라든지, 마)에서 '세상을 살아가노라면 세상 얽매임 없을 수 없기에, 물과 구름을 다시 물과 구름에 돌려보내는' 마음은 자신의 삶과 사회의 현실에 대한 역설적인 저항과 항변으로 볼 수 있겠다.

이와 관련하여 「유두류록」에 나타나는 사찰에서 느낀 남명의 심정은 다음과 내용이 있으니, 22일 조에

쌍계사와 신응사 두 절이 모두 두류산 한복판에 있어 푸른 산봉우리가 하늘을 찌르고 흰 구름이 문을 잠근듯하여 마치 사람의 연기가 드물게 이를듯한 데도, (이곳 절까지) 관가의 부역이 폐지되지 않아 양식을 싸들고 무리를 지어 왕래함이 계속 잇달아서 모두 흩어져 떠나가는 형편에 이르렀다. 절의 중이 고을 목사에게 편지를 써서 (세금과 부역을) 조금이라도 완화해 주기를 빌었다. 그들이 하소연할 데가 없음을 안타깝게 생각해서 편지를 써주었다. 산에 사는 중의 형편이 이러하니 산촌의 무지렁이 백성들의 사정은 알만하다 하겠다. 행정은 번거롭고 세금은 과중하여 백성과 군졸이 흩어져 아버지와 아들이 서로를 보호하지도 못하고 있다. 조정에서 바야흐로 이를 크게 염려하고 있는데, 우리가 그들의 등 뒤에서 여유작작하게 한가로이 노닐고 있으니, 이것이 어찌 참다운 즐거움이겠는가?[59]

남명이 지리산을 유람한 것은 58세 때(명종 13년)의 일로서 문정왕후와 척신정권, 그리고 보우에 의해서 불교진흥책이 한창 추진되고 있던 상황이었다. 이러한 때에 남명 일행이 대단위의 규모로 유람길에 나서서 여러 사찰을 둘러보면서 승려들을 번거롭게 한 것은 당시의 정황으

---

59) 雙磎神凝兩寺 皆在頭流心腹 碧嶺揷天 白雲鎖門 疑若人煙罕到 而猶不廢公家之役 贏粮聚徒 去來相續 皆至散去 寺僧乞簡於州牧 以舒一分 等憐其無告 裁簡與之 山僧如此 村氓可知矣 政煩賦重 民卒流亡 父子不相保 朝家方是軫念 而吾輩自在背處 優游暇豫 豈是眞樂耶.

로는 이해하기 힘든 부분이 있다고도 할 수 있다. 어쩌면 이것은 이미 55세 때에 「을묘사직소」로 조야를 한바탕 뒤흔들어 놓은 남명이 오히려 그 위상과 입장이 강화되는 결과를 가져와, 조정의 잘못된 정치와 이로 인해 야기된 사회문제에 대해 산수유람60)을 핑계로 한 일종의 시위였는지도 모를 일이다.

이러한 관점에서 위의 인용문을 요약해 보면, ① 산 속 깊은 곳에 있는 절에까지 관의 부역이 과중해 절의 중들조차 흩어져 떠나가는 실정이다. ② 중이 세금과 부역을 조금이라도 줄여 줄 것을 목사에게 부탁하는 편지를 써 줄 것을 부탁하여 이를 대신 써 주었다. ③ 중의 형편이 이러한 것으로 보아 산촌에 사는 백성들의 생활고는 짐작하고도 남음이 있다. ④ 행정은 번거롭고, 세금은 과중하여 백성과 군졸이 흩어져 도망가니 부자간에도 서로 헤어지게 된다. ⑤ 조정에서도 이러한 상황을 염려하고 있다. ⑥ 이런 시점에 사대부가 한가하게 놀고 있으니 돌이켜 보면 참다운 즐거움이 아니다 라는 내용이다.

이 내용은 당시에 사회적 문제로 야기되었던 도적의 횡행과 피역승의 급증 문제를 정면으로 언급하고 있는 것이다. 여기서 다시 위의 내용을 원인과 결과별로 정리해 볼 필요가 있다. 먼저 ④의 결과로 인해

---

60) 산수유람이라는 관점에서, 남명이 지금은 없어진 절이지만 신응사의 경관을 묘사한 부분이 상당히 자세하므로 참고삼아 인용해 두고자 한다. '23일 아침에 산을 떠나려고 하니 옥륜이 아침을 대접하고 우리를 전송하였다. 두류산에 크고 작은 伽藍이 얼마나 있는 줄을 알지 못하나 신응사의 산수풍경이 그 으뜸임은 분명하다 하겠다. 옛날에 成中慮와 더불어 上峯에서 (이 절을) 찾아온 적이 있고, 그 뒤 거의 삼십년 만에 河仲礪와 함께 와서 한 여름 내내 (이 절에서) 머문 적이 있었다. 다시 이십년의 세월이 흘러 그 두 사람은 모두 저 세상 사람이 되었다. 이제 나만 홀로 오니 마치 은하수 사이에 이르러 망연하게 어느 날에 뗏목이 올 것인가를 몰라 하는 것과 같은 처지에 놓여 있게 되었다. 절의 大雄殿 안의 佛座에는 모란이 살아 있는 듯 꽂혀 있었고 간간이 기이한 꽃이 섞여 있었다. 바깥으로 나있는 들창에도 또한 복사꽃과 국화와 모란이 꽂혀 있어 울긋불긋하게 빛을 내며 보는 이의 눈을 부시게 하니 이 모든 광경은 우리나라의 절에는 아직껏 없었던 것이라 하겠다. 절이 求禮縣 나루터와 이십 리 정도, 쌍계사와는 십 리 정도, 沙惠庵과는 십 리 정도, 七佛庵과는 십 리 정도 떨어져 있는데, 上峯과는 꼬박 하룻길이라 하겠다'

포조(세금을 내지 않고 도망하는 경우)와 포졸(군역을 피하여 도망하는 경우)이 생겨나게 되는데, 이들은 결국 과격한 경우 도적의 무리가 되거나 온건한 경우 절에 들어가 피역승이 되는 수밖에 없었던 것이다. 이 중에서 피역승이 된 경우에도 ①의 결과를 낳게 되고, 다시 그들은 도적이 되는 실정이다. 그리고 이러한 추세가 계속된다면 ③의 경우가 ④의 경우로 되는 것은 시간문제일 뿐이며, 다시 ①이 낳는 결과로 귀착할 수밖에 없음을 말하고 있다.61) 그런데 ⑥의 경우처럼 참다운 즐거움이 아닌데도 불구하고 남명 일행이 왜 두류산 유람행을 택했는가 하는 것은 의문으로 남겨두고자 한다. 위에서 ②의 경우는 왜 하필 남명이 편지를 대신 써 주었겠느냐 하는 의문이 있는 것이기도 하지만, 그가 평소에 관리들을 만나 이야기할 기회가 있을 때마다 열렬히 백성의 고통을 이야기하였고, 그것은 혹시라도 백성을 위해서 정치에서 베풀어지기를 기대했기 때문이었다고 하는 「언행총록」 등에서의 기록을 통해서도 이해할 수 있는 부분이다.

위에서 지적한 문제에 대하여 평소에 남명이 많은 관심을 가지고 있었음은 「여자강자정서 又與子强子精書 又」에서도 나타난다.

일찍이 조보(朝報)를 보고, 자강이 건의해 밝힌 바가 많음을 알았습니다. 나라의 큰일은 국방을 튼튼히 하고, 식량을 넉넉히 하는 데 불과합니다. 포조(逋租)와 포졸(逋卒)에 대해 백 년 동안이나 막혀 있던 것을 터놓았으니, 공과 같은 사람은 배운 바를 저버리지 않았다고 할 만합니다. 다만 이 일이 묘당(廟堂)의 계책에서 나오지 않고, 6품의 언관(言官)에게서 나온 것이 한스러울 뿐입니다. 재상은 하는 일없이 자리나 채우고 있으니, 따질 것도 없습니다.62)

---

61) 이러한 문제는 명종 때에 실제로 심각한 문제로 등장하였는데, 『명종실록』권10, 5년 12월 갑술의 기록을 통해 보면, 당시 피역승의 증가로 이들이 승려의 활동보다는 살인, 방화, 약탈 등을 자행하는 실정으로서 官에 붙잡힌 도둑의 절반이 승려였다는 사실에서도 입증된다.

62) 曾見朝報 認子强所多建明 國之大事 不過兵食 逋租逋卒 方通積百年咽塞 如公可謂

여기서 말하는 자강子强은 남명의 문인인 덕계 오건의 字인데, 포조와 포졸 문제에 대해서 대책을 강구하였음을 칭찬하고 있는 내용이다. 그가 세운 대책이 구체적으로 어떠한 것인지는 확인할 수 없었지만, 남명의 편지 내용으로 보아 실효성이 있는 것이라는 점은 알 수 있겠다.

끝으로 우리는 이와 같이 잘못된 정치상황 속에서 끝까지 백성들의 고통을 함께 아파하고 승려들조차 이 땅의 백성으로서 포용하며, 이를 구제하려고 몸부림쳤던 한 지성인이 당시의 현실을 보면서 가슴으로 쓴 시 한 수를 감상해 보면 시사하는 바가 있을 것이다.

느낌이 있어[63]

굶주림 참는 데는 굶주림 잊는 수밖에 없으니,
모든 백성들은 쉴 곳이 없구나.
집 주인은 잠만 자고 전혀 구제하지 않으니,
푸른 산의 푸르름만 저녁 시내에 드리워져 있구나.

5. 이중적 불교관

유교를 숭상하고 불교를 억압하는 정치이념을 표방한 조선에서 초기에 불교는 상당한 제재를 받았다. 그러나 한편으로는 왕실과 민간의 일부에서는 불교신앙이 계속되었고, 이것은 결국 명종 대에 이르러 문정왕후와 척신정권의 비호 하에서 보우를 주축으로 하여 무리한 숭불정책으로까지 변천하게 된다. 이런 중에 정치적 폐단이 누적되어 과중한 세금과 군역으로 인해 백성들의 삶은 궁핍해졌으며, 결과적으로 포

不負所學矣. 獨恨此事不出於廟算 而出於六品言官 宰相尸位 更不足問也.

63) 「有感」: 忍飢獨有忘飢事, 摠爲生靈無處休. 舍主眠來百不救, 碧山蒼倒暮溪流.

조와 포졸을 양산하게 되어 국가적, 사회적 문제로 확산되게 되었다. 결국 이러한 포조와 포졸은 도적이 되거나 피역승이 되어 살인 방화 약탈을 자행하는 무리로 전락하게 되고, 이를 해결하기 위하여 편법이 동원되었으나 실효를 거두지 못하는 실정이었다.

남명은 이러한 시기에 살면서 국가와 민생을 걱정하는 차원에서 그의 불교관도 나타나게 된다. 그는 이론적인 면에 있어서는 불교나 유교가 말하는 진리가 같은 것임을 인정하지만, 실질적인 면에 있어서는 불교는 인륜을 저버리며 실천을 수반하지 않는 것으로 파악하고 있었던 것으로 보인다. 그리고 현실적으로는 유교의식을 철저히 준수한 성리학자의 입장을 고수하였고, 당시에 주변에서 있었던 불교와 관련된 사건들에 대해서도 불교를 옹호하는 듯한 견해를 나타내지는 않았다.

또한 그는 승려들과의 개인적인 관계에서는 학승들과 어느 정도 교분을 가졌으며, 때로는 승려를 서신 전달의 수단으로 이용하기도 하였고, 두류산 유람 시에는 많은 부분에서 승려들의 도움을 받기도 하였다. 한편 그는 사찰에서 느낀 여러 감상들에서 궁극적으로는 궁핍한 사찰의 살림과 곤궁한 승려의 삶을 염려하는 시각을 표현하였다. 이는 곧 그가 승려도 백성의 한 사람이라는 근본적인 관점에서 이들도 함께 잘살 수 있는 올바른 정치를 간절히 바라는 입장을 가졌음을 알 수 있게 하는 것이다.

결론적으로 그의 불교관은 성리학자로서 가질 수밖에 없는 일정한 한계가 있었다고 보이며, 또한 잘못된 현실을 알고 있으면서도 이를 고칠 수 없는 처사의 입장에 있었던 상황을 반영하고 있다고 할 수 있다.

참고==
==문헌

『남명집』.

『명종실록』.

『중종실록』.

『학기유편』 초간본.

金宇基, 「16世紀 戚臣政治期의 佛教政策」, 伏賢朝鮮史研究會: 『朝鮮史研究』
第3輯, 1994.

김경수, 「사림파의 전통에서 본 남명의 실천성리학과 예학」, 『남명학연구논총』
제2집, 남명학연구원, 1992.

_____, 「李朝朝鮮の大儒學者 南冥先生の佛教觀」, 「中外日報」, 日本: 京都,
1998.

孫炳旭, 「南冥 '敬義'思想의 基底로서의 靜坐修行」, 『남명학연구논총』 제2집,
남명학연구원, 1992.

제8장
남명과 율곡의 도불관

1. 남명과 율곡

  남명 조식(1501~1572)과 율곡 이이(1536~1584)는 조선 중기에 36년 동안 이 땅에서 삶을 같이 하였지만, 35년이라는 나이 차이와 거주지의 지리적 거리 및 벼슬에의 길과 처사로의 길에 따른 처세관 등으로 인하여 평생 한 번도 만나지는 못했다. 남명은 30대 중반까지 몇 차례 과거에 응시했지만 끝내 대과에는 급제하지 못했던 반면에, 율곡은 초시初試부터 정시庭試까지 아홉 번의 과거에 응시해 모두 장원을 하여 이른바 '구도장원九度壯元'이란 별칭을 얻었던 인물이다. 그렇지만 그들은 이른바 '남명학파'와 '율곡학파'로 불리는 학문적 그룹을 형성한 종장으로 오늘날까지도 그 영향력이 이어지고 있다. 남명학은『소학』적 실천궁행을 바탕으로 하여 '경의敬義'로 집약되는 특징을 갖는다고 할 수 있고, 율곡학은 기氣 일원론적 성리학을 바탕으로 하여 경세론으로 확대된 특징을 가지고 있다고 하겠다.

  추측해보면, 처사로서의 길을 택한 남명도 결코 세상일을 떠나서 산

것은 아니고 오히려 적극적인 비판정신으로 세상일에 관심을 갖고 개입하고 있었으며, 제자들도 조정에 출사하고 있었으므로 당대의 수재인 율곡에 대하여 잘 알고 있었을 것이다. 특히나 율곡은 남명의 고제인 래암 정인홍과는 동년생으로, 래암이 사헌부 장령으로 출사하고 있을 당시부터 서로를 잘 알고 있는 사이였음을 확인할 수 있다. 그러나 오늘날 남명이 남긴 글에서는 율곡에 대한 언급을 찾을 수 없다. 반면에 율곡은 당시 조정에서 요직을 두루 역임하고 있었으므로 만년의 남명에 대해서는 상당히 자세히 알고 있었던 것으로 볼 수 있다. 따라서 남명의 사후 율곡이 남명에 대한 평을 한 내용은 『경연일기』 등에 기록으로 남아 있다.

율곡은 남명을 '다만 그가 논저한 것을 보면 학문에 견실한 견해가 없으니 …식을 도학군자라고 말함은 진실로 사실을 지나친 것이다.'[1]라고 하여, 그 학문에 대한 평가를 낮게 하였다. 나아가 그는 남명의 상소문도 경세제민의 구체적 방법이 못 된다고 하면서, 다만 남명의 출처出處와 행의行誼를 높게 평하여 기절의 인물로 보았던 것이다. 그러나 이러한 평가는 남명이 스스로 '나는 평생 다른 재주를 가진 적이 없고 오로지 스스로 책만 보았을 뿐이네. 입으로 이치를 말하고자 한다면 어찌 다른 사람보다 아래에 있겠는가?'[2]라고 한 말과 대조해보면 차이가 있다. 하지만 율곡은 남명의 저술에서 학문을 보았고 남명은

---

1) 『경연일기』선조 5년 조: 第見其所論著 則於學問無實見 …謂植道學君子 則誠過其實矣. 같은 내용의 글이 『율곡전서』권29에도 수록되어 있다.
2) 曹植, 『南冥集』「與吳御使書」: 僕平生不執他技 只自觀書而已 口欲談理 豈下於衆人乎! 『남명집』은 그 판본이 다양하여 내용에 차이가 많은데, 이 문제에 대해서는 오이환 교수의 연구를 통해 그 전말이 밝혀졌다. 그 연구의 결과는 오이환, 『남명학파 연구』, 남명학연구원출판부, 2000에 종합적으로 수록되어 있다. 이 글에서 인용하는 『남명집』은 오 교수의 감수에 따라 대표적 변천의 예에 속하는 4종을 모아 영인 간행한 『남명집 4종』, 남명학연구원출판부, 2000과, 남명의 저술 대부분을 수습하여 경상대학교 남명학연구소에서 번역 출판한 『교감국역 남명집』, 이론과 실천, 1995에 근거한 것이다.

사람들의 행실에서 인물됨을 살폈으니, 어쩌면 이러한 차이는 당연한 결과라 하겠다.

남명학파와 율곡학파는 일찍이 동서분당에서부터 직·간접적으로 연관이 있고, 기축옥사에서 남명의 고제인 수우당 최영경과 조계 유종지가 서인에 의해 무고하게 희생당하는 사건에서 감정의 골이 깊어지며, 결정적로는 인조반정으로 래암이 처형되면서 남명학파가 실질적으로 몰락하는 사태를 맞이하고서는 돌이킬 수 없는 대립의 길로 들어섰다고 할 수 있다. 이후 남인으로 흡수된 남명학파는 서인 노론으로부터 계속적으로 핍박과 비판을 받으면서 명맥만을 유지한 셈이 되었고, 같은 남인 계열의 퇴계학파로부터도 환영받지 못하는 처지가 된 것이 사실이다.[3]

정국의 변화에 따라 학파의 운명도 성쇠를 겪었으니, 인조반정 이후 숙종 때까지 남인과 서인의 정치무대에서의 대립은 율곡과 우계 성혼의 문묘종사文廟從祀 문제와 예송禮訟을 중심으로 전개되면서 부침을 반복하였다.[4] 이러한 대립의 최종 승자는 율곡을 종사로 받드는 서인의 노론이었지만, 그들도 숱한 희생을 대가로 지불했던 것이 사실이다. 그 중 대표적인 사례가 노론의 영수로 장기간 국정을 좌지우지했던 우암 송시열이 사약으로 최후를 맞이한 일이라 할 수 있다. 우암은 남명학파의 요청에 의해, 이미 오래전에 철거해버린 래암이 지은 남명의 신도비문을 대신할 새 신도비문을 지어준 인물이다.[5] 이는 이 당시 남

---

3) 이 문제에 대해서는 손영식·조남호, 「2부 퇴계학파와 율곡학파의 남명학 비판」, 『남명 조식의 철학사상 연구』, 서울대학교출판부, 2002에 다소 자세히 언급되어 있다.

4) 이 문제에 대해서는 허권수, 「17세기 문묘종사와 예송에 관한 연구」, 성균관대학교 박사학위논문, 1991에서 상세히 다루고 있다.

5) 남명의 신도비문은 전후 네 사람이 지었는데, 래암·우암·미수 허목·용주 조경 등이다. 우암이 지은 신도비문은 용암서원의 묘정비로 세웠다가 현재는 덕산의 남명기념관 경내에 서 있다. 남명의 신도비에 얽힌 복잡한 내막에 대해서는 곧 간행될 『동양철학』 제32집에 수록 예정인 오이환 교수의 논문에 자세히 밝혀져 있다.

명학파가 노론과 손잡고 살길을 모색한 하나의 사례로 볼 수 있다.

문묘에 종사된다는 것은 당시의 학자들에게 최고의 영예였다. 그것은 그가 도학군자로서의 자질에 흠이 없다는 것이며, 따라서 그를 따르는 학파에서는 가장 자랑스러운 일이었다. 즉 도학에 조예가 깊고 도덕성에 결함이 없어 모든 학자들의 표상이 된다는 것이다. 일찍이 오현의 문묘종사가 실현된 이래 래암을 중심으로 한 남명학파에서는 남명의 문묘종사를 위해 부단한 노력을 하였지만, 인조반정으로 모든 일이 수포로 돌아가고 말았다.6) 결과적으로 남명이 문묘에 종사되지 못한 이유는 무엇인가? 그것은 퇴계가 그를 당대 남화지학南華之學의 영수로 지목한 이래로 그가 당시에 도학군자로서 평가를 받지 못했다는 말과 다르지 않다.

서인과 남인의 대립 과정에서 율곡의 문묘종사가 문제가 되어 정권이 바뀔 때마다 율곡의 승무와 출척이 되풀이되어 장기간에 이르게 된 까닭은 무엇인가? 남인으로서는 서인의 종사인 율곡의 학문과 도덕성에 문제가 있음을 드러내어 서인의 존립기반을 근본에서부터 무너뜨리려는 의도가 있는 것이었으며, 서인으로서는 필사적으로 이를 저지하고 지켜내야만 하는 당위성이 있었기 때문이다. 율곡의 문묘종사를 반대하는 가장 큰 논리가 바로 그의 학문이 불교의 탈을 쓴 유학이며, 그가 한때 불교에 귀의했었다는 이력이었다.

남명이 문묘에 종사되지 못한 이유는 그의 학문이 도가의 색채를 지녔다는 점이 가장 큰 이유였고, 율곡이 문묘에 승출陞黜을 거듭하게 된 사유는 그의 학문이 불교를 바탕으로 하였다는 것이었다. 그러나 남명은 당대에 이미 출처에 대한 굳은 신념과 곧은 언론 및 벽립천인의 기상으로 사림의 추앙을 받아 그 문하에 수많은 제자들이 모여들어 한 학파의 종사가 되었고, 율곡은 주자 성리학에 대한 비판적 계승을 이

---

6) 남명을 문묘에 종사하기 위한 노력은 전후 48차례의 請黜疏를 올렸다고 알려지고 있다.

루어 이기이원론적 세계관을 기 일원론적으로 정립하여 체계화하고 경세제민에 대한 탁월한 견해를 저술하여 조선후기 이백년간의 통치 기반을 마련한 인물로 추숭받고 있다.

이 글에서는 그들의 학문에 대한 비판적 관점을 통하여 오히려 그들의 학문이 갖는 독창적 성격의 적극적 재해석의 필요성을 강조하고자 있다. 율곡학에 대해서는 1920년대 이래 지금까지 가히 어마어마하다고 할 수 있을 정도의 연구 성과가 쏟아졌다. 남명학에 대한 연구도 비록 80년대에 들어서야 본격적으로 시작되었지만 기간에 비해서는 엄청난 실적이 발표되었다.[7] 율곡의 경우 성리학과 경세학에 대한 연구가 전체의 절반을 훨씬 넘고, 남명의 경우도 별로 다르지 않다. 반면에 그들 사상의 노장관련 연구나 불교관련 연구는 상대적으로 거의 없는 실정이라고 해도 과언이 아닐 정도이다. 특히나 율곡의 경우에는 불교, 남명의 경우에는 노장사상이 그들의 학문에 미친 영향을 적극적이고 긍정적으로 검토한 예는 더욱이 부족한 현실이다.[8] 대부분의 연구에서는 그들이 순수한 성리학자라는 사실을 강조하면서 불교와 도교에 대해서도 공부하여 그 잘못된 점을 파악하였다는 식의 논변을 하고 있다.

과연 이와 같은 연구가 그들의 학문을 정당하게 평가하고 있는 것인가? 우리는 21세기인 오늘날에도 16세기식의 사고방식에 갇혀 있는 것은 아닌가? 그것도 그들 본인의 사고방식이 아니라 그들을 우상화하려는 추종자들의 사고방식에 말이다. 오늘날 다시 그러한 관점을 주장

---

7) 이러한 성과들 중 2002년까지 발표된 것들은 예문동양사상연구원에서 한국의 사상가 10인을 선정하여 총서를 간행할 때, 그 총서의 5와 6에 남명과 율곡을 수록하면서 책의 끝에 그 목록들을 수록한 것을 통해서도 확인할 수 있다.

8) 율곡의 사상에서 불교가 미친 적극적인 영향을 검토한 대표적인 연구는, 송석구, 「율곡사상에 있어서의 불교적 계기고」,『한국의 사상가 10인 율곡 이이』, 예문서원, 2002를 꼽을 수 있는 정도이다. 이 글은『동서 사상의 만남』, 형설출판사, 1982에 처음 발표되었던 것이고,『불교와 유교』, 현대불교신서 82, 동국대학교불전간행위원회, 1993에도 수록되어 있다.

하여 남명을 문묘에 종사할 것이며, 율곡을 문묘에서 출척하려는 노력에 대응할 것인가?

이 글은 기존 연구의 토대 위에서, 남명과 율곡의 사상에서 드러나는 노장적이거나 불교적인 요소에 대한 비판적 관점을 일차적으로 살펴볼 것이다. 동시에 그러한 점에 대한 그들 자신의 관점도 검토하여, 그것들이 그들 사상 속에서 지니는 적극적이고 긍정적인 의미에 대한 새로운 해석의 필요성을 제시하고자 하는 하나의 시론이다. 이는 그들이 한국철학사에서 갖는 독특한 비중에 대한 보다 정확한 이해와 평가에서 꼭 필요한 부분이다. 그들에게 있어서는 유교와 도교, 내지는 더하여 불교에 대한 긍정적인 관점을 찾을 수 있다.

성리학의 성립은 도교와 불교에 대한 비판 및 수용과 불가분의 관계가 있다. 도교의 우주론과 불교의 심성론이 성리학의 이론체계에 반영된 모습은 이미 오래전부터 연구 성과가 축적되어 있다. 다만, 한국성리학사에서는 그러한 맥락에 대한 연구가 아직은 전무한 실정으로 보인다. 남명과 퇴계는 한국성리학사에서 이른바 '삼교융회' 내지는 '삼교회통'이라는 시각으로 바라볼 수 있는 대표적 인물이라 할 수 있다. 사상의 독창성은 하늘에서 떨어지는 것이 아니다. 하나의 관점에 다른 관점을 비교하여 더하거나 덜면서 만들어지는 것이다.

남명학파와 율곡학파는 그 역사적 전개과정에서 둘 사이의 관계에 대해 밝히고 해명해야할 사안이 많다. 그러나 이런 문제들에 대해서도 아직 구체적인 연구는 시작도 되지 않은 상태라 할 수 있다. 그런데 그들의 성리학과 경세학에 대한 연구만 합하여 500편이 넘는 현실이 우리에게 시사하는 바는 과연 무엇인가?

2. 남명학과 율곡학에 대한 비판적 관점

1) 남명학에 대한 비판적 관점

남명학에 대한 비판적 관점9)은 그가 살았을 당시 퇴계로부터 이미 노장의 사상과 가깝다는 것이 있었고, 그의 문묘종사 문제가 한창 거론되고 있던 광해군 시기에는 양명학적 경향이 있다는 점과 도가적 요소가 있다는 점이 아울러 제기되었다. 그의 학문이 양명학과 관련 있다는 것은 『광해군일기』에 '[남명의] 학문은 양명을 약간 섭렵하여 구차하게 세부적인 것에 따르기를 좋아하지 않았다.'10)는 것이었지만 그 구체적 근거가 없었고, 이에 대해서는 더 이상의 논란도 없었다.11) 다만, 남명 스스로가 양명학의 폐단을 '지금의 학자들은 매양 육상산의 학문이 질러가고 간략함을 주로 삼는 것을 병으로 여기나 …[그들이 학문의 차례를 구하지 않고] 또 반드시 성명의 이치를 먼저 말하니, 그 유폐는 상산에서 그치는 정도가 아니다.'12)고 하고 있음으로 보아, 이러한 견해가 당시에 남명을 비판하는 주된 관점은 아니었을 것으로 보인다.

그러나 이보다 9년 전의 『광해군일기』에는 래암이 올린 회퇴변척차

---

9) 이 점에 대한 일차적 정리는, 김경수, 「남명학에 대한 부정적 관점과 그에 대한 재검토」, 『남명학연구논총』 제3집, 남명학연구원, 1995에 양명학과 노장학이라는 비판에 대한 분석이 되어 있다.

10) 『광해군일기』 12년 8월 병인조: 學問稍涉陽明 不肯苟循塗轍.

11) 남명학이 양명학적 경향을 가졌다는 주장은 이수건, 「남명 조식과 남명학파」, 『민족문화총서』 제2·3집, 영남대 민족문화연구소, 1980에서 다시 제기하였고, 이후 손영식, 「남명조식의 주체성 확립 이론과 사림의 정신(1)」, 『남명학연구논총』 제4집, 남명학연구원, 1996에서 그러한 경향을 강하게 지적하였다. 그러나 남명학을 육왕학적으로 해석하는 것이 무리라는 주장을 오이환 교수가 조목조목 지적한 논문을 발표하여 그러한 논의의 근거와 부당성을 함께 검토하였다. 오이환, 「남명과 육왕학 -지와 행의 문제를 중심으로-」, 『남명학파 연구』, 남명학연구원출판부, 2000 참조.

12) 『남명집』 裵紳 撰 「行錄」: 今之學者 每病象山之學以徑約爲主 …而必先言性命之理 則其流弊不但象山而止也.

晦退辨斥箚에 대한 사신史臣의 평에서 남명의 학문에 대한 비판을 여러 조목에 걸쳐 하고 있는데, 이것은 모두 퇴계가 남명을 비판하는 뜻을 해석한 것이라고 할 수 있다.[13]

인홍이 이러한 논변을 한 것은 대개 이황이 일찍이 자기의 스승인 조식에 대해 논한 것을 분하게 여겨서이다. 선배의 장단은 후학이 쉽게 논할 수 있는 것은 아니다. 그러나 두 사람이 남긴 글이 모두 있으니, 그들의 논저를 살펴보면 이황과 조식의 잘잘못을 알 수가 있다. 조식의 학은 의리를 강론하는 것을 크게 꺼려하였으니 이는 주자가 육씨(陸氏)를 공격한 바였고, 敬을 논함에 심식(心息)이 서로 의지하는 것을 요체로 삼았으니 이는 도가의 수련법에서 나온 것이다. 우리 유가에서는 일찍이 이러한 공부의 과정이 없었다. 그 외에 시골에서 살면서 끼친 폐단이나 임금에게 불손하게 아뢴 말들은 모두 지나치게 미워하고 지나치게 곧은 잘못에서 나온 것으로 자못 유학자의 기상이 없었다. 더구나 그의 문사(文辭)는 괴벽하고 깊고 어두워 결코 명도달리(明道達理)의 말은 되지 못한다. 대개 그 사람이 절개가 높고 기상이 곧아 자부심이 태과하였으나 실상은 한번도 학문의 공부에 깊이 들어간 적이 없었다. 그 때문에 이황이 높고 뻣뻣한 노장으로 지목하였던 것이다. 어찌 본 것도 없이 함부로 말하였겠는가. 벼슬하지 않은 절개는 바로 그의 장점이므로 이황이 애초에 이 점을 비난한 적은 없었다.[14]

이를 분석한 오이환 교수에 따르면, 그 비판의 요지는
'(1) 그 학문이 의리를 강론하는 것을 꺼려 육상산의 간이직절簡易直

---

13) 남명의 학문이 이단, 특히 노장을 빌미로 하였다는 설에 대해서는, 오이환, 「남명의 유·도사상 비교연구」, 『철학연구』 41, 철학연구회, 1997에 그 전거들이 자세히 분석되어 있다. 이 글은, 오이환, 『남명학파 연구』, 남명학연구원출판부, 2000에 전재되어 있다.

14) 『광해군일기』 3년 3월 병인조 참조. 이하 『조선왕조실록』에서 인용하는 내용은 모두 고전국역원의 DB에 게시된 내용을 인용한다.

載한 심학心學의 경향에 접근해 있다는 것, (2) 그 유학 사상 가운데 실은 도가에서 유래하는 요소가 있다는 것, (3) 향리에 거쳐하면서 말썽을 일으켜 폐를 끼쳤다는 것, (4) 임금에게 불손한 언사를 썼다는 것, (5) 그 문장이 괴팍하여 도학자의 글답지 않다는 것,'15) 등으로 정리하였다. 이는 남명의 학문이 양명학과 노장학에 가깝다는 점을 지적하고, 남명이 음부사건에 연루된 일의 부당함, 상소문의 언사가 격렬하여 도를 지나친 면이 있었다는 점, 그리고 남명의 문장이 당시의 금문이 아니라 고문체를 많이 썼다는 점 등을 꼬집고 있으면서 남명을 단지 한 절개의 선비로 보았다는 것이다. 원래 래암이 올린 차자는 퇴계가 남명을 사실이 아닌 내용으로 헐뜯었음을 지적한 것인데, 그 요점은 남명이 '남을 업신여기고 세상을 가볍게 보며(傲物輕世), 오만한 선비이며(高亢之士), 노장을 빌미로 했다(老莊爲崇)'고 보았다는 것이다.

퇴계의 언행록에는 남명을 가리켜 '이러한 사람은 노장을 빌미로 함이 많아서 우리 학문에는 더러 깊지 못하다' 거나 '남명의 소견은 실로 장주莊周와 하나로 꿴 듯하다'는 언급을 하고 있기도 하다.16) 퇴계는 남명의 학문을 노장을 빌미로 삼았다고 하면서도 실은 노자보다는 장자를 더욱 염두에 두어 그를 '남화지학南華之學의 영수'로 간주하였던 것이다. 퇴계의 이러한 관점은 이후 퇴계학파의 남명에 대한 평가의 일반적인 기준이 되었다. 특히나 지산芝山 조호익曹好益과 갈암葛庵 이현일李玄逸 그리고 식산息山 이만부李萬敷 등은 남명에 대한 부정적 평가를 한 대표적 퇴계학파의 인물로 꼽히고 있다.17)

율곡은 남명을 학문적으로는 인정하지 않았다. 그러나 기절로는 인정했다. 그러나 율곡학파의 적자라고 할 수 있는 우암은 '남명 선생이

---

15) 오이환, 「남명의 유·도사상 비교연구」, 『남명학파 연구』, 남명학연구원출판부, 2000, 50쪽.

16) 이황, 『증보퇴계전서』 4책 「언행록」: 此等人 多是老莊爲崇 於吾學 例不深邃; 南冥所見 實與莊周一串.

17) 손영식·조남호, 앞의 책, 170~189쪽 참조.

이미 돌아가시니, 선비들이 더욱 구차하고 풍속은 더욱 야박하여, 학식 있는 선비들이 선생을 생각함이 더욱 심하다.'[18]고 하여 남명의 학문과 행의에 대해 높은 평가를 하고 있다. 서인측에서는 남명에게서 래암을 격리하여 비판하고 남명에 대해서는 율곡 정도의 비교적 관대한 평가를 하고 있다. 특히나 남명의 경세학이라 할 수 있는 서리망국론에 대해서는 긍정적인 평가를 하고 있는 경우가 많다. 다만 김창협 金昌協과 이현익李顯益은 남명의 학문이 근본적으로 잘못된 것이라는 비판을 가하고 있다. 그러나 그것은 남명의 학문이 순수한 성리학을 제대로 이해하지 못했다는 차원이지, 그것이 이단의 학문이라는 비판은 가하지 않았다.[19]

2) 율곡학에 대한 비판적 관점

율곡의 학문이 불교에 연관되었다는 비판적 관점이 제기된 것은 두 가지로 나눌 수 있는데, 하나는 그 자신의 자기비판이고, 다른 하나는 문묘종사와 관련하여 나타나는 남인들의 비판이다. 우선 실록에 나타나는 기록을 검토하면, 처음으로 제시되고 있는 예는 명종 21년에 그가 사간원 정언에 제수된 내용의 아래에 다음과 같이 기록되어 있다.

이이는 어려서부터 문명(文名)이 있었고, 일찍 어머니 상을 당해 집상(執喪)하는 데 정성이 지극하였다. 그 아비의 첩이 그를 사랑하지 않았고, 또 아비 이원수(李元秀)가 일찍이 불경을 좋아하였는데, 그의 나이 16~17세 때 한 중이, 망령(亡靈)을 위해 천복(薦福)한다는 설로써 그를 유혹하므로, 그가 가인(家人)에게 알리지도 않고 곧 의복을 정돈하여 금강산으로 들어갔다. 수년 만에 그 허황함을 알고 돌아왔다. …생원시에 장원하고 장차 알성과에

---

18) 『남명집』 송시열 찬 「신도비명」: 南冥先生既沒 士益苟 俗益偸 有識者思先生益甚.
19) 손영식·조남호, 앞의 책, 125~162쪽 참조.

응시하려 할 때 성균관의 제생(諸生)들이 그의 출가하였던 것을 혐의, 묘정에 들어서지 못하게 하여 뭇 의논이 준엄하였으나, 의연히 표정이 달라지지 않았다. 문장이 풍부하여 유의하지 않는 듯하면서도 도도히 끊임이 없었고, 등제하여서는 3장을 통틀어 장원하였다.[20]

이는 그가 불교에 입문한 것은 어머니에 대한 지극한 사모와 아버지의 영향 때문이라고 하고, 곧 그 허황함을 알고 돌아왔다는 사실로써 그의 입장을 변호하고 있다. 이러한 사실과 관련하여 율곡은 자신이 불교에 빠졌던 사실을 스스로 인정하면서 반성하는 입장을 명백히 개진하고 있다. 선조가 그를 홍문관 교리를 제수하자, 이에 대해 상소한 내용 가운데에 다음과 같이 말하고 있다.

신이 어린 나이로 도를 찾다가 학문하는 방향을 몰라 제가(諸家)를 넘나들며 일정한 길을 잡지 못하였고, 또 태어난 시기가 좋지 않았던지 일찍이 자모(慈母)를 여의고는 망령되이 슬픔을 잊고자 석교(釋敎)를 탐독하다가 본심이 어두워져 드디어 깊은 산으로 달려가서 거의 1년이 되도록 선문(禪門)에 종사하였습니다. 그런데 다행히 하늘의 신령함을 힘입어 하루아침에 잘못을 깨닫고는 시무룩한 기분으로 집에 돌아와 죽도록 부끄럽고 분함을 느꼈습니다. 불교의 도에 중독된 자 중에 신과 같이 깊이 중독된 자는 없을 것입니다.[21]

이것은 그가 어려서부터 제자백가서를 탐독했었다는 것과 어머니로 인하여 불교에 빠져 1년 가까이 심취했었다는 사실, 그리고 그 잘못을 깨달았지만 불교에 중독되었던 정도가 매우 심했다는 점을 스스로 인정하고 있는 것이다. 또 그는 선조가 무슨 공부를 하였냐는 물음에 '신

---

20) 『명종실록』 21년 3월 24일조 참조.
21) 『선조수정실록』 1년 5월 1일조 참조.

은 소시에서부터 문사를 배운 적은 없습니다. 소시에는 선학禪學을 자
못 좋아하여 여러 경을 두루 보았으나 착실한 곳이 없음을 깨닫고 유
학으로 돌아와서 우리 유학의 글에서 그 착실한 이치를 찾았습니
다.'[22]라고 대답하여, 그의 학문은 스승으로부터 비롯한 것이 아니며
불교의 여러 경전들을 읽었다는 점을 분명히 하고 있기도 하다. 그리
하여 그가 금강산에 머물고 있을 때는 승려들 사이에서 '생불이 출현
했다는 소문이 자자할 정도'[23]였다.

　인조 때부터 거론되기 시작한 율곡의 문묘종사 논의는, 종사를 주장
하는 쪽의 논리와 반대하는 쪽의 논리가 하나의 문제를 두고서 첨예하
게 대립하는 양상으로 전개되었다. 종사를 주장하는 쪽의 기본적인 논
리를 대표하는 예는 다음과 같다.

> 이이는 천품이 매우 뛰어나고 총명이 절륜하여 어린 나이에 이미 도를 구할
> 뜻을 품고 비루한 속학에 싫증을 느낀 나머지 백가를 섭렵하고 이교(異教)
> 를 드나들었으나, 이윽고 생각을 완전히 바꾸어 반성을 하였으니, 단 한 번
> 의 변화로 깊은 경지에 도달한 그의 도학은 지와 행이 겸비하여 머리끝에서
> 발끝까지 온통 도학으로 꽉 찼었습니다.[24]

　그 요지는 율곡이 백가를 섭렵하고 이교에 빠졌었지만, 뼈저린 반성
을 거쳐 지행을 겸비한 도학의 종사로 우뚝 서게 되었다는 것이다.
　이에 반해 반대하는 쪽의 논리는 몇 가지의 논거를 제시하고 있다.
종사에 반대하는 쪽은 대부분 영남의 남인들이 중심을 이루었는데, 반
대 상소의 핵심은 경상도 진사 유직 등 9명이 올린 내용에 다 들어 있
다고 할 수 있다.

---

22) 『선조실록』 8년 6월 24일조 참조.
23) 『선조수정실록』 17년 1월 1일조 참조.
24) 『인조실록』 13년 5월 11일조 참조.

…시험삼아 두 신하의 출처와 도덕이 어떠한가를 보소서. 과연 하나하나 옛날의 현인에 부끄러움이 없습니까. 두 신하가 살던 시대가 이토록 가까워 보고 듣는 바로 그들의 사람됨을 알 수 있으니, 현부(賢否)와 시비(是非)의 구분은 자연 감출 수가 없습니다. 요컨대 두 신하는 역시 한때의 명인이니 어찌 한두 가지 일컬을 만한 일이야 없겠습니까. 그러나 그들의 평생을 살펴보면 결점이 매우 많습니다. 사람을 논하는 법은 반드시 대절(大節)이 우선이니, 대절이 손상되었으면 나머지는 족히 볼 것이 없는 것입니다. 이이가 천륜을 끊고서 공문(空門)에 도망하여 숨은 것은 참으로 명교(名敎)에 죄를 얻은 것이니, 그 당시에도 사마시에 뽑혀서 성묘(聖廟)에 배알하는 것을 오히려 허락하지 않았습니다. …그 이외에도 충현(忠賢)을 교묘하게 헐뜯고, 붕당을 그릇되게 비호하였으며, 걸핏하면 나라를 다스리는 실무라고 하고 언론의 향방을 마음대로 조정하여 족히 위세를 드날렸지만 한 일과 말들은 치우치고 소루함을 면치 못하였으니, 대체로 그의 마음 중에 크게 의심스러운 것이 이와 같습니다. 그렇지만 이는 천근한 것일 뿐이며, 학문의 폐단에 있어서는 이보다 더욱 큰 것이 있습니다. 이이는 일찍이 이교(異敎)를 섬겨서 그 구습을 벗어버리지 못하고 엽등(躐等)하기를 좋아하여 진실한 길을 가지 못한 채 허황한 환상을 하였으니 우리 유가의 계책이 아니었습니다. 그러나 면목을 바꾸어 그 설을 스스로 성취시켰습니다만, 선정신 문순공(文純公) 이황도 일찍이 깊이 염려하고 엄히 경계하였으니 '새로 하려는 것은 달갑지 않고 익숙한 곳은 잊기 어려워서 오곡의 열매가 익기도 전에 돌피의 가을이 갑자기 닥친다.'는 등의 말씀은 참으로 그 뜻이 있는 것입니다.

그리고 이이의 학은 오로지 기(氣)자만을 주장하여 기를 리(理)로 알았습니다. 이 때문에 이와 기를 같은 것으로 여겨 다시 분별함이 없었으며, 심지어 마음이 바로 기이고 사단(四端)과 칠정(七情)이 모두 기에서 생긴 것이라고 하였습니다. 이러한 병통의 근본은 원래 도(道)와 기(器)를 변별하지 않은 육구연(陸九淵)의 견해에서 나온 것으로서 그 폐해는 작용을 성의 체라고 한 석씨(釋氏)의 주장과 같습니다. 대체로 이와 기의 분별은 바로 학문의 생사가 걸린 갈림길이며, 천리와 인욕의 정밀한 한계와, 유도와 이단의 다른 점과 옳고 그름이 모두 이에서 판가름 되는 것입니다. …이이는 평소 이러한 점을 털끝만큼도 깨달음이 없이 흐리멍덩하게 묵은 학문에 떨어져 있다가 이황이 죽은 뒤에 이황의 학을 있는 힘을 다해 공격하였습니다. 그의 설이 모두 그의 문집에 있으나 종횡으로 잘못된 것들을 모두 다 기록할 수가 없습니다. 이황의 말을 지적하여 리를 해친 것이라 하는가 하면 이황의 말은 성을 모른 것이라고 하였으며, 심지어는 '주자가 참으로 이와 기가 호발(互發)하여 각기 상대해서 나오는 것이라고 하였다면 주자도 잘못한 것이니 어찌 주자라 하겠는가?'하였으니, 편견과 착각으로 감히 전현을 이토록 헐뜯을 수가 있습니까. 삼가 주자의 설을 살펴보면 리가 있은 연후에 기가 있다.'고 하였으니, 이와 기는 결단코 둘이며 '사단은 이에서 발하고, 칠정은 기에서 발한 것이다.'고 하였으니, 이것이 이와 기가 호발한다는 것이 아니겠습니까. 주자의 정론이 이토록 명백한데도 오히려 믿지 않았습니다. 이황의 학은 바로 주자의 학이었으니 이이에게서 배척을 당한 것은 당연합니다.[25]

요지를 간추려보면, 성혼과 함께 문묘종사에 거론되는 율곡은 도덕과 출처에 문제가 있을 뿐 아니라, 나아가서는 그 학문도 주자의 학설과 어긋나므로 이단의 견해라는 것이다. 즉 그가 불교에 귀의했던 사실을 첫째로 들고, 둘째는 충현을 헐뜯고 붕당을 비호하였으며, 셋째는 학문이 육상산을 닮아 퇴계로부터 경계함을 받았으며, 무엇보다 중요한 점은 그의 이기설이 불교의 '작용을 체의 성'이라고 한 설을 이어받아 기일원론을 주장하면서 주자까지도 비판하였다는 점 등이다.

바로 이러한 점 때문에 이미 그 이전인 인조도 그의 문묘종사에 대해 끝까지 유보적인 입장을 취하면서, 상소에 대한 비답으로 '문성공

---

25) 『효종실록』 1년 2월 22일조 참조.

이이, 문간공 성혼은 비록 착한 사람이기는 하나 도덕이 높지 않고 하자가 있다는 비방을 받고 있으니, 막중한 문묘종사의 예전을 결코 가벼이 의논할 수 없다.'26)는 식으로 회피했던 것이다.

그리고 남인들의 이와 같은 율곡 비판의 시각은 대체로 미수 허목의 관점과 일치하고 있다. 이 점에 대해 허권수 교수는 황덕길의 『조야신필』에 수록된 「허미수학문편」의 내용을 분석하여 미수는, 율곡을 유교로 위장한 승려로 간주하였으며, 이름을 좋아하고 이익을 탐내는 무리들과 교유하였으며, 앞 시대의 것을 변경하기만을 좋아해서 사사로운 것으로 공사를 망쳤다고 했으며, 그의 처사로 인해 당쟁이 시작되었고, 임금의 권위가 그로 인해 떨어지게 되었다고 비난했다고 한다.27) 당시 기호 남인의 영수였던 미수의 율곡에 대한 비판적 관점은 율곡의 문묘종사를 반대하고자 했던 전체 남인들의 입장을 대변하는 것이었다고 볼 수 있다.

3. 남명의 도불관

1) 남명의 노장관

남명의 경세관은 한마디로 '나라의 큰일은 국방과 경제보다 더한 것이 없다.'28)는 말로 집약된다 할 수 있는데, 이를 위해서는 성리학만이 아니라 보다 폭넓은 분야의 학문이 필요한 것이다. 그리하여 그는 일찍이 여러 분야의 책을 섭렵하였다. 이러한 사실을 동강 김우옹은 '음

---

26) 『인조실록』 13년 5월 11일조 참조.
27) 허권수, 「17세기 문묘종사와 예송에 관한 연구 -근기남인과 영남남인의 제휴를 중심으로-」. 성균관대학교 박사학위논문, 1991. 72~77쪽 참조.
28) 『남명집』「與子强子精書」: 國之大事 不過兵食.

양·지리·의약·도가류의 말에 이르기까지 그 대체적인 내용을 섭렵하지 않음이 없었다'[29]고 하고 있다.

남명의 학문과 행의에 도가적 요소가 있다는 사실은 퇴계로부터 지적된 것이고, 오늘날의 연구에서는 『남명집』을 비롯한 자료들 속에서 그 구체적 사례까지 밝혀지고 있다.[30] 그런데 이때의 도가적 요소란 퇴계가 이덕홍의 물음에 대답한 말 가운데 '남명은 남화지학南華之學을 창도한다'[31]고 한 것과 같이, 노자가 아닌 장자의 사상을 말하는 것이다. 주지하다시피 장자가 당나라 때에 남화진인南華眞人으로 추증된 이래로 남화란 장자의 별칭으로 쓰이고 있는 말이다.

남명에게 있어서 노장사상으로 분류되는 대표적인 사례를 꼽으면 대략 다음과 같다. 처음 그가 서울 생활을 청산하고 내려올 때 대곡 성운이 지어준 시의 첫 구절과 끝 구절에서 '큰기러기 홀로 남쪽바다 날아가니…푸른 하늘 구름 밖에서 스스로 기틀을 잊었다네(冥鴻獨向海南飛 …碧天雲外自忘機)'라고 하고 있는 것으로 보아, 그때 이미 그들은 서로의 인생 포부를 알고 있었다고 보인다. 바로 이 무렵부터 그는 남명을 자신의 호로 사용하고 있는데, 이 말의 유래는 재론의 여지가 없이 『장자』의 「소요유」이다. 또 그의 「신명사도」에서 '태일진군太一眞君'과 같은 용어를 사용하고 있는 점, 나아가 그가 거처하는 집의 당호를 '뇌룡정'으로 하였는데 이는 장자의 「재유편」과 「천운편」에 나타나는 말이라는 점, 그가 지은 시들에서 '봉남이鳳南移'라든가 '남곽자南郭子' 등 『장자』에 등장하는 이야기를 인용한 것이 더러 있으며, 「영리詠梨」와 같은 시에서는 쓸모없는 배나무를 보고서 무용지용無用之用을 말하여

---

29) 『남명집』 동강 찬 「행장」: 至於陰陽地理醫藥道流之言 無不涉其梗槪.
30) 이러한 연구 중에서 대표적인 것은 오이환, 「남명의 유·도사상 비교연구」, 『남명학과 연구』, 남명학연구원출판부, 2000과 坂出祥伸, 「南冥と老莊思想」, 『남명학연구논총』 4, 남명학연구원, 1996 및 김경수, 「남명학에 대한 부정적 관점과 그에 대한 재검토」, 『남명학연구논총』 제3집, 남명학연구원, 1995 등을 들 수 있다.
31) 『퇴계언행록』 권5 崇正學條: 南冥唱南華之學.

장자의 처세관을 표방하고 있다는 점도 그런 예에 속한다. 나아가 남명은 도교의 수련법을 담고 있는 『참동계』를 즐겨 읽었는데, 동강은 '매우 좋은 점이 있으며, 학문에 도움이 된다고 하셨다'고 「행장」에서 기록하고 있다. 이때 '학문에 도움이 된다'는 말의 뜻을, 앞에서 인용한 사신평에서는 남명학의 요체인 경 공부가 도교의 수련법과 같은 의미를 가지고 있다고 한 것이다.

위와 같은 여러 가지에 근거하여 퇴계가 남명을 '남화지학의 영수' 또는 '노장을 빌미로 하였다'는 등의 비판을 하였는데, 이에 대한 남명 자신의 입장은 어떤 것이었는가?

퇴계가 나를 노장(老莊)이라고 하는가? 반드시 내가 나이 어려 공부하지 않을 때 세상을 가벼이 여기고 남에게 오만하던 일을 보아서일 것이네. 주자가 이르기를, '솔성(率性)의 설에서 얻어야 한다'고 하였으니, 내가 하늘로부터 얻은 것은 한 물건도 포괄하지 않은 것이 없으며, 노자가 말하는 무란 도가 아님을 알 수 있네. 지금 나는 옛날의 습관을 남김없이 물리쳤지만, 그 솔성의 도에 있어서는 아직도 다하지 못했네. 만약 내가 그 도를 다하지 못한 점이 있다면 남이 비록 말하지 않더라도 내가 스스로 그 병통을 가지고 있는 것이며, 내가 능히 도를 다했다면 남이 무어라 말하더라도 나는 스스로 손상될 것이 없으니, 내가 병통으로 여길 것이 무엇인가? 내가 스스로 다함에 있을 따름이니, 남을 탓할 필요가 없네. 자네들도 남을 탓하지 말고 자기를 책하여 도를 다하는 것이 좋을 것이네.[32]

이는 퇴계가 자신을 노장으로 비판했다는 말을 동강으로부터 전해 들은 남명의 반응이었다고 한다. 이 내용을 음미해보면, 그는 젊었을 때 자신이 오만한 성격을 가지고 있었다는 점을 인정하고 있으며, 노

---

32) 오이환, 「남명의 유·도사상 비교연구」, 『남명학파 연구』, 남명학연구원출판부, 2000의 65쪽에서 재인용.

자가 말하는 무란 도가 아니라고 하고, 유가의 천명을 따르는 공부가 아직 완전하지 않음을 말하면서 스스로 그러한 병통을 가지고 있을 수도 있음을 고백하고 있다고 하겠다.

남명은 자신을 노장으로 비판한 퇴계의 말에 대해 적극적으로 반론을 편 것이 아니다. 노자의 무에 대해서는 비판하고 있지만, 장자에 대한 언급은 없다. 그리고 바로 위의 인용문은 남명의 후손인 현재 조용상이 출전을 밝히지 않은 채 남기고 있는, 남명이 이 문제에 대해 자기의 입장을 밝히고 있는 현재까지는 유일한 기록이다. 만약 남명이 퇴계의 비판에 대해 당시에 적극적인 반론을 제기했다면 문인들의 기록에 반드시 남아 있을 것이다. 학문이 이단이라는 비판은 중대한 문제이다. 래암이 상소문에서 퇴계가 무고하게 남명을 노장으로 비판했다고 역설한 정도이니, 남명의 구체적인 반론이 있었다면 그 내용을 빠트리지는 않았을 것이 확실하다. 그렇다면 당시 남명은 그러한 비판에 대해 정면으로 대응하지는 않았을 것이란 말이 된다. 그 이유는 무엇일까? 스스로에게 그러한 요소가 있음을 암묵적으로 인정한 것은 아닐까? 적어도 남명은 제자백가서를 비롯한 다양한 분야의 독서를 통해서 공부와 실생활에 도움이 되는 것을 얻으려고 했지, 성리학만을 존숭하여 그것들을 비판하기 위해서 본 것은 아님을 알 수 있다.

2) 남명의 불교관

불교에 대한 남명의 관점을 분석한 연구는 아직까지 필자의 것 한 편 외에는 없는 것으로 알고 있다.[33] 따라서 이 절에서는 그것의 요점을 정리하는 것으로 대신하고자 한다. 조선조의 불교는 정도전이 배불

---

33) 김경수, 「남명의 불교관」, 『남명학연구논총』 제7집, 남명학연구원출판부, 1999. 이 글은 예문동양사상연구원, 『한국의 사상가 10인 남명 조식』, 514~549쪽에 전재되어 있다.

론을 극렬하게 제창한 이래, 기화己和가 이에 대해 불교를 다소 변호한 것을 제외하면, 남명 당시까지 드러난 학승이나 학문적 성과가 없다. 다만 그 당시에 이르러 문정왕후의 비호 아래 보우가 불교의 부흥을 위하여 애쓰다가 귀양 가서 맞아 죽었고, 그의 후원으로 서산 휴정과 사명당 유정이 다소간 학승이자 의승장義僧將으로 이름을 남기고 있다.

남명의 불교에 대한 이론적 이해를 살펴볼 수 있는 내용으로는 하나의 기록이 남아있다.

불씨(佛氏)가 말하는 참된 선정(禪定)이란 다만 이 마음을 보존하는 데 있을 따름이니, 위로 천리에 통하게 되는 점에 있어서는 유교와 불교가 마찬가지입니다. 다만 [불교는] 사람의 일에 시행함에 있어서는 땅에 발을 디디고 있지 않으므로, 우리 유가에서는 그것을 공부하지 않을 따름입니다.[34]

그는 선불교의 궁극적 귀착지가 마음을 보존하는 것으로 보아, 존심양성存心養性으로 천리에 도달함을 목적으로 하는 유학의 가르침과 같다고 보고 있다. 그런데 남명이 실제로 불교의 경전을 얼마나 읽었는지를 알 수 있는 자료는 전무하다. 그가 불교에 대해 언급하고 있는 전반적인 상황을 분석해보면, 구체적으로 불경을 읽고서 그 장단점에 대해 말한 것 같지는 않다는 느낌을 받게 된다.

이러한 점은 그의 독서차기서인 『학기유편』을 보아도 짐작할 수 있는데, 그 가운데의 「변이단」편에는 모두 15항목의 불교에 대한 내용을 기록해 두고 있다. 그 중 10항목이 정이천의 설을 기록한 것인데 '석가의 가르침은 경으로써 마음을 바르게 하는 부분은 있으나, 의로써 행동을 반듯하게 하는 부분은 없다'[35]는 내용이 있으며, 정명도의 설은

---

34) 『남명집』「을묘사직소」: 佛氏所謂眞定者 只在存此心而已 其爲上達天理 則儒釋一也. 但施之於人事者 無脚踏地 故吾家不學之矣.

35) 『학기유편』萬曆丁巳本,「辨異端」: 佛氏 敬以直內 則有之 義以方外 則未之有之也.

1항이 있는데 '불교의 학문은 모두 형이상학적인 공부에만 열중하고 형이하학적인 공부는 없으니, 근본과 말단이 서로 연결되지 못하고 떨어지게 되었다'[36]고 한 내용이다. 이것은 그가 앞에서 인용한 상소문에 쓴 내용과 완전히 일치함을 알 수 있다. 그러므로 그의 기본적인 불교관은 이정二程의 그것과 다른 것이 아니고, 그들로부터 유래한 것으로 보아도 별 무리가 없겠다.

이러한 그의 불교관은 현실문제에 대한 대응에서도 그대로 반영되었다. 그가 상례의 절차에서 불교를 배척하고 유가의 예를 시행한 야은 길재를 높이 평가한 사례나, 개암 김우굉이 깊이 관여한 불교의 혁파와 보우의 배척 등에 대해서도 잘한 일로 판단하고 있는 점, 그리고 단속사에 보관되어 있던 휴정의 『삼가귀감』 목판과 불상들을 일개 유생인 부사 성여신이 깨어서 불태운 일에 대해서도 매우 온건한 입장을 보이고 있는 사실을 보면, 그는 철저히 성리학자로서의 입장을 견지한 것이라고 하겠다.

그러면서도 그는 개인적으로 승려들과 상당한 교류를 가지고 있기도 하였다. 서산대사의 『청허당집淸虛堂集』에는 「상남명처사서上南溟處士書」라는 글이 있는데, 그 내용을 보면 그에게 글과 시를 지어준 사연이 있음을 알 수 있고 서산은 남명을 지극히 존경하는 뜻을 담고 있음도 알 수 있다. 나아가 남명은 당시 젊은 유정에게도 시를 주기도 하는 등 다소 학식이 있는 승려들과의 교류가 있었던 사실을 알 수 있으며, 승려들의 어려운 살림살이를 걱정하여 그들을 위해 관官에 대신 호소문을 써 주기도 했다. 또 그런 승려들을 서신을 주고받는 교통편으로도 이용하였음을 알 수도 있다. 특히 지리산을 유람할 때는 승려들에게서 '빈주지례賓主之禮'의 극진한 대접과 편의를 제공받았으며, '서로 대접하며 바위 위에서 춤을 추면서 한참 즐기기도' 한 일도 있었

---

36) 상동: 佛氏之學 一務上達 而無下學 本末間斷.

다.[37] 남명은 승려들도 인간적으로 대했으며, 이 땅의 고통 받고 핍박받으며 살아가는 백성으로 인식하고 이를 구제하려고 몸부림쳤던 한 지성인이었다.

4. 율곡의 도불관

1) 율곡의 노자관

조선후기의 사상과 정치에서 가장 큰 영향을 가진 인물로 율곡을 꼽는데 반대할 사람은 거의 없을 것이다. 그만큼 그의 자질이 뛰어나고 학문 범위가 넓었으며, 실용성도 있었다는 말이다. 다른 관점에서 말하자면, 그의 자질과 학문의 범위를 뛰어넘는 위대한 인물이 배출되지 않았다는 말이기도 하다. 서인 노론의 영수로서 한 시대를 풍미했던 우암 송시열은 그를 가장 존중한 인물 중 한 사람인데, 율곡의 학문에 대해서 그가 스승도 없이 학문을 이루었다고 말하면서, 그 학문의 특징을 다음과 같이 말하고 있다.

이이는 타고난 자질이 지극히 높아서 나이 겨우 5~6세에 이미 학문의 방법을 알았고, 10세에 이르러서는 경서에 모두 통하고서 말하기를 "성인의 도가 다만 이것일 뿐이겠습니까?"라고 하였습니다. 이에 불교와 노자의 여러 서적들을 두루 열람하였는데, 그 중에서 능엄경 한 책을 가장 좋아하였습니다.[38]

---

37) 『남명집』「유두류록」참조.
38) 『송자대전』권19,「進文元公遺稿仍辨師友之誣」: 李珥天資極高 年纔五六歲已知爲學之方 逮及十歲盡通經書 而曰 聖人之道只此已而乎? 於是泛覽佛老諸書 而於其中崔好楞嚴一書. 이 원문은 송석구,「율곡 사상의 불교적 계기고」,『한국의 사상가 10인 율곡 이이』, 예문서원, 2002, 456~457쪽에서 재인용한 것임.

이는 한때 율곡이 지식에 대한 왕성한 욕구가 넘쳐 이미 유가의 경서를 통달하고 난 뒤에, 다시 불교와 도가의 여러 서적들도 섭렵하여 학문의 폭을 넓혔다는 사실을 말하는 것이다. 율곡의 천재성은 이미 잘 알려진 이야기지만, 여기서 중요한 점은 그가 성리학을 바탕으로 하고서 그 위에 불교와 도가의 공부를 더하여 그의 학문을 체계화 시켰다는 사실을 서 중요한 는 점이다. 다시 말하면, 그의 학문은 삼교회통을 통하여 이루어졌다는 이야기다. 물론 위의 인용문은 율곡이 불교나 도가에 빠졌다는 것을 말하고자 하는 의도가 아니라, 오히려 거꾸로 그렇지 않다는 사실을 변호하기 위한 것이지만 우리는 그 말에서 역설逆說을 볼 수 있다.

1974년에 규장각에서 발굴되어 처음 김길환 교수가 연구를 시작한 이후 오늘날에는 율곡의 저서로 인정되고 있는 『순언醇言』은, 그의 노자관을 살필 수 있는 결정적 자료이다. 이 책은 『도덕경』 중에서 순정한 것만 뽑아서 만들면서 5분의 3은 버렸다고 하였고, 전체를 40장으로 재구성하여 이른바 '이유석로以儒釋老(유학의 관점에서 노자를 해석)'의 입장에서 노자의 철학을 재구성하였다고 분석하였다. 김 교수는 이 저술이 율곡의 문인인 김장생을 통하여 수필본手筆本으로 전수되다가 1750년에 인쇄하여 간행하였지만, 그것도 학파 내에서 조심스럽게 전수되었기 때문에 일반에게는 알려지지 않았을 것으로 추정했다.[39]

『실록』에서 율곡이 도가의 학문을 했다는 이유로 비판받은 사례는 찾을 수 없다. 그러나 이 책으로 인하여 도가철학과 관련한 본격적인 저술을 남기고 있는 것은 당시의 사상계에서는 괄목할 만한 업적이라고 평가한다.[40] 율곡이 『도덕경』을 자신의 기준으로 분류하고, 그에

---

39) 김길환, 『율곡의 노자관 -傳栗谷作 『순언』을 중심으로-』, 『한국의 사상가 10인 율곡 이이, 예문서원, 2002, 481~483쪽 참조.

40) 이종성, 「율곡과 노자 -『순언』의 세계관과 인간이해-」, 『율곡사상연구』 제10집, 2005, 214쪽 참조.

대해 주석을 달아 일관된 체계를 갖춘 책으로 엮었다는 사실은 그것에 대한 전체적 이해의 틀을 가지고 있었다는 말이다.

율곡이 이 책을 통하여 바라본 노자는 어떤 모습인가? 『순언』은 전반부 세 개의 장에서 도의 존재론적 측면을 기술하고 있고, 4장은 마음의 구조에 대해 설명하고 있으며, 이후 25장까지는 자아수련의 마음공부에 대한 내용을, 나머지는 타인에의 배려에 대한 문제를 다루고 있다고 한다. 그리하여 '이러한 『순언』의 구성체계를 보면, 율곡이 『노자』를 치밀하게 분석한 후 이를 자신의 철학적 사유의 영역 안으로 수렴하여 재구성하였다는 점을 확인할 수 있'41)다고 하였다.

이종성 교수의 『순언』에 대한 연구는, 그보다 앞선 연구들을 검토하면서, 율곡의 『노자』 이해에 대한 몇 가지의 견해를 제시하고 있다. 첫째로는 율곡이 성리학자이지만 주자학 일변도의 퇴계학과는 차이가 있다고 본다. 이는 주자가 노자의 '무위'를 부정적으로 해석한 반면 율곡은 오히려 긍정적으로 이해하고 있다는 점을 들었다. 그리하여 율곡은 노자의 '무위'와 성리학의 '무극'을 '체'로 보고, '무불위'와 '태극'을 '용'에 배당하여 이를 체용론적 방식으로 존재론을 파악하였다고 하였다.42) 현상적 세계에 대한 설명도 도가의 기 개념과 같은 이해를 하고 있으며, 이러한 견해는 이미 23살에 별시의 대책으로 제출하였던 「천도책」에서부터 기의 작용을 중심으로 천지의 조화를 설명하고 있음을 볼 수 있다고 하였다.43)

둘째는 수양론의 관점에서 사사로운 자기를 극복할 자아수련의 공부로 '마음 비움(虛心)'을 주장하였으며, 그 구체적 방법으로 '욕망의 제어'와 '분별지의 부정'을 들고 있다고 하였다.44) 또한 율곡은 성리학적

---

41) 위의 글, 222쪽 참조.
42) 위의 글, 216~217쪽 참조.
43) 위의 글, 218~221쪽 참조.
44) 위의 글, 224쪽 참조.

공부 방법인 '수렴'의 공부와 '거경'의 공부를 노자의 '덜어냄(損)' 내지는 '아낌(嗇)'의 덕목과 같은 맥락으로 이해하였다고 분석하였다.[45] 그리하여 '율곡은 『순언』을 통하여 『노자』를 설명하였다기보다는 『노자』를 빌어 성리학을 설명하였다는 혐의를 피할 수 없다'[46]고 말한다. 즉 『순언』은 율곡의 성리학적 의식이 강하게 반영된 철학적 해석의 산물이며, 그러면서도 『노자』를 최대한 그 자체로 인정하면서 그 철학적 의의를 드러내려고 한 점에서 주목된다고 결론적으로 말하고 있다.[47] 이러한 점은 일찍이 『순언』의 발문을 쓴 홍계희나 송익필이 이미 '율곡은 노자 본래의 의미가 아닌데도 불구하고 이를 구차하게 유학에 일치시키려고 한 혐의를 피할 수가 없다'는 말을 한 것과 맥락이 같은 것이라는 점을 인정하면서, 이에 대한 구체적 연구는 과제로 남겨둔다고 하였다.[48]

이상을 통하여 알 수 있는 것은, 율곡의 『노자』해석은 이미 그 후대의 학자들로부터도 유학적 해석을 억지로 시도했다는 평을 들은 이래로, 오늘날 이를 연구한 김길환 교수나 이종성 교수 등이 모두 '유학으로 노자를 해석했다' 내지는 '성리학적 의식이 반영된 철학적 해석의 산물'이라는 공통된 견해를 보이고 있다는 점이다. 그리고 이로 인하여 율곡의 성리학이 독창성을 가지게 되어, 주자의 성리학과 차별성을 가지는 체계를 구축했다는 말을 하고 있다. 율곡의 성리학은 『노자』에 대한 그의 연구가 기반이 되었고, 이것은 일찍부터 그의 사상에 자리잡고 있었다는 주장이다.

---

45) 위의 글, 232쪽 참조.
46) 위의 글, 같은 쪽.
47) 위의 글, 236쪽 참조.
48) 위의 글, 238~239쪽 참조.

2) 율곡의 불교관

율곡은 자신이 불교에 심취했었다는 사실을 신랄한 '자아비판'을 통하여 인정하고 동시에 그에 대한 반성을 통하여 유학으로 완전히 돌아왔음을 몇 차례에 걸쳐 말하였다. 율곡과 불교에 관한 연구는 이미 일정한 성과를 이룬 것으로 보이지만, 여전히 한계를 보이고 있다는 점도 지적된다. 지금까지 이 문제에 대한 연구 성과를 종합적으로 고찰한 오경후 교수의 연구는 이러한 점을 잘 드러내고 있는 것으로 평가할 수 있다.[49] 오 교수는 그 논문의 한글요약에서 기존의 연구 성과를 다음과 같이 정리하고 있는데, 매우 적절한 평가라 하겠다.

연구자들이 검토한 이이의 불교인식은 크게 세 가지로 나뉜다. 이이가 불교에 대해 우호적이었는가, 비판적이었는가, 자신의 사상형성에 영향을 끼쳤는가하는 점이다. 그러나 연구경향은 이이의 호불과 배불이라는 단선적이고 이분법적인 구분을 기초로 한 연구태도가 지배적이다. 그러나 이이의 불교관은 다면적이고 중층적인 성격을 지니고 있다. 개인적인 불우함과 '도'를 위해 출가하였고, 성인의 가르침과 맞지 않아 환속하였다. 보우의 처벌과 승과의 폐지를 위해 상소하였지만, 불가의 선수행을 동경하기도 했다. 이이는 성리학적 입장에서 불교를 평가한 탓에 인과·화복론을 비판하였지만, 리기(理氣)와 리사(理事)를 동일시하기도 했다.[50]

율곡은 불교를 무척 좋아했다가 성인의 가르침과 맞지 않다는 이유로 환속했으면서도, 이후에도 불교를 비판하기도 하면서 또 동시에 그리워하기도 했다는 것이다. 오늘날의 연구들은 성리학자인 그를 위한

---

49) 오경후, 「이이의 불교인식에 대한 연구성과와 과제」, 『율곡사상연구』 제18집, 2009 참조.
50) 위의 글, 111쪽 참조.

변호와 비판 그리고 그의 학문에 불교가 미친 영향을 검토하고 있지만, 이러한 것들은 왕조시대에 있었던 그에 대한 평가와 별반 다르지 않은 것으로 보인다. 다만, 불교사상의 구체적인 내용들이 그의 사상에서 드러나는 점들이 밝혀지고 있다는 점을 제외한다면 말이다.[51]

그의 불교에 대한 비판적 관점과 호의적 관점의 요점을 간추려보자. 먼저 비판적 관점을 살펴보면, 그가 보우의 귀양을 청하는 상소에서는 불교를 비판한 것이 아니라 보우의 죄만 비판한 것이므로, 이는 율곡의 불교비판적 관점과는 관련이 없다고 보아야 한다는 점에는 대개 일치한다. 이론적 측면에 대한 비판을 송석구 교수가 논문에서 인용하고 있는 율곡의 말에서 요점을 간추리면 다음과 같은 몇 가지를 지적할 수 있다.[52] 율곡은 석가의 말은 정밀한 것도 있고 또 거친 것도 있다는 전제에서 비판적 관점을 들고 있는데, 첫째는 윤회응보의 설로 어리석은 사람을 유인하여 공양을 하게 한다는 점, 둘째는 적멸을 가지고 종지를 삼고 천지만물을 환상으로 여긴다는 점, 셋째는 속세를 떠나는 것을 옳은 도로 여기고 인륜을 질곡으로 여긴다는 점, 넷째는 선학이 아무런 뜻이 없는 것을 가지고 도를 얻었다고 하면서 선악에 의존하지 않는다는 점, 다섯째는 뜻으로 얻은 것을 망령된 소견이라 여기고 의미 없는 화두를 무한한 묘리로 알고 있다는 점 등이다.

이러한 그의 불교비판은 오늘날 다시 그가 불교를 정확히 이해한 비판이냐 아니냐를 두고서 논란의 대상이 되고 있다. 즉 율곡이 배불 내지는 척불의 입장을 견지했다는 입장을 가졌다고 주장하거나, 오히려 그것이 불교의 깊이를 제대로 이해하지 못한 편견에 불과하다는 입장으로 나뉘고 있는 것이다. 나아가 율곡은 '선가의 돈오법이 도에 들어

---

51) 율곡과 불교에 대한 연구의 성격에 대한 분류는 위의 글, 각주 1~6에 자세히 나타나 있다.
52) 송석구, 「조선시대의 유불대론(2)」, 『불교와 유교』 상, 현대불교신서 80, 동국대학교불전간행위원회, 1993, 222~223쪽 참조.

가는 매우 빠르고 묘한 방법이라고 생각했지만 수년 동안의 공부에도 깨달음이 없어 유가로 돌아온 연후에 그것이 참된 학설이 아님을 알았다'고 자신의 잘못과 불교를 함께 비판하고 있기도 하다.[53] 이는 위의 넷째와 다섯째의 관점과 다르지 않다고 하겠다.

반면, 그의 불교에 대한 호의적인 관점은, 비판적 관점을 말하고 있는 송 교수의 인용문 속에 나타난 바와 같이 말하고 있는 것으로, 불교의 '정밀한 것은 심성을 자세히 말한 것으로서 이치를 아는 것을 마음으로 삼고 마음을 만 가지 법의 근본으로 삼는다. 또 마음을 아는 것을 성품으로 삼고 성품을 견문의 작용으로 삼는다'는 것을 들 수 있다. 이와 같은 그의 주장에 근거해서 그의 성리학을 분석한 연구들에서는, 율곡이 불교의 심성에 대해서는 한 마디도 비판하지 않고 있다고 하면서 그의 '이통기국설'이 이러한 바탕에서 나온 것이고, 그가 말하는 '인심'과 '도심'이 모두 '일심'이라는 주장도 이와 연관된 견해라고 주장한다. 나아가 그가 남긴 시 중에는 34수 이상이 불교와 관련된 것이며, 그 중에는 선방에서의 참선을 그리워하는 것도 있다는 점을 들어 그가 정신적으로는 여전히 출가를 하고 있었다고 평하기도 한다.[54] 또 그는 적어도 20개 이상의 산사를 드나들었으며, 20명 이상의 승려들과도 교유한 것으로 확인된다고도 보고되고 있다.

그런데 율곡의 불교에 대한 견해에서 여전히 애매한 표현이 남아있다. 율곡이 '양교가 일치하는 점은 유교 안에 있으니 유교에서 취하면 되고, 일치하지 않는 점이 있으면 이치에 어긋나는 교설은 버리면 된다'고 주장했다는 구절을 어떻게 해석하느냐가 문제로 남는다.[55] 이 말을 율곡 배불론의 확고한 입장으로 해석하는 경향이 주류를 이루는데, 필자는 충분히 다르게 해석할 요소가 있다고 본다. 여기서 말하는

---

53) 송석구, 「율곡 사상의 불교적 계기고」, 앞의 책, 455쪽 참조.
54) 오경후, 앞의 글, 117~120쪽 및 132~134쪽 참조.
55) 위의 글, 117쪽 참조.

'일치하는 점'이란 무슨 뜻인가? 취하거나 버려야 할 근거로 제시된 이 말의 근거를 율곡이 어디서 찾았느냐가 검토되어야만 하는 것 아닌가? 율곡이 이룬 성리학의 독창적인 체계에서 본다면, 그에게 있어 불교와 유교가 '일치하는 점'이 당연히 다른 사람에게는 '일치하지 않는 점'이 될 수도 있지 않을까?

5. 삼교회통적 사상

남명은 자신의 학문이 '노장을 빌미로 하였다'는 퇴계의 비판에 대해 적극적으로 반론을 제기하지 않았다. 뿐만 아니라, 그는 이러한 평에 대해 일부 긍정하는 듯한 자세를 취하고 있다. 따라서 사후에 그에 대한 평가는 학문의 탁월성이 아니라 '벽립천인'과 같은 기절의 탁월성으로 칭해진 것이 보다 보편적이라 할 수 있다.

퇴계 또한 남명의 두류산유람기인 「유두류록」에 대한 감상을 말하는 가운데 '그가 별난 것을 높이고 남다른 것을 좋아하여 중용의 도를 찾아보기 어렵다고 의심하는 이가 더러 있는데, 아! 예로부터 산림의 사류는 혼히 이와 같으니, 이 같지 않다면 남명답지 못한 것이다. 그 절박의 기미가 좇아 나오는 바는 다소 알 수 없는 곳이 있다'[56]고 하였다. 이 말은 남명이 일반적인 사류가 아니라 산림처사로서의 당당한 모습을 가지고 있음을 잘 살핀 것이며, 그러한 태도의 근원이 아마도 도가적 특히 장자적 요소에서 기인함을 은유적으로 표현하고 있는 말로 보인다. 후대의 심재 조긍섭도 남명의 학문이 '광대하고 고명한 점에 있어서는 우리나라의 여러 유학자들 가운데서 비교할 만한 이가 드물다'[57]고 평한 것은 모두 남명학의 특징이 성리학적 내용을 다소 벗

---

56) 오이환, 「남명의 유·도사상 비교연구」, 앞의 책, 53~54쪽 참조.
57) 위의 글, 34쪽 참조.

어나 있음을 말한다고 하겠다. 그의 사상에서 나타나는 도가적인 요소들은 오히려 남명을 가장 남명다운 모습으로 부각시키는데 결정적인 요인으로 작용하고 있는 것이 사실이다.

남명은 불교에 대해서도 배타적이지 않은 면을 보였다. 그 궁극적 귀착지는 유교와 같다고 하면서, 다만 일상의 실천적 면에서 다르다고 하였다. 그도 승려들과 교유를 가졌으며, 그들을 인간적으로 대하고 있음도 볼 수 있다. 그러나 물론 그가 불교의 교리에 대해서 깊은 이해를 가진 것으로는 보이지 않는다. 어쩌면 그가 성리학의 이론적 면에 치중하지 않고 실천적 면을 강조한 것과 상통한다고 볼 수도 있다. 그가 주장한 '경'이 불교적 정좌수행과 유사한 점이 있다는 비판도 음미해 볼 가치가 있겠다.

율곡은 불교에 귀의했었다는 사실로 인하여 살아서나 죽어서나 오래도록 비판을 받았다. 그런데 아이러니하게도 그는 이 문제에 대해 '자아비판'을 강하게 함으로써 살아서는 오히려 이에 대해 보다 자유로웠다. 율곡사상에 불교가 미친 영향에 대한 연구들에서는 주로 화엄사상이 그의 기일원론적 존재론의 정립에 기여한 것으로 보고 있으며, 『대승기신론』의 영향도 있는 것으로 분석한 경우도 있다. 그가 불교에 대한 호의적인 견해와 비판적인 견해를 동시에 갖고 있었지만, 실제로 그가 불교를 비판한 것은 불교의 본질적 측면에서 본다면 노골적인 것들이 아니라고 할 수 있다.

그의 『노자』 해석은 결국 『노자』를 빌어 성리학을 설명하려했다는 혐의가 있다고 비판받기도 한다. 그는 『노자』에 대해서 주자를 넘어서는 해석을 하고 있다고 분석된다. 존재론과 수양론에 있어서, 그의 성리학 이론체계가 주자의 그것을 능가하는 독창적 해석을 할 수 있었던 점에, 그의 『노자』에 대한 이해가 깊은 영향을 미쳤다는 점을 조심스럽게 주장하고 있기도 하다. 그가 자신의 기 일원론적 성리설에 대해 '성인이 다시 일어나더라도 이 말은 바꿀 수 없을 것'이라는 그의 확신에 찬 주장은 어디에 근거한 것인가? 그것은 당연히 논리적 필연성으로부터 도출한 결론이기 때문이었을 것이다. 이러한 논리적 필연성은 주자의 성리설을 넘어서는 것이었으며, 그것이 가능할 수 있었던 배경은 도가와 불교에 대한 율곡의 이해가 주자의 그것을 능가하고 있었기 때문이라고 본다면 무리일까?

남명과 율곡은 다 같이 매우 폭넓은 지식을 섭렵하고 있었던 공통점이 있다. 그리고 이러한 점은 그들의 기질과 학문목표에 맞춰 발현되었다고 할 수 있다. 그러나 중요한 점은 그들에게서는 도가와 불교에 대한 긍정적 이해와 수용이 현실적으로 있었다는 사실을 함께 확인할 수 있다는 점이다. 이제 우리는 그들의 학문체계와 삶의 모습을 보다 객관적인 시각에서, 그러면서도 그들의 내면이 세상을 바라본 관점으로 새롭게 해석해야 할 필요성이 있다. 다른 모든 사람들과 다른 그들만의 독특한 모습은 그래야만 제대로 드러날 수 있을 것이다. 이제 그들의 사상체계를 '삼교회통' 내지는 '삼교융회'의 큰 틀 속에서 바라보아야 할 필요가 절실히 제기된다고 제언한다.

참고 문헌

『경연일기』.

『광해군일기』.

『교감국역 남명집』, 이론과 실천, 1995.

『남명집 4종』, 남명학연구원출판부, 2000.

『명종실록』.

『선조수정실록』.

『선조실록』.

『율곡전서』.

『인조실록』.

『증보퇴계전서』.

『학기유편』.

『효종실록』.

김경수, 「남명학에 대한 부정적 관점과 그에 대한 재검토」, 『남명학연구논총』
　　　제3집, 남명학연구원, 1995.

_____, 「남명의 불교관」, 『남명학연구논총』 제7집, 남명학연구원출판부,
　　　1999.

김길환, 「율곡의 노자관 -傳栗谷作『순언』을 중심으로-」, 『한국의 사상가 10
　　　인 율곡 이이』, 예문서원, 2002.

손영식·조남호, 『남명 조식의 철학사상 연구』, 서울대학교출판부, 2002.

송석구, 「조선시대의 유불대론(2)」, 『불교와 유교』 상, 현대불교신서 80, 동국
　　　대학교불전간행위원회, 1993.

_____, 『불교와 유교』, 현대불교신서 82, 동국대학교불전간행위원회, 1993.

_____, 「율곡사상에 있어서의 불교적 계기고」, 『한국의 사상가 10인 율곡 이이』, 예문서원, 2002.

오경후, 「이이의 불교인식에 대한 연구성과와 과제」, 『율곡사상연구』 제18집, 2009.

오이환, 「남명의 유·도사상 비교연구」, 『철학연구』 41, 철학연구회, 1997.

_____, 「남명과 육왕학 -지와 행의 문제를 중심으로-」, 『남명학파 연구』, 남명학연구원출판부, 2000.

이수건 「남명 조식과 남명학파」, 『민족문화총서』 제2·3집, 영남대 민족문화연구소, 1980.

이종성, 「율곡과 노자 -『순언』의 세계관과 인간이해-」, 『율곡사상연구』 제10집, 2005.

허권수, 「17세기 문묘종사와 예송에 관한 연구」, 성균관대학교 박사학위논문, 1991.

坂出祥伸, 「南冥と老莊思想」, 『남명학연구논총』 4, 남명학연구원, 1996.

용어 색인

인물 색인